新手理财系列

新手学期货投资交易(白金版)

海天理财　编著

清華大学出版社
北　京

内 容 简 介

本书是一本新手学炒期货投资大全，包括“最新信息+精彩案例+专家提醒+互动问题”等内容，是市场上最新、最全的期货投资理财书。书中讲解了期货的各种常识与技巧，为广大读者提供了 16 章专题内容讲解+40 多个名言警句奉献+80 多个精彩案例分析+190 多个案例互动问题+270 多个专家指点分析+300 多个价值语句提炼+627 个知识技巧精解，帮助读者快速入门，玩转期货，轻松理财。

全书共分 16 章，内容包括期货市场概述、常见期货种类、期货交易规则、期货公司选择、期货投资流程、期货交易软件使用、定价的理论原则、套期保值与投机、期货套利与止损、期货基本面分析、价格走势分析、主要指标分析、自身强化策略、期货操作技巧、期货成功理论、期货的误区和陷阱，帮助读者由浅入深，轻松掌握期货的使用技巧，让期货成为读者投资的好工具。

本书结构清晰、语言简洁，适合各类期货投资对象，包括工薪阶层、白领阶层、企业高管、个企老板阅读；同时，还可作为期货投资理财公司培训、指导和沟通客户时的参考书。

图书在版编目(CIP)数据

新手学期货投资交易(白金版)/海天理财编著. --北京：清华大学出版社，2014（2016.10 重印）
(新手理财系列)
ISBN 978-7-302-36222-7

Ⅰ. ①新…　Ⅱ. ①海…　Ⅲ. ①期货市场—投资—基本知识 ②期货交易—基本知识
Ⅳ. ①F830.9

中国版本图书馆 CIP 数据核字(2014)第 076412 号

责任编辑： 杨作梅
装帧设计： 杨玉兰
责任校对： 李玉萍
责任印制： 何　芊

出版发行： 清华大学出版社
网　址： http://www.tup.com.cn，http://www.wqbook.com
地　址： 北京清华大学学研大厦 A 座　　**邮　编：** 100084
社总机： 010-62770175　　**邮　购：** 010-62786544
投稿与读者服务： 010-62776969，c-service@tup.tsinghua.edu.cn
质 量 反 馈： 010-62772015，zhiliang@tup.tsinghua.edu.cn
课 件 下 载： http://www.tup.com.cn,010-62791865

印 刷 者： 三河市君旺印务有限公司
装 订 者： 三河市新茂装订有限公司
经　销： 全国新华书店
开　本： 170mm×240mm　　**印　张：** 26.75　　**字　数：** 532 千字
版　次： 2014 年 7 月第 1 版　　**印　次：** 2016 年 10 月第 3 次印刷
印　数： 4501～5500
定　价： 46.00 元

产品编号：055156-01

序言

投资理财你不可不知的6件事

事件1　钱存进银行为什么越来越少

某人银行账户上有100元，然而一年后，却变成了42元钱，你知道为什么吗？根据不同银行的规定，日均存款低于某个标准时，每季将收取3元管理费，有的银行还每个月收3元短信提示费，另外银行每年还要收取10元的年费(个别银行的年费高达30元)。一年下来，银行所要扣除的费用为3×4+3×12+10=58(元)，因此，100元的储蓄存款一年后只剩下了42元。另外，跨行查询、取款等都要收费，收费的项目多达几十种，林林总总加起来，已经超出了同期银行的利息，如果再算上通货膨胀，钱在银行里就越来越少了。

事件2　通货膨胀让你的钱不翼而飞了

目前，通货膨胀已成了吞噬财富的无形杀手。举个简单的例子，假设未来30年通货膨胀率按照平均6%增长，现在的100万元钱存在银行，30年后还会剩下多少？只剩下15多万元，80多万元不翼而飞了！如下表所示。

万元

	6%的通货膨胀率	损失金额
10年后剩下	53.86	46.14
20年后剩下	29.01	70.99
30年后剩下	15.63	84.37

事件3　黄金白银不要错过，半年15万元赚280万元

2011年4月，国内黄金、白银市场双双创出历史新高。其中金价最高突破每克306元，白银则首次突破了每千克8300元大关，成为31年以来的新高。一位北京的白银投资者，半年前以15万元的本金开始投资白银交易，分批在不同的低价位多次加仓买入，4月15日，白银价格创下历史新高时，该客户的账户资金已接近280万元。

业内人士分析，通胀忧虑、欧洲主权债务危机以及中东紧张局势引发大量避险买盘，致使国际银价和金价在中国加息的情况下更加狂涨。

虽然黄金白银在 2013 年遭遇史上最大跌幅，但多家银行的理财分析师认为，黄金、白银价格后市还会继续上涨，主要原因是美元长期弱势和通胀预期使得黄金、白银处于牛市的上升通道，还是有较大的投资价值。

事件 4　你知道加息让你的房贷多付出多少钱吗

从 2010 年到 2011 年，银行在不断加息，给房贷者带来的压力越来越大，你知道这让你的房贷多付出多少钱吗？

从 2011 年 4 月 6 日起，中国银行将一年期存、贷款基准利率分别上调 0.25 个百分点。

以首套房 100 万元 20 年期限为例，在此次加息前月供为 7514.72 元，此次加息后为 7633.40 元，每月要多还 118.68 元，一年下来要多还 1425 元左右，20 年下来，要多还 2.85 万元左右。

随着 2012 年、2013 年中央对于房产的调控，贷款不仅越来越难，且利率越来越高，换言之，用户将为房贷付出更多的利息。

事件 5　你知道自己养老需要多少钱吗

假定现在 30 岁，预计寿命为 80 岁，55 岁退休，退休的费用包括生活费、医疗费、应酬费、服装费和交通费等，按最基本的消费 1500 元/月，如果通货膨胀率为 4%，25 年后的生活消费需要 4000 元/月。那么，25 年之后的退休生活需要多少钱？计算为：4000 元/月×12 月×25 年＝120 万元。如果再加上旅游、养生、看书、摄影等爱好和休闲活动，以及在子女身上的花费，每月按 1000 元计算，还需要 80 万元，这样总共需要 200 万元。这还只是一个人的养老费用，如果算上夫妻两人，则需要 400 万元！那你和你的爱人准备好了吗？

一个人 25 年要赚足 200 万元，也就是平均每年要赚到 8 万元，这 8 万元还不包括现在生活需要的吃穿住行、子女老人的赡养等所有的开支，天啊，怎么办？

事件 6　每月投资 100 元，35 年后收获 158 万元

每个月给你 100 元，能做什么呢？买一件衣服？吃一顿西餐？100 元差不多就没了。但是，假如你每月节省下 100 元，35 年之后，也许你可能成为百万富翁呢！如下表所示。

元

基金年收益率	10 年	20 年	30 年	35 年
5%	15 093	41 663	83 712	113 803
8%	18 775	59 308	146 815	223 322
15%	28 019	141 372	599 948	1 586 106

由于资金的时间价值和复利的作用，投资金额的累积效应非常明显。每月一笔类似 100 元如此小额的投资，也能积少成多，若保持每年 15%的收益，30 年后，你将拥有 60 万元；如果保持投资，35 年后，你将拥有 158 万元，成为百万富翁。

通过分享以上 6 件事，相信大家都知道了投资理财的重要性。俗话说：“**知识改变命运，投资改变未来**”，为了不至于让大家的资金萎缩，资产流失，我们精心编写了一套投资理财图书，在通货膨胀、物价上涨，房价高昂、工资不涨的情况下，为大家探寻一条理财之路，通过协助大家改变思路来改变财路，因为“**思路决定财路**”。本批书目与特色如下表。

书　名	特　色
《每天读点投资学(白金版)》	868 个投资理财常识与技巧奉献
《新手学炒股票与基金(白金版)》	468 个股票与基金投资常识与技巧奉献
《新手学黄金与白银投资交易(白金版)》	468 个黄金白银投资常识与技巧奉献
《新手学外汇投资交易(白金版)》	468 个外汇投资交易常识与技巧奉献
《轻松玩转信用卡(白金版)》	468 个玩转信用卡的常识与技巧奉献
《轻松玩转银行卡(白金版)》	468 个玩转银行卡的常识与技巧奉献
《新手学期货投资交易(白金版)》	**628 个期货知识投资常识与技巧奉献**

前言

■ 本书简介

随着物价水平的上涨、利息税的支出、银行实际存款利率出现负数，社会从低利率时代走进负利率时代，存款不但不会获得收益，反而导致实际收入减少。同时，股票市场的相对低迷，使一部分投资者不得不放弃股市。因此，越来越多的人加入了期货投资的行列。

期货以其高收益的“杠杆原理”吸引着广大投资者，并且由于期货市场所投资商品的特性，其价格很难被大资金所操纵，因此期货投资成为当今最火爆的投资方式。在期货市场中，投资者可接收到多方面的数据，在如此纷繁复杂的信息中，投资者只有学习并掌握投资方法，才能在期货市场中获取最大限度的收益。

本书定位于大众通俗读物，注重实用性和操作性，书中通过 627 个知识与技巧，全面系统地介绍了投资者在投资期货中遇到的主要问题以及操作方法技巧等。希望通过对本书的阅读，广大投资者能迈入新的门槛，轻松赚钱！

■ 本书特色

16章 专题内容讲解	本书结构清晰、体系完整，对期货进行了专题内容详解，包括期货市场概述、常见期货种类、期货交易规则、期货公司选择等内容，让读者知晓期货的各方面知识与技巧。
40多个 名言警句奉献	本书从不同角度出发，总结了期货投资市场中的40多个名言警句，对投资者起到了提醒和警示的作用，从而规避各种投资误区，同时丰富了读者的阅读。
80多个 精彩案例分析	本书结合理论知识，在讲解的过程中，列举了80多个案例，并进行分析，让广大投资者在学习理论知识的同时，更准确地理解其意义和实际应用。
190多个 案例互动问题	本书结合各种期货的实践常识，列举了190多个期货知识的互动问题，对投资期货过程中的常见、疑难问题进行了全面分析，让读者明明白白地读懂期货，清清楚楚地投资期货。

270多个 专家指点分析	作者在编写时，将期货投资中各个方面的名词解析、实战技巧，毫无保留地奉献给读者，更方便读者提升实战技巧与经验，从而提高读者的知识水平，使其学有所成。
300多个 价值语句提炼	本书内容不仅讲解细致，而且突出重点，对于重要的、精辟的价值语句，以加粗的方式显示，共有300多个，能让读者一目了然，掌握重点与要点，在以后的期货投资中做到游刃有余。
628个 知识技巧精解	本书内容全面、语言简洁，通过628个期货知识与技巧，从理论到实践、从案例到技巧，循序渐进，帮助读者从入门到精通期货的投资，成为期货投资高手，做到一书在手，炒期无忧。

■ 内容安排

全书共分 16 章，内容包括期货市场概述、常见期货种类、期货交易规则、期货公司选择、期货投资流程、期货交易软件使用、定价的理论原则、套期保值与投机、期货套利与止损、期货基本面分析、价格走势分析、主要指标分析、自身强化策略、期货操作技巧、期货成功理论、期货的误区和陷阱，帮助读者由浅入深，轻松掌握期货的使用技巧，让期货成为读者投资的好工具。

■ 作者团队

本书由龙飞策划，海天理财团队编著，参加本书编写的人员还有谭贤、柏松、孙超、苏高、罗磊、罗林、刘嫔、曾杰、刘芳、刘娟、曹静婷、李龙禹、周旭阳、袁淑敏、谭俊杰、徐茜、杨端阳、谭中阳等人，在此表示感谢。由于作者知识水平有限，书中难免有错误和疏漏之处，恳请广大读者批评指正。联系邮箱：licaijulebu@qq.com。

编　者

目录

第 1 章

提前热身：期货市场概述

俗话说：“**万丈高楼平地起**”。期货在中国人的世界里还是相对陌生的领域，对于想要进军期货的投资者，先了解期货市场基本概述是十分重要的。

知识要点

- 期货最新资讯抢先知
- 什么是期货
- 期货的组成元素
- 期货上市品种的特点
- 期货投资的特性
- 期货投资与其他投资的区别
- 期货交易中的术语
- 期货的发展历程
- 我国期货的发展
- 初识期货市场精彩案例

1.1 期货最新资讯抢先知

本节将介绍最新的期货资讯，以便投资者在期货投资中把握最新动态，为期货投资抢占先机。

001 石油沥青期货上市推金融创新

2013 年 10 月，全球首个沥青期货品种在上海期货交易所挂牌上市。从 2004 年燃料油期货的推出到 2013 年沥青期货的上市，这 8 年的历程承载了中国对商品期货探索的艰辛与努力。

沥青在国民经济发展中具有不可或缺的地位，特别是随着公路交通事业的发展，沥青的生产与使用已经成为一个国家经济发展的重要衡量标准。石油沥青期货的推出具有以下几个重要意义。

(1) **定价创新**：全球首个石油沥青期货品种的上市，为探索全球范围内新的沥青定价模式奠定了基础，同时为提高我国能源产品在全球市场的议价能力做出了铺垫。

(2) **交割创新**：石油沥青期货的上市，使得厂库交割成为热点，厂库交割成本低廉且对产品保质期限制较低，但对能够承担厂库功能的企业要求较高，而沥青由于储存成本高并具有污染性，所以采用厂库交割将直接降低交易成本。

(3) **稳定风险**：中国是亚洲最大的沥青消费国和进口国，沥青市场竞争激烈，价格此起彼伏、波动频繁，因此沥青期货品种的推出有利于满足国内沥青企业套期保值需求，帮助下游行业规避价格风险，实现稳健经营。

专家指点

沥青期货的推出，符合以服务实体经济为中心的时代背景，顺应我国商品市场发展的客观需要，对增强我国石油类期货商品在全球能源市场的议价能力、为现货市场提供风险管理的金融工具、积极推进沥青产业结构的优化升级、完善能源类商品系列以及发挥实体经济与资本市场间的桥梁作用具有重要的战略意义。

对于整个行业来说，石油沥青期货的上市丰富了全球能源类期货品种，可为原油及其衍生品期货的顺利推出引路领航。多种交割方式的创新，顺应产业发展趋势，有助于提高企业风险管理效率。与此同时，这种交易规则以及交割方式上的创新，体现了交易所实现由量变到质变的发展需求，是在证监会的正确领导下，坚持以科学发展观为指导，以改革创新精神为推进的动力，以市场为导向的新成果。

002 大商所上市鸡蛋期货合约字号

证监会于 2013 年 9 月 27 日表示，近期批准大连商品交易所(以下简称大商所)上市鸡蛋期货合约，以进一步健全农产品期货品种体系，满足现货企业的实际需求，更好地服务实体经济发展。大商所将根据市场状况及各项准备工作的进展情况，适时挂牌鸡蛋期货合约。

鸡蛋是我国重要的畜牧产品，产量约占我国禽蛋总产量的 84%，人均年消费量约 18 公斤。近年来，受饲料、季节等因素的影响，我国鸡蛋价格波动幅度较大，对鸡蛋生产、贸易以及加工等环节的正常经营造成较大影响。鸡蛋期货上市具有以下意义。

(1) **体系方面**：有利于进一步完善鸡蛋价格体系，健全鸡蛋价格形成机制。

(2) **市场方面**：有助于鸡蛋市场的平稳运行，为鸡蛋生产、贸易和消费企业提供必要的避险工具。

(3) **企业方面**：推进鸡蛋产业化、规模化经营，促进现货企业的稳健发展。

目前，经过认真研究和深入调研，根据现货市场的实际情况和期货合约设计的技术要求，大商所已经完成了鸡蛋期货合约设计和规则制定工作，拟定了较严格的交易、结算和交割制度，论证了保证金、涨跌停板和持仓限额制度等风险控制措施。中国证监会指导和督促大商所及期货公司认真做好鸡蛋期货上市前的各项准备工作，确保了鸡蛋期货交易的平稳上市和安全运行。

想一想，您明白鸡蛋期货上市的意义了吗？________________。

003 大商所提供新型风险管理工具

大商所相关负责人于 2013 年 9 月 26 日表示，大商所正在围绕玉米产业链上中下游，积极研究开发玉米淀粉、生猪期货等新品种，努力为饲料、养殖相关企业提供完备的避险工具。同时，加快期权市场筹备工作，准备适时推出豆粕、玉米等期权，为玉米产业链的各类投资者提供新型风险管理工具。

专家指点

根据相关数据统计，玉米期货自 2004 年在大商所恢复交易至 2013 年 8 月，已累计单边成交 3.43 亿手，成交额 6.28 万亿元。参与玉米期货交易的客户达 20 多万个，其中法人客户近 2000 个。2013 年 9 月玉米期货交割 55.53 万吨，为上市以来月度最大交割量，整个交割过程平稳顺畅，得到整个行业的普遍认可。

近年来，玉米生产、贸易、消费格局发生了重大变化。大商所除了积极推动新产品的研发工作和大力推进期权市场建设外，还将通过降低交易成本、改进质量标准、完善相关制度，做好玉米期货等老品种的维护。同时，将加强与行业协会以及龙头企业的合作，努力提高服务实体经济的水平，使得玉米期货更加贴近现货企业的需求。

004 动力煤探路资源性商品定价权

2013 年 9 月 26 日，郑州东郊的未来大厦迎来了国内首个大宗资源型商品期货——动力煤期货(TC)。动力煤是目前中国最大的商品期货，现货市场规模高达 1.6 万亿元。对于整个商品期货市场来说，中国大宗资源性商品期货探路之旅将正式起航。

中国期货市场发展至今，已有 31 个商品期货品种，逐步形成了覆盖农产品、金属、化工等国民经济重要行业的产品体系，但在能源领域，中国缺少大宗资源性商品期货，在国际市场定价上一直处于“失语”的尴尬境地。此次推出动力煤期货，将大大提升中国在动力煤市场的定价权。

专家指点

从目前现货市场价格走势来看，动力煤期货具备了最佳上市时机。从 2012 年开始，动力煤价格进入下行通道。目前，市场对于未来动力煤价的走势存在严重分歧。在期货分析师们看来，这种分歧将为市场提供绝佳的机会。

005 上期所发布银行管理办法字号

2013 年 9 月 25 日，上期所(上海期货交易所)向市场发布《上海期货交易所指定存管银行管理办法》(以下简称《办法》)，结合上期所的实际情况和期货保证金存管业务特点对存管银行相关业务进行了规范。

该《办法》共分 8 章 52 条，主要从上期所期货保证金指定存管银行的资格申请、业务要求、技术要求、应急处理、监督管理及违规处理等方面做了相关规定。《办法》自 9 月 26 日起开始实施。《办法》中提出，对于申请成为上期所指定存管银行的，有以下几点要求。

(1) 必须是我国境内设立的全国性银行业金融机构法人。

(2) 注册资本达到 100 亿元人民币，总资产在 15 000 亿元人民币以上，净资产在 1000 亿元人民币以上，最近 3 个会计年度连续盈利。

(3) 分支机构在 600 个以上，且在期货交易所所在地设有可以办理期货保证金存管业务和资金结算相关业务的分支机构。

《办法》从上期所未来发展需要及加强风险防范的角度出发，还专门设立了以下几项条款。

(1) **业务管理**。规定了上期所可不定期对保证金安全测试的跨行调拨，以及当资金结算出现流动性等需求时，存管银行应当给予相应资金配合的要求。

(2) **监督管理**。设立了交易所根据对存管银行的考评结果，统筹安排存管银行的业务及双方合作项目等条款。

(3) **特殊化管理**。考虑到上期所创新及国际化业务发展的需要，规定了从事与境外特殊参与者等国际化业务有关的银行，可根据交易所的相关规定申请期货保证金存管银行。

专家指点

有研究者认为，《办法》的发布实施，将进一步加强银行与期货之间在保障期货资金安全、提高资金划转效率的合作，有利于期货保证金存管业务平稳运行，同时将更大限度地促进金融机构服务期货市场以及在业务模式上的创新，促进期货市场积极平稳发展。

清一清，上期所发布的有关风险管理的条款：________________。

006 时隔 18 年国债期货重新上市

2013 年 9 月 6 日，在经历了 19 个月的仿真测试之后，经国务院批准，中国证监会批复，国债期货正式在中国金融期货交易所挂牌上市。这一因为“327 国债期货事件”而暂停 18 年的金融期货品种，终于又回到了中国资本市场的舞台。

早在 1992 年，国内就曾推出过国债期货交易，1993 年 10 月，上交所进一步向个人投资者开放国债期货交易。然而，由于彼时国债期货在市场环境、合约设计以及监管机制等方面均存在先天不足，投机气氛越加浓厚，在 1995 年 2 月触发了著名的“327 国债期货事件”，对国债市场造成了沉重打击，国债期货交易也在当年的 5 月被叫停。此后，直到 2011 年开始，国债期货的相关研究再度启动，在经过了交易所内部测试之后，于 2012 年 2 月 13 日上线仿真交易。

此次国债期货回归充分吸收了“327 国债期货事件”的教训，在制度设计上严格防范风险。据业内人士预计，推出初期，国债期货将以个人投资者为主，其保证金规模不会超过 100 亿元。就我国情况来看，国债期货具有以下重要意义。

(1) 国债期货交易可以活跃国债流通市场，促进债券发行，扩大直接融资的比例，使企业融资模式更加合理，进一步优化社会资源配置。

(2) 国债期货的推出，可以进一步扩大利率市场化的范围，形成整个金融市场的基准利率，构建完整的利率体系，便于发挥利率杠杆的经济调节作用。

(3) 重推国债期货，有利于扩大直接融资的比重。

(4) 重推国债期货，有利于推动利率市场化改革，完善金融调控机制。

(5) 对国债本身而言，重推国债期货交易，有利于发挥其价格发现功能，促使国债发行价格进一步合理化。

专家指点

我国国债发行市场定价不尽合理，一、二级市场存在较大价差，而国债期货可以提高债券期货、现货市场价格对信息反应的灵敏度，增强市场的有效性，有利于减少国债发行和流通的价差，形成国债发行的合理定价。

007 更多大宗商品定价权将在中国

2013 年 7 月 10 日出台的《中国(上海)自由贸易试验区总体方案》提出，探索在试验区内设立国际大宗商品交易和资源配置平台，开展能源产品、基本工业原料和大宗农产品的国际贸易；扩大完善期货保税交割试点，拓展仓单质押与融资等功能。

有学者指出，这将吸引国际大型衍生品交易机构在我国设立交易所和交割仓库，为国内投资者参与国际大宗商品交易提供便利，增加更多的中国元素，最终更多大宗商品的全球定价权将集中在中国。

专家指点

大宗商品的定价权直接体现为该国在该种商品全球市场中的国际影响力。长期以来，因为我国缺失大宗商品的定价权，所以在国际贸易中处于不利地位，国际市场商品价格的波动，给我国的经济利益造成许多不必要的损失。

一般来说，自贸区的大宗商品贸易对物流企业是较大的利好。大宗商品国内运输、国外进口、国内进口均涉及大量的物流流程，大宗商品期货价格同样对物流、仓储等提出了较高的标准。

1.2 什么是期货

了解期货的投资者或许还不多，但是一旦了解了期货，投资者就会迷上这种投资方式，本节将介绍期货最基本的常识。

008 期货的概念

期货(Futures)是相对于现货而言的，现货是实实在在的商品货物，而期货的主体指的是合约。期货交易的标的物可以是黄金、原油、棉花等大宗商品，也可以是外汇与债券等金融工具，还可以是股票之类的金融指标。合约一般由交易所统一制定，规定在未来某一特定的时间和地点，交易某种特定数量的标的物。

期货合约的买方，有义务在约定的日期买入合约对应的标的物；而卖方，有义务在约定的日期卖出合约对应的标的物。

想一想，你明白期货的概念了吗？________________________。

009 期货的由来

由于市场的波动，某些商品价格难以趋于稳定，而价格的波动往往会让生产商利益受损。比如某年蔬菜价格大跌，地里的大白菜只能卖 2 分钱一斤，这让农民损失惨重，叫苦不迭。当白菜价格走低，农民大多改种其他农作物，这又让以后市场上的白菜供不应求。为了解决这样不合理的情况，**商品的生产商与购买商之间产生了一种合约，以达成对某种商品未来售价的共识，并签订合同，这就叫“远期合约”**。

远期合约很好地解决了市场供求的问题，但是新的问题也随之而来。

(1) **无论是生产商还是购买商都需要找到合适的合约对象**。例如，卖蔬菜的人中途不干了，不从农民那里收购白菜了，那么种菜的农民就又变得没有保障了。就算想把合约转手，双方也难以在短时间内找到合适的替代者。

(2) **合约标的物难以标准化**。一吨大白菜，每棵的重量都不一样，菜叶比重也不一样。

于是人们又开始建立与培养一个相对健全的市场体系，在这种体系下的商品就叫“期货”。

010 期货早期的作用

从期货的由来可以看出，期货大致解决了以下问题。

(1) **标的物标准化**。期货的品种大多选用大豆、白糖等容易做到标准化，又方便储存、运输的商品。

(2) **交易对象可靠**。期货交易中的第三方机构，可以确保交易双方不会出现信誉问题。

(3) **参与买卖方便**。期货成立专门的交易场所，解决了某一标的物参与人数不多的问题。只要投资者能按时执行合同，谁都可以参与买卖。

以上 3 点，也是期货最早期的作用。

011 期货的分类

随着期货产品不断推陈出新，期货合约的种类变得越来越多，但大致可以分为两大类，即商品期货和金融期货。

商品期货是期货市场上最早的产品，它又可以分为农产品期货、金属期货、能源期货 3 大类。

金融期货是用金融工具作为标的物的期货合约，金融期货是后起之秀，20 世纪 70 年代才被人们重视。

1. 农产品期货

农产品期货主要以谷物、植物等大宗商品来交易，它们属于最早构成期货交易的商品，具体可分为以下几类。

(1) **粮食期货**：主要分为小麦、玉米、大豆、豆粕、绿豆、红豆、大米、花生等期货品种。

(2) **经济作物期货**：主要分为糖类、咖啡、可可、棕榈油、菜籽等期货品种。

(3) **畜牧产品期货**：主要分为肉类制品和皮毛制品两大类。

(4) **林业产品期货**：主要分为木材期货和天然橡胶期货。

2. 金属期货

金属期货是目前期货市场上比较成熟的期货品种之一，可分为两大类。

(1) **贵金属**：包括金、银、铂、钯等价值较高的金属。

(2) **工业金属**：包括铜、铝、铅、锌、锡、镍等价值相对不太高的金属。

专家指点

伦敦金属交易所期货合约的交易价格，被世界各地公认为是有色金属交易的定价标准。我国上海期货交易所的铜期货交易，近年来成长迅速，铜期货单品种成交量已超过纽约交易所，成为全球第二位。

3. 能源期货

能源期货产生于 1978 年。作为一种新兴商品期货品种，其交易异常活跃。目前它的交易量已经超过了金属期货，仅次于农产品期货和利率期货，是期货市场的重要组成部分。

目前较重要的能源期货品种有轻原油、重原油以及燃油，新兴品种包括气温、二氧化碳排放配额。

4. 金融期货

金融期货作为期货交易中的一种，具有期货交易的一般特点。但与商品期货相比较，其合约标的物不是实物商品，而是传统的金融商品。

金融期货可分为股指期货、外汇期货、利率期货和国债期货 4 大类。我国由于“327 国债期货事件”而暂停国债期货近 18 年的时间。

清一清，期货的种类：＿＿＿＿＿＿＿＿＿＿＿＿＿＿＿＿＿＿＿＿。

1.3　期货的组成元素

买卖期货的场所叫期货市场。期货市场大多是由期货投资者、期货交易所和期货经纪公司组成的，本节将详细讲述期货的组成元素。

012　期货投资者

期货投资者是通过期货基金公司进行期货交易的单位或个人。期货投资者应具备完全的民事责任行为能力，没有民事行为能力者或民事行为能力被限制者，是不得委托期货经纪公司从事期货交易的。

期货的投资者相对其他的投资者，门槛较高，不符合相关规定的个人或单位无法成为期货投资者。

013　期货交易所

期货交易所是买卖期货的场所，是期货市场的核心，它是一种不以营利为目的的第三方机构。期货交易所为投资者提供一个公正、公开、公平的交易场所，可以有效监督期货买卖中的不正当行为。

世界重要的期货交易所有芝加哥商业交易所(CME)、芝加哥期货交易所(CBOT)、纽约商业交易所(NYMEX)、纽约期货交易所(NYBOT)、伦敦金属交易所(LME)、新加坡国际金融交易所(IMEX)、韩国期货交易所(KOFEX)和东京工业品交易所(TOCOM)等。

我国主要的期货交易场所有上海期货交易所、郑州期货交易所、大连期货交易所和香港期货交易所(HKFE)等。

014 期货经纪公司

期货交易采用会员制，只有交易所的会员才能进场交易，所以许多的非会员投资者只能委托交易所会员才能进行交易。一些会员逐渐成为专门代理客户交易的经纪公司，这种经纪公司可以直接进场交易，可以更快地执行客户的指令。还有一种经纪商是在客户和会员之间的经纪公司，这种经纪公司需要再次或多次委托，才能进入期货交易所。

专家指点

期货经纪公司是指依法设立的、接受客户委托、按照客户的指令、以自己的名义为客户进行期货交易并收取交易手续费的中介组织，其交易结果由客户承担。期货经纪公司是期货投资者与期货交易所之间的桥梁。

1.4 期货上市品种的特点

期货上市品种是期货合约交易的标的物，并不是所有的商品都适合做期货标的物，本节将阐述期货上市品种应具备的属性。

015 价格波动大

对于价格波动较小的商品，以及实行垄断价格或计划价格的商品，交易双方直接买卖就可以了，完全没有必要进行期货市场交易。只有商品的价格波动较大，买卖双方为了回避风险，才需要事先利用远期合约把价格提前确定下来。

016 供需量大

期货市场能否发挥功能，是以商品供需双方广泛参加交易为前提的，只有供需量大的商品，才能在大范围内进行充分竞争，形成权威价格。

017 易于标准化

因为期货合约事先规定了交割标的物的质量标准，因此，期货的品种必须是质量稳定的商品，以方便标准化管理。对于质量容易发生变化的货物，其标准难以统一，是不利于货物交易的。

拿畜牧类期货来说，期货一定要选择猪肉，而不能是生猪。因为生猪的体重是变化的，而且生猪的健康与否也影响其整体质量。如果某投资者买了一吨的生猪，等到卖出时发现这批猪死了几头，那就是欲哭无泪了。

想一想，为什么期货商品应易于标准化？____________________。

018 易于储存和运输

期货大多是远期交割的商品，这就要求期货的商品要易于储存、不易变质、方便运输，从而保证期货实物的顺利交割。

期货根据交割品种，可分为商品期货和金融期货两大类。目前，商品期货中无论是农产品，还是有色金属，其运输和储存都比较方便。对于金融期货，一般也不存在质量问题。

1.5 期货投资的特性

期货投资是一项相对较广泛的业务，从个人投资者到银行等机构都可以成为参与者，由于众多参与者在期货市场上扮演着各自不同的角色，从而形成了各种各样的特性。

019 稳定性

期货投资的稳定性，是指期货套利模式相对稳定。期货套利有跨市套利、跨月套利、跨品种套利等方式，通过这些方式来获取收益是比较稳健的投资方式。

(1) **跨市套利**。这是指投资者在某一交易所买入某一种商品某个月的期货合约，同时在另一个交易所卖出该商品同一月份的期货合约。在获取差价后，同时了结交易。

(2) **跨月套利**。这是指投资者在同一个交易所的不同月份买卖同一品种期货合约的行为。许多农产品有季节性，所以，利用商品的淡旺季差价进行套利买卖是有迹可循的。

(3) **跨品种套利**。这是指投资者利用两种不同，但是价格走势会有关联的商品(如大豆与豆油)之间的期货合约进行套利，这种套利方式同样可以根据历史变化来判断。

020 风险性

风险性投资是指进行单边买卖的交易。有些投资者偏好杠杆交易，认为风险越大收益就越大。在期货市场上，投资者的任何交易操作，都是在进行风险投资。一般风险投资分为抢帽子交易、当日短线交易和长期交易。

021 战略性

战略性投资，即大势投资战略交易，是指投资者在对某种商品进行长期研究以后再进行长期投资，不在乎短期的盈亏。这种投资方式，一般是大型金融机构采取的方向性投资。

1.6 期货投资与其他投资的区别

期货不是“货”，而是“合约”。期货这种金融工具与其他的投资方式，有着或多或少的区别。

022 期货与现货的区别

期货与现货是对立的，它们的主要区别有以下几点。

(1) **交易目的**。现货是“一手交钱一手交货”的交易模式，为的是尽早得到货物；而期货的交易目的则不是为了获得实物，而是通过套期保值回避价格风险或通过资本投资获利。

(2) **买卖对象**。现货交易买卖的直接对象是商品本身，根据实物样品来确定价格；而期货交易买卖的直接对象是期货的合约，买进或卖出的是“白纸黑字”的合约。

(3) **交易方式**。现货交易一般是一对一通过谈判签订合同，内容由双方协商确定；而期货则是以公开的方式进行交易，一对一谈判视为违法行为。

(4) **交易场所**。现货一般是由一些贸易公司、生产厂商、代理经销商分散进行交易的；而期货则必须在交易所内依照法律法规进行公开、集中交易。

(5) **保障制度**。现货交易一般受《合同法》等相关法律保护，一旦违约要通过法律的仲裁来解决；而期货交易除了国家的法律限制之外，还要受到行业和交易所的规则制约。

(6) **结算方式**。现货交易是货到款清；而期货交易是保证金制度，每日结算盈亏。

023 期货与股票的区别

股票应该是广大投资者最为了解的，它与期货有以下区别。

(1) **交易资金**。股票是全额交易，买多少股票付多少款；而期货只需要缴纳一定的保证金即可。

(2) **双向交易**。股票只能先买入，再卖出；而期货可以先卖出。

(3) **持仓时间**。股票持仓无时间限制；而期货必须到期交割。

(4) **盈利方式**。股票可以通过市场差价和分红两种方式盈利；而期货投资的盈利只能通过交易差价来实现。

(5) **交易时间**。股票实行 T+1 的隔天卖出制度；而期货则是采用 T+0 的制度，当日买入便能卖出。

(6) **结算方式**。股票在卖出后能一次性获得收益；而期货则每日结算盈余，未平仓也能得到收益。

专家指点

股票是有价证券，股票持有人享有对应的权利和义务，投资者买入某只股票，就成为股票发行公司的所有人。**期货只是一种权利，是一种在未来特定时间、地点交割特定质量标的物的权利**。

清一清，期货与股票的区别：______________________________。

024 期货与期权的区别

期权与期货的关系最为密切，但是它们同样有一些区别。

(1) **标的物**。期货交易的标的物是物品的合约；而期权交易的标的物则是一种物品合约选择的买卖权利。

(2) **投资权利与义务**。期货是双向合约，双方都要按照合约按时交割；而期权的买方则只需选择行使权力与否，义务由卖方承担。

(3) **保证金缴纳**。期货合约的双方都要缴纳保证金；而期权合约中只有卖方需要缴纳保证金。

(4) **现金流转**。在期货交易中，投资者有盈余可以提取多余的保证金，亏损则应追加保证金；而在期权交易中，买方支付卖方期权的价格，而且该价格会根据市场的变化而变化。

(5) **盈亏特点**。期货交易中盈亏都可以看作是无穷大的；而期权买卖双方的盈亏大多只在保证金中波动。

1.7 期货交易中的术语

期货交易中的术语是学习期货的必备常识，本节将介绍期货投资中的一些常用术语。

025 开仓

开仓又叫建仓，是指开始买入或卖出一定数量的期货合约的交易行为。

例如，投资者开户以后买入了一手某绿豆合约，这就是开仓了，也可以称为“建立了该绿豆合约的多头部位”。如果投资者卖出了一手土豆，也是开仓了，或称为“建立了该土豆合约的空头部位”。

026 持仓

投资者开仓后把期货合约一直持有在手里，叫作持仓，或叫未平仓合约。在期货交易中，持仓就是投资者买入期货合约的那一段时间。持仓的最长时间要根据期货合约来定。

如果持仓到第二天，叫作隔日持仓或者隔夜持仓。持仓量是指期货交易者所持有的未平仓合约的数量。

027 平仓

平仓是在交易日结束之前，投资者通过将买入的合约卖出，或者将原来卖出的合约买回，来抵消原来的期货合约，以了结期货交易的行为，这种行为应该与开仓时的行为相互对应。

平仓分为平今日仓与平隔夜仓，有这样的区分的原因是其收费标准不同。

028 实物交割

实物交割是指交易双方在期货合约到期时，根据合约制定的规则和程序，通过期货合约标的物所有权转移，将未按时平仓的合约进行了结的行为。一般只有商品期货能使用这种方式进行了结交易。

专家指点

实物交割一般分为两种：一种是双方交割，即交易双方都可以提出交割申请；另一种是卖方交割，即只有卖方才有权利提出交割申请。

想一想，你明白实物交割了吗？________________________。

029 爆仓

爆仓是指投资者账户权益为负数。这代表投资者不但赔光了交付的保证金，还有可能亏欠期货经纪公司的钱。由于期货每日结算盈亏，所以一般不会出现爆仓情况。

发生爆仓情况时，投资者必须及时补足亏空，否则会面临法律的追索。因为期货是“以小搏大”的投资方式，所以投资者一定要控制好自己的仓位，保证盈亏程度不超过自己所能承受的范围。

030 交易指令

期货的交易指令一般有以下几种。

(1) **市价指令**：指不限价格的买卖申报，尽可能以最好市价成交的指令。

(2) **限价指令**：必须按照限定或更好的价格成交的指令。

(3) **取消指令**：投资者将之前下达的指令撤销的指令。

专家指点

为了人性化管理，适应未来期货的发展，交易所会推出一些新的、个性化的指令来满足投资者的需求。但是万变不离其宗，市价、限价和取消这 3 条指令是期货最基本、最常用的指令。

031 单边市

根据《中国金融期货交易所风险控制管理办法》规定，单边市是指某一合约收市前 5 分钟内，出现只有停板价格的买入申报，或者卖出的申报。总的来说，单边市可以理解为买卖双方只有一边有市场。

032 基差

基差是指某一特定商品在特定时间、地点的现货价格，与该商品在期货市场的价格差(基差=现货价格-期货价格)。

基差中存在两个成分，现货与期货的时间因素与空间因素，其中运输成本是导致基差出现的最主要原因。因为两个市场的运输成本和持有成本不同，这导致同一时间、不同地点的基差也会不同。

033 升贴水

升贴水分为升水和贴水两种说法。在期货市场上，如果现货的价格低于期货的价格，基差为负值，远期期货的价格高于近期期货时，这种情况叫期货升水或者现货贴水。如果现货的价格高于期货的价格，基差为正值，远期期货的价格低于近期期货时，这种情况叫期货贴水或现货升水。

专家指点

一般情况下，升贴水都是由基差变化形成的。现货流通是一个物流系统，因为产地和质量有所不同，所以交易双方需要对期货价格确定一个升贴水。

034 仓储费

仓储费又称持仓费，是持有某一商品期货期间，所对应现货占用仓库的储存费用和保险费。在利率期货市场中，仓储费是指占用资金所需要支付的利率费。

一般来说，交易所指定仓库是统一执行某一仓储费率的，清算重量为标准重量。仓储费的收取由交易所代收代付，交易所向每个会员收取仓储费，并在固定的清算日与会员、指定仓库清算。

035 逼仓

逼仓是指大型投资者利用资金优势，控制期货交易头寸或垄断可供交割的现货商品，故意抬高或压低期货市场的价格，超量持仓、交割，逼迫对方违约或以不利价格平仓，从而牟取暴利的行为。

专家指点

头寸是金融行业中应用较为广泛的词，在不同的地方有不同的理解，一般可以认为是投资者拥有资金的总量。

想一想，你遇到过逼仓这样的行为吗？________________________。

036 佣金和日内交易

佣金是指经纪人为执行交易指令而收取的费用。

日内交易是指投资者持仓时间不足一天，当日买入当日卖出的交易模式。只有实行 T+0 制度来交易的投资，才能实现日内交易。

037 强行平仓制度

强行平仓制度是指期货投资者亏损后，在其交易保证金不足且未在规定时间内未补足的情况下，若投资者持仓超出规定的持仓限额，期货经纪公司为了防止风险的进一步扩大，实行的一种强制措施。

1.8 期货的发展历程

本节将介绍期货是在什么样的背景下产生并发展完善的。

038 产生背景

在 19 世纪初期，芝加哥是美国最大的谷物集散中心。当时，由于农业生产交通不便、信息传递落后、仓库稀缺、价格频繁波动而且剧烈，从而导致农产品供求失衡，市场一片混乱。

039 初步形成

1848 年一群商人成立了芝加哥期货交易所(CBOT)，该组织创造了“将运到”合约，并声称可以改变当时市场混乱的局面，这种合约允许农民在谷物交割前先卖出。

这就代表，农民可以在种植庄稼的同时签订合约，然后在收割后按签约时商量好的价格买卖谷物。这种交易可以让农民在芝加哥以外的地方储存粮食。合约的另一方则是成立芝加哥期货交易所的商人们。

040 发展完善

1865 年，CBOT 推出第一个标准化的期货合约，事先对商品数量、质量、交货地点和时间等方面做出统一规定，随后又制定了期货合约的标准化协议《共同法则》，以规范期货管理。

自此以后，人们发现交易这些“将运到”合约比交易货物本身的利益更高。于是，这些合约出现了二级市场，可以以某个价格把合约转让给其他买卖双方。20 世纪 20 年代的时候出现了结算所，提供对履约的担保，现代期货市场终于成型。

041 世界性发展

看到芝加哥期货交易所的成功后，美国和欧洲又陆续出现了一些期货交易所，如芝加哥商业交易所(CME)、纽约商业交易所(NYMEX)、伦敦金属交易所(LME)等，从事农产品、金属、能源等商品期货交易。

1972 年 5 月，芝加哥商业交易所推出了历史上第一个外汇期货，标志着金融期货的诞生。此后，利率类期货和股票类期货的陆续出现，使金融期货产品逐步得以完善，市场规模不断扩大。

自 20 世纪 90 年代开始，金融期货就已经成为全球期货市场中成交量最大的品种类别，近几年来，全球金融期货占据了全球期货交易量的 90%以上。

清一清，期货发展经历的时代：________________________________。

1.9 我国期货的发展

本节将介绍我国的期货是在什么样的背景下产生并发展起来的。

042 初创时期

1990 年 10 月郑州粮食批发市场成立，以现货为主，首次引入期货交易机制。此时，没有明确的行政主管部门，期货市场的配套法律法规严重滞后，我国的期货市场相当混乱，并出现了盲目发展的势头，国内各类交易所大量涌现，达 50 多家，期货经纪机构达到 1000 多家，大多为兼营机构。一些单位和个人对期货市场缺乏基本了解，盲目参与境内外的期货交易，损失惨重，造成了国家外汇的流失，加之境外地下交易层出不穷，期货市场虚假繁荣，引发了一些经济纠纷和社会问题。

043 整顿时期

1993 年 11 月国务院下达《关于制止期货市场盲目发展的通知》，整治分以下两个阶段进行，并取得了不错的成果。

(1) 交易所从 50 余家减为 15 家，经纪公司从上千家减为 330 家。

(2) 交易所从 15 家削减至 3 家，即上海期货交易所、大连商品交易所、郑州商品交易所，经纪公司从 330 家减为目前的 180 余家，交易品种保留 12 个。

随后的 1999 年，国务院颁布了《期货交易管理暂行条例》以及与之相配套的规范期货交易所、期货经纪公司及其高管人员的 4 个管理办法，标志着我国期货市场正式纳入法制化轨道。

044 规范时期

朱镕基总理在 2001 年九届人大会议上明确指出，要重点培育和发展要素市场，稳步发展期货市场，从此拉开了期货市场规范发展的序幕。

2004 年 2 月 1 日，国务院颁布了《国务院关于推进资本市场改革开放和稳定发展的若干意见》，提出我国要“稳步发展期货市场”，“在严格控制风险的前提下，逐步推出为大宗商品生产者和消费者提供发现价格和套期保值功能的商品期货品种”。2004 年期货市场扩容工作取得突破性进展，棉花、燃料油、玉米、黄大豆 2 号等品种先后上市交易。

2006 年年初，期货品种又增加了豆油、白糖两大品种，使期货品种达到 14 个。

045 发展时期

2006 年 4 月，沪深 300 指数被定为首个股指期货标的。2007 年 3 月 16 日，中国国务院第 489 号令公布了《期货交易管理条例》，新条例自 2007 年 4 月 15 日起施行。新条例最突出的特点是，将规范的内容由商品期货扩展到金融期货和期权交易，为中国推出外汇期货、外汇期权、股指期货和股指期权等金融衍生品奠定了法律基础。

由于在极大程度上放宽了期货市场参与主体的限制，2008 年 1 月黄金期货在上海期货交易所成功上市，进一步完善了黄金市场体系和价格形成机制，形成了现货市场、远期市场与期货市场互相促进、共同发展的局面。

此时，股指期货推出的准备工作业已基本就绪，市场都在企盼股指期货的正式推出。股指期货不仅为市场提供了一个工具，同时也成为投资的另一种途径。随着我国期货的政策与制度越来越完善，期货市场全面繁荣发展的阶段已经到来。

046 前景展望

随着我国期货相关法律法规的不断完善，期货市场进一步规范，未来我国期货业将进入一个快速发展的新阶段。总体而言，我国期货业正呈现出 4 大发展趋势。

(1) 金融衍生品在高标准、稳起步的原则下，会成为市场亮点。

(2) 市场投资主体将会发生变化，参与者结构进一步优化。

(3) 国内期货交易所新品种上市的步伐明显加快。

(4) 大力发展农产品期货。

1.10 初识期货市场精彩案例

本节将通过笔者的亲身经历和实际案例，带你初步了解期货市场。

047 案例：期货投资如战场

刘小姐最近学会了期货投资，由于自身“家底”比较好，买卖期货的时候总是抱有“无所谓”的态度，并对劝导她的朋友持有不以为然的态度：“又不是打仗，随便玩玩不会怎么样的。”

对于刘小姐这样的态度，投资者是千万不能有的。期货投资，就是一场没有硝烟的战争，它们有以下类似之处。

(1) **参与者**。战争是敌我对抗，期货是做多与做空双方的搏杀。

(2) **筹码**。战争以士兵为筹码，期货以资金为筹码。

(3) **安全前提**。战争以保全生命为前提，期货以保证资金安全为首要前提。

(4) **时间**。战争可能长久对峙，也可能速战速决，期货投资同样如此。

(5) **形势复杂**。战争瞬息万变，期货行情同样也飘忽不定。

(6) **必有成败**。战争一定会分出胜败方，期货也总会分出盈亏方。

由此可见，期货还是比较残酷的，是应该引起投资者强烈重视的一种投资行为。

专家指点

任何战争，即使之前胜利了无数次，只要一次失利，就可能全军覆没。期货投资“以小搏大”的性质，同样决定了无论之前盈利多少，只要一次不慎，就会爆仓出局，满盘皆输。

048 案例：期货与赌博的区别

赵小姐从事金融行业的工作，早前，她发现某期货价格一定会跌，这时买空的话可以稳赚一笔。赵小姐回家与家人商议，父亲却极力反对，原因是父亲认为期货是一种赌博行为。最后，赵小姐只得无奈放弃这次挣钱的机会。

相信不只赵小姐的父亲，还有很多人认为期货就是赌博，其实并非如此，期货与赌博有以下区别。

(1) **投资透明度**。期货开仓的时候都是经过深思熟虑的，成熟的投资者都是看准了时机才进入的。赌博时却并不知道起手的牌是好是坏。

(2) **风险可控度**。期货开仓的时候一般都设置止损价位，对最坏的结果早就有心理准备，触及就止损，主动权掌握在自己手里。赌博却往往会一把输得倾家荡产。

(3) **进出自由度**。做期货连续亏损后，能暂时放下不去理会；盈利以后，也能进行获利了结，从此不再参与。赌博一旦沾染上却身不由已，赢了钱想走的话，多半会碍于其他赌友的挽留或者面子问题而继续赌下去，以至于最后颗粒无收。

(4) **资金可靠度**。投资者做期货赚了就是赚了，钱一分也不会少地在投资者账户里。赌博的话还有可能面临其他人不兑现的风险。

专家指点

从投资目的来看，赌博纯粹是“赌钱”，而期货投资是对某一商品价格走势的判断，是有根据的、不盲目的。期货投资是投资者通过对价格的正确判断，从而获取差价的收益行为。

清一清，期货与赌博的区别：________________________________。

049 案例：各大期货交易所

老王是郑州人，在期货经纪公司开户以后，准备投资玉米期货。他知道自己的城市就有期货交易所，本想着买自己城市的玉米期货会很方便，但工作人员却告诉他：“郑州商品交易所是没有玉米期货的，只能买大连商品交易所的。”这就让老王纳闷了："难道期货还分地方经营吗？"

事实确实如此，我国的 4 大期货交易场所主要经营的期货种类都不尽相同，下面就简单介绍一下我国各大商品交易所的现况和交易商品。

1. 郑州商品交易所

郑州商品交易所成立于 1990 年 10 月 12 日，是经国务院批准成立的国内首家期货市场试点单位，在现货交易成功运行两年以后，于 1993 年 5 月 28 日正式推出期货交易。1998 年 8 月，郑商所被国务院确定为全国三家期货交易所之一，受中国证券监督管理委员会垂直管理。

郑州商品交易所目前上市交易的有小麦、棉花、白糖、菜籽油、PTA、早籼稻、甲醇、玻璃、菜籽以及菜粕等期货合约。

2. 大连商品交易所

大连商品交易所成立于 1993 年 2 月 28 日，是经国务院批准的 4 家期货交易所之一，是实行自律管理的法人。成立以来，大商所始终坚持规范管理、依法治市，保持了持续稳健的发展，成为中国最大的农产品期货交易所。

大连商品交易所目前上市交易的有大豆、玉米、豆粕、豆油、LLDPE、棕榈油、PVC、焦炭、焦煤等期货合约。

3. 上海期货交易所

上海期货交易所是依照有关法规设立的，履行有关法规规定的职责，受中国证监会集中统一监督管理，并按照其章程实行自律管理的法人。

上海期货交易所目前上市交易的有黄金、白银、铜、铝、锌、铅、螺纹钢、线材、燃料油、天然橡胶等期货合约。

4. 中国金融期货交易所

中国金融期货交易所是经国务院同意，中国证监会批准，由上海期货交易所、郑州商品交易所、大连商品交易所、上海证券交易所和深圳证券交易所共同发起设立的金融期货交易所。中国金融期货交易所于 2006 年 9 月 8 日在上海成立，注册资本为 5 亿元人民币。中国金融期货交易所的成立，对于深化金融市场改革、完善金融市场体系、发挥金融市场功能具有重要的战略意义。

中国金融期货交易所主要从事金融衍生产品交易，目前上市交易的品种有股指期货和国债期货两种。

想一想，投资白银期货应该在哪个交易所？________________________。

050 案例：期权期货有联系

彭女士是一名期权投资者，之前她也做期货投资，但是在政府职能部门工作的她发现自己对于期权价格有更加敏锐的判断，于是彭女士便开始学习投资期权，因为有投资期货的基础，所以投资期权也显得得心应手，很快就小赚了一笔。

期权又称为选择权，是指在未来一定时期可以买卖的权力。从本质上讲，期权是把金融领域中的权利和义务分开定价。**进行期权交易时，购买权利的一方是权利的受让人，出售权利的一方是必须履行买方行使权力的义务人**。

期权与期货虽然是两种概念，但它们有以下一些联系。

(1) **交易方式上**：两者均是以买卖远期标准化合约为特征的交易。

(2) **价格关系上**：期权交易敲定的价格，是以期货合约所确定的远期买卖同类商品交割价为基础，而两者价格的差额又是权利金确定的重要依据。

(3) **发展关系上**：期货交易越发达，期权交易的开展就越具有基础，因此，期货市场的发育完善，为期权交易的产生和开展创造了条件。而期权交易的产生和发展，又为期货套期保值者和投机者提供了更多可选择的工具，从而扩大和丰富了期货市场的交易内容。

(4) **合约行使上**：期货投资者不一定进行实物交收，期权交易的买方也不一定要实际行使这个权利，只要有利，也可以把这个权利转让出去。

专家指点

期权是在期货的基础上衍生的一种金融工具，期权合约是以金融衍生产品作为行权品种的交易合约。合约的持有者通过支付一定的保证金，来获得某种权利，当持有者希望行使某种权利时，合约的卖出者有义务履行义务。

051 案例：从持仓量看走势

彭先生是新手期货投资者，对于期货交易他总是不得要领。虽然系统学习期货的交易方法肯定有收效，但是他并不想花太多的时间学习。

经过多方打听，彭先生从朋友那里学到了一套简单而实用的期货交易技巧，那便是从持仓量分析走势。

(1) 持仓量在上升趋势中增加的话，走势是看涨的。

(2) 持仓量在上升趋势中减少的话，走势是看跌的。

(3) 持仓量在下降趋势中减少的话，走势是看涨的。

(4) 持仓量在下降趋势中增加的话，走势是看跌的。

这个方法，只要投资者会看持仓量就行，不需要懂 K 线图和一些复杂的技术指标，对于新手投资者是不错的选择。

专家指点

所有的投资技巧都不可能完全正确，特别是在没有其他技术指标支持的情况下。所以从持仓量看走势，只能作为一个投资参考，不能当作投资方向。

052 案例：发生逼仓的前提

说到期货逼仓，就一定要提到“327 国债事件”。

中国经济开发信托投资公司(简称中经开)为首的多头，与万国证券以管某为首的空头在 327 国债期货上发生对峙。

中经开断定空头到期不能交割所对应的实盘国债，加上国债加息，所以发动逼空行情，逐步抬高国债价格，致使价格远远超过国债本身的价值，形成万国证券“一人独空”的局面，这就是典型的逼仓。

在情势无可挽回的情况下，管某利用交易漏洞，在最后交易日孤注一掷，用巨量空单打压价格，使得市场所有参与多头在最后一刻几乎全部爆仓，万国证券从亏损变成赚 50 亿元。此事在当时引起轩然大波，万国证券因违规操作而支离破碎。

此次事件在中国期货历史上是空前绝后的，或许当时的国债期货有漏洞，但是通过这个案例，可以看出逼仓的几个前提。

(1) 合约即将交割。

(2) 临近交割日期时持仓量依旧巨大。

(3) 期货价格偏离现货太多。

随着期货市场的完善，逼仓现象几乎很难出现了，这是值得投资者拍手称快的。

想一想，你明白逼仓的危害了吗？____________________。

第 2 章

全面了解：常见期货种类

俗话说：“**知己知彼方能百战不殆**。”了解每一种期货，就像全面了解你的对手一样。只有全面了解每一种期货，才能从中挑选出最适合自己投资的产品。

知识要点

- 农产品期货
- 有色金属期货
- 材料类期货
- 能源期货
- 金融期货
- 其他期货
- 期货分类选择精彩案例

2.1 农产品期货

农产品期货是最为常见的期货种类，本节将详细说明我国常见农产品期货的标准合约与影响价格变动的因素。

053 玉米

玉米为禾本科玉米属一年生草本植物，株形高大，叶片宽长。

1. 标准合约

玉米期货是以 10 吨每手计算，最小变动价位为 1 元/吨，涨跌停板幅度为上一交易日结算价的 4%。一般在 1、3、5、7、9、11 月份交割，交易时间为每周一至周五上午 9:00～11:30，下午 13:30～15:00。最后交易日是合约交割月份的第 10 个交易日，最后交割日是最后交易日后的第 2 日，交割地点是大连商品交易所指定交割仓库。交易保证金是合约价值的 5%，上市交易所为大连商品交易所。

2. 影响价格变动的因素

影响玉米价格的主要因素有以下几个。

(1) **供求情况**。美国的玉米产量占到了全球的 40%以上，成为影响国际供给的最为重要的因素。

(2) **气候影响**。玉米作为农产品，无论现货价格还是期货价格都会受到天气因素的影响。

(3) **经济周期**。经济周期表现为国民收入的波动，并由此发生了产量、就业、物价水平、利率等的波动，从而带动玉米价格波动。

(4) **国家政策**。我国玉米市场基本上已达到完全的市场化运作，玉米价格已经基本上完全反映市场供需，但相关的产业政策、进出口政策、储备政策以及货币政策仍将对玉米市场及其价格走势产生重要影响。

054 大豆

大豆属一年生豆科草本植物，别名黄豆。中国是大豆的原产地，已有 4700 多年的种植历史。

1. 标准合约

大豆期货是按照 10 吨每手计算，最小变动价位为 1 元/吨，涨跌停板幅度为上一交易日结算价的 4%。一般在 1、3、5、7、9、11 月份交割，交易时间为每周一至周五上午 9:00～11:30，下午 13:30～15:00。最后交易日是合约交割月份的第 10 个交易日，最后交割日是最后交易日后的第 7 日，交割地点是大连商品交易所指定交割仓库。交易保证金是合约价值的 5%，交易手续费是 4 元/手，上市交易所为大连商品交易所。

2. 影响价格变动的因素

影响大豆价格的主要因素有以下几个。

(1) **国际市场供应情况**。美国是全球最大的大豆供应国，因此其生产量的变化会对世界大豆市场产生较大影响。

(2) **国内大豆的供应情况**。作为一种农产品，大豆的生产和供应带有很大的不确定性。一般来说，在收获期，大豆的价格比较低。种植期内的气候因素、生长情况、收获进度都会影响大豆产量，进而影响大豆价格。

(3) **进口量**。我国是国际大豆市场最大的进口国之一，因此，国际价格水平和进口量的大小直接影响国内的大豆价格。

(4) **替代品价格**。大豆的替代品有豌豆、绿豆、芸豆、菜籽、棉籽、葵花籽、花生等。这些替代品的产量、价格及消费的变化对大豆价格也有间接影响。

(5) **国家政策的影响**。我国农业、贸易和食品政策的变化都会影响大豆的价格。

想一想，你明白大豆的标准合约了吗？____________________。

055 豆粕

豆粕是大豆经过提取豆油后得到的一种副产品，按照提取的方法不同，可以分为一浸豆粕和二浸豆粕两种。

1. 标准合约

豆粕期货是按照 10 吨每手计算，最小变动价位为 1 元/吨，涨跌停板幅度为上一交易日结算价的 4%。一般在 1、3、5、7、8、9、11、12 月份交割，交易时间为每周一至周五上午 9:00～11:30，下午 13:30～15:00。最后交易日是合约交割月份的第 10 个交易日，最后交割日是最后交易日后的第 4 日，交割地点是大连商品交易所指定交割仓库。交易保证金是合约价值的 5%，交易手续费是 3 元/手，上市交易所为大连商品交易所。

2. 影响价格变动的因素

豆粕是大豆提炼后的产品，所以影响豆粕价格变动的因素可以参照大豆来判断。

056 豆油

豆油是大豆加工的油脂产品的总称，豆油按其加工程度可分为大豆原油和成品大豆油。

1. 标准合约

豆油期货是按照 10 吨每手计算，最小变动价位为 2 元/吨，涨跌停板幅度为上一交易日结算价的 4%。一般在 1、3、5、7、8、9、11、12 月份交割，交易时间为每周一至周五上午 9:00～11:30，下午 13:30～15:00。最后交易日是合约交割月份的第 10 个交易日，最后交割日是最后交易日后的第 3 日，交割地点是大连商品交易所指定交割仓库。交易保证金是合约价值的 5%，交易手续费是 6 元/手，上市交易所为大连商品交易所。

2. 影响价格变动的因素

豆油是大豆加工后的产品，所以影响豆油价格变动的因素也可以参照大豆来判断。

057 小麦

小麦适应性强，分布广，用途多，是世界上最重要的粮食作物，其总面积、总产量及总贸易额均居粮食作物的第一位，有 1/3 以上的人口以小麦为主要食粮。

1. 标准合约

小麦期货是按照 10 吨每手计算，最小变动价位为 1 元/吨，涨跌停板幅度为上一交易日结算价的 3%。一般在 1、3、5、7、8、9、11 月份交割，交易时间为每周一至周五上午 9:00～11:30，下午 13:30～15:00。最后交易日是合约交割月份的第 7 个交易日，最后交割日是第一个交易日至最后交易日，交割地点是郑州商品交易所指定交割仓库。交易保证金是合约价值的 5%，交易手续费是 2 元/手，上市交易所为郑州商品交易所。

2. 影响价格变动的因素

影响小麦价格的主要因素有以下几个。

(1) **种类与质量**。小麦按国标分 9 个种类，种类不同，合约交割标准也不一样，它直接影响仓单数量，导致小麦的价格变化。郑州商品交易所硬冬白小麦期货合约的交割标准品是国标(GB1351—1999)二等硬冬白小麦。

(2) **供需关系**。硬冬白小麦的需求量是最大的，年消费量在 2500 万吨左右，它的产量对价格影响最大。

(3) **天气与质量**。气候因素、生长情况、收获进度都会影响小麦产量，进而影响小麦价格。相对于硬冬白小麦来说，优质强筋小麦的品质受气候影响更大。

(4) **库存**。我国小麦库存比较庞大，最高时达到 1 亿多吨。国家储备小麦充足与否也与小麦的价格有直接关系。

(5) **国家政策**。随着小麦价格市场化程度和国际化程度的提高，小麦价格主要由市场调节，政策对小麦价格的影响越来越小，但是我国粮食政策的变化对小麦价格依然具有潜在的影响。

(6) **消费与季节**。郑州小麦期货是目前交易的农产品期货中最大的品种，其价格走势表现出明显的季节性波动规律。根据以往的经验，每年冬麦上市后的 7 月份为小麦的供应旺季，价格最低。从 9 月份开始，小麦消费进入旺季，现货价格稳步上升。

清一清，影响小麦价格变化的因素：________________________________。

058 棉花

棉花是离瓣双子叶植物，属锦葵目锦葵科木槿亚科棉属，喜热、好光、耐旱、忌渍，适宜于在疏松深厚的土壤中种植。

1. 标准合约

棉花期货是按照 5 吨每手计算，最小变动价位为 5 元/吨，涨跌停板幅度为上一交易日结算价的 4%。一般在 1、3、5、7、8、9、11 月份交割，交易时间为每周一至周五上午 9:00～11:30，下午 13:30～15:00。最后交易日是合约交割月份的第 10 个交易日，最后交割日是合约交割月份的第 12 个交易日，交割地点是郑州商品交易所指定交割仓库。交易保证金是合约价值的 5%，交易手续费是 8 元/手，上市交易所为郑州商品交易所。

2. 影响价格变动的因素

影响棉花价格的主要因素有以下几个。

(1) **国家政策**。政府的宏观政策、行业组织政策、国家储备计划、各国农业补贴政策和纺织品进出口政策都会对棉花的价格产生一定的影响。

(2) **供需关系**。对用于期货交割的棉花来说，当期产量是一个变量，当供需关系因为产量变得供不应求或者生产过剩时，棉花的价格都会相应地涨跌。库存量的多少同样体现着前期供应量的紧张程度，供应短缺则价格上涨，供应充裕则价格下降。

(3) **进出口量**。在生产量和库存量一定的情况下，进出口量实际上直接改变了供应量的多少，导致价格发生变化。

(4) **气候方面**。从历年的情况来看，8、9、10 月份的天气情况是决定棉花产量和质量的关键因素，也是投资棉花期货要关注的首要因素。

(5) **替代产品**。化纤是棉纱的主要替代品，化纤价格的变化影响棉纱的需求，间接影响棉花需求量和棉花价格。

想一想，你明白棉花的标准合约了吗？________________。

059 白糖

白糖是天然甜味剂，是人们日常生活的必需品，同时也是饮料、糖果、糕点等含糖食品和制药工业中不可或缺的原料。

1. 标准合约

白糖期货是按照 10 吨每手计算，最小变动价位为 1 元/吨，涨跌停板幅度为上一交易日结算价的 4%。一般在 1、3、5、7、8、9、11 月份交割，交易时间为每周一至周五上午 9:00～11:30，下午 13:30～15:00。最后交易日是合约交割月份的第 10 个交易日，最后交割日是合约交割月份的第 12 个交易日，交割地点是郑州商品交易所指定交割仓库。交易保证金是合约价值的 6%，交易手续费是 4 元/手，上市交易所为郑州商品交易所。

2. 影响价格变动的因素

影响白糖价格的主要因素有以下几个。

(1) **种植情况**。糖料播种面积和气候对白糖的产量起最重要的决定作用，产量的多少决定白糖的价格。

(2) **供需关系**。我国白糖消费主要依靠国内生产，国内白糖产量的大幅变化直接引起了市场供求关系的不稳定，导致市场价格的波动。

(3) **季节与节假日**。根据以往的数据统计，5 月份以前，白糖货源充足，商家选择的余地比较大，所以价格混乱，进入 6 月份后，价格慢慢趋于稳定。我国的一些传统节假日(如中秋节制作月饼)也会拉大对白糖的需求，导致白糖价格波动。

(4) **国家宏观调控**。国家调控部门对食糖市场的宏观调控，成为影响国内食糖价格变化的主要因素之一。

(5) **替代产品**。食糖的替代品主要有糖精、甜味剂、玉米淀粉糖等，虽然不可能完全取代食糖，但它们的使用减少了食糖的正常市场份额，对白糖的价格有一定的影响。

(6) **进口量变化**。我国作为食糖净进口国，食糖进口量成为影响国际市场和国内市场的直接原因。

专家指点

在世界主要产糖国中，我国和澳大利亚是唯一没有对国内糖业实行高关税保护，而是食糖贸易自由化的国家，这决定了国内食糖市场与国际市场具有较强的相关性。

060 油菜籽

油菜籽系十字花科草本植物栽培油菜长角果的小颗粒球形种子，种皮有黑、黄、褐红等色。

1. 标准合约

油菜籽期货是按照 10 吨每手计算，最小变动价位为 1 元/吨，涨跌停板幅度为上一交易日结算价的 4%。一般在 7、8、9、11 月份交割，交易时间为每周一至周五上午 9:00～11:30，下午 13:30～15:00。最后交易日是合约交割月份的第 10 个交易日，若以仓单方式交割，最后交割日为合约交割月份的第 12 个交易日，若以车板方式交割，最后交割日则为合约交割月份的次月 20 日，交割地点是郑州商品交易所指定交割仓库。交易保证金是合约价值的 5%，上市交易所为郑州商品交易所。

2. 影响价格变动的因素

影响油菜籽价格的主要因素有以下几个。

(1) **供需状况**。一般情况下，国内油菜籽种植面积下降或天气恶劣导致产量下降，将会造成油菜籽供应偏紧、价格上涨；油菜籽主要用来生产菜籽油和菜籽粕，菜籽油和菜籽粕价格的变化对油菜籽价格也会有相应的影响。

(2) **国际市场**。目前我国植物油供应对国际市场的依赖程度已达 70%，国际市场油脂油料的价格变化对国内市场的影响越来越大。

(3) **国家政策**。国家对油菜籽出台的各种调控政策，对其价格有直接影响。

(4) **种植成本**。油菜籽种植成本的增加往往会导致价格上涨。

061 菜粕

菜粕是油菜籽加工菜籽油后的副产品。

1. 标准合约

菜粕期货是按照 10 吨每手计算，最小变动价位为 1 元/吨，涨跌停板幅度为上一交易日结算价的 4%。一般在 1、3、5、7、9、11 月份交割，交易时间为每周一至周五上午 9:00～11:30，下午 13:30～15:00。最后交易日是合约交割月份的第 10 个交易日，最后交割日是合约交割月份的第 12 个交易日，交割地点是郑州商品交易所指定交割仓库。交易保证金是合约价值的 5%，交易手续费是 4 元/手，上市交易所为郑州商品交易所。

2. 影响价格变动的因素

菜粕是油菜籽提炼后的产品，所以影响菜粕价格的因素可以参照油菜籽来判断。

062 菜籽油

菜籽油俗称菜油，是以油菜的种子榨制所得的透明或半透明状的液体，色泽金黄或棕黄。

1. 标准合约

菜籽油期货是按照 5 吨每手计算，最小变动价位为 2 元/吨，涨跌停板幅度为上一交易日结算价的 4%。一般在 1、3、5、7、9、11 月份交割，交易时间为每周一至周五上午 9:00～11:30，下午 13:30～15:00。最后交易日是合约交割月份的第 10 个交易日，最后交割日是合约交割月份的第 12 个交易日，交割地点是郑州商品交易所指定交割仓库。交易保证金是合约价值的 5%，交易手续费是 4 元/手，上市交易所为郑州商品交易所。

2. 影响价格变动的因素

菜籽油是油菜籽加工后的产品，所以影响菜籽油价格变动的因素同样可以参照油菜籽来判断。

清一清，与菜籽油价格波动相似的期货品种：________________。

063 早籼稻

早籼稻俗称水稻，是我国大宗粮食品种。早籼稻分为籼稻和粳稻，籼稻籽粒一般呈长椭圆形和细长形，粳稻籽粒一般呈椭圆形。

1. 标准合约

早籼稻期货是按照 10 吨每手计算，最小变动价位为 1 元/吨，涨跌停板幅度为上一交易日结算价的 3%。一般在 1、3、5、7、9、11 月份交割，交易时间为每周一至周五上午 9:00～11:30，下午 13:30～15:00。最后交易日是合约交割月份的倒数第 7 个交易日，最后交割日是合约交割月份的倒数第 5 个交易日，交割地点是郑州商品交易所指定交割仓库。交易保证金是合约价值的 5%，交易手续费是 2 元/手，上市交易所为郑州商品交易所。

2. 影响价格变动的因素

影响早籼稻价格的主要因素有以下几个。

(1) **供求关系**。供给方面主要由 3 方面组成：前期库存量、当期生产量和商品的进口量。需求方面由国内消费量、出口量和期末商品结存量组成。

(2) **国家政策**。由于早籼稻在我国的地位特殊，国家的粮食产业政策影响甚至主导着早籼稻的供求和价格。

(3) **与其他大宗农产品的比价关系**。玉米、小麦等都是重要的粮食作物，它们与早籼稻的比价关系会对早籼稻的供需产生影响，进而影响早籼稻的产销情况，导致其未来价格走势发生变化。

(4) **种植收益率**。早籼稻的成本收益情况是影响农民种植积极性的主要因素之一，早籼稻谷的种子价格、化肥、农药等成本变化会直接影响农民的积极性。

(5) **季节规律**。一般情况下，每年 7 月份至次年 2 月份早籼稻价格相对较高，3～6 月份价格相对较低。

(6) **气候和心理**。早籼稻生长期间易受天气、干旱、台风、暴雨以及洪涝和病虫害等自然灾害影响，产量不高的同时，如果农民惜售心理较强，使得市场粮源有限，自然会使价格抬升。

064 棕榈油

棕榈油是从油棕树上的棕果中榨取出来的，棕榈树原产于西非，18 世纪末传到马来西亚。目前，东南亚、南美洲、非洲的很多国家都种植棕榈树。棕榈油具有丰富的营养物质及抗氧化性，在食品工业以及化学工业领域均有广泛应用。

1. 标准合约

棕榈油期货是按照 10 吨每手计算，最小变动价位为 2 元/吨，涨跌停板幅度为上一交易日结算价的 4%。一般在 1～12 月份都可交割，交易时间为每周一至周五上午 9:00～11:30，下午 13:30～15:00。最后交易日是合约交割月份的第 10 个交易日，最后交割日是最后交易日后的第 2 日，交割地点是大连商品交易所指定交割仓库。交易保证金是合约价值的 5%，交易手续费是 6 元/手，上市交易所为大连商品交易所。

2. 影响价格变动因素

影响棕榈油价格的主要因素有以下两个。

(1) **供求关系**。影响棕榈油供求关系的因素较多，国际贸易形势、国际能源价格和汇率都会导致棕榈油供求变化，这使得棕榈油价格波动频繁。

(2) **国际价格**。近年来，国际棕榈油价格波动比较大。例如，美国大豆丰收，会导致所有植物油价格受到压制。马来西亚等主要产地的原料价格对棕榈油价格也有不小的影响。

专家指点

在植物油品种中，豆油与菜籽油的价格变化高度相关，而棕榈油与豆油、菜籽油价格变化的相关性则要低很多，主要原因是棕榈油有工业用途。

想一想，你明白棕榈油的标准合约了吗？________________________。

2.2 有色金属期货

有色金属是当今世界期货市场中比较成熟的期货品种之一，本节将详细说明我国常见有色金属期货的标准合约与影响价格变动的因素。

065 黄金

黄金又称金，化学符号是 Au，原子序数是 79，原子量是 197，质量数是 183～204。黄金的熔点为 1063℃，沸点为 2808℃，密度也较大，在 20℃时为 19.32 克/立方厘米。

1. 标准合约

黄金期货是按照 1000 克每手计算，最小变动价位为 0.01 元/克，涨跌停板幅度为上一交易日结算价的 5%。一般在 1～12 月份都可交割，交易时间为每周一至周五上午 9:00～11:30，下午 13:30～15:00。最后交易日是合约交割月份的第 15 个交易日，最后交割日是最后交易日后连续 5 个工作日，交割地点是上海期货交易所指定交割金库。交易保证金是合约价值的 7%，交易手续费是成交金额的万分之二，上市交易所为上海期货交易所。

2. 影响价格变动的因素

影响黄金价格的主要因素有以下几个。

(1) **国际政局。**国际上重大的政治、战争事件都会影响金价。

(2) **世界主要货币汇率**。美元汇率是影响金价波动的重要因素之一。

(3) **供求关系**。近几年受全球流动性过剩等因素影响，黄金投资需求的快速增长对金价影响较大。

(4) **石油价格**。由于世界主要石油现货与期货市场的价格都以美元标价，石油价格的涨落反映出美元汇率和世界通货膨胀率的变化，致使石油价格与黄金价格间接相互影响。

066 白银

白银的化学符号是 Ag，原子序数是 47，相对原子质量是 107.870，熔点为 960.8 ℃，沸点为 2210 ℃，20℃时密度为 10.50 克/立方厘米。

1. 标准合约

白银期货是按照 15 千克每手计算，最小变动价位为 1 元/千克，涨跌停板幅度为上一交易日结算价的 5%。白银期货一般在 1～12 月份都可交割，交易时间为每周一至周五上午 9:00～11:30，下午 13:30～15:00。最后交易日是合约交割月份的第 15 个交易日，最后交割日是最后交易日后连续 5 个工作日，交割地点是上海期货交易所指定交割金库。交易保证金是合约价值的 7%，上市交易所为上海期货交易所。

2. 影响价格变动的因素

影响白银价格的主要因素有以下几个。

(1) **供求关系**。新矿藏的发现与开采、新技术的应用、生产企业检修及罢工和进出口政策等因素影响白银的产量及供应，白银应用领域发展趋势、白银投资偏好变化等因素影响白银的需求。

(2) **进出口政策**。白银的进出口政策直接影响供求关系，进而对国内外市场的供应及价格产生影响。

(3) **政治经济形势**。**白银是重要的工业原材料，又可作为避险资产**，所以其需求量与经济形势、政治局势密切相关。

(4) **世界主要货币汇率及黄金价格走势**。白银和黄金在历史上都曾作为货币使用过，二者有着相似的金融属性，因此，**白银价格与黄金价格在一定程度上具有正相关性。**

(5) **基金投资方向**。基金在白银价格波动中起到了推波助澜的作用，基金具有信息以及技术上的优势。因此，基金的投资方向，对于白银的价格具有先知先觉性与前瞻性。

清一清，影响白银价格变动的因素：________________________。

067 铜

铜是人类最早发现的古老金属之一，早在三千多年前人类就开始使用铜。铜的化学符号是 Cu，原子量是 63.54，比重为 8.92，熔点为 1083 ℃。纯铜呈浅玫瑰色或淡红色，表面形成氧化铜膜后，外观呈紫铜色。人类的生活离不开铜，它被广泛应用于电气、轻工、机械制造、建筑工业、国防工业等领域，在中国有色金属材料中，铜作为内芯的导线的消费仅次于铝。

1. 标准合约

铜期货是按照 5 吨每手计算，最小变动价位为 10 元/吨，涨跌停板幅度为上一交易日结算价的 3%。一般在 1～12 月份都可交割，交易时间为每周一至周五上午 9:00～11:30，下午 13:30～15:00。最后交易日是合约交割月份的第 15 个交易日，最后交割日是合约交割月份的 16～20 日，交割地点是上海期货交易所指定交割仓库。交易保证金是合约价值的 5%，交易手续费是成交金额的万分之二，上市交易所为上海期货交易所。

2. 影响价格变动的因素

影响铜价格的主要因素有以下几个。

(1) **供求关系**。体现供求关系最重要的一个指标是库存，它将直接影响铜的价格。铜的库存分报告库存和非报告库存，报告库存是指交易所库存，非报告库存是指全球范围内的生产商、贸易商和消费商手中持有的库存。

(2) **宏观经济**。铜是重要的工业原材料，其需求量与经济形势密切相关。在分析宏观经济时，有两个重要指标，一个是 GDP 增长率，另一个是工业生产增长率。

(3) **进出口政策**。关税政策直接影响铜进出口成本，是影响铜价格最重要的政策因素。

(4) **铜消费的拓展和替代**。用铜行业的发展是影响消费的重要因素。此外，铜的应用范围在不断拓宽，在医学、生物、超导及环保等领域已开始发挥作用，这些变化将不同程度地影响铜的消费。

(5) **生产成本**。铜的生产成本包括冶炼成本和精炼成本，这两项指标决定铜的价格走向。

(6) **基金投资方向**。根据以往的经验，铜价的涨跌与基金的头寸之间有非常好的相关性。

068 铝

铝是一种轻金属，其化合物在自然界中分布极广，地壳中铝的资源仅次于氧和硅，居第 3 位。在金属品种中，铝是仅次于钢铁的第 2 大类金属，是国民经济发展的重要基础原材料。铝的比重为 2.7，密度为 2.72 克/立方厘米，约为一般金属的 1/3。

1. 标准合约

铝期货是按照 5 吨每手计算，最小变动价位为 5 元/吨，涨跌停板幅度为上一交易日结算价的 3%。一般在 1、3、5、7、9、11 月份交割，交易时间为每周一至周五上午 9:00～11:30，下午 13:30～15:00。最后交易日是合约交割月份的第 10 个交易日，最后交割日是最后交易日后连续 5 个工作日，交割地点是上海期货交易所指定交割仓库。交易保证金是合约价值的 5%，交易手续费是成交金额的万分之二，上市交易所为上海期货交易所。

2. 影响价格变动的因素

影响铝价格的主要因素有以下几个。

(1) **供求关系**。铝与铜类似，体现供求关系的主要指标是库存，但是铝的相关产品和产业也会影响铝的供求，例如，氧化铝和电解铝的应用，汽车制造、建筑工程和电缆电线等行业的发展。

(2) **经济形势**。铝是目前应用非常广的有色金属品种，其消费已经与经济的发展高度相关。

(3) **美元汇率**。国际上铝的贸易一般以美元进行标价和结算，以至美元的走势对铝价的影响显而易见。

069 铅

铅的化学符号是 Pb，原子序数是 82，是所有稳定的化学元素中原子序数最高的。铅的密度为 11.34 克/立方厘米，熔点为 327.5℃，沸点为 1740℃。

1. 标准合约

铅期货是按照 25 吨每手计算，最小变动价位为 5 元/吨，涨跌停板幅度为上一交易日结算价的 5%。一般在 1～12 月份都可交割，交易时间为每周一至周五上午 9:00～11:30，下午 13:30～15:00。最后交易日是合约交割月份的第 15 个交易日，最后交割日是最后交易日后连续 5 个工作日，交割地点是上海期货交易所指定交割仓库。交易保证金是合约价值的 8%，上市交易所为上海期货交易所。

2. 影响价格变动的因素

影响铅价格的主要因素有以下几个。

(1) **供求关系**。铅与铜、铝类似，判断供求的主要指标是库存。

(2) **经济形势**。铅是重要的有色金属品种，其消费与经济的发展高度相关。

(3) **行业景气度**。铅的主要用途是生产铅酸蓄电池，而铅酸蓄电池主要用在汽车、通信电源、电动自行车等上，因而铅的下游需求行业相对集中，这些行业的景气程度直接影响铅的消费。

(4) **国际形势**。自 2009 年以来我国一直成为精铅的净进口国，所以国际铅价对我国铅价有一定的影响。

(5) **生产成本**。在铅冶炼过程中，副产品白银的产量较大，因而白银的价格变化对铅的生产成本起较大的影响。

想一想，你明白铅的标准合约了吗？________________________________。

070 锌

锌是常用的有色金属之一，其产量与消费量仅次于铜和铝。锌的化学符号是 Zn，原子量是 65.4，熔点为 419.73 ℃，沸点为 907 ℃。锌是一种银白略带蓝灰色的金属，其新鲜断面呈现出有金属光泽的结晶形状。

1. 标准合约

锌期货是按照 5 吨每手计算，最小变动价位为 5 元/吨，涨跌停板幅度为上一交易日结算价的 5%。一般在 1～12 月份都可交割，交易时间为每周一至周五上午 9:00～11:30，下午 13:30～15:00。最后交易日是合约交割月份的第 15 个交易日，最后交割日是最后交易日后连续 5 个工作日，交割地点是上海期货交易所指定交割仓库。交易保证金是合约价值的 5%，交易手续费是成交金额的万分之二，上市交易所为上海期货交易所。

2. 影响价格变动的因素

影响锌的价格变动因素大致与铅类似。在其他方面，汽车、家电、高速公路及优质建材等行业需要大量用到锌，它们的发展与锌的价格有着一定的关系。

2.3　材料类期货

材料类期货属于商品期货，又可以认为是能源期货中的化工原料。本节将详细说明我国常见材料类期货的标准合约与影响价格变动的因素。

071　钢材

钢材是国家建设和实现四化必不可少的重要物资，应用广泛，品种繁多。钢材期货的标的物是螺纹钢，根据几何形状，以横肋的截面形状及肋的间距不同进行分类或分型或者以性能分类。

1. 标准合约

钢材期货是按照 10 吨每手计算，最小变动价位为 1 元/吨，涨跌停板幅度为上一交易日结算价的 5%。一般在 1～12 月份都可交割，交易时间为每周一至周五上午 9:00～11:30，下午 13:30～15:00。最后交易日是合约交割月份的第 15 个交易日，最后交割日是最后交易日后连续 5 个工作日，交割地点是上海期货交易所指定交割仓库。交易保证金是合约价值的 7%，交易手续费是成交金额的万分之二，上市交易所为上海期货交易所。

2. 影响价格变动的因素

影响钢材价格的主要因素有以下几个。

(1) **生产成本**。钢材冶炼的成本一般包括原材料成本、能源成本、人工成本这几大方面，它们直接影响钢材的价格。

(2) **投资成本**。钢铁行业作为资金密集型行业，投资成本的高低也是影响钢材价格的一个重要因素。

(3) **供求关系**。在成本相对稳定的情况下，经济发展的快慢往往可以反映钢材的需求量。

072　橡胶

通常我们所说的橡胶是指从橡胶树上采集的天然胶乳，经过凝固、干燥等加工工序而制成的弹性固状物。天然橡胶是一种以聚异戊二烯为主要成分的天然高分子化合物，其橡胶烃(聚异戊二烯)含量在 90%以上，还含有少量的蛋白质、脂肪酸、糖分及灰分等。

1. 标准合约

橡胶期货是按照 10 吨每手计算，最小变动价位为 5 元/吨，涨跌停板幅度为上一交易日结算价的 3%。一般在 1、3、4、5、6、7、8、9、10、11 月份交割，交易时间为每周一至周五上午 9:00～11:30，下午 13:30～15:00。最后交易日是合约交割月份的第 15 个交易日，最后交割日是最后交易日后连续 5 个工作日，交割地点是上海期货交易所指定交割仓库。交易保证金是合约价值的 5%，上市交易所为上海期货交易所。

2. 影响价格变动的因素

影响橡胶价格的主要因素有以下几个。

(1) **供求关系**。国际供求与国内供求情况都会影响橡胶的价格。天然橡胶的主要出口国是泰国、印度尼西亚和马来西亚，消费量最大的国家和地区是中国、印度、美国、西欧和日本，目前我国国产的天然橡胶一直处于供不应求的局面。

(2) **经济环境**。天然橡胶是一种重要的工业原料，国际与国内经济大环境的好坏会影响天然橡胶价格的长期走势。

(3) **相关行业**。天然橡胶消费量最大的就是汽车工业(约占天然橡胶消费总量的65%)，因此汽车工业以及相关轮胎行业的发展情况会影响天然橡胶的价格。

(4) **替代产品**。合成橡胶是天然橡胶的主要替代品，同时由于合成橡胶属于石化类产品，所以石油和合成橡胶的价格与天然橡胶息息相关。

(5) **自然因素**。天然橡胶树的生长对地理、气候条件有一定的要求，季节、气候和病虫害等直接影响天然橡胶的产量。

(6) **汇率变动**。日元兑美元汇率的变动对进口天然橡胶的成本会产生相应影响，从而引起国内橡胶价格的变动。

(7) **政治因素**。政治因素往往会在相关消息传出的短时期内，导致天然橡胶价格的剧烈波动，并且影响其长期价格走势。

专家指点

影响天然橡胶价格波动的因素相对较多，对于国内天然橡胶期货投资者来说，在参与上期所的天然橡胶期货交易时，既要关注国外主要天然橡胶期货市场的交易情况，也要关心国内海南、云南、青岛等现货市场的报价情况。

清一清，影响橡胶价格变动的因素：________________。

073 PTA

PTA 是精对苯二甲酸(Pure Terephthalic Acid)的英文简称，在常温下是白色粉状晶体，无毒，易燃，若与空气混合，在一定限度内遇火即燃烧。PTA 为石油下端产品，是重要的有机原料之一，广泛应用于化学纤维、轻工、电子、建筑等国民经济的各个方面。

1. 标准合约

PTA 期货是按照 5 吨每手计算，最小变动价位为 2 元/吨，涨跌停板幅度为上一交易日结算价的 3%。一般在 1～12 月份都可交割，交易时间为每周一至周五上午 9:00～11:30，下午 13:30～15:00。最后交易日是合约交割月份的第 10 个交易日，最后交割日是合约交割月份的第 12 个交易日，交割地点是郑州商品交易所指定交割仓库。交易保证金是合约价值的 6%，交易手续费是 4 元/手，上市交易所为郑州商品交易所。

2. 影响价格变动的因素

影响 PTA 价格的主要因素有以下几个。

(1) **供求关系**。国内 PTA 的产量远无法满足其需要，缺口靠进口弥补。在我国，PTA 主要用于纺织行业的聚酯生产。所以，PTA 进口价格与纺织行业繁荣度是决定我国 PTA 供求的主要因素。

(2) **石油价格**。PTA 是石油下端产品，所以石油的价格直接影响 PTA 的价格。

(3) **棉花走势**。PTA 的下游产品是涤纶，与棉花同为纺织品的重要原料，二者是一种替代关系。

(4) **人民币汇率**。我国是全球最大的纺织品生产国和出口国，人民币升值会降低纺织品的出口竞争力，而纺织品市场形势反过来也将直接影响到化纤产业及上游 PTA 行业的发展。

074　甲醇

甲醇又名木精、木醇，英文名为 Methanol 或 Methyl Alcohol，化学分子式为 CH_3OH，是无色、略带醇香气味的挥发性液体，能溶于水，在汽油中有较大的溶解度，有毒，易燃，其蒸汽与空气能形成爆炸混合物。甲醇是由合成气生产的重要化学品之一，既是重要的化工原料，也是一种燃料。

1. 标准合约

甲醇期货是按照 50 吨每手计算，最小变动价位为 1 元/吨，涨跌停板幅度为上一交易日结算价的 4%。一般在 1～12 月份都可交割，交易时间为每周一至周五上午 9:00～11:30，下午 13:30～15:00。最后交易日是合约交割月份的第 10 个交易日，最后交割日是合约交割月份的第 12 个交易日，交割地点是郑州商品交易所指定交割仓库。交易保证金是合约价值的 6%，上市交易所为郑州商品交易所。

2. 影响价格变动的因素

影响甲醇价格的主要因素有以下几个。

(1) **国家政策**。甲醇作为替代能源已经成为一种趋势，随着科技的发展，国家会经常发布对甲醇利好的政策。

(2) **能源价格**。由于国际甲醇生产装置中 90%以上采用天然气作原料，因而天然气价格的波动必将引起甲醇价格的波动。

(3) **生产供应**。由于甲醇装置日趋大型化，年产百万吨级装置已投入运行，这些大型或超大型装置一旦检修或意外停车均会影响市场供应而引起价格波动。

(4) **相关行业**。甲醇是一种重要的有机化工原料，在化工、医药、轻工、纺织等行业具有广泛应用，这些行业的景气程度决定着甲醇的需求。

(5) **生产成本**。我国的甲醇生产以煤炭、天然气、焦炉气为原料，这些原料的成本也影响甲醇的生产成本。

(6) **国际价格**。我国是世界上最大的甲醇消费国，同时也是世界上甲醇消费增长速度最快的国家之一，所以我国甲醇价格与国际接轨。

(7) **运输成本**。甲醇的仓储需要依托专业的液体化工仓库进行，在当前我国甲醇生产与消费区域不平衡，受相关运输条件影响较大。

想一想，你明白甲醇的标准合约了吗？________________。

075 玻璃

玻璃是日常生活中随处可见的商品，在常温下是固体，易碎，其摩氏硬度为 6.5。

1. 标准合约

玻璃期货是按照 20 吨每手计算，最小变动价位为 1 元/吨，涨跌停板幅度为上一交易日结算价的 6%。一般在 1～12 月份都可交割，交易时间为每周一至周五上午 9:00～11:30，下午 13:30～15:00。最后交易日是合约交割月份的第 10 个交易日，最后交割日是合约交割月份的第 12 个交易日，交割地点是郑州商品交易所指定交割仓库，上市交易所为郑州商品交易所。

2. 影响价格变动的因素

影响玻璃价格的主要因素有以下两个。

(1) **市场环境**。玻璃是生活中必不可少的商品，在社会主义市场经济条件下，相关企业要想在越来越激烈的竞争中求得生存和发展，就必须使其产品具有较强的市场竞争能力，不断适应市场的变化。因而，市场对企业发展起着决定性的作用，而企业发展好坏又决定着玻璃的价格。

(2) **成本因素**。生产玻璃的原料成本包括燃料、纯碱、石英砂和其他原材料的成本，此外还包括人工费用，其中又以燃料和纯碱成本占比最大。这些方面的价格波动也会影响玻璃的价格。

076 LLDPE

LLDPE 是线性低密度聚乙烯的简称，属于塑料的一种，密度为 0.915～0.940 克/立方厘米。LLDPE 的主要应用领域是农膜、包装膜、电线电缆、管材、涂层制品等。

1. 标准合约

LLDPE 期货是按照 5 吨每手计算，最小变动价位为 1 元/吨，涨跌停板幅度为上一交易日结算价的 4%。一般在 1～12 月份都可交割，交易时间为每周一至周五上午 9:00～11:30，下午 13:30～15:00。最后交易日是合约交割月份的第 10 个交易日，最后交割日是最后交易日后的第 2 日，交割地点是大连商品交易所指定交割仓库。交易保证金是合约价值的 5%～6%，交易手续费是 8 元/手，上市交易所为大连商品交易所。

2. 影响价格变动的因素

影响 LLDPE 价格的主要因素有以下几个。

(1) **原料价格**。原油、石脑油以及乙烯是其上游原料，它们价格的波动将会直接影响到 LLDPE 的价格变化。

(2) **供求方面**。库存、装置检修和进口量是决定 LLDPE 供应是否充足的主要因素。需求方面除了考虑实际生产外，还应注意一些投机商人是否恶意囤货。

清一清，影响 LLDPE 价格变动的因素：________________________。

077 PVC

PVC 是聚氯乙烯的简称，是我国重要的有机合成材料。聚氯乙烯是一种无毒、无臭的白色粉末，化学稳定性很高，具有良好的可塑性。PVC 主要用于生产透明片、管件、金卡、输血器材、软管、硬管、板材、门窗、异型材、薄膜、电绝缘材料、电缆护套、输血料等。

1. 标准合约

PVC 期货是按照 5 吨每手计算，最小变动价位为 5 元/吨，涨跌停板幅度为上一交易日结算价的 4%。一般在 1～12 月份都可交割，交易时间为每周一至周五上午 9:00～11:30，下午 13:30～15:00。最后交易日是合约交割月份的第 10 个交易日，最后交割日是最后交易日后的第 2 日，交割地点是大连商品交易所指定交割仓库。交易保证金是合约价值的 5%，交易手续费是 6 元/手，上市交易所为大连商品交易所。

2. 影响价格变动的因素

影响 PVC 价格的主要因素有以下几个。

(1) **供需方面**。在供应方面主要考虑的是停产检修、进口量的变化、石化政策性减产和装置意外事故。以 PVC 为原料的下游产品需求有很强的季节性，所以多关注相关行业的消息尤为重要。

(2) **成本因素**。原油是 PVC 的主要原料之一，它的价格波动对 PVC 有直接的影响。

(3) **宏观经济**。PVC 是许多工业生产的原材料，宏观经济形势好，对于 PVC 需求和消费就大，市场价格也会比较理想。

2.4 能源期货

能源期货属于一种新兴的商品期货，本节将详细说明我国常见能源期货的标准合约与影响价格变动的因素。

078 焦炭

焦炭是由炼焦煤在焦炉中经过高温干馏转化而来，焦炭是我国目前为数不多的常年排名世界第一的、具有重要影响力的资源型和能源类产品。焦炭主要用于高炉炼铁和一些有色金属的鼓风炉冶炼，起还原剂、发热剂和料柱骨架作用。

1. 标准合约

焦炭期货是按照 100 吨每手计算，最小变动价位为 1 元/吨，涨跌停板幅度为上一交易日结算价的 4%。一般在 1～12 月份都可交割，交易时间为每周一至周五上午 9:00～11:30，下午 13:30～15:00。最后交易日是合约交割月份的第 10 个交易日，最后交割日是最后交易日后的第 2 日，交割地点是大连商品交易所指定交割仓库。交易保证金是合约价值的 5%～6%，交易手续费是 6 元/手，上市交易所为大连商品交易所。

2. 影响价格变动的因素

影响焦炭价格的主要因素有以下几个。

(1) **生产成本**。炼焦煤是焦炭生产的主要原材料，炼焦煤的储量并不丰富，占全国煤炭保有储量的比重不大，而且品种很不均衡，地区分布差异巨大，所以炼焦煤的波动很大程度上影响焦炭的价格。

(2) **钢材走势**。钢铁工业是焦炭最主要的消费领域，因此焦炭消费高度依赖于钢铁工业的运行，钢铁价格与焦炭价格高度相关。

(3) **宏观经济**。对焦炭市场直接影响最大的是钢铁工业的发展，而钢铁工业作为国民经济的基础工业，其发展受宏观经济的影响较大。

想一想，你明白焦炭的标准合约了吗？____________________________。

079 燃料油

燃料油作为成品油的一种，是石油加工过程中在汽、煤和柴油之后从原油中分离出来的较重的剩余产物。燃料油主要用于化工、交通运输、建筑和冶金等行业，是目前我国石油及石油产品中市场化程度较高的一个品种。

1. 标准合约

燃料油期货是按照 50 吨每手计算，最小变动价位为 1 元/吨，涨跌停板幅度为上一交易日结算价的 5%。一般在 1～12 月份(春节月份除外)都可交割，交易时间为每周一至周五上午 9:00～11:30，下午 13:30～15:00。最后交易日是合约交割月份的前一月份的最后一个交易日，最后交割日是最后交易日后连续 5 个工作日，交割地点是上海期货交易所指定地点。交易保证金是合约价值的 8%，上市交易所为上海期货交易所。

2. 影响价格变动的因素

影响燃料油价格的主要因素有以下几个。

(1) **供求关系**。燃料油的供给因素有国内生产和国际进口两个方面。我国对燃料油的需求以炼油化工原料为主，交通方面的需求为辅。

(2) **国际市场**。新加坡是世界石油交易中心之一，新加坡燃料油市场在国际上占有重要的地位。

(3) **进口成本**。燃料油的进口税率、港口费和商检费等因素也会影响燃料油的价格。

2.5 金融期货

期货分为商品期货和金融期货两大类，金融期货的种类不多，但是地位都相当重要。本节将详细说明我国常见金融期货的种类。

080 股指期货

股指期货是股票指数期货的简称，就是以股票指数为标的物的期货合约。**其实质是，投资者通过指数期货工具将整个股市价格指数的预期风险转移至期货市场上来**。这种风险是由对股票走势抱有不同预期的投资者通过买卖操作来抵消的。

专家指点

股指期货交易的双方交易的是一定期限后的股票指数价格水平，通过现金结算差价来进行交割。股指期货是目前金融期货历史中存在时间最短、发展最快的金融产品。

常见的股指期货有沪深 300 指数期货、恒生指数期货、道•琼斯指数期货等。以沪深 300 指数期货为例，其标准合约的主要内容如下。

(1) **合约标的物**：沪深 300 指数。

(2) **合约乘数**：每点 300 元。

(3) **合约价值**：股指期货指数点乘以合约乘数。

(4) **报价单位**：指数点。

(5) **最小变动价位**：0.2 点。

(6) **合约月份**：当月、下月及随后两个季月。

(7) **交易时间**：上午 9:15～11:30，下午 13:00～15:15。

(8) **最后交易日交易时间**：上午 9:15～11:30，下午 13:00～15:00。

(9) **日最大波动限制**：上一个交易日结算价的正负 10%。

(10) **最低交易保证金**：合约价值的 12%。

(11) **交割方式**：现金交割。

(12) **最后交易日**：合约到期月的第 3 个周五，法定节假日顺延。

(13) **交割日期**：同最后交易日。

(14) **手续费**：成交金额的万分之零点五。

(15) **交易代码**：IF。

(16) **上市交易所**：中国金融期货交易所。

由于股指期货标的物是股票的指数，所以投资这种期货需要投资者对股票市场比较了解，才能有比较好的收益。

清一清，股指期货标准合约的大致内容：________________________________。

081 外汇期货

外汇期货又叫货币期货，它是以汇率为标的物的期货合约，是最早的金融期货品种。**外汇期货的实质是，在最终交易日，按照当时的汇率将一种货币兑换成另外一种货币的期货合约。**

经济的全球化使得越来越多的企业面临汇率波动的风险，市场需要一种规避这种风险的工具，于是外汇期货应运而生。自 1927 年 5 月，芝加哥商品交易所的国际货币商场宣布推出第一张外汇期货以来，外汇期货一直保持旺盛的发展势头。它不仅为广大投资者和金融机构等经济主体提供套期保值的工具，还为投资者提供了新的获利手段。

专家指点

有的投资者利用货币合约来对冲外汇汇率风险，也有的投资者愿意承担这种风险，从事投机交易，以便从汇率变动中获利。在合约交割前的任何时候，投资者都可以选择平掉仓位来锁定利润或亏损。

目前我国还没有外汇期货的品种，芝加哥商品交易所(CME)推出的标准美元/人民币(CNY)期货标准合约大致如下。

(1) **合约规则**：100 000 美元起(按 2014 年 3 月的汇率计算，约合 622 500 元人民币)。

(2) **最小变动价位**：对于买断，每份合约按单位美元 0.0010 元人民币=100 元人民币(约合 15.42 美元)报价；对于跨期差价，每份合约按单位美元 0.0005 元人民币=50 元人民币(约合 7.71 美元)报价。

(3) **人民币计价**：日付款和收款按人民币计算，但会参照中国人民银行每天的固定汇率换算为美元，并按美元存入银行。

(4) **交易时间**：周日至周五(芝加哥时间下午 17:00 至第二天下午 16:15，下午 16:14 开始，停盘 45 分钟)。

(5) **交割月份**：12 个连续日历月(1 月、2 月、3 月、4 月、5 月、6 月、7 月、8 月、9 月、10 月、11 月、12 月)，另加 4 个季度月(即 3 月、6 月、9 月、12 月，期限范围为 3 年)。

(6) **最后交易日**：交易停止时间是北京时间的合约月份中，第 3 个周三之前的第一个北京工作日的上午 9:00。

(7) **头寸责任**：头寸责任的触发水平是兑换为名义上相当于 6000 份 CME 标准人

民币/美元期货合约(相当于 60 亿元人民币)的美元/人民币期货。

(8) **头寸限制**：于交易日终止前一周当日所在或之后的现货月，不超过 2000 份标准人民币/美元期货合约(相当于 20 亿元人民币)。

082 利率期货

利率期货是指以债券类证券为标的物的期货合约，最早诞生于芝加哥商业交易所集团。利率期货可以规避由银行利率波动所引起的证券价格变动的风险，它的诞生源于利率管制的放松和取消。

利率期货的种类繁多，按照期限划分的话，可分为短期利率期货和长期利率期货；按照债务凭证来划分的话，可分为短期国库券期货、中长期国库券期货和欧洲美元定期存款期货。

专家指点

虽然利率期货的诞生较外汇期货晚了 3 年多，但其发展速度却比外汇期货快得多，其适用范围也比外汇期货广泛。在一些期货交易发达的国家和地区，利率期货甚至超过了农产品期货成为成交量最大的期货品种。

值得一提的是，国债期货阔别 18 年之久后于 2013 年 9 月重返国内期货市场。国债期货是指通过有组织的交易场所，预先确定买卖价格并于未来特定时间内进行钱券交割的国债派生交易方式。

国债期货属于利率期货的一种，是一种高级的金融衍生工具。国债期货一般有以下特点。

(1) **交易内容**。国债期货交易不牵涉国债券所有权的转移，只是转移与这种所有权有关的价格变化的风险。

(2) **交易地点**。期货交易市场以公开化和自由化为宗旨，禁止场外交易和私下对冲，国债期货交易必须在指定的交易场所进行。

(3) **标准合约**。所有的国债期货合同都是标准化合同。国债期货交易实行保证金制度，是一种杠杆交易。

(4) **结算制度**。国债期货交易实行每日无负债的结算制度。

(5) **现金交割**。国债期货交易基本是现金交割，一般较少发生实物交割现象。

2.6 其他期货

国外发展期货的时间更长、品种更多，是值得投资者借鉴的，还有一些国内已经消失的期货品种，它们消失的原因也能给投资者一定的启示。本节将详细说明一些国外的期货品种或国内已经消失的期货品种。

083 电力期货

电力期货是指以特定价格进行买卖，在将来某一特定时间开始交割，并在特定时间段内交割完毕的电力商品合约。电力期货交易的对象是电力期货合约，是在电力远期交易基础上发展起来的高度标准化的远期合约。

1. 主要特征

电力是一种很特殊的商品，它既与其他期货商品相类似，但同时在某些方面又具有自身所特有的一些特点。一般来说，电力期货合约应该有以下 3 个主要特征。

(1) **电价波动大**。每天负荷高峰时段(白天)和负荷低谷时段(深夜)的电价完全不同，高峰时段的电价较高，低谷时段的电价较低，两者的差异可达到一倍以上。

(2) **风险性更高**。由于电力消费接近于刚性需求，因此电力需求的变化会在电力市场中产生巨大的价格波动。一天中会出现在用电高峰时电价达到市场价格上限，而在用电低谷时电价为零甚至为负的情况。这让电力期货交易与其他期货商品交易相比具有更大的风险性。

(3) **实物交割难**。电力的另一个显著特点是不可储存性，即每天每个时刻由发电厂所发出的电量必须与实际消费用电量实时平衡。这就导致了电力实物交割较其他期货商品更为困难。

2. 实例说明

以芝加哥商品交易所的 TVA 电力期货为例，其标准合约的主要内容如下。

(1) **交易单位**：1680 兆瓦特/手。

(2) **报价单位**：美元。

(3) **最小变动价位**：0.01 美元/兆瓦时。

(4) **涨跌停幅度**：7 美元/兆瓦时。

(5) **合约月份**：全年。

(6) **交易时间**：芝加哥时间上午 8:00 至下午 14:40。

(7) **持仓限制**：据 CME 董事会公告。

(8) **报告头寸**：25 手。

(9) **最后交易日**：交割月第一个公历日往前第 4 个交易日。

(10) **交割地点**：田纳西州流域管理局管理区域。

(11) **交割方式**：实物交割。

(12) **交割率**：5 兆瓦。

(13) **交割时间**：交割月的高峰用电时段。

(14) **商品代码**：BA。

3. 积极作用

开设电力期货对电力市场有以下积极作用。

(1) **有效控制电力市场的价格风险**。期货的首要作用是风险管理，对于电力市场价格的高波动，更需要风险管理工作来稳定市场。

(2) **利于电力市场的稳定发展**。通过电力期货的价格表现，国家可以以此确定和调整宏观经济政策，引导企业调整生产经营规模与方向，使其符合国家宏观经济发展的需要。

想一想，你明白什么是电力期货了吗？________________________。

084 天气指数期货

天气指数期货的交易原理与其他期货类似。具体来说，每个月的开始，期货市场主管机构都会根据以往 10 年当月的气温情况，确定降温和升温的初始值。为了使市场运转起来，指定的“做市商”将喊出“出价”和“要价”，前者比初始值稍低，后者则稍高，这是投资者可以买进或卖出的度数。

目前全球提供天气期货合约的交易所有伦敦国际金融期货期权交易所(LIFFE)、芝加哥商品交易所(CME)和位于亚特兰大的洲际交易所等。

1. 国际情况

从 1997 年起在 CME 正式开始交易天气期货至今，目前已有美国天气期货、欧洲天气期货和亚太天气期货等品种。日本的东京国际金融期货交易所也于 2005 年开始交易天气期货合约。

2. 实例说明

CME 的天气指数期货是第一个与气温有关的天气衍生品。CME 的天气指数期货包括制热日指数期货、制冷日指数期货、制冷季节指数期货和制热季节指数期货 4 种。以下以 CME 的制热日指数(HDD)期货为例，做一个简单的说明，让广大投资者加深对天气指数期货的理解。

专家指点

制热日指数(HDD)通过日平均温度与华氏 65° 的比较来测量寒冷程度，也就是需要采暖的指数。如果日平均温度是华氏 45° ，那么日 HDD 就是 20；如果日平均温度高于华氏 65° ，那么日 HDD 就是 0。

CME 的 HDD 指数是一个月的每日 HDD 指数的累积，在最后结算日每一指数点为 100 美元。在规定的期货交易日买入或卖出 HDD 和指数价值的法定协议，HDD 采用现金交割。CME 选择了 10 个城市的温度作为交易标的，每个城市用不同的符号表示，比如 H2HDD 表示芝加哥制热日温度指数。

(1) **合约规格**。CME 的 HDD 期货合约的名义价值为 100 倍 HDD 指数，合约以 HDD 指数点报价。最小价格波动为 1HDD 指数点，价值为 100 美元。

(2) **合约月份**。HDD 可在任意交易时间，分别有 7 个连续的 HDD 与 CDD 期货合约和 5 个连续的 HDD 与 CDD 期权合约上市交易。

(3) **结算**。每月合约的结算价格依据地球卫星有限公司计算的 HDD 指数得出。

3. 我国发展

早在 2006 年，我国大连商品交易所和国家气象中心合作开发的温度指数期货合约上市申请已报中国证监会。此外，大商所与东京金融期货交易所(TFX)签署了合作谅解备忘录，将有望合作研发和推广天气衍生产品。

中国现在有农产品期货市场，如果让天气指数期货这样的期货品种发展起来的话，那么保险公司就可以在这些市场上转移承保风险，加之一定程度的保费补贴和税收优惠，从而使得国家在农业保险这方面走向良性循环。

清一清，天气指数期货的运作方法：________________________________。

085　房地产指数期货

顾名思义，房地产指数期货，就是以房地产指数为标的物的期货合约。房地产期货合约提供给投资者一种方式，使其可以在更少的资本需求情况下去预测房地产价格的变动。

2006 年，CME 就开始交易标准普尔凯斯—希勒房价指数，它以美国房地产价格的加权综合指数为标的物，采用现金交割而非实物交割。每个合约价值是以 250 美元乘以每个城市的房产顾客满意指数(CSI)。

例如，如果洛杉矶的 CSI 价值被报告为 200 点，则合约价值将会是 250×200=50 000 美元，该合约的最小价格波幅为 0.20 个指数点，即 0.2×250=50 美元。

专家指点

凯斯—希勒房价指数是美国房地产领域最重要的指数，于 20 世纪 80 年代由 Karl Caser 和 Robert Shiller 研发，是公认的衡量房价变动的可靠测量指标，它被广泛运用，并且被当作是美国房地产市场和国民经济变动的晴雨表。

086 绿豆期货

绿豆期货是我国已经消亡的期货品种。从 1993 年郑商所推出，到 1999 年创成交量最高纪录，再到目前的消亡，绿豆期货也可谓是大起大落。

1. 品种简介

绿豆是一种豆科蝶形花亚科豇豆属植物，主根不发达，侧根细长，茎高 30～100 厘米，有直立、半蔓和蔓生 3 种类型。绿豆原产印度、缅甸地区。中国、缅甸等国是主要的绿豆出口国。

绿豆期货是按照 10 吨每手计算，最小变动价位为 2 元/吨，涨跌停板幅度为上一交易日结算价的 4%。一般在 1、3、5、7、9、11 月份交割，交易时间为每周一至周五上午 9:00～11:30，下午 13:30～15:00。最后交易日是合约交割月份的第 10 个交易日，最后交割日是最后交易日后的第 2 日，交割地点是郑州商品交易所指定交割仓库。交易保证金是合约价值的 10%，交易手续费是 6 元/手，上市交易所为郑州商品交易所。

2. 消亡原因

绿豆期货消亡最主要的原因，是在当时被过分炒作，由于大量投机资金的进入，绿豆交易量、持仓量急剧扩大，郑商所为了控制风险，只好将保证金不断提高。最后随着交易保证金的逐步提高，逐渐让绿豆交易萎缩，直到退出期货市场。

专家指点

自从郑商所推出绿豆期货合约以来，随着绿豆期货交易的不断活跃，绿豆市场上也风波不断，1999 年众多投资者与投机商人的过分追捧，最终造成“1・18 风波”。随后中国证监会将小麦期货交易保证金由 10%下调到 5%，而将绿豆交易保证金由 5%提高到 20%，这让绿豆期货彻底走向了消亡。

2.7 期货分类选择精彩案例

本节将通过笔者的亲身经历和实际案例，带你了解不同种类期货的选择与特点。

087 案例：分清各品种的差别

冯先生炒期货的时间说长不长，说短也不短，大概有一年多了，对期货的理解多了也谈不上，但总还是没亏损。

一直操作农产品期货的他，最近想换换花样，玩玩有色金属期货。冯先生觉得凭借他的经验，不说赚钱，但也不至于亏损。于是，他也没多做功课，直接开始了操作。结果不到两个月的时间，冯先生就把之前一年挣的钱都赔光了。

期货不像股票，股票的操作技巧大多适用于所有的个股，而期货由于标准合约的差别，导致其实际操作也有很大的区别。一般情况下，各个期货品种会有以下差别。

(1) **标的物不同**。期货有的以商品价格为标的物，有的以股票指数为标的物，它们的差异是比较大的，不像各个商品间的差异较小。

(2) **参与金额不同**。每种期货的价格和保证金的差别也比较大。例如，铜期货价格是 50 000 元/吨的时候，做一手是 5 吨，保证金为 5%的话，需要 12 500 元。但如果是做早籼稻期货的话，按 2500 元/吨、一手 10 吨、保证金是 5%计算，做一手只需要 1250 元。

(3) **合约内容不同**。不同品种期货的标准合约几乎完全不同，这导致期货的大部分属性都不一样。其中对投资影响最大的是活跃度，期货的成交量、持仓量与波动幅度等因素，它们会直接影响投资者的投资决策。

想一想，你知道怎样分清期货品种的差别了吗？____________________。

088 案例：黄金期货投资误区

薄师傅投资期货的资金不多，只有 3 万来元。在黄金价格持续走高，开始有下跌迹象的时候，薄师傅也不想错过这次做空的好机会。

投资之前薄师傅合计了以下情况，以当时的金价，他持仓一手的话，剩余资金至少也够 20 来天的亏损，足够保证价格震荡时保证金的补足。就在他多方研究黄金期货后准备开仓时，期货经纪公司却告知他，目前黄金期货一手的保证金大概要 28 000 元左右。这让薄师傅大吃一惊，如果保证金是 28 000 元一手，自己剩下的 2000 元钱是肯定不够价格震荡的。

对黄金期货的不了解，不仅让薄师傅失去了这次好机会，还浪费了大量时间研究黄金期货。黄金期货对于一般商品期货而言，确实有些特殊，作为对黄金期货不太了解的投资者，很容易犯一些错误。笔者总结了一些黄金期货投资中常见的误区，希望广大投资者能从中了解黄金期货的特点。

(1) **黄金可作为货币，所以黄金期货属于金融期货**。黄金期货确实具有较强的金融属性，但自从布雷顿森林体系瓦解之后，黄金和美元之间的关系也几乎瓦解。黄金与铜、原油期货等相同，虽然有较强的金融属性，但它们仍属于商品期货。

(2) **按照标准合约计算，黄金的投资门槛大概在 17 000 元**。若以目前 250 元/克的金价计算，确实一手的保证金是 17 500 元。但期货公司为了防范风险，也会对投资者加收 2%～3%的保证金，这样投资一手黄金期货最少要 25 000 元，而期货交易所实际对黄金期货的风险金收取可能会更多。

(3) **不用止损，大不了长期被套**。一些投资者有股市中亏损就套在那里的习惯，把投资时间拉长，妄想通过转换时间框架达到扭亏为盈的目的，这在黄金期货投资中是错误的做法。在股市中可行的原因是股票没有杠杆效应，而黄金期货的快速波动会被杠杆效应放大，放大后的亏损程度投资者很可能承受不了。

(4) **若是亏损的话，大不了实物交割**。这种想法是完全行不通的。对于一般的投资者是不允许持仓进入交割月份的，如果进入交割月份，持仓没有按规定调整为 0 手，交易所将根据规定对其执行强行平仓，强行平仓发生的亏损由相关责任人承担。

(5) **反正是 T+0 的交易制度，可以多操作**。由于黄金期货的波动性较强，无计划频繁地交易很可能让投资者一错再错，从而影响自己的情绪。一旦心态出现问题，投资准确性将更低。

专家指点

在黄金期货投资中，回调也是值得注意的问题。当利好消息出现或关键价位突破时，市场将有大量的资金进入，这增加了推动价格波动的力量，此时价格回调的出现，大多是价格走完了某一波动。如果投资者再入场，往往会损失惨重。

089 案例：股指期货的主要用途

唐小姐酷爱炒股，但是近期股市大盘不好，自己余下的钱肯定不能再往股市里投了，空放着她又觉得有些浪费。

一个偶然的机会，唐小姐了解到期货中的股指期货，这让她看到了出路，股票大盘不好的时候做空股指期货是个很好的投资方法。经过一段时间的学习与摸索，唐小姐把自己闲置的钱投入到了股指期货中。唐小姐在这次大盘低迷的情况下，通过股指期货把股市中的损失都弥补了回来，还有不小的盈余。

股指期货相对于股票，确实有它独到的作用，主要从以下 3 点来表现。

(1) **控制股票投资组合风险**。股票有两类，个股经营方面的风险可通过分散投资来化解，宏观经济方面的风险只能通过调节风险系数(β值)规避。通过买卖股指期货，可以调节股票组合的风险系数，从而降低组合投资的系统性风险。

专家指点

贝塔系数是金融行业中常见的一个系数，它就是风险系数。在股市中，如果贝塔值是 1，那么说明该股票组合的波动与大盘相同；如果贝塔值是 2，那么说明该股票组合的波动是大盘的一倍，相当于风险与收益都翻了一倍。

(2) **利用股指期货进行套利**。利用股指期货的定价偏差，通过买入股指期货对应指数成分股，同时卖出股指期货；或者卖出股指期货对应指数成分股，同时买入股指期货，可以获得无风险收益。这样的机制也可以让股指期货的价格保持在一个合理的范围。

(3) **提供双向杠杆交易工具**。由于期货的双向交易性，只要投资者判断准确，无论大盘涨跌都能获取收益。而且，股指期货同样使用保险金机制，提供了投资者以小搏大的机会。

清一清，股指期货的用途：________________________________。

090　案例：股指期货投资要点

杜先生想进军期货市场，对股票有所了解的他，选择了股指期货作为投资期货的第一站。

对于期货不甚了解的杜先生，第一次交易结算后差不多亏损了近 1 万元，这让他对期货有些恐惧了：“花 10 万来元买一手股指期货，每天在亏损最多的时候斩仓的话，可能要亏损 3 万多元，相当于一天就要亏损投入资金的 30%以上，比股票最多 10%的幅度要大得多。”

确实如此，按照杠杆原理，股指期货的投入产出比是很大的。对于这种投资方式，投资者应该注意以下要点。

(1) **合约乘数**。其含义是 1 个点的股票指数应该值多少钱。以沪深 300 指数期货合约为例，其合约乘数初步设定为 300，则 1 个点的沪深 300 指数数值，就相当于 300 元。若沪深 300 指数的点位约为 2500 点，则一张沪深 300 指数合约的价值为 75 万元。

(2) **保证金额**。如果一张沪深 300 指数期货合约的价值约为 75 万元，那么以目前的沪深 300 指数期货合约 12%的保证金计算，理论上买一份沪深 300 指数期货合约只需要支付 9 万元保证金。但是实际上，期货经纪公司也会根据市场风险收取 2%～5%不等的保证金。

(3) **合约成交量**。股指期货合约可以说是买卖双方对指数点位的一种对赌合约。只要存在一对买卖双方，就能产生一张成交的合约。一个投资者，即使没有任何股指期货的合约持仓，也可以卖出一张股指期货的合约。只要投资者愿意买，那就会产生一张的成交量。

(4) **未平仓合约数**。大部分的股指期货合约都没有选择在到期日进行交割，而是采取了“平仓”这种方式来结束一次期货合约的投资。在股指期货合约中，更重要的指标叫“未平仓合约数”。未平仓合约数是指买方或卖方的单边持仓合约的总量，也就是市场上的存续合约总数。

专家指点

需要特别指出的是，如果购买一份合约需要 10 万元左右，但是由于是保证金交易，同时期货合约实行的是每日无负债结算制度，因此，要安全地投资一份合约，10 万元是远远不够的。按照三分之一资金建仓规则来说，投资者应该准备 30 万元。

091 案例：股指期货交易窍门

冯先生刚刚学会炒期货，他听说股指期货挣钱快，于是也想投资股指期货。但是生性谨慎的他并没有急于进入股指期货市场，而是先多方打听投资股指期货的窍门，在这之后，才开始实际操作。掌握了一些窍门的冯先生，不久之后就赚了一笔。

掌握一些窍门可让投资者在进入股指期货市场以后，显得更加游刃有余。投资股指期货，时机的把握相当重要，在这方面有以下窍门。

(1) **做多的时机选择**。股指期货更具现货市场的联动性和期货的预期性，一般在两种基本的情形下，投资者可以选择做多：一是在股票市场出现上涨过程中，期现联动会使期货市场走高，这时可以选择做多；二是在对未来预期将上涨的基础上，选择未来月份上行做多。

(2) **做空的时机选择**。当现股市下跌和未来预期下跌的情形下，投资者可以选择卖空股指期货，等待市场下跌。

(3) **止损的时机选择**。止损是股指期货中最重要的一环，一般分为 3 种时机：按照资金比例止损、按照技术止损和价格比例止损。

专家指点

按照资金比例止损是在进场时就选取止损点位，按照资金的比例选择止损时机，当金额少于预定的最低资金时，选择止损离场；按照技术止损是通过技术指标、均线系统设立止损位置，首先选择合适的指标或均线，在指标给出信号，或者均线击穿后激发止损命令，进行止损；价格比例止损是在入场点位附近设置一定比例的价格波动空间，例如设定 10%的止损比例，当价格下跌超过进场价位的 10%时，执行止损命令离场。

092 案例：国债期货的主要功能

老刘投资期货有 20 多年了，最近让他最为兴奋的事，无疑就是国债期货的重新上市。

与许多老投资者一样，老刘对国债期货有很深的感情，虽然当时上市的国债期货有不合理的地方，但他依然坚持投资到了下线的那一天。对于这次国债期货的再上市，老刘坚定地表示："只要上，我就买！"

对于投资期货时间不长的投资者，可能还不太了解国债期货。国债期货是指通过有组织的交易场所预先确定买卖价格，并于未来特定时间内进行钱券交割的国债派生交易方式，其具有以下功能。

(1) **风险管理功能**。随着我国利率市场化程度的不断提高，利率波动将变得更为频繁。为稳定未来收益，利率风险管理显得极为重要。由于缺乏期货市场的对冲机制，目前最常用的利率风险管理技术是"久期缺口模型"。但是，现实中由于利率的频繁波动导致"久期"很难计算，而且"久期零缺口"也很难保持，所以久期缺口模型已无法满足利率市场化条件下的利率风险管理需求。此时，利率期货的推出就显得极为必要。而我国目前利率期货最理想的承载体是国债期货，因为国债利率是我国目前市场化程度最高的利率。

专家指点

久期缺口模型是指以每笔资产或负债占总资产或总负债的比例为权重计算每笔资产或负债的加权平均久期，并通过调整两者之间的缺口状况来调节利率风险水平。一般来说，如果保持为零或略大于零，就可以规避利率波动对所持头寸对收益率的影响。

(2) **促进合理定价**。国债期货的推出，将为我国利率体系引入远期价格揭示机制，同时改变"做多才能盈利"的单向盈利模式。这将有利于促进市场形成利率和债券合理定价，有助于构筑更为平滑合理的市场收益率曲线。此外，根据 CBOT 的经验，国债期货合约的标的往往是虚拟债券，空方在交割时有利用债券转换因子选择"最便宜的债券"交割的权利。该种交易制度有助于改变我国债券现货市场分割的状况，加快我国债券市场整合与统一的进程。

(3) **增加收益功能**。国债期货的推出将增加金融市场投资工具，对于套利者和投机者而言，这种高风险、高收益的投资工具有助于极大地提高他们的收益，同时，也可以将国债期货作为资产组合中的一种，进行组合投资，创造收益。

专家指点

国债期货作为利率风险管理工具，属于金融期货中利率期货的一种，具有规避风险和发现价格两大基本功能。具体而言，国债期货的主要作用在于规避利率的不确定性变动给债券持有者造成的风险，以及促进合理的市场利率的形成。

想一想，你会选择投资国债期货吗？＿＿＿＿＿＿＿＿＿＿＿＿＿＿＿＿。

第 3 章

新手须知：期货交易规则

俗话说：“**没有规矩，不成方圆**。”期货投资交易中有许许多多的规则、制度，投资者若是不熟悉这些规则，很有可能会在不知不觉中靠近危险，所以，了解期货规则是每一个投资者必须做的功课。

知识要点

- 期货市场的制度
- 期货市场的功能
- 期货交易的特征
- 影响期货价格的因素
- 期货交易规则精彩案例

3.1　期货市场的制度

期货市场与大多投资市场一样，有一些基本制度，这其中有许多制度是期货独有的。本节将一一列举这些基本制度的条款。

093　会员制度

会员制度是国际期货市场普遍采用的制度，它为期货交易所有效控制与化解风险提供了制度保证。我国期货市场采取的同样是会员制度，会员组织体制是一种非营利性组织体制，它的目的主要在于为会员期货交易提供场所、设施和相关服务。

会员交易制度是只允许会员进行交易的制度，非会员必须委托会员代为交易。在期货实际投资中，期货经纪公司就是会员，广大非会员投资者只能委托期货经纪公司代为交易。

专家指点

交易所对于会员的定义是，“根据有关法律法规、行政法规和规章制度，经过交易所批准，有权在交易所从事交易或者结算业务的企业法人或者其他经济组织”。

想一想，你明白会员制度的意义了吗？______________________。

094　涨跌停板制度

涨跌停板制度是指对所有的期货价格实行涨跌的限制，不会让投资者瞬间成为暴发户，同样也不会让投资者转眼就一无所有。

与股票不同的是，期货中的涨跌停板幅度是变化的，不同期货的涨跌停板幅度也是不同的，一般在3%～10%之间，而股市中是固定在10%的。

095　保证金制度

期货交易时，需要根据不同期货缴纳不同的保证金，保证金分为交易保证金和结算准备金。

一般来说，保证金是指会员在交易所专用结算账户中确保合约履行的资金，这些资金是合约生效即被占用的。当交易成交后，交易所按照持仓合约价值的比率向交易双方收取一定的佣金。

例如，投资者购买一手价值 5 万元的大豆期货，若大豆期货的保证金按 5%一手计算，那么投资者应准备 2500 元作为保证金。

每种期货根据投资风险，保证金的费率都不一样，同一种期货也可能根据当前风险状况出现不同的保证金。总之，保证金会根据风险变化而变化。

专家指点

当某期货合约连续多个交易日出现单边市时，市场风险无疑会加大。此时，交易所有权根据市场的实际情况，采取单边或双边、同比例或不同比例、部分会员或全部会员提高交易保证金的措施。

096 竞价交易制度

竞价交易制度的特征是，开市价格由集合竞价形成，随后交易系统会针对投资者不断发出的交易指令，按照价格与时间优先的顺序排列，将买卖指令配对竞价成交。按成交规则划分，竞价交易制度可分为连续竞价制度和集合竞价制度。

开盘价的确定是在开盘前 5 分钟，同时满足以下 3 个条件的基准价格。

(1) 成交量最大。

(2) 高于基准价格的买入申报和低于基准价格的卖出申报全部成交。

(3) 与基准价格相同的买方或者卖方至少有一方的申报全部成交。

097 强行平仓制度

强行平仓制度是期货市场风险控制的重要措施，强行平仓制度的规定可分为 3 个层面讨论。

(1) **国家的《期货交易管理条例》**。其中规定："客户保证金不足时，应当及时追加保证金或者自行平仓。客户未在期货公司规定时间内及时追加保证金或者自行平仓的，期货公司应当将该客户的合约强行平仓，强行平仓的有关费用和发生损失由该客户承担。"

(2) **中金所的《风险控制管理办法》**。其中指出："强行平仓是指交易所按照有关规定对会员、客户持仓实行平仓的一种强制措施。"

(3) **期货公司的《期货经济合同》**。投资者与期货经纪公司签订合同时，合同上会详细列举强行平仓的执行条件与执行办法。

由此可见强行平仓制度的重要性，投资者在期货投资时应该时刻关注自己是否满足强行平仓的条件，一旦发生强行平仓，投资者的损失也是相当大的。

098 限仓制度

限仓是指交易所规定会员或客户可以持有的，按照单边来计算的某一合约投机头寸的最大数额。交易所的限仓制度有以下基本表现。

(1) 根据不同的期货品种，分别确定不同期货每一个月份合约的限仓数额。

(2) 某一月份合约在其交易过程中不同的阶段，分别适用不同的限仓数额，进入交割月份的合约限仓数额会从严控制。

(3) 限制会员持仓和限制客户持仓相结合能够有效控制风险。

(4) 套期保值交易头寸实行审批制度，其持仓不受限制。

专家指点

对于国内期货市场，一般的投资者几乎可以忽略限仓制度，因为这基本是针对资金量巨大的投资者或投资集团。

清一清，限仓制度的基本表现：______________________________。

099 无负债结算

无负债结算即每日无负债结算制度，这是指每天交易结束后，交易所按照当日各个期货合约的盈亏状况，结算出每个合约应支出、获得的金额。所以，期货投资者在不卖出合约的情况下，也能将已有的收益落袋为安。

期货交易所只对会员(期货经纪公司)进行结算，投资者是不直接与交易所结算的，而是与期货经纪公司进行结算。

专家指点

每日无负债结算制度实际上是对持仓合约实施的一种保证金管理方式，也是一种细化风险的制度，不至于投资者一次性追加承受能力之外的保证金数额。

100 大户报告制度

大户报告制度是指，当投资者的某合约持仓投机头寸达到交易所对其规定的投机头寸持仓限量 80%以上时，该大型投资者应该向交易所报告其资金状况、头寸情况等信息。期货交易所可以根据该投资者的信息，结合市场风险状况，调整改变持仓报告的水平，从而控制风险，这也是防止期货被恶意操纵的重要措施。

3.2　期货市场的功能

期货市场也有其独特的功能，主要分为投资者风险管理功能、价格发现功能和投机功能等。

101　风险管理

“成功的期货市场在吸引大量的投资者进入市场的同时，也能将风险转移到愿意承担更多风险的投资者身上，从而降低不愿承担风险的投资者的风险。”这也是期货市场最为重要的功能。

1. 风险成因

价格风险是交易过程中时间作用的结果，它是无处不在的，市场上一切动向直接影响商品的价格，这样的价格波动是无法抵御的。拥有大量某种商品的个人或公司很可能在这样的波动中损失惨重，他们需要牺牲一定的收益来换取更小的风险，而期货的套期保值就给他们提供了一个很好的方法。

2. 期货对策

套期保值是期货投资中最常见的风险规避方式，这是指生产经营一方通过在期货市场上进行套期保值业务，来规避现货价格波动带来的风险。生产经营一方能够锁定经营成本，实现预期利润。

例如，某一大豆种植者，他预计两个月以后将丰收，但他又怕大豆的价格下跌，在这个时候，他可以提前卖出预计产量的大豆期货。两个月后，就算大豆的价格下跌，他也可以在期货市场弥补现货大豆的损失。

专家指点

套期保值可以认为是在期货市场上买进或卖出与现货市场上数量相等但交易方向相反的商品，使得两个市场交易的损益相互抵消，这也是利用两个市场的关系，在一个市场出现亏损时，另一个市场能获取收益的风险规避办法。

102 供求发现

期货市场交易的是未来一定时间履约的期货合约，它能在生产周期开始前，就使商品的交易双方根据当前期货的价格，预期未来期货的需求与供给状况，以确定某一商品的产量。

想一想，你明白期货的供求发现功能了吗？________________。

103 价格发现

价格发现是指期货市场通过运行机制形成预期性质价格的过程，它的价格之所以能被市场认可，这也是因为期货是一个规范的市场，其价格是在专门的期货交易所内形成的。自期货交易产生以来，价格发现功能逐渐成为期货市场重要的经济功能。

期货交易所把众多的买方与卖方聚集在一起，并且会把某种商品的供求关系及变化趋势的信息反映到市场上，这就形成了一个公开的竞争环境。通过期货交易所把众多影响某一商品价格的因素集中体现在该期货价格上，这个价格可以准确、真实地反映该商品的价格变动趋势。

104 稳定价格

期货通过对供求的提前预期，指导某一商品的生产和需求，减少了生产与需求不确定性的风险，从而稳定某一商品的价格。

105 投机功能

经济体的活动要能够更加顺利地运行，就必须使得商品的生产方与购买方有转嫁风险的工具，期货给了他们这样的功能，但缩减风险的同时收益也被缩减了，这就让一些精明的投资者有了投机的机会。

106 节约成本

期货市场的投机功能可以降低市场的交易成本。商品生产方与购买方在转移风险的同时，若他们觉得未来市场对自己有利，也可以反向操作减少损失。这样市场交易成本将大幅降低，交易规模也将被拉大。

107 带动经济

期货是可以繁荣我国经济的，期货交易作为一种重要的投资工具，有助于社会闲散资金的合理利用，并且能带动某一期货合约所在地第三产业的发展，起到带动当地经济发展的作用。

3.3 期货交易的特征

期货交易是建立在现货交易基础上的，为了保证期货合约便于在市场中流通，期货交易形成了一些独有的特征。

108 场所固定化

期货交易是在依法建立的交易所内进行的，一般不允许在场外进行交易，所以期货交易具有高度的组织化和规范化特征。

期货交易所是买卖双方聚集在一起进行期货交易的场所，交易所本身是非营利性质的，它主要是为投资者提供交易场所，定制交易规则，充当交易的组织者，本身不介入期货交易活动，一般情况下，不会干预期货价格的形成。

109 合约标准化

期货交易具有标准化和简单化的特征。期货交易通过买卖期货合约进行，这样的合约必须事先规定好交易商品的数量、质量和品级等相关信息，不然交易双方无法对某一不确定商品进行估价。

合约的标准化，简化了交易手续，降低了交易成本，也减少了交易双方因为商品本身的问题发生纠纷的情况。

110 结算统一化

期货交易是由结算所专门进行结算的，投资者的每一笔款项都是交给期货交易所的，所以期货交易具有付款方向一致的特性。所有在期货交易所内达成的交易，必须送到结算所进行结算，经过结算处理后才是真正的达成，成为合法交易。

期货的交易双方只以结算所作为各自的交易对手，交易双方并无其他的关系，只对结算所负财务责任，所以实际上双方都是与结算所发生财务往来。这种付款方向统一的交易方式，简化了交易手续和实物交割程序，也为投资者在期货合约中减少了付款环节的风险。

111 交易经纪化

期货交易具有集中性和高效性。集中性是指，期货交易是由场内经纪人代表所有的买方与卖方投资者在期货交易所进行。高效性是指，投资者所有的交易指令都是由场内经纪人统一代为执行。

112 交割定点化

期货交割必须在交易所指定的地方进行。期货市场上的实物交割只占一部分，其他多以对冲的方式了结，这种对冲的方式免除了投资者必须实物交割的责任。

定点交割可以缓解大宗期货交割手续多、耗时长和交割安全等方面的问题，为期货的管理标准化起到很大的作用。

专家指点

以国外成熟的期货市场的经验来看，由于在期货市场进行实物交割的成本高于现货交易的成本，大多的投资者会选择对冲的方式了结手中的持仓，最终导致实物交割的投资者只占很小的比例。

想一想，你明白定点交割的概念了吗？______________________________。

113 商品特殊化

用来作为期货交易的商品都具有比较强的特殊性。许多适宜现货交易的商品并不能作为期货交易，一般来说，期货交易的商品应该满足价格波动大、便于储存运输、规格易于划分等特征。

114 保证金制度化

期货交易的保证金制度体现了期货交易具有高信用的特征。投资者在进入期货市场开始交易前，必须按照交易所的合约缴纳一定的保证金，并在交易过程中维持一个最低水平，这样为的是给买卖期货提供一种保障。

保证金制度的实施，不仅使得期货交易产生了“以小搏大”的杠杆原理，而且使得期货结算时提供履约的担保，确保交易有序进行下去。

3.4　影响期货价格的因素

期货价格的波动会受到各方面因素的影响，主要有供需关系、政府政策、政治因素等。

115 供需关系

期货交易是市场经济的产物，因此，它的价格变化受市场供求关系的影响。它的基本规律是：**当供大于求时，期货价格下跌；反之，期货价格上升**。

例如，某年因为东北大旱，导致玉米收成极为不好，当时市场上玉米供不应求，而玉米期货的价格更是节节攀升。

116 政府政策

各国政府制定的某些政策和措施会对期货市场价格带来不同程度的影响。单一期货商品并不只是受到该行业的政策影响，还会受到与该商品相关各方面的政策影响。如农产品期货，能够影响它的政策不仅有农业方面的，还可能有进出口等方面的。

117 政治因素

期货市场对政治气候的变化非常敏感，各种政治性事件的发生常常对价格造成不同程度的影响。例如，战争是最具代表性的政治因素，而原油期货的价格是受战争影响比较大的期货品种。

专家指点

这方面的影响需要投资者关注各方面的时事和要闻，才能做到提前预判，而实际投资中，一般的投资者很难在这一层次上作预判，只能被动接受各种政治因素带来的价格变动。

118 社会因素

社会因素是指公众的观念、社会心理趋势、传播媒介的信息影响，或者说是一种潮流趋势。这种影响一般不会表现出来，但是一旦表现出来其反应会非常剧烈。

119 经济周期

在期货市场上，价格变动还受经济周期的影响，在经济周期的各个阶段，都会出现随之波动的价格上涨和下降现象。

专家指点

一般来说，经济周期由复苏、繁荣、衰退和萧条 4 个阶段组成。对于不同的期货，经济周期阶段出现的月份各不相同，可由历年的数据得知某一期货的经济周期。

120 季节性因素

许多期货商品，尤其是农产品有明显的季节性，价格随季节变化而波动。一些特殊的节假日也会导致特定的期货价格波动，例如中秋节需要大量的食糖制作月饼，所以白糖期货的价格就会随之波动。

121 心理因素

心理因素是交易者对市场的信心程度，俗称“人气”。如果大多投资者对某商品看好时，即使无任何利好因素，该商品价格也会上涨；而当看淡时，即使无任何利淡消息，价格也会下跌。一些大投机商们还经常利用人们的心理因素，散布某些消息，并人为地进行投机性的大量抛售或补进，谋取投机利润。

专家指点

心理因素是很容易被利用的，如 iPhone 5S 金色版手机刚刚上市的时候，供货商利用国人对金色的喜爱，故意积压货源，并散布该手机供货不足的虚假消息，以至于价值 5000 元左右的手机一度被炒到 12 000 元。

122 货币汇率

在世界经济发展过程中，各国的通货膨胀、货币汇价以及利率的上下波动，已成为经济生活中的普遍现象，这对期货市场带来了日益明显的影响。特别是一些以美元作为标准价格的期货，美元汇率对这些期货有直接的影响。

清一清，你了解的人民币兑外币汇率：______________________。

123 相关产品

相关产品指与某一期货生产与使用密切相关的产品，或者可以替代该期货的商品，这些产品的价格波动会间接影响该期货的价格。

对于大宗粮食期货来说，可能会出现一荣俱荣、一损俱损的局面，如玉米价格上涨，人们可能会多购买小麦和大米代替，从而拉动小麦和大米的需求量，导致这两种商品的价格也跟着上涨。

3.5 期货交易规则精彩案例

本节将通过笔者的亲身经历和实际案例，带你了解期货市场的规则。

124 案例：从规则来获取收益

最近小黄总是抱怨期货的诸多规则，让他在期货投资中摔了几个跟头。就拿早些日子来说，他买的某期货合约由于保证金不足，正好又因出差没有及时关注，被强行平仓了，这让小黄郁闷不已。

这些规则确实从一定程度上限制了投资者的“自由”，但是期货规则既然制定出来了，就需要大家共同遵守。**如果在遵守规则的同时，可以利用这些规则来获得正收益，那就是投资者比较高的境界了**。

举个简单的例子，同样是 3 匹上等马、中等马、下等马，如果用自己的上等马对人家的中等马，用自己的中等马对人家的下等马，用自己的下等马对人家的上等马，那么这样的赛马几乎是稳赢的局面。“田忌赛马”应该是大家都知道的故事，田忌就是利用只限定了出场赛马的数量和好坏，而没规定赛马的出场顺序，来做到以弱胜强的。

期货中有许许多多的规则，通过这些规则或者表面现象，投资者可以出相应对策的，以下几条希望能起到抛砖引玉的作用。

(1) **期货做空机制**。这使得组合性收益可以大大增加，也能有更多的投资机会可以把握。

(2) **封闭式集合竞价**。这让交易的不确定性增大，所以投资者应该尽量减少参与竞价。

(3) **浮动盈利可开仓**。在风险增大的前提下，可以利用浮动盈利扩大资金杠杆，增加收益，以达到复利效应。

(4) **交易保证金制度**。资金的融资率在这样的制度下加强，用少量的钱买更多的商品，以小搏大。

实际投资中的窍门远远不只如此，只要投资者善于分析、多作总结，规则将不再是拦路虎，它可能成为你成功投资的垫脚石。

专家指点

规则制胜的市场环境下，对于不能制定规则的普通投资者，只能是掌握好每一条规则，了解每一种制度，这样才有希望稳中求胜。一切好的交易方法、好的交易模式、好的交易理念和好的交易系统，若是脱离了规则，那就都是空谈。

125 案例：会员制度的利与弊

成先生刚刚学会买卖期货，虽然这些日子下来他也有些许盈余，但依然有个不解的问题：“投资期货为什么要多一道程序，经过期货公司呢，如果是由于期货公司这个环节导致投资亏损的话岂不是得不偿失？”

成先生的担忧不无道理，会员制度肯定是有其缺点的，但是它在期货中也有功不可没的作用。

1. 会员制度的积极效应

中金所借鉴国际成熟市场的经验，将结算会员分为交易结算会员、全面结算会员和特别结算会员 3 类，这样做有以下积极效应。

(1) **风险管理体系的建立**。会员体制的选择不是主观想象的，而是由整体期货市场的体制所决定的。国际期货市场的运行体制表现为层层分散风险、层层结算。在分层结算制度下，结算会员是交易会员，而交易会员则不一定是结算会员。只有资金实力雄厚、管理经验丰富的机构才能成为结算会员，而其他不具备结算会员资格的交易会员必须通过结算会员进行结算，从而形成多层次的风险管理体系，在结算会员这一环节就可以过滤掉一些风险。

(2) **保证避免系统性的风险**。期货市场的正常运行要靠体制运行来化解风险，会员制度可以将市场风险分散化，保证期货市场在其运行中不会出现系统性风险事件。由于会员制度是层层担保的体制，一个结算层次对其代理结算的单位出现的风险要负全部责任，所以风险不再传递到上一个结算层次。

(3) **强化交易所抗风险能力**。正常情况下，即使有投资环节出了问题，也只影响到某一个公司，而不会影响到整个期货市场的正常运行，这使交易所承担的风险得到控制，有利于交易所的正常运作和发展壮大。

(4) **保证行业稳定发展**。期货公司运作的规范与否以及是否盈利，对期货市场的健康发展有着重要影响。会员公司为了保住其会员资格，非会员公司为了争取成为会员，都会强化经营管理，规范经营行为，提高经营效率，控制经营风险，从而促进整个行业的稳定发展。

(5) **引导期货公司做大做强**。我国期货公司目前发展普遍不好，建立会员制度，可以根据期货公司的实力，建立多层次期货中介体系，既有利于各个期货公司的市场定位，规范经营，也是引导部分有实力的期货公司做大做强的契机。

(6) **利于国家金融行业稳固**。结算会员制度不仅有助于我国金融期货市场分级结算体系的形成，促进金融期货市场建设，同时也是维护国家金融安全和深化金融资本领域改革的实际需要。

2. 会员制度的消极方面

(1) **可能出现不平等现象**。如果不同种类的会员资格获取条件差异不大，就会使权利和义务不对等，投入和产出失衡。从收益上看，非结算会员必须将其手续费收入中的一部分让渡给结算会员，而交易结算会员可以得到其全部的手续费收入。

(2) **可能带来一定的风险**。结算会员比起非结算会员有许多优势，所以，大多数期货公司会倾向于成为结算会员。但这可能导致“金字塔”式的风险控制体系失去根基，全面结算会员也将失去存在的意义。

总之，我国期货市场相对其他成熟的期货市场来说是一个高风险的行业，管理和化解市场风险尤为重要。会员制度是有利于化解风险的，虽然也有它的不足之处，但利远大于弊。

专家指点

在我国现行的商品期货市场，会员无论规模大小、实力强弱，都同时具备交易和结算会员资格。这种结算制度有可能使个别会员违约导致的风险直接传递到交易所，有可能使局部风险演变成整个市场的系统性风险。所以在我国的期货市场，对期货公司的监管显得尤为重要。

126 案例：供求关系决定市场

老王是个普通农民，他投资期货的分析方法很简单：就是看实际生活中大家需要什么，什么东西又被大家争相抢购。

早几个月，老王发现水稻的收成普遍不错，他认为产量会比以往多，价格应该会下跌。所以，老王赶紧去做了早籼稻期货的空头。后来水稻因产量过剩，果然有小幅下跌。

供求关系，可以说是导致期货价格波动的首要原因。供求与价格的关系，一般有以下两条规则。

(1) **供给量一定的情况下**：需求量增加会引起商品价格升高，需求量减少会引起商品价格降低。

(2) **需求量一定的情况下**：供给量增加会引起商品价格降低，供给量减少会引起商品价格升高。

在供求同时增长或减少时，只要抓住“是供大于求，还是求大于供”这条本质，就能判断出价格走势了。

通过供求关系的反向思考，又可得出期货的价值规律。

(1) 商品价格的升高会引起供给的增长和需求的减少。

(2) 商品价格的降低会导致需求的增长和供给的减少。

专家指点

只有在供需稳定的情况下，商品的价格才会保持稳定。但这种情况不常出现，因为任何一个小的因素都会导致供需变化，进而使商品价格出现波动。

想一想，你明白供求关系如何决定市场了吗？____________________。

127 案例：人为情绪控制市场

小杜是个新手投资者，他通过反复的研究分析，认为某期货应该要反弹看涨了，但是又对自己没信心，犹豫之后还是没有持仓操作。第二天小杜去看那只期货的价格，不但上涨了，而且幅度还相当大。这让他后悔不已，而且更不敢去开仓买入了。

又过了一天，小杜得知了一个让他气晕的消息，那只期货竟然又上涨了。这时，小杜做了个不理智的决定，在高价位做这只期货的多头。小杜的结果不言而喻。

在供求关系背后还隐藏着“欲望”两个字。商品价格的无规律起伏，虽然主要是由供需关系引起，但也有着人为因素的推动，推动价格的原因无非是投机者获取收益的欲望。人为情绪如何控制市场，可以分以下两个方面来分析。

(1) **主观欲望**。一般是大型利益团队希望牟取暴利，而针对某一期货做出的消息散播和交易操作，导致市场上该期货价格无序波动。

(2) **被动情绪**。在市场波动带来盈亏的刺激下，获利欲望被放大，在不断刺激下，投资者往往会失去理智。又或者是在大潮的带领下，越来越多的人跟随大流买卖，形成滚雪球效应。

群体效应在大型投资中是很容易表现出来的，独立的个体在加入群体氛围后，很容易迷失自我，丧失自我控制能力。**人为情绪可能让投资者获利，也可能让投资者一败涂地，合理利用人为情绪是成功投资必不可少的手段**。

专家指点

行情的暴涨或暴跌告诉每一个投资者市场的不理性和荒谬，但是它们既然存在，就有合理性。市场的公平，在于它具有自我修复的功能，能够把这种不合理慢慢恢复到合理的范围之内。

128　案例：市场对消息的反应

梅先生被朋友老赵拉着投资期货。老赵告诉他，反正别的也看不懂，多关注市场上的消息就行了。

梅先生听从了老赵的建议，在大家都认为形势对白银大好的情况下，做了白银的多头。但是，没想到后来白银期货价格竟跌了，这让他大为不解，并找到朋友老赵问其原因。老赵听后对梅先生解释说：“**关注市场消息，是关注市场对消息的反应，消息本身是不能作为价格变化依据的**。”

专家指点

投资者常常犯这样的错误：总是主观臆断，或者从局部来推断事物的整体。消息之类的因素，只是市场中的一个局部，用局部判断整体市场，肯定是不明智的行为。

任何投资者都会看消息，但是会忽略市场对消息的反应，有时市场对消息可能会有相反的反应。一般来说，市场对消息的反应有以下几种情况。

(1) **市场反应与消息的趋势一致**。这种情况下，消息会起到推波助澜的作用，加剧行情的上涨或下跌。

(2) **市场反应与消息的趋势相反**。这种情况分析起来相对复杂，根据对以往市场的分析，大多是开盘会稍微有些影响，但不能改变价格总的趋势。例如，某年大豆在开盘不久后，市场上传来抛售大豆的消息，随后大豆的价格小幅下跌，之后又迅速上涨。

(3) **市场对消息反应较小**。有的时候，市场对出现的一些消息没有反应或者反应很小。这时，投资者的反应应该是判断消息的正确性，对市场多做观察。

(4) **两种对立消息并存**。当市场上两种对立的消息共存时，哪方面消息起决定作用，什么时候起作用，是难以判断的。这时，同样应该多观察市场的反应，不能主观倾向某方面消息。

专家指点

市场上历来不缺乏消息的刺激，或者来自官方，或者来自民间流传，又或者来自大型投机商人。投资者对这些消息趋之若鹜是人之常情，但如果本末倒置，不管市场的表现，那么这样的投资注定是会失败的。

清一清，市场对消息的反应：________________________________。

第4章

火眼金睛：期货公司选择

俗话说：“**良好的开端是成功的一半**。”选择到一家好的期货经纪公司，是开始期货投资最为关键的一步。了解期货经纪公司的各方各面，有助于投资者选择到更好或者更适合自己的公司。

知识要点

- 期货公司的信息
- 期货公司的职责
- 期货公司的选择
- 各期货公司简介
- 期货公司风险管理
- 期货公司精彩案例

4.1 期货公司的信息

为保护投资者合法权益，发挥社会监督功能，提高期货市场透明度，期货经纪公司应将本公司信息公示给所有投资者，本节将列举期货经纪公司具体应公示的信息。

129 基本信息

根据 2009 年 11 月 16 日施行的《期货公司信息公示管理规定》，期货经纪公司应公布以下基本信息。

(1) **公司基本情况**。包括公司名称、许可证号、经营范围、注册资本、公司住所、法定代表人、办公地址和邮编、客户服务及投诉电话以及公司网址和公司电子邮箱等。

(2) **公司历史情况**。包括公司成立、名称变更、改制重组和增资扩股等。

(3) **公司分支机构基本情况**。包括分支机构的名称、所在地、设立时间、许可证号、负责人、详细地址、客户服务及投诉电话等。

(4) **公司诚信记录**。包括监管部门实施的行政处罚等。

清一清，期货经纪公司应公布的基本信息：______________________________。

130 人员信息

期货经纪公司所有从业人员的信息都应该公开，具体分为以下 3 类。

(1) **公司从业人员信息**。包括期货从业人员的姓名、性别、职务、任职时间和从业资格号等。

(2) **公司高级管理人员信息**。包括期货公司董事、监事和高级管理人员的姓名、性别、职务、任职时间以及高管资格批准文号等。

(3) **公司股东信息**。包括期货公司股东名称、注册资本、法定代表人、所属行业、经济类型、持股比例、入股时间以及办公地址和公司网址等。

131 其他信息

除了一些规定公开的信息外，期货经纪公司为了提升竞争力，还可以选择公开一些其他的信息。例如公司企业文化，该期货经纪公司成功或失败的投资案例，与该公司较为密切的合作伙伴。

专家指点

期货经纪公司公示信息若有不真实、不准确、不完整和不及时的，或者存在虚假、误导性陈述或者重大遗漏的，中国证监会及其派出机构将依据《期货交易管理条例》、《期货公司管理办法》的有关规定采取监管措施，责令整改，对于情节严重的，将依法追究有关单位和人员的责任。

想一想，你有了解过期货公司的信息吗？________________________。

4.2　期货公司的职责

期货经纪公司是连接投资者与期货交易所之间的桥梁，投资者参加期货交易只能通过期货经纪公司进行，了解期货公司的职责有利于投资者与期货公司的合作顺利。本节将列举期货经纪公司各个岗位应有的职责。

132　客户服务职责

期货经纪公司客户服务员有以下职责。

(1) 向投资者揭示期货交易风险，为投资者办理开户手续，签订期货经纪合同，审核相关证明和分配交易编码。

(2) 建立投资者资料档案，将投资者资料反馈至其他有关的业务部门。

(3) 进行市场调研和投资者回访工作，了解投资者需求。

(4) 公平、公正、及时稳妥地处理投资者纠纷。

133　服务经理职责

期货经纪公司客户服务经理应具有以下职责。

(1) 为投资者提供行情资讯，设计合理的投资方案。

(2) 做好投资者风险评估，及时控制交易风险，执行强行平仓。

(3) 负责投资者交易月报的分发与回收。

(4) 帮助投资者办理委托的套期保值或实物交割业务的手续。

(5) 及时处理投资者对交易结果的异议。

(6) 整理投资者相关资料，按档案管理制度移交到有关部门存档。

清一清，期货经纪公司客户服务经理应具有的职责：________________。

134 出市代表职责

期货经纪公司场内出市代表应具有以下职责。

(1) 接单回报时应该规范用语，不接受残缺或模糊不清的指令。

(2) 发现错单应及时上报公司，与投资者联系，不能私自处理。

(3) 迅速准确执行投资者的交易指令。

(4) 不能谋取私利，更不能做出有损投资者利益的操作。

135 结算人员职责

期货经纪公司的结算人员应具有以下职责。

(1) 收集、整理和运算结算数据，复核结算结果。

(2) 按规定的方式和时间为投资者提供结算单，发送追加保证金通知书和强行平仓通知书。

(3) 按规定保存备份结算资料。

(4) 不能擅自泄露投资者资料。

4.3 期货公司的选择

投资者在开始交易之前，应该慎重选择期货经纪公司，因为期货经纪公司的服务质量直接关系到投资者的利益。本节将从各个方面分析期货公司的选择。

136 管理资金的安全性

投资者应选择一个能保证资金安全的期货经纪公司。最好的办法是获得该公司的有关资料，能证明该公司实力雄厚、商业信誉良好，而且一个好的期货经纪公司应该在以前的经营中没有严重的自营亏损，没有经济诉讼案件。

137 期货公司的合法性

投资者在选择期货经纪公司时，第一点就是要确定该公司的合法性，不合法的期

货经纪公司，再好也是空谈。合法的期货公司应该在交易现场挂出中国证监会颁发的《期货经纪业务许可证》、《金融期货经纪业务许可证》以及国家工商总局颁发的营业执照。如果是期货经纪公司在异地开设的合法的营业部，那么也应该挂出中国证监会颁发的《期货经纪公司营业部经营许可证》以及当地工商局颁发的营业执照。

专家指点

值得注意的是，无论是许可证还是营业执照，上面都标明了有效期限。此外，由于中国证监会对期货经纪公司及其营业部实行年检制，投资者要注意自己选择的期货经纪公司是否按时通过年检也很重要。

138 硬件设施的先进性

无论是投资理财，还是日常生活，网络化、信息化已经越来越深入人心。期货市场也是一样，随着电子化期货交易的日益普及，期货经纪公司的硬件设施显得尤为重要，因为这是保障投资者交易安全、稳定和迅速的主要环节。

专家指点

投资者应选择一家网上交易技术先进、安全的期货经纪公司。目前，网上交易已经成为期货交易的主要模式，因此期货行情和交易系统的稳定性、安全性和便捷性已经成为客户投资成败的重要保障。

139 动作流程的规范性

一个好的期货经纪公司会严格按照相关法律、法规，遵循诚实信用的原则，以适当的技能、小心谨慎的态度执行投资者的委托，维护投资者的合法权益。规范运作的期货经纪公司按照一定的标准收取合理的保证金和手续费，杜绝违规的透支交易和手续费的恶性竞争。

俗话说“**便宜无好货**”，低手续费的期货经纪公司可能让投资者损失更大，所以投资者一定要注意“低价”陷阱。

想一想，手续费越低的公司越好吗？________________。

140 资讯决策的正确性

投资者应该选择一个能提供准确的市场信息和投资决策的经纪公司。由于各经纪公司电子化技术水平的不断升级更新，优势差别已经相对不大，而信息资讯服务质量的高低则应该是投资者选择期货经纪公司时应当考虑的重点。

优秀的期货经纪公司应提供相关商品的研究资料、报价和交易建议并帮助客户做出交易决策。重视信息资讯服务工作的期货经纪公司除了大量共享的数据及资讯外，还应该有自己独一无二的内容。

例如，有的期货经纪公司在农产品收获季节专门派人员去产地调查收获情况，能够帮助投资者掌握第一手资料，帮助投资者正确决策；有的期货经纪公司与国家部委、统计部门建立友好协作关系，追踪政策面和现货基本面的变化；或者经常组织调研相关的企业，了解现货企业的生产经营状况与期货经营的情况。

专家指点

一些优秀的期货经纪公司还能够针对投资者自身的不同情况，提供个性化的信息资讯服务；针对具体客户的资金状况、交易风格、持仓状况以及风险承受能力，做出与其相适应的投资建议或报告。

141 服务质量的可靠性

一般来说，期货公司服务质量可以从硬件、软件和其他方面的服务来体现。

(1) **硬件方面**。值得考虑的是，该公司是否开通热线自助委托交易，是否开通网上交易，以及交易速度的快慢等。

(2) **软件方面**。主要考虑该公司从业人员的素质、服务态度等。

(3) **其他方面的服务**。考虑手续费的收取标准是否合理等。

专家指点

如果可能的话，投资者应该在选择期货经纪公司之前访问一次。通过实地考察，投资者可以获得很多、更真实的信息。

142 以往业绩的优良性

期货经纪公司主要靠收取手续费来盈利，期货经纪公司挣钱的多少取决于交易量和交易次数。如果某一期货经纪公司推荐交易次数过于频繁，投资者可能会为此损失大量的手续费。

投资者评定期货经纪公司业绩好坏的办法一般是，通过了解该公司以往的交易计划和结果来评定。

4.4　各期货公司简介

我国大大小小的期货经纪公司有许多，也有专门的机构对期货经纪公司的实力做排名。**值得投资者注意的是，排名靠前的期货经纪公司或许并不适合你，挑选一家适合自己的期货经纪公司比挑选一家实力强的公司更为重要。**

143　中国国际期货有限公司

1992 年在北京人民大会堂，中国国际期货有限公司(简称“中国国际期货”)宣布成立。时任中央政治局委员、副总理的田纪云为中国国际期货题词，它是中国证监会期货行业分类评价第一的 AA 级企业，是中国最具核心竞争力的综合类期货公司，同时也是中国证监会监管的境外期货业务试点筹备企业。

(1) **股东信息**。中国国际期货的主要股东为中期集团、中国中期，主营商品期货经纪、金融期货经纪业务。

(2) **业务范围**。中国国际期货是中国成立最早、规模最大、营运最规范的大型期货公司之一，其业务范围覆盖了东北、华北、华东、华中、华南等几大区域。

(3) **人员结构**。该公司拥有一支高端的、梯次配置优化的研究服务团队，云集大量留学海归、名校毕业人员等专业人才，学历上多数拥有博士、硕士学位，专注于期货与金融衍生品的研究，在宏观经济、金融工程、产业服务等方面实力雄厚，致力于为各类投资者提供各种策略型投资产品、指数型投资产品及组合型投资产品等高端服务产品。

(4) **发展历程**。2006 年，获中国证监会批准，中国国际期货成为首批赴香港设立分支机构的 6 家期货公司之一，设立中国国际期货(香港)有限公司。同年，获香港证监会批准，在香港经营香港及国际期货业务。中国国际期货(香港)有限公司开业当年即实现盈利，并一直保持稳健经营。2009 年，中国国际期货(香港)有限公司成为实现境外交割的第一家国内期货公司分支机构。

(5) **公司理念**。中国国际期货秉承“**始于梦想，止于至善**”的服务理念，根植于产业客户和机构投资者，立足于期货市场基本功能的发挥，为铸造民族期货品牌不断追求卓越。

(6) **获得荣誉**。该公司积极关注市场需求动态，在业务管理、产品服务、技术手段等领域不断进行创新，并先后获得“中国最具影响力企业”、“中国期货业特别贡献大奖”、“中国最佳期货公司”、期货交易所颁发的“最佳产业服务奖”等 500 多项荣誉。

清一清，中国国际期货的特点：________________。

144 永安期货经纪有限公司

永安期货股份有限公司原名为浙江省永安期货经纪有限公司，经中国证监会、浙江工商管理局批准，2012 年 10 月起正式改制成为股份有限公司。

(1) **基本信息**。永安期货现注册资本 8.6 亿元人民币，总部设在杭州，拥有员工 850 余人。

(2) **业务范围**。永安期货在北京、上海、广州、宁波等 30 个城市设有营业部，并在上海、大连、郑州 3 个城市设有办事处，经营范围包括商品期货经纪、金融期货经纪、期货投资咨询、资产管理。

(3) **旗下公司**。浙江永安资本管理有限公司是永安期货旗下设立的全资子公司，主要从事仓单服务、合作套保、定价服务和基差交易等风险管理试点业务。中国新永安期货有限公司是永安期货在香港设立的控股子公司，主要从事期货交易和咨询，及香港本地和香港证监会(SFC)认可的境外商品、金融期货经纪业务。

(4) **参股公司**。永安期货还参股设立浙江中邦实业有限公司，主要从事期货市场上市品种的现货贸易。

(5) **获得荣誉**。永安期货自成立以来，其经营规模牢固占据浙江省第一，且自 2003 年起，经营规模基本稳定在全国前 3，是国内唯一连续 15 年跻身全国 10 强行列的期货公司。

145 中粮期货经纪有限公司

中粮期货经纪有限公司成立于 1996 年。中粮集团早在 20 世纪 70 年代完成了新中国第一笔国际期货交易，是国内最早参与期货业务的公司。

(1) **基本信息**。中粮期货注册资本 8.462 亿元，是世界 500 强企业中粮集团的子公司。

(2) **资格权限**。中粮期货拥有上海、大连、郑州 3 家期货交易所的全权会员资格，是中国金融期货交易所全面结算会员，是大连商品交易所和郑州商品交易所的理事单位，是上海期货交易所会员资格委员会成员，是中国期货业协会的理事单位。

(3) **业务范围**。中粮期货分别在北京、上海、大连、郑州、深圳、杭州、南宁、厦门、张家港、青岛、成都、宁波、太原等地设有营业部，并根据品种行业设立了工业品、农产品、谷物及软商品、机构、金融、建材、胶化、能源等事业部和期货研究院。

(4) **优势特色**。中粮期货专注风险管理和期货投资，建立起了一支专业化的衍生品服务团队，长期与国内外研究机构和各行业的龙头企业保持良好的交流与合作。专业团队实时追踪期货市场的发展变化，及时为客户提供专业的服务和支持，同时为客户提供分析报告、数据产品、专业投资策略、企业套期保值交易方案，以及多项定制培训、期现结合等专业服务。

(5) **获得荣誉**。公司专家团队成员多次被上海期货交易所、郑州商品交易所、大连商品交易所及证券时报等业内权威机构和媒体授予“优秀分析师”、“十佳分析师”等荣誉称号。

(6) **经营理念**。中粮期货一直秉承“**诚信为忠，敬业乃良**”的忠良品格，发挥“期货中介、现货中介、资金中介”的纽带作用，以专业化、个性化、策略化的服务不断为客户创造价值，成为中国期货市场的中坚力量。

146 华泰长城期货有限公司

华泰长城期货有限公司成立于 1994 年 3 月 28 日，连续多年被媒体评为中国最佳期货公司、中国期货风险管理卓越期货公司、最具影响力期货公司等。

(1) **基本信息**。华泰长城期货注册资本 6 亿元，公司控股股东为华泰证券股份有限公司。

(2) **资格权限**。华泰长城期货拥有中国金融期货交易所全面结算会员资格和上海期货交易所、郑州商品交易所、大连商品交易所的会员资格，并首批获得中国证监会颁发的期货投资咨询业务资格、资产管理业务资格。

(3) **人员结构**。华泰长城期货的 530 多名员工中 97%具有期货从业资格，其中期货从业 5 年以上员工 126 人，10 年以上员工 62 人。公司研究所设上海、深圳两个分部，共有研究人员 24 人，硕士、博士学位人员占 70%。

(4) **发展历程**。2000 年华泰长城率先在全国范围内实现了在银行监管下的“期货保证金封闭运行管理机制”；2002 年华泰长城协助北京大学经济学院率先开办“金融衍生品与期货高级研修班”；2008 年华泰长城率先制定了《客户洗钱风险分级管理制度》，对期货行业开展反洗钱工作起到了积极的促进作用。

(5) **经营理念**。华泰长城的宗旨是：“坚持在合规经营的基础上创造业绩，坚持用专业的知识和精神服务客户，坚持把保护客户合法权益放在首位，坚持开展对投资者的风险意识教育，坚持为实现客户保值需求做出努力，坚持对客户、员工、股东永葆忠诚。”

147 广发期货有限公司

广发期货有限公司成立于 1993 年 3 月，是国内成立较早、在工商管理机关注册的大型专业期货公司之一。

(1) **基本信息**。广发期货有限公司的注册资本现为 11 亿元人民币，是广发证券股份有限公司的全资子公司。

(2) **业务范围**。该公司总部位于广州，分别在北京、上海、郑州、珠海、青岛、大连、南宁、福州、武汉、西安、佛山、东莞、肇庆、江门、中山、广州、哈尔滨、杭州、无锡、深圳、汕头、成都、贵阳、昆明、宁波以及厦门等地设有分支机构。其经营范围包括商品期货经纪、金融期货经纪等。

(3) **发展历程**。2006 年，公司在香港设立全资子公司；2013 年 4 月，公司在上海设立全资商贸子公司；2013 年 7 月，公司通过香港子公司全资收购法国外贸银行旗下商品期货交易公司(伦敦)一并获得全球著名交易所 LME、ICE、LIFFE 等交易与结算会员资格。公司的经营范围为商品期货经纪、金融期货经纪、期货投资咨询、资产管理。香港子公司可代理香港地区及境外的商品期货和指数、外汇以及利率等衍生品业务。

(4) **人员结构**。目前，广发期货共有员工 450 余人，80%为本科以上学历，其中博士 10 多人，硕士 100 余人，拥有多位从事期货行业多年、经验丰富的专家型人才。

(5) **经营理念**。广发期货目前是期货行业中资金充裕、实力雄厚、资产质量和资信条件最好的期货公司之一。该公司秉承广发证券的企业文化，坚持“**诚信、专业、创新、图强**”的经营理念，十分注重健全内部管理体制和风险防范机制，已形成了一套具有自身特色，合乎期货公司规范运作的制度化管理体系。

(6) **优势特色**。广发期货致力于发展与客户的长期合作关系，拥有一批专业的客户服务队伍，为客户提供优质的投资服务。依托广发证券雄厚的资本实力和金融背景，公司在全国范围内开展期货与证券合作的模式，可以为投资者提供一站式的金融服务。

(7) **公司荣誉**。根据中国期货业协会的统计，自 2003 年以来，公司连续 10 年被评为上海期货交易所、大连商品交易所和郑州商品交易所的优秀会员，在中国金融期货交易所的综合实力排名中位列前茅。

想一想，你了解广发期货有限公司了吗？______________________。

148 南华期货有限公司

南华期货股份有限公司成立于 1996 年，是国内赴香港设立分支机构的 6 家期货公司之一。

(1) **基本信息**。南华期货有限公司注册资金 5.1 亿人民币，是国内实力较强的期货经纪公司。

(2) **业务范围**。南华期货目前设有上海世纪大道、兰州、台州、宁波、嘉兴、大连、北京、郑州、成都、温州、慈溪、哈尔滨、绍兴、深圳、青岛、上海虹桥路、萧山、广州、沈阳、天津、芜湖、重庆、太原、永康、余姚、南通、普宁以及厦门和海宁等 29 家营业部，主要从事商品期货经纪、金融期货经纪、期货投资咨询以及资产管理业务。

(3) **资格权限**。南华期货是中国金融期货交易所首批全面结算会员单位，是上海期货交易所、郑州商品交易所、大连商品交易所的全权会员单位。南华期货还拥有伦敦国际金融期货交易所和欧洲期货交易所交易会员资格，新加坡交易所衍生品市场交易会员。2013 年 7 月，南华期货成为芝加哥商品交易所集团旗下 4 家交易所 CME、CBOT、NYMEX、COMEX 的清算会员。

(4) **经营理念**。南华期货确立**"研究创造价值"**的核心理念，将研发能力作为公司的核心竞争力。

(5) **优势特色**。2001 年，南华期货体现了极强的行业前瞻性和战略眼光，成立了业内第一家研究所，秉承专业理念，整合优势资源，创立了基础产品研究中心、金融研究中心、宏观经济研究中心、产品创新研究中心、农产品研究中心以及境外期货研究中心等 6 大研究中心。

149 海通期货有限公司

海通期货有限公司是海通证券股份有限公司的控股子公司，是国内首家通过 ISO9001：2008 质量管理体系认证的期货公司。

(1) **基本信息**。海通期货有限公司注册资本 10 亿元，主要股东是海通证券股份有限公司和上海盛源房地产(集团)有限公司。

(2) **资格权限**。海通期货拥有上海期货交易所、大连商品交易所、郑州商品交易所全权会员资格，是中国金融期货交易所交易结算会员。

(3) **优势特色**。海通期货拥有位居前列的市场规模和市场占有率；集聚一批业内有影响力、号召力的行业专家和卓越的员工团队；具备强大的研发能力、持续盈利的财务能力；具有高效的管理平台和海通特色的管理机制；享有较高的品牌价值和社会影响力。公司全面开通工商银行、中国银行、建设银行、农业银行、交通银行全国银期转账业务，为投资者提供专业、优质的期货经纪和风险控制服务。

150 银河期货有限公司

银河期货有限公司是经中国证券监督管理委员会批准，在国家工商行政管理总局注册，隶属中国银河金融控股有限责任公司，由中国银河证券股份有限公司控股的专业型金融企业。

(1) **基本信息**。银河期货有限公司现注册资本金为 12 亿元人民币。公司总部设在北京。

(2) **业务范围**。银河期货目前已在哈尔滨、长春、沈阳、大连、北京、唐山、济南、青岛、太原、郑州、上海、杭州、宁波、福州、昆明、深圳、佛山、西安、重庆、成都以及厦门 21 个重点城市设立营业部，其经营范围包括期货经纪、投资咨询等。

(3) **资格权限**。银河期货拥有上海期货交易所、大连商品交易所、郑州商品交易所、中国金融期货交易所全国 4 家期货交易所的会员资格，可代理国内所有品种的期货交易。

(4) **优势特色**。银河期货是国内第一家中外合资的期货公司，也是国内唯一一家同时具有著名国内投资银行和国际商业银行股东背景的期货公司。中方股东中国银河证券为公司提供了强大的业务和网络支持，外方股东苏格兰皇家银行则为其提供了独一无二的全球化资源。

(5) **经营理念**。银河期货以 **“致力于打造国内一流的国际化金融投资服务平台”** 为发展目标，依托强大的股东背景，银河期货以国际化的服务理念、精英化的团队、高端的技术平台和良好的风险控制能力，提供最专业、最细致、最个性化的期货交易服务。

清一清，银河期货有限公司的特点：______________________________。

151 浙商期货有限公司

浙商期货有限公司于 1995 年 9 月在杭州成立，是中国证监会核准设立的大型专业期货公司。

(1) **基本信息**。浙商期货注册资本 5 亿元人民币，全资控股股东为浙商证券股份有限公司。

(2) **资格权限**。浙商期货目前为中国金融期货交易所全面结算会员，上海、大连、郑州 3 家商品期货交易所会员。

(3) **业务范围**。公司现有期货营业部 19 家，分布在北京、天津、上海、广州、大连、武汉和省内杭州、宁波、温州、义乌、绍兴、台州、湖州、嘉兴、丽水等地，初步形成遍布全国经济发达城市的营销网络，其经营范围包括期货经纪、金融期货经纪、期货投资咨询、资产管理。

(4) **组织架构**。浙商期货组织架构精干完善，下设机构管理总部、市场营销总部、基金业务管理部、资产管理业务部、交易风控部、结算部、研究中心、客服中心、信息技术总部、财务部、办公室和稽核部等职能部门。

(5) **经营理念**。浙商期货秉承规范管理、诚信经营、优质服务的理念，在期货行业内赢得了良好的口碑。

(6) **获得荣誉**。浙商期货连续多年被 3 家商品交易所评为“优秀会员金奖”，并在 2012 年荣获中国金融期货交易所“优秀会员金奖”、“投资者教育奖”、“产品创新奖”、“适当性制度落实奖”等多个奖项。

152 江苏弘业期货有限公司

江苏弘业期货有限公司是经中国证监会批准的大型期货经纪公司，公司隶属于江苏省国资委监管的大型企业集团——江苏省苏豪控股集团有限公司。

(1) **基本信息**。江苏弘业期货有限公司注册资本 3.8 亿元，净资产 10 亿元，公司总部位于江苏省南京市中华路 50 号弘业大厦。

(2) **股东信息**。弘业期货的主要股东有弘业股份、江苏弘业国际集团投资管理有限公司以及江苏省苏豪控股集团、江苏汇鸿国际集团等。

(3) **业务范围**。弘业期货在北京、上海等国内主要金融中心和重点城市设立 28 家营业部，实现全国性布局，主营商品期货经纪、金融期货经纪。

(4) **优势特点**。弘业期货是中国期货业协会理事单位、江苏省期货业协会会长单位。公司主营业务能力突出，主要经营指标多年来始终位居江苏省同行第一、全国前列。信息技术系统达到行业最高水平，并在业内首家自建完成异地灾备中心，同时公司拥有丰富的风险管理经验，并一直保持合规、稳健经营。

(5) **获得荣誉**。公司近年来还先后荣获“江苏省文明单位”、“江苏省青年文明号”、“江苏省五一劳动奖状”、“中国期货公司十强”以及各期货交易所优胜会员、产业服务优秀会员等荣誉称号。

(6) **经营理念**。弘业期货将继续秉承“**稳健、高效、创新**”的企业理念，严格防范风险，锐意开拓市场，不断提升核心竞争力，与广大投资者共创恢宏大业。

153 鲁证期货股份有限公司

鲁证期货股份有限公司是经中国证监会批准，在山东省工商局注册登记，由齐鲁证券有限公司控股的专业期货公司。

(1) **基本信息**。鲁证期货股份有限公司总部设于山东济南，目前注册资本 7.5 亿元人民币，员工近 500 人。

(2) **业务范围**。鲁证期货在济南、北京、上海、天津、大连、郑州等大中城市设有 23 家分支机构，同时依托齐鲁证券遍布全国各地的 170 余家营业网点，形成了覆盖全国的服务网络。公司业务范围包括商品期货经纪、金融期货经纪、期货投资咨询和资产管理。

(3) **资格权限**。鲁证期货拥有上海期货交易所、大连商品交易所、郑州商品交易所 3 家商品期货交易所和中国金融期货交易所席位，是中国金融期货交易所 15 家全面结算会员之一。

(4) **经营理念**。鲁证期货一贯秉承“**风控保障生存，合规创造价值，诚信铸就品牌**”的价值观，逐步加强中介机构应有的功能定位，并将服务实体产业的保值作为业务发展的战略重点，倡导“**以自身的专业能力帮助各类交易商实现其资产的保值、增值，与我们的客户共同成长**”的经营理念，不断提高服务地方国民经济的能力和水平。

(5) **优势特色**。鲁证期货是中国期货业协会第二届、第三届理事会理事单位和山东省期货业协会会长级单位。自 2007 年以来，客户资产、盈利能力等主要经营指标连续 5 年大幅超越市场平均增长速度，目前综合实力跻身于行业前 10 名。鲁证期货拥有一支优秀的管理团队和专业服务团队，力争以优质的服务回报客户，通过扎实的工作推动行业进步和地方经济的发展，努力将自身建设成具有感召力和文化魅力的现代金融企业。

想一想，你了解鲁证期货有限公司了吗？____________________。

154 万达期货有限公司

万达期货有限公司经中国证监会批准，成立于 1993 年 4 月，是全国最早成立的大型期货公司之一。

(1) **基本信息**。万达期货有限公司注册资本 2.4 亿元人民币，是国内最具影响力的期货公司之一。

(2) **股东信息**。万达期货由河南东方粮食贸易有限公司、广东粤财信托有限公司等多家实力雄厚的股东投资，其控股股东隶属于中国储备粮管理总公司。

(3) **业务范围**。万达期货在乌鲁木齐、上海、北京、南宁、昆明、长春、大连、广州、温州、武汉、兰州、湛江等地设有 12 家营业部，形成了覆盖全国的市场网络及良好的服务半径，主营商品期货经纪、金融期货经纪业务。

(4) **资格权限**。万达期货是国内 3 家期货交易所的全权会员，是中国金融期货交易所交易结算会员。

(5) **优势特色**。万达期货在不断增强可持续发展能力的同时，将规模和服务水平提升到更高层次，努力成长为国内集商品期货代理、金融期货代理、境外期货代理于一身的大型专业化期货公司，成为国内提供期货交易、咨询服务的行业领先者。公司在北京设置了专门的研究机构，研究对象涵盖国内商品期货及商品期权、股指期货等各类期货品种。

(6) **经营理念**。万达期货秉承“**以客户为中心**”的经营理念，把客户的收益率放在公司经营的首位，致力于打造一流的管理平台，组建一流的管理团队，搭建一流的研究平台。

155 浙江中大期货有限公司

浙江中大期货有限公司成立于 1993 年，是世界 500 强企业——浙江物产集团金融板块的核心成员，上市公司物产中大的控股子公司。

(1) **基本信息**。浙江中大期货有限公司注册资金 3.6 亿元人民币，公司总部位于杭州，其员工人数超过 5000 人。

(2) **业务范围**。中大期货在北京、上海、重庆、西安等中心城市设有 21 家营业部，目前经营范围为商品期货经纪、金融期货经纪、期货投资咨询、资产管理。

(3) **资格权限**。中大期货是 4 大期货交易所(大商所、郑商所、上期所和中金所)会员单位，并且是上海期货交易所理事单位。

(4) **经营理念**。中大期货秉承“**规范经营、稳步发展**”的经营方针，竭诚为客户提供涵盖通道、项目、产品的全方位服务。

(5) **优势特色**。中大期货拥有高效便捷的交易通道、基础雄厚的研发能力、专业贴心的服务团队。

156 新湖期货有限公司

新湖期货有限公司成立于 1995 年 10 月，前身为浙江天地期货经纪有限公司，现由新湖中宝股份有限公司控股。

(1) **基本信息**。新湖期货有限公司注册资本 2.25 亿元人民币，净资本 5 亿多元，公司有员工 500 多人。

(2) **资格权限**。新湖期货拥有上海、大连、郑州 3 家期货交易所会员资格和中国金融期货交易所交易结算会员资格，可代理客户从事国内所有品种的期货交易。

(3) **业务范围**。新湖期货在国内大中型城市设有 20 家营业部，在长三角和珠三角、沿海城市及经济发达地区均设有营业部和事业部团队，业务和服务覆盖全国各个区域。

(4) **经营理念**。公司秉承“**财富共享才最有价值**”的核心理念，以务实、创新、进取的执业精神，合作、共赢、分享的企业文化，为社会和行业发展做出了较大的贡献。

(5) **优势特色**。新湖期货为中国期货业协会副会长单位，上海期货同业协会会长单位。公司坚持走产业化和专业化服务之路，将产业客户服务视为公司核心竞争力的重要部分。

157 中证期货有限公司

中证期货有限公司是中信证券股份有限公司的全资子公司。

(1) **基本信息**。中证期货有限公司总部设在深圳，注册资本 15 亿元人民币，拥有 450 余名专业员工。

(2) **资格权限**。中证期货拥有中国金融期货交易所全面结算会员资格和上海期货交易所、郑州商品交易所、大连商品交易所的会员资格。

(3) **业务范围**。中证期货目前已设立 29 家营业部，基本覆盖华北、华东、华中、华南、东南地区的主要大中城市，主要从事商品期货、金融期货经纪业务，金融期货的代理结算业务，期货投资咨询业务和资产管理业务，获批设立风险管理服务子公司资格。

(4) **人员结构**。中证期货现有 700 多名员工，5 年以上期货从业经验的员工占总人数的 20%以上，其中 10 年以上员工占 10%以上。本科以上学历人数占总人数的 70%以上。

(5) **优势特色**。中证期货有限公司强大的股东背景成为同行竞争中最大的优势，公司的市场规模、服务能力、公司品牌等综合指标已进入中国期货公司第一方阵，具有较强的竞争能力。

想一想，你了解中证期货有限公司了吗？________________。

158 中钢期货有限公司

中钢期货有限公司是经中国证监会批准，在国家工商行政管理总局注册登记的专业期货公司，其前身中钢集团期货贸易部在 1993 年就参与了国内期货市场。

(1) **基本信息**。中钢期货有限公司注册资本 2.8 亿元人民币，总部设在北京。

(2) **资格权限**。中钢期货在大连商品交易所、上海期货交易所、郑州商品交易所和中国金融交易所拥有交易席位。

(3) **业务范围**。中钢期货在北京、上海、大连、武汉、重庆、南京、唐山、济南等地设有营业部。

(4) **经营理念**。中钢期货有限公司一直以 **“诚实守信、合规运营”** 为宗旨，以领先的技术平台、个性化的服务、系统化的产品解决方案为核心，为客户提供一流服务，为客户创造价值。

(5) **特色优势**。中钢期货拥有专业的管理团队、研发团队和服务团队，人员队伍精干高效，具备良好的职业操守和丰富的实践经验。公司全面部署了电子化交易网络，拥有便捷完善的开户、交易、结算系统，使客户在全国各地都能够轻松实现期货交易。

159 国泰君安期货有限公司

国泰君安期货有限公司是国泰君安证券股份有限公司的全资子公司。

(1) **基本信息**。国泰君安期货有限公司注册资本 7 亿元人民币，公司总部位于上海。

(2) **业务范围**。国泰君安服务网点遍及全国 29 个省、直辖市和行政区，公司具有商品期货经纪业务、金融期货经纪业务、期货投资咨询、资产管理业务资格。

(3) **资格权限**。国泰君安是国内首批获得金融期货全面结算业务资格的期货公司，是中国金融期货交易所的一号会员，同时也拥有上海期货交易所、大连商品交易所、郑州商品交易所的会员资格和交易结算席位。

(4) **优势特色**。公司具备强大的研发能力，创新设立了专兼职的研究服务体系，在业内率先成立了股指期货研究中心和国债期货研究中心，创建的国泰君安期货研究院，具有业内一流的信息技术平台，达到行业三类技术标准，具有规范而稳健的管理体系。

(5) **经营理念**。公司秉持“**诚信为本、专业服务**”的经营理念，建立了基础管理、专业管理、综合管理相配套、相统一和相融合的经营管理体系。

160 上海中期期货有限公司

上海中期期货经纪有限公司成立于 1993 年 2 月 28 日，是经中国证监会批准、国家工商行政管理局核准的独立法人公司。

(1) **基本信息**。上海中期注册资本金 2 亿元人民币，控股股东兖矿集团为国家重点特大型企业集团，是全国 100 家现代企业制度和 120 家企业集团试点企业。

(2) **资格权限**。公司是上海期货交易所、大连商品交易所、郑州商品交易所、中国金融期货交易所的正式会员。

(3) **经营理念**。上海中期始终如一地坚持“**稳健、卓越、专业、诚信、开拓**”的服务理念，以人为本、创新发展，以最佳的业务运作方式，致力于为客户提供品质一流的产品和服务，实现客户和公司的双赢，以专业创造财富，以专心提升价值。

(4) **优势特色**。经过多年的不懈努力，上海中期的代理交易量和交易额一直名列国内期货公司前茅，成为国内最具影响力的大型期货经纪公司之一。

161 国投中谷期货有限公司

国投中谷期货有限公司创立于 1993 年 4 月 23 日，是经中国证监会批准、国家工商行政管理局核准登记注册的期货公司。

(1) **基本信息**。国投中谷期货注册资本金 3 亿元，原注册名称为上海中诚期货经纪有限公司，是国家工商局最早批准成立的期货公司之一。

(2) **业务范围**。国投中谷目前在大连、郑州、广州、北京、上海、太原、杭州等地共设有 7 家营业部，公司主要从事商品期货经纪、金融期货经纪、期货投资咨询业务及资产管理业务。

(3) **资格权限**。国投中谷是大连商品交易所、上海期货交易所、郑州商品交易所会员单位，中国金融期货交易所的交易结算会员单位。

(4) **经营理念**。多年来，公司一直牢牢把握“**为产业和机构客户服务**”的宗旨，通过差异化竞争策略，在为客户提供多元化研发产品、一站式交割服务、风险管控体系设计方面形成了核心竞争优势，树立了“**期货理财和风险管控专家**”的良好品牌形象。

(5) **优势特色**。国投中谷在业务发展的同时，始终把风险控制工作作为公司各项工作的重中之重，在内部构建了完备的风险控制体系，培养了一支专业化的风险控制团队。

想一想，你了解国投中谷期货有限公司了吗？________________________。

162 申银万国期货有限公司

2007 年 8 月 7 日，经中国证监会批准，申银万国证券股份有限公司增资控股原天意期货经纪有限公司，并于同年 9 月 25 日更名为申银万国期货有限公司。

(1) **基本信息**。申银万国期货有限公司注册资本金 7.76 亿元，系申银万国证券股份有限公司的控股子公司，公司总部位于上海浦东陆家嘴金融功能区。

(2) **业务范围**。申银万国在成都、贵阳、大连、北京、郑州、上海、杭州、广州、深圳、宁波、武汉、南京、重庆设有营业部，公司具有商品期货经纪业务、金融期货经纪业务、期货投资咨询业务、资产管理业务资格。

(3) **资格权限**。申银万国是上海期货交易所、大连商品交易所、郑州商品交易所的会员及中国金融期货交易所交易结算会员。

(4) **人员结构**。申银万国期货有限公司聚集了大量专业人才，拥有由博士、硕士等精英组成的一流高管队伍，公司的业务骨干 100%具有本科以上学历。

(5) **经营理念**。申银万国期货有限公司以“**促进上海国际金融中心建设、推动中国金融衍生品创新和期货行业发展**”为重要使命，秉承“**诚信服务、开拓创新、追求卓越、争创一流**”的理念，以客户为中心，依托先进的信息技术系统和专业的研发资讯，组建了一支高素质、反应迅速的专业客户服务团队。

(6) **优势特色**。申银万国期货有限公司整合申银万国证券研究所雄厚的研发资源，可以为客户提供及时、全方位的咨询产品、研究报告、套利套保方案等增值服务。同时，公司建立了个性化、高标准的客户服务和流程体系，努力实现对客户的差异化、个性化、增值化服务。公司具有安全、快捷的交易信息系统，交易技术系统通过了由期货行业、高校等技术专家的评审验收，以及上海计算机安全等级测评中心的认证。

清一清，申银万国期货有限公司的特点：________________________________。

4.5　期货公司风险管理

任何投资都会有风险，期货经纪公司是帮助期货投资者化解风险的重要环节。本节将阐述期货公司风险管理的各个方面。

163　风险管理的定义

风险管理是指通过对风险进行识别、衡量和控制，以最小的成本使风险损失达到最低的管理活动。

期货公司的风险管理分为框架风险、流程风险和经营风险，其中最主要的是经营风险，而期货公司的经营风险又可分为技术风险和道德风险。

(1) **技术风险**：是指期货公司的风险控制手段不能应对千变万化的市场。技术风险是公司留存风险的主要原因。

(2) **道德风险**：是指期货公司员工道德水准不高，不能抵御充满诱惑的市场。道德风险是市场新增风险的主要因素。

专家指点

技术风险控制手段的完善，让期货公司发挥避险通道的作用，同时还能部分地扼制道德风险。道德风险控制水平的提高，能保证期货公司不增加新的风险，并对技术风险控制也有一定的促进作用。

164 风险管理的现状

我国期货公司在国家政策的规定下，公司越来越重视风险管理，制度越来越完善，技术越来越先进，这对于广大期货投资者是很有利的消息。

(1) **体制建立完毕**。随着期货公司不断完善公司法人治理，建立了以风险管理为核心的内控体系，加强了风险控制和内部合规审查部门，规范了内部操作流程，风险管理水平普遍提高。

(2) **注重人员强化**。中国证监会和期货业协会不断强化行业从业人员的管理，倡导诚信的行业文化，行业的诚信水平和人员素质快速提高，全行业投资者教育普遍展开，期货公司风险管理的外部环境大大改善。

(3) **技术不断革新**。现代计算机技术的应用和电子化交易，使得实时动态风险控制成为可能。期货公司对客户的静态风险管理已变为实时动态管理。电子化交易减少了交易的中间环节和人为失误，交易环节的风险大大降低。

(4) **管理日渐规范**。期货法规和交易所规则日趋完善，期货公司的风险管理有了法制保障，风险管理日趋规范。交易所实行一户一码客户编码管理，推行交易实名制，风险管理措施有直接面向客户的趋势，这就减缓了期货公司风险管理中间环节的压力。

专家指点

我国经过三十多年的改革开放和二十多年的期货市场建设，为期货市场自身进一步改变发展、服务经济发展方式转变夯实了基础。但比之发达国家的期货市场，我国期货市场发展仍相对滞后，形成的市场价格指引体系及价格避险体系仍不够丰富完备，与国民经济的整体发展还不完全匹配，尚不能满足实体经济发展和经济发展方式转变的要求。

165 风险管理的问题

我国的期货经纪公司风险管理中依然存在一些问题，或许是个别现象，但也应该值得警惕。

(1) **投资者理念不成熟**。国内投资者的风险意识和投资理念不成熟，个人信用体系并不完善，期货公司仅仅通过对客户的有限了解，不足以掌握客户的资信情况。客户投资决策的失误和风险控制的不力，在其自身资信较低的情况下，将更多地转化为期货公司的风险。

(2) **风险管理的手段少**。目前期货公司风险管理手段主要依靠调整保证金比率，因此期货公司能够运用的风险管理工具非常有限，更谈不上使用组合工具等手段来分散业务风险。当出现单边市行情而导致系统风险时，期货公司便束手无策。期货公司现在能够运用的风险管理手段多是事中和事后的手段，如强制平仓、追加保证金，而缺乏风险预警等事前手段。

(3) **风险管理的成本高**。交易所风险管理的措施越来越市场化、国际化。如放大涨跌幅度，从风险阻隔的角度看，交易所风险减少了，但增加了期货公司的风险。期货公司不得不通过提高保证金比率的手段应对这种风险，从而增加了风险管理的成本。但同业竞争的激烈，又使期货公司不能漠视保证金比率提高所带来的客户流失。

(4) **抵抗风险能力低**。我国期货公司注册资本金大多在 3000 万～5000 万元之间。期货公司历史短、队伍新、管理经验少，资本实力和人员素质与迅速扩张的代理资产和业务发展不相适应。

(5) **风险管理不灵活**。目前，我国期货公司风险管理的措施和手段大致相同，对投资者的差异化和灵活性不足。期货公司的风险管理必须适应市场实践的发展，不同品种、不同客户、不同时期，风险管理措施应不相同。不同公司应根据自己的经营战略和自己的风险偏好、承担能力，实行不同的风险管理。

(6) **保证金存在风险**。个别期货公司有可能有意隐瞒客户权益，使一部分客户资金游离于封闭圈之外，逃脱监管。期货公司完全可能不遵守承诺，不按照规定在封闭圈内划转保证金。如果期货公司出现违规划转保证金，以目前银行的业务操作来看，很难进行有效监控。

专家指点

根据《期货经纪公司客户保证金封闭管理暂行办法》，期货公司必须将客户的保证金存放于保证金专用账户，保证金只能在期货公司保证金的专用账户、期货公司在交易所所在地开设的专用资金账户和交易所的资金账户构成的保证金封闭圈内进行划转。

清一清，我国风险管理现有的问题：____________________。

166 风险管理的措施

风险管理是期货公司的重中之重，对于我国期货公司风险管理体系的现状和风险管理中存在的问题，我国期货公司风险管理应采取以下措施。

(1) **加强投资者风险理念**。期货公司应增强投资者风险意识和投资理念的教育，以提高客户投资决策和风险控制的能力。只有把期货公司的客户信用体系纳入整个社会的信用评价体系，才能在客户自身资信较低的情况下，更多地化解期货公司的风险。

(2) **增加风险管理手段**。期货公司可以增加风险预警的事前手段，如调整保证金比率、限仓。期货公司还应通过引导客户参与不同品种、不同工具的交易来达到分散业务风险的目的。此外，目前我国只有商品期货交易而无相应期权的交易，应增加期权交易以化解期货公司的风险。

专家指点

期货公司只有监管风险手段的多元化，才能规避代客户履约的风险、交易所传递来的风险、自身经营管理风险、法律风险、流动性风险和政策风险等。并且期货公司高层管理者应站在全局的角度，以风险组合的观点看待这些风险，用风险组合的观点分析这些风险，采取有效措施将组合后的风险控制在可承受范围之内。

(3) **降低风险管理的成本**。各期货公司都应设立专门的稽核监督岗位，负责内部控制制度落实情况的监督检查工作。董事会风险监控能力的增强，需要内部稽核监督予以协助，对董事会管理人员的管理过程的充分性和有效性进行检查、评估、报告和提出建议。这样使得抵御风险的最后一道防线更为严密，同时也降低了风险管理的成本。

(4) **提高公司董事会功能**。我国期货公司规模普遍偏小，一些公司的“一股独大”现象突出，法人治理结构不完善。期货公司很少设立真正意义上的董事会，即使设立了董事会的也形同虚设，重大决策都是大股东说了算，董事会都很少召开，只是监管部门要求董事会出具意见时才迫不得已临时开会。所以加强董事会功能是提高抗风险能力的一个重要措施。

专家指点

许多期货公司股东结构不合理，总经理权力就是最大股东权力等，这些内部治理结构缺陷的问题是公司经营风险的最大隐患。由于董事会未起到很好的监督作用，许多经营决策成了总经理说了算，而总经理一旦出现重大失误，大可拍拍屁股走人，剩下的烂摊子还是要由董事会来收。因此，董事会应该发挥其真正的功能。

(5) **增强风险管理的差异化**。期货公司的风险管理必须根据不同品种、不同客户、不同时期，在风险管理上采取灵活性的对策，以适应市场发展的需要；根据期货公司经营战略和自己的风险偏好、承担能力，实行不同的风险管理，以提高差异化。

(6) **杜绝保证金运行的风险**。目前，虽然保证金封闭管理制度取得了较好的风险防范效果，但也有期货公司高层挪用客户的资金。在加强期货公司人员思想道德建设的同时，国家还应该出台相关政策，加强对期货公司保证金账户的监管，从而杜绝保证金封闭运行中的风险。

专家指点

期货公司在风险控制方面应做到“三个依靠”：一是依靠严格的、多层次的相互监督制度来保证风险控制手段的执行；二是依靠完善的技术控制手段扼制风险的发生；三是依靠全体员工通过长期不断的思想教育，提高其道德素质，保障公司的健康发展。

4.6　期货公司精彩案例

本节将通过笔者的亲身经历和实际案例，带你了解期货公司的选择与风险管理。

167　案例：贪便宜往往吃大亏

彭先生无意间看到一则宣传广告：“某公司交易手续费减半，交割月前不提高交易保证金，保证金一般维持在 3%以内。”如此优惠的手续费和保证金吸引了彭先生，联系到该公司并开户以后，彭先生原以为可以大展拳脚了，但事实却并非如此。公司经常会出现提供的交易系统死机、正常提款无法及时操作等问题，而公司总以交易系统受到黑客攻击、市场新旧系统转换以及银行出金端口不能出金等借口敷衍彭先生，这让他后悔不已，当初真可谓是：“丢了西瓜，捡了芝麻。”

类似用这样的“低价”吸引投资者，而服务跟不上的期货公司也有不少，甚至还有非法机构利用“低价”设置骗局，模拟合法期货经营机构的网站风格，编造与期货经营机构相似或相近的公司名称，虚构专家团队，给投资者造成一些假象，诈骗投资者转入资金。

专家指点

期货行业是特许行业，期货公司业务实行许可制度，合法期货公司应当具有中国证监会颁发的业务许可证，并在省级以上工商行政管理机关登记注册。投资者可以登录中国期货业协会网站，查看合规期货机构信息，如遇到非法机构冒充期货公司诈骗，可直接到公安机关报案。

这些机构往往利用投资者贪图小便宜的心理，对期货市场缺乏专业知识欺骗甚至诈骗投资者，损害投资者利益。投资者在面对“低价”的诱惑时，最好的方法是采取实地走访，去期货公司的营业部看看是否证照齐全、办公场所是否显得正规，也可登录中国证监会的官方网站进行查询。总之，时刻记得一点：**“天下没有免费的午餐，**

如果有，也可能是傻的”。

想一想，你会选择手续费低的期货公司吗？＿＿＿＿＿＿＿＿＿＿＿＿＿＿＿＿。

168 案例：风险管理的核心性

鳌女士是做外贸生意的，她在某可以代理外盘期货的公司开户，并委托该公司代为办理美盘咖啡期货交易的有关手续。

一个月以后期货公司告知鳌女士，由于她的账户上保证金不足，公司未经她同意便平了鳌女士一半的仓。鳌女士开始也没多想，补交了 2 万美元保证金，并要求公司把仓给补回来。不到一个星期，鳌女士的保证金再次全部亏损，被该期货公司直接斩仓出场。这时，鳌女士彻底被激怒了，把该期货公司告上了法庭，理由是期货公司直接平仓的做法既没通知她，也违反了美盘交易规则。

对于该公司的做法，无论是期货经理的个人行为，还是期货公司为了控制风险直接平仓，都暴露出期货公司风险控制上的不足。对于类似鳌女士这样相对特殊的投资者，由于公司风险管理的经验不足，只能采取平仓的方式来应对。但是这样的方式容易造成投资者的损失，如果对特殊的期货种类也能做出研究与风险评估，并提前告诉投资者，就不会发生鳌女士一气之下状告期货公司的情况。

期货公司从事代理业务，虽然真正的交易者和风险承担者是客户，但一旦公司的风险管理不力，就将造成风险传输阻滞，不但危害到投资者的利益，还可能使期货公司成为实际的风险承担者。**因此，风险管理是期货公司内部管理的核心环节，也是期货市场风险管理的基础。**

专家指点

我国期货市场风险管理现状在取得长足发展的同时，积累了防范和化解市场风险的经验。但随着市场不断发展，风险的特征和形式在变化，控制风险的难度也在增加。期货市场里没有绝对的事情，期货公司生存在高风险的环境里，要完全绝对地避免风险是不可能的，而通过自身的长期努力把风险降到最低限度，则是完全可行的。

169 案例：道德风险的重要性

谈到选期货公司，曹先生与大多投资者一样，认为找一家各方面实力强的期货公司就可以了，大公司肯定没问题。

早些日子，曹先生与往常一样，打电话给他的期货公司委托交易。到了第二天他委托的交易都没成功，曹先生再次打电话给期货公司询问状况。这时他才得知，昨天接到他电话的客服人员已经离职，又没把他的委托做交接，以至于曹先生的委托没有及时执行。

再大的公司也由一个一个的人组成，谁也不能保证每一个人都不出现问题。**对期货公司而言，最危险、最致命的风险是道德风险**。道德风险的存在比较难以发现，同时它的表现形式又很隐蔽。像曹先生这样被延误委托的情况，危害还不会太大，如果有道德低下的从业人员通常利用风险控制中的漏洞做一些违规违法的事情，而公司如果不能及时发现，就往往会造成比较严重的后果。这也是期货公司风险控制的关键之处。

专家指点

只有通过公司全体员工的共同努力，加强风险教育，提高员工素质与思想境界，才能够有效减少道德风险。技术风险的控制应全面考虑交易者与市场出现的各种情况的可能性，其难点在于控制手段要对应市场规则的变化，同时还要考虑交易者的合法权益。

想一想，你明白道德风险的重要性了吗？______________________。

170　案例：当心保证金被挪用

早些年前，某期货公司发生过挪用巨额客户保证金的事件，王女士就是其中的受害者之一，她万万没想到会发生这样的情况。

当时，期货公司没有把所有客户的保证金列入封闭圈内账户，同时将客户资金 3000 万元划转至其他账户。在保证金被挪用的同时，公司还恶意隐瞒客户权益。事发之后，王女士的保证金已被追讨回，让她气愤的同时也有个问题：“这种情况是怎样发生的？”

对于公司挪用保证金的现象具体有多少我们并不清楚，投资者应了解这些不法手段，以便不被不良期货公司蒙蔽。

(1) **开设虚假客户账户**。这是通过开设多个虚假客户账户，以客户出金方式将保证金划转出封闭圈。保证金封闭圈除了利用专用自有资金账户进行临时补充结算准备金的头寸调拨以及费用划转外，资金要合法流出封闭圈只能通过客户账户出金的方式。因此，如果期货公司个别人员利用其他不存在的公司名义开立虚假客户账户，再通过这些账户将资金转出封闭圈，依然可以达到挪用的目的。

(2) **将保证金质押融资**。一些高管还可能违反规定，将客户保证金存款进行质押融资，变相挪用占用客户资金。虽然《期货经纪公司客户保证金封闭管理暂行办法》

中已明确规定，严禁期货公司以质押等方式变相挪用占用保证金，但在实际操作中，并不能排除期货公司内部人员以这种方式挪用的可能性。

(3) **利用监管的时间差**。保证金封闭运行最大的特点是对保证金进行实时监控，避免在某一时点上被挪用。如果期货公司高管利用时间差，就可以钻监管的这个空子。例如，某公司月底进行查账，那么可以利用月初和月中的 20 多天时间，在月底查账以前补还挪用的保证金即可。

专家指点

目前，保证金虽然采取第三方管理，看似期货公司无法钻空子，但实际上还是有保证金被挪用的风险。例如，2013 年 7 月证监会 5 日通报了某期货公司涉嫌挪用客户保证金案件情况。经查，在处理该公司与民间借贷形成的债务关系过程中，公司高管擅自指使财务部副经理，通过预先借用的客户账户，将 4100 万元客户保证金挪用，造成严重后果。目前，该案已移送公安机关。

171 案例：建立风险管理流程

乔先生的朋友李先生是某期货公司的经纪人，在李先生的热情介绍与要求下，乔先生在朋友李先生的公司开户，开始了期货交易。由于自己对期货不太了解，又出于对朋友的信任，乔先生让李先生代他操作。

一开始，李先生告诉他说小赚了一些，这让乔先生更加放心了，并又往期货账户里转了近 10 万元。几天以后，乔先生接到了期货公司的电话，说是监察部发现乔先生的账户有异常情况，让他尽快来对账。乔先生赶到期货公司，打电话给他的朋友李先生，却发现已经停机。这时乔先生感到后怕，好在期货公司已经把他的账户冻结，资金也没有多大的损失。

由于市场行情变幻莫测，市场规则适时调整，期货公司的风险控制手段不仅应该能够对应规则的变化，而且还要保护客户的利益。所以，对风险控制手段掌握分寸极其重要。

风险管理给期货公司的启示在于，建立清晰的风险管理流程，一般可分为 4 步。

(1) **目标制定**。这一流程处于企业内部环境提供的规则和结构的背景下，借助于信息与沟通进行，并处于监控之下。对不同目标分析其相应风险，自然将目标设定设为风险管理流程的重要步骤。

(2) **事项识别**。目标确定后对影响目标实现的内部与外部的潜在事项进行识别，区分机遇与风险。存在潜在正面影响的事件代表机遇，存在潜在负面影响的事件是风险。通过事项识别，引导管理层全面考虑机遇与风险，使战略和目标不被偏离。

(3) **风险评估**。风险评估可以使管理者了解潜在事项如何影响企业目标的实现，管理者应从风险发生可能性以及将会带来的影响进行评估。

(4) **风险反应**。风险反应方案应该有 4 种：规避、减少、共担和接受风险。

专家指点

期货公司的风险管理，不仅能保护自身的利益，更能保护投资者的利益。在目前期货市场重新实现快速发展的时候，期货公司更应该把识别、防范和化解风险放在第一位，常抓不懈。这样才能推动期货市场健康发展，不断提高市场运行质量。

由于市场行情变化加剧，增加了客户穿仓风险，必须提高保证金。但为了不影响客户交易，公司应对所有客户的信誉情况及交易习惯进行详细调查，对所有客户进行风险分级、分类管理。这样既能有效控制穿仓问题，同时也能使客户感受到公司的负责，有效地保护了客户利益。

清一清，风险管理流程分哪些步骤？____________________________。

第 5 章

实战入门：期货投资流程

俗话说：“**实践见真章**。”之前的学习终究是为了实战投资，本章将为你详细说明期货投资的每个环节。

知识要点

- 投资期货的准备
- 开户流程
- 入金流程
- 交易流程
- 销户流程
- 期货合同
- 期货投资实操精彩案例

5.1 投资期货的准备

俗话说：**“有备才能无患。”**在投资期货之前，投资者有必要做好一定的准备工作。

172 个人因素

投资者在进入期货市场前应做好以下准备。

(1) **知识掌握**。投资者应该掌握期货交易的基本知识和基本技巧，了解所参与交易商品的交易规则。这样才能让自己的投资决策更加正确，使自己在期货市场上处于赢家的地位。

专家指点

想成为一名合格的期货投资者，需要系统地学习期货的基本概念、经济原理、交易制度与流程、交易策略与技巧、期货法律法规等知识。此外，还要善于学习期货投资大师们的成功经验，吸取众多期货投资失利的教训，树立正确的投资理念，养成良好的交易习惯和心理素质，加强风险管理能力。

(2) **心理准备**。期货的价格无时无刻不在波动，出现错误的操作与失败的投资是很正常的现象，投资者不能因为小小的盈利就自大而胡乱投资，也不能因为出现了亏损就一蹶不振。应该真正做到**“不以物喜，不以己悲”**。

(3) **信息了解**。在期货市场这个主要由供求关系决定的市场上，信息显得尤为重要。只有及时、准确、全面地掌握市场信息的投资者，才能在期货市场激烈的竞争中获胜。

(4) **计划拟订**。为了将损失控制到最小、盈利更大，投资者就应该预先制订好投资计划，要有节制地交易。

想一想，自己的心理素质能经受住价格波动的考验吗？______________。

173 资金方面

由于期货交易采取的是保证金制度，而且一般的期货投资者只能进行投资或套利，不能实行套期保值，所以风险相对较大。为了防范不必要的风险，证监会对期货投资者建立了资金方面的限制，用于区别投资者的产品认知水平和风险承受能力。

虽然商品期货资金要求相对最小，门槛较低，大多数投资者都能够承受商品期货价格波动的风险，但是也应对投资者做一定的评分和测试。

国债期货和股指期货资金要求相对比较高，波动幅度大，风险自然也就更大。因此，对于自然人投资者，证监会要求申请开户时保证金账户可用资金要高于 50 万元人民币，并且还要求投资者有商品期货的交易经历或股指期货的仿真交易经历。

专家指点

有些期货经纪公司为了拉拢客户，把资金门槛降低，这对于投资者来说并不见得是好事。如果进入资金不充裕，无法补足亏损的保证金，投资者很可能面临强行平仓，从而造成更大的损失。

初来期货市场学做期货的人，大致有以下 3 类。

(1) **没有任何投资经验的新手**。新手投资者总是期望启动资金越少越好，这是比较片面的观点。虽说某些期货合约只需要几千元一手，但实际上新手来学期货投资最好准备 3 万元以上，这样才能经受得住市场的波动，并且要抱有学习的态度，而不是追求一夜暴富。

(2) **股票亏本而转来投资期货的人**。一些投资者在股票市场中赔了钱，想到期货市场中捞回本钱或盈利。这种投资者大多都是觉得期货赚钱快、本钱少才来做期货的，但是市场并不如此。对于这类投资者要想节省学习成本的话，还是要在场外模拟和观察一下期货市场，掌握一下期货交易规则，并看看自己目前所要交易的方法在期货中有多大胜率，然后再去慢慢交易，当然这一切也需要你有几万元才行。

(3) **投资股票时间比较长并能够稳定获利的人**。对于这样的投资者来说，初始资金或许不是障碍，但还是先用几万元来学习和熟悉一下交易规则和交易环境为好。

174 证件方面

开设商品期货账户需要准备的证件较少，一般来说只要有身份证和银行卡就可以办理。如果需要开设股指期货等金融期货品种，还需要准备学历证明、投资经历证明和财务证明等个人相关材料。

专家指点

投资者开户所携带的证件必须保证合法、有效，如果期货经纪公司发现投资者的证件无效，公司有权拒绝给投资者开户。

5.2 开户流程

期货投资的账户都需要到期货经纪公司开设，各个期货公司的开户流程大同小异，其简要流程如图 5-1 所示。

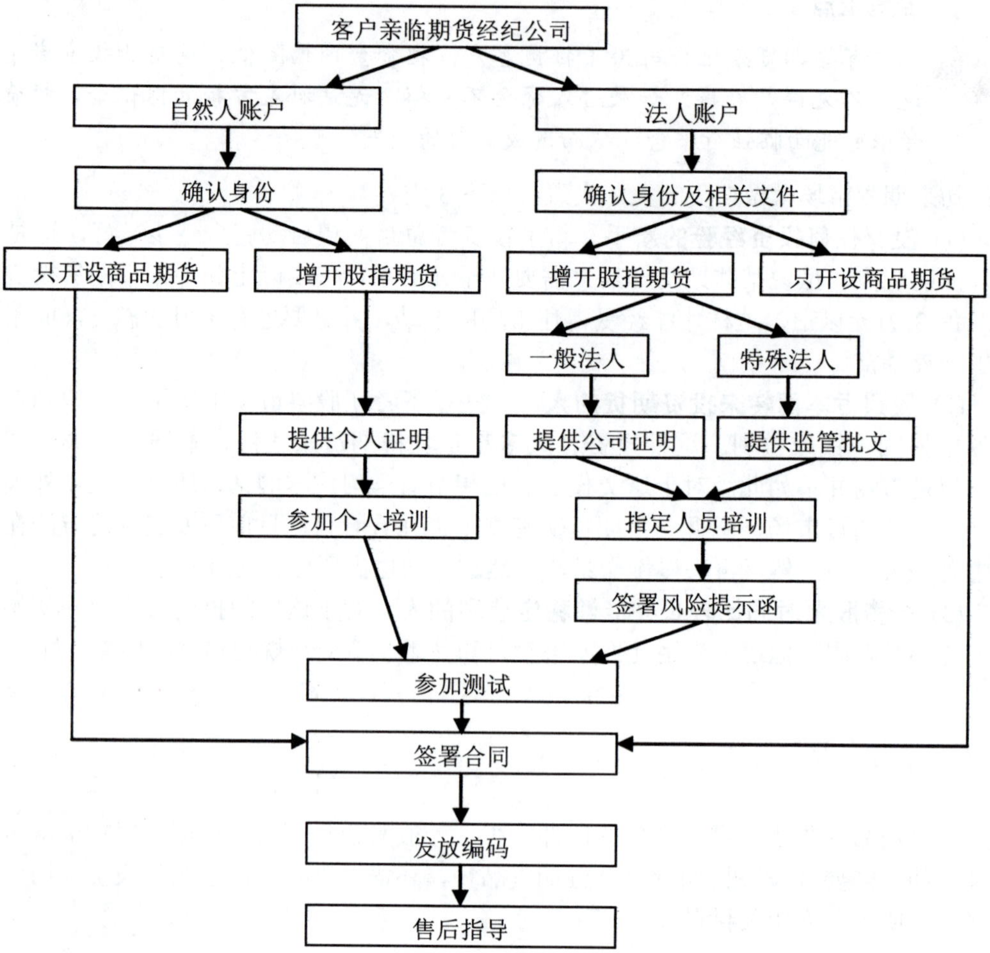

图 5-1　开户简要流程示意图

175　确认身份

自然人开设商品期货账户，需要携带本人身份证和银行卡到期货经纪公司当场拍摄免冠照。**值得注意的是，自然人不能委托其他人代办开户手续，必须本人前往期货经纪公司办理**。

法人开设商品期货账户，需要代理人携带身份证到期货经纪公司当场拍摄免冠照，同时需要携带公司营业执照、组织机构代码证、银行开户许可证、法人身份证复印件、法定代表人证明书和开户代理人、指令下单人以及结算单确认人等相关人员的身份证。

176 开设股指期货

自然人如果要增开股指期货的话，需要提供学历证明、投资经历证明、财务证明以及诚信状况证明。

法人增开股指期货分两种情况。

(1) **一般法人**。提供投资经历证明、财务证明以及公司参与股指期货的决策程序和操作流程。

(2) **特殊法人**。除了一般法人提供的相关材料以外，还需要提供相关的监管资料和主管机关的批准文件。

对于投资者来说，股指期货的投资条件颇为苛刻，不过投资者可以放弃选择该项目。如果不需要开设股指期货，则直接跳到签署合同程序。

177 参加培训

由于股指期货的风险与门槛相对较高，专业性也更强，所以需要投资者参加股指期货投资交易的相关培训。培训的内容大致是股指期货的交易流程、结算流程、股指期货交易技巧和其风险性等。

个人投资者参加完培训以后，期货公司会对个人投资者做一个综合评估，投资者也能从中找到自己的不足。如果是企业的话，制定下单人、结算单确认人和资金调拨人都需要进行相关的培训，并签署股指期货特别风险提示函。

想一想，你明白参加培训的好处了吗？______________________________。

178 参加测试

培训完成以后，无论是个人投资者，还是企业公司的制定下单人、结算单确认人和资金调拨人，都需要参加股指期货基础知识测试。

测试题的内容为之前培训的内容，一般包括 10 道判断题和 20 道单项选择题，一共 30 道题，答对 24 题为合格，测试时间为 30 分钟。**如果答卷分数未达到标准或者由他人代答，期货经纪公司将认为是自愿撤销本次开户申请，所以应该慎重对待。**

179 签署合同

投资者开设商品期货账户时，只需要确认身份以后就可以直接签署《期货经纪合同》，与期货经纪公司确立经纪关系。要增开股指期货的投资者，在测试合格以后，交易部会出具保证金账户以及初始密码，账户内的可用资金必须要大于 50 万元人民币，才可签署《期货经纪合同》，与期货经纪公司确立经纪关系。

《期货经纪合同》中最重要的就是手续费的确认，其他条款都是硬性规定的，没有商量的余地。

180 发放编码

签署合同以后，期货经纪公司会向期货交易所申请编码，这个编码应该是“一人一码”。**交易编码就是客户、从事自营业务的交易会员进行期货交易的专用代码，通过该编码可进行身份识别。**

按照相关规定，交易编码由 12 位数字构成，前 4 位为会员号，后 8 位为客户号。例如交易编码为 003000055101，则会员号为 0030，客户号为 00055101。一个投资者在交易所内只能有一个客户号，但可以在不同的经纪会员处开户，所以交易编码的会员号可以不同，而客户号必须相同。

投资者参与股指期货交易需在期货公司开立自己的交易账户，同时在期货交易所申请自己的交易编码，投资者在自己账户和交易编码内交易才受到法律保护，与他人混码交易则容易导致不必要的纠纷和损失。

专家指点

有些期货经纪公司会不负责任地让多个投资者共用同一编码，这就相当于共用一个交易账户，对于投资者来说，风险是极大的。

181 售后指导

期货公司应该提供完善的售后服务，如向客户做网络访问，提供交易方面的指导。好的期货公司应该有专门的人员提供售后指导，而不是客户开户以后就不闻不问了。直到这个环节结束，期货开户才算真正的完成。

清一清，售后指导的内容：______________________________。

5.3　入金流程

投资者需要往期货账户中转入资金，才能进行期货交易。一般有 3 种方法转入资金，即柜台办理、电话转账和网银转账，每种转账方式各有利弊，其简要流程如图 5-2 所示。

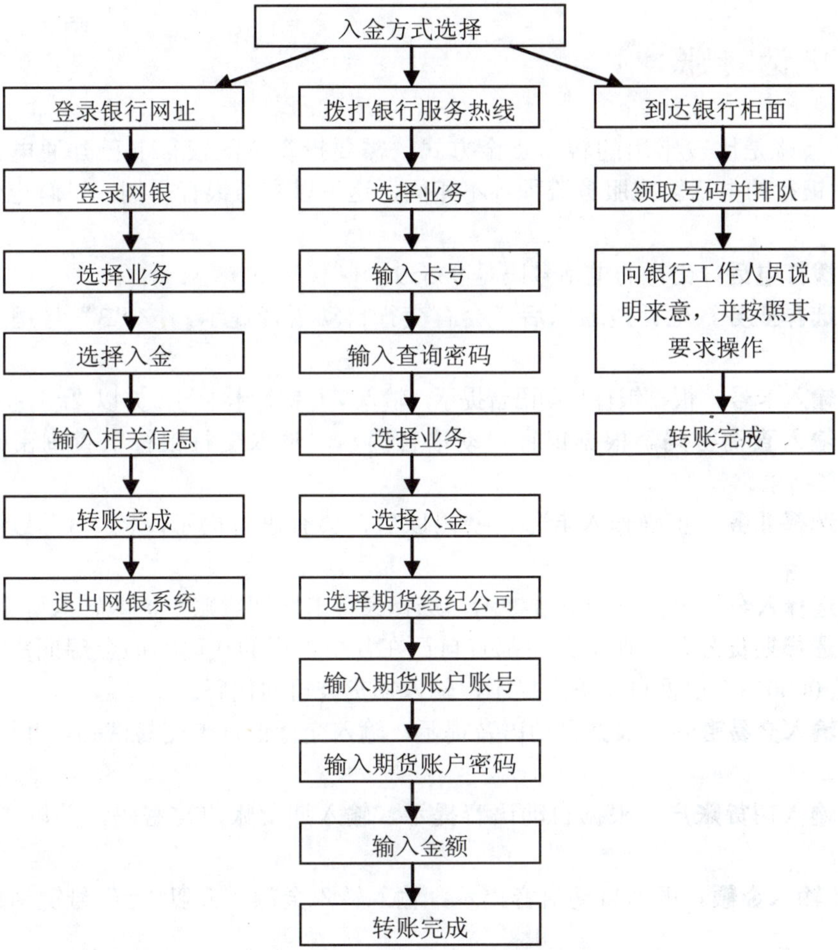

图 5-2　入金简要流程示意图

182 柜台办理

柜台办理是期货转入资金最为传统的方式。投资者到自己银行卡所在银行的柜面直接办理即可。

柜台办理转账这种方式最大的优点是省心，投资者只需告诉银行工作人员自己需要什么服务即可。如果通过电话、网络等方式转账的话，需要投资者操作、点击许多步骤。不过由于去银行柜台办理业务需要排队等待，所以对于有条件的投资者，最好不要采用这样的方式。

183 电话转账

电话转账是比较常用的转入资金方式，需要投资者的银行卡已开通电话转账业务。各大银行的电话转账服务流程各不相同，这里以交通银行为例，讲解电话转账的流程。

(1) **拨打电话**。交行的电话号码是95559。

(2) **选择业务**。电话拨通以后，会有交行自动语音提示，按“3”号键选择转账服务。

(3) **输入卡号**。根据银行自动语音提示，输入交行银行卡卡号，并以“#”号键结束。

(4) **输入查询密码**。根据银行自动语音提示，输入交行银行卡查询密码，并以“#”号键结束。

(5) **选择业务**。正确输入卡号、密码以后，会有语音提示，按“3”号键选择期货业务。

(6) **选择入金**。根据自动语音提示，选择银行卡转期货账户，即转入资金。

(7) **选择期货公司**。期货公司都有自己在各个银行的代码，如金瑞期货有限公司的代码是000033。根据自动语音提示，输入期货公司的代码。

(8) **输入交易密码**。根据自动语音提示，输入交行银行卡交易密码，并以“#”号键结束。

(9) **输入期货账户**。根据自动语音提示，输入期货账户与密码，并以“#”号键结束。

(10) **输入金额**。根据自动语音提示，输入转入金额，并以“#”号键结束，转账完成。

电话转账可能会因为银行系统升级导致流程变动，但是以上的步骤大体不会变动。如果电话自动转账由于其他原因无法完成的话，也可以选择人工服务，并根据热线服务人员的提示操作即可。

想一想，你明白如何进行电话转账了吗？______________________________。

184 网银转账

在有条件的情况下，网银转账是最为方便的，这需要投资者的银行卡已开通网银转账业务。各大银行的网银转账服务流程各不相同，这里同样以交通银行为例，讲解网银转账的流程。

(1) **登录网站**。交行官网为 http://www.95559.com.cn。

(2) **登录网银**。在网站上选择个人网银，输入网银用户名(卡号)和登录密码即可完成登录。值得注意的是，计算机需要安装银行提供的安全控件后才能登录网上银行。

专家指点

值得注意的是，登录交通银行网上银行时，如果卡查询密码连续输错 6 次，银行会关闭该客户的网上银行，需要到银行柜台办理解锁手续。因此，客户如果连续输入 5 次都提示查询密码错误，建议当天不要再登录网上银行，下一交易日再试。

(3) **选择业务**。登录网银后，选择“证券期货”选项，之后再选择“银期转账”选项。

(4) **选择入金**。选择“卡转期货”选项，并根据系统提示输入期货公司、期货账户账号、转入金额等相关信息。

(5) **退出系统**。在所有操作完成以后，投资者一定要记得退出登录的网站。特别是在网吧等公共场合使用网银时，这一步尤其重要。

5.4 交易流程

由于投资者无法直接与交易所交易，所以必须委托期货公司代为交易。

185 委托下单

投资者交易期货的第一步是委托下单，下单的主要内容包括：确定期货的品种；确定是开仓还是平仓；确定交易的手数等。期货委托交易一般有以下 3 种方式。

(1) **书面委托**。投资者到期货经纪公司亲自填写交易委托单，填好后签字交由期货经纪公司交易部，再由期货经纪公司交易部通过交易终端下达指令进入交易所主机撮合成交。

(2) **电话委托**。投资者通过电话直接将指令下达到期货经纪公司交易部，再由交易部交易员执行客户交易指令。采取这种方式委托的话，期货经纪公司须将客户的指令予以录音，以备查证。

(3) **网上委托**。投资者通过因特网和局域网，使用期货经纪公司配置的网上交易系统进行网上交易。进入网上交易系统后，客户需输入自己的资产账号与密码，经确认后即可进行交易。交易指令通过因特网或局域网传到期货经纪公司后，通过专线传到交易所主机进行撮合成交。

清一清，委托下单的方式：______________________________。

186 确认成交

投资者的委托指令传到交易所主机系统后，系统会根据价格优先、时间优先的原则撮合成交。

(1) **价格优先**：较高的买进申报优先于较低的买进申报，较低的卖出申报优先于较高的卖出申报。

(2) **时间优先**：对于同价位申报，依照申报时序决定优先顺序。在撮合成交完成以后，期货经纪公司会向投资者汇报交易所给出的成交价格。

价格优先与时间优先是保证交易公开、公平、公正的基本原则，计算机化的交易为该原则实现提供了保证。与股票交易不同的是，期货交易是保证金交易，在保证市场不会因为风险过度累积而造成整个市场的信用危机的前提下，暂时牺牲一些市场的效率而保证市场的整体平稳是非常有必要的。

187 成交结算

由于期货交易采取的是每日无负债原则，所以当交易完成后，每天都会进行盈亏结算，结算分为以下两部分。

(1) **交易所对期货经纪公司结算**。交易所会对期货经纪公司的每日盈亏、手续费和保证金进行结算，该数据会以交易所的结算数据为准。

(2) **期货经纪公司对投资者结算**。期货经纪公司每日会对投资者的交易情况进行结算，并反馈给投资者。投资者也可以登录中国期货保证金监控中心查询系统(http://www.cfmmc.com)，接收期货经纪公司发出的结算报告。

188 确认结算

投资者应及时了解自己每日的结算结果，查收交易结算单据。如果有异议的话，投资者应在下一个交易日开市之前，以书面的方式向期货经纪公司提出；否则，视为认可结算结果。

投资者应该仔细核对结算结果。如果期货公司结算有误，而投资者没有核对出来，导致投资者自己的损失，那就真可谓是功亏一篑。

5.5 销户流程

投资者在开设期货账户后，如果不想投资期货了，可以选择销户。期货销户的程序相对于银行卡、股票账户等是比较复杂的。

189 销户的条件

期货销户是有前提条件的，投资者在销户时应满足以下条件，如有任何一条不满足，则暂时不可销户。

(1) 申请销户的账户中的合约应全部平仓，并交割完毕所有事宜。

(2) 投资者与期货经纪公司没有债权债务关系。

(3) 交易账户未被国家执法机关冻结。

(4) 申请销户的账户未被期货监管部门或交易所通知不予出金。

清一清，销户的条件：________________________________。

190 确认身份

销户时，投资者应携带有效证件，亲临开户的期货经纪公司。之后，期货经纪公司相关工作人员会检验客户的证件，核实身份，并了解客户销户的原因。

一般来说，期货公司工作人员会询问客户是否由于该公司的原因而销户，如果是的话，工作人员会帮助投资者解决这些问题。例如，某投资者因为对期货公司服务质量不太满意而决定销户，期货公司工作人员了解以后，表示会尽量提高服务质量，并希望投资者继续留在该公司。

191 提交申请

在期货公司工作人员劝说未果的情况下，期货公司会要求投资者填写《销户确认书》、《期货市场投资者销户申请书》。之后，会将客户签署的《销户确认书》与《期货市场投资者销户申请书》邮寄回公司总部。

一些相对大型的期货经纪公司会直接通过网络，把《销户确认书》与《期货市场投资者销户申请书》发送回总部，所以这个环节不会花费太多的时间。

想一想，投资者提交申请时要做些什么？________________________。

192 核实签名

核实签名主要是再次确认前来销户者的有效身份。自然人账户与法人账户的流程有一些不同。

(1) **自然人账户**。只需核对签名，并在系统中做出相应的处理即可。

(2) **法人账户**。需要检验代理人的证件、核实身份与签名，并要提供公司有效公章。

193 转出资金

期货经纪公司会把期货账户中剩余的资金，转出至销户人所提供的银行卡上。如果是法人账户，代理人还需填写出金单，并把出金单与之前填写的《销户确认书》与《期货市场投资者销户申请书》一同寄回公司总部。公司财务部在核查完出金单后，才会将资金汇入代理人提供的结算账户。

期货经纪公司的效率不同，资金转出的时间也不同，一般来说在第二个工作日即可完成。此时投资者可以登录中国期货保证金监控中心(http://www.cfmmc.com)查询结算结果。

专家指点

中国期货保证金监控中心的全称是中国期货保证金监控中心有限责任公司，是经国务院同意、中国证监会决定设立，由上海期货交易所、大连商品交易所、郑州商品交易所出资兴办的。中国期货保证金监控中心是在国家工商行政管理总局注册登记的期货保证金安全存管机构，是非营利性公司制法人，主要是对投资者的资金安全进行监控。

想一想，投资者转出资金应该做些什么？______________________________。

194　关闭权限

在投资者对结算结果没有异议后，期货公司会关闭销户账户的所有权限，并整理归档，交易所也会注销投资者的交易编码，完成销户。

由于一个交易编码可以开设多个账户，投资者如果只是要撤销某一期货公司的账户，仍需投资期货的话，应事先向期货经纪公司提出。对于一些特殊情况，投资者不做销户也是可以的。投资者只要满足销户的条件，直接通过“银期转账”把账户内的资金转出去即可。

5.6　期货合同

《期货经纪合同》是投资者开户过程中最重要的环节，它与投资者的利益挂钩。

195　责任划分

一般《期货经纪合同》的第一项会明确规定双方的责任。

(1) 投资者委托期货经纪公司按照投资者交易指令为投资者进行期货交易，期货经纪公司应该接受投资者委托，并按照投资者交易指令为投资者进行期货交易。

(2) 期货经纪公司根据期货交易所交易规则执行投资者的交易指令。期货经纪公司有义务将交易结果转移给投资者，投资者有义务对交易结果承担全部责任。

(3) 由于市场的原因，导致投资者交易指令部分或者全部无法成交，除双方另有书面约定外，期货经纪公司不承担责任。

196　保证金

投资者的保证金可以现金、本票、汇票和支票等方式支付，如果是以本票、汇票、支票等方式支付保证金的，在期货经纪公司开户银行确认投资者资金到账后才会开始交易。

(1) 投资者应当保证其资金来源的合法性，期货经纪公司有权要求投资者提供资金来源说明，投资者对说明的真实性负保证义务。必要时，期货经纪公司会要求投资者提供相关证明。

(2) 保证金制度规定投资者开户交易的最低保证金额度，如果投资者资金低于规定的额度，期货经纪公司将不执行投资者委托。

(3) 期货经纪公司有权根据期货交易所的规定或者市场情况调整保证金比例。期货经纪公司调整保证金，以期货经纪公司发出的调整保证金公告或者通知为准。

(4) 如果投资者持有的未平仓合约风险较大，期货经纪公司有权对投资者单独提高保证金比例。在此情形下，提高保证金通知单独对投资者发出。

197 强行平仓

强行平仓制度会在很大程度上损害投资者的利益，所以投资者应密切注意这方面的事项，一般期货经纪公司会规定以下几点。

(1) 投资者由于交易亏损或者其他原因，导致保证金不足时，期货经纪公司将按照《期货经纪合同》约定的方式向投资者发出追加保证金的通知，投资者应当在下一交易日开市前及时追加保证金或者采取减仓措施。

专家指点

期货经纪公司有权在事先未通知的情况下，对投资者的部分或者全部未平仓合约强行平仓，直至投资者保证金达到约定数额。投资者将承担强行平仓的手续费及由此发生的损失。

(2) 只要期货经纪公司选择的平仓价位和平仓数量在当时的市场条件下属于合理的范围，投资者就不能因为强行平仓的时机不好导致资金亏损，而向期货经纪公司追讨损失。

(3) 在期货交易所限仓情况下，期货经纪公司有权未经投资者同意，按照限仓规定限制投资者持有的未平仓合约的数量。当投资者持有的未平仓合约数量超过限仓要求时，期货经纪公司有权对超量部分强行平仓，并且不承担由此产生的后果。

(4) 在交易所根据有关规定要求期货经纪公司对投资者持有的未平仓合约强行平仓的情况下，期货经纪公司有权未经投资者同意对其持有的未平仓合约强行平仓，并且不承担由此产生的后果。

清一清，期货公司对强行平仓制定的条款：________________。

198 指令下达

投资者交易指令可以通过书面、电话以及电脑等方式下达。书面方式下达的指令必须由投资者或者其指令下达人签字。**通过电话、电脑等方式下达的指令，期货经纪**

公司有权进行同步录音或者用其他方式保留原始指令记录，该记录与书面指令具有同等的法律效力。

(1) 期货经纪公司有权审核投资者的指令，包括保证金是否充足，指令内容是否齐全和明确，是否违反有关法规和交易所规则等，以确定指令的有效和无效。当确定投资者的指令为无效指令时，期货经纪公司有权拒绝执行投资者的指令。

(2) 投资者在发出指令后，可以在指令未成交或者未全部成交之前向期货经纪公司要求撤回或者修改指令。但如果该指令已经在期货交易所成交，期货经纪公司不承担相应后果。

199 交易报告

只要投资者在该交易日进行过交易或者有持仓，期货经纪公司就会在每个交易日闭市后，向投资者发出显示其账户权益状况或者成交结果的交易结算单。投资者向期货经纪公司提出对交易结果的异议后，期货经纪公司应根据原始指令记录和交易记录及时核实。当对与交易结果有直接关联的事项发生异议时，期货经纪公司有权将发生异议的未平仓合约进行平仓，由此导致的损失由有过错的一方承担。

专家指点

期货经纪公司的交易结果不符合投资者的交易指令，或者强行平仓不符合约定条件，期货经纪公司有过错并给投资者造成损失的，应当在下一交易日闭市前重新执行投资者的交易指令，或者恢复被强行平仓的头寸，并赔偿由此造成的直接损失。

想一想，为什么要关注期货交易报告？________________________________。

200 实物交割

实物交割一般会规定交割通知、交割货款交收或实物交付及交割违约处理办法。对于一般的投资者，几乎不会进行实物交割，所以不必太过关注。

(1) 投资者应当在期货经纪公司统一规定的时间内向期货经纪公司提出交割申请。投资者申请交割，应符合期货交易所的相关规定，否则，期货经纪公司有权拒绝接受投资者的实物交割申请。

(2) 投资者应当在期货经纪公司统一规定的期限前，向期货经纪公司提交足额的交割资金或者标准仓单、增值税发票等期货交易所要求的凭证及票据。

(3) 在上述规定的期限内投资者未下达平仓指令，也未向期货经纪公司提交前款资金、凭证及票据的，期货经纪公司有权在未通知投资者的情况下，对投资者的未平仓合约进行平仓，由此产生的费用和结果由投资者承担。

201 账户管理

期货经纪公司在期货交易所指定结算银行开设期货保证金账户，代管投资者交存的保证金以及质押的可上市流通国库券。期货经纪公司会为投资者设置保证金明细账，并在每日交易结算单中报告保证金账户余额和保证金的划转情况。在下列情况下，期货经纪公司有权从投资者保证金账户中划转保证金。

(1) 依照投资者的指示支付结余保证金。

(2) 期货公司为投资者向期货交易所交存保证金或者清算差额。

(3) 期货公司为投资者履约所支付的实物交割货款，或者投资者未履约情况下的违约罚款。

(4) 期货公司为投资者支付的仓租或者其他费用。

(5) 投资者因违法、违规被监管部门或者期货交易所予以罚款，期货经纪公司为投资者支付罚款。

(6) 投资者应当向期货经纪公司、期货交易所支付的手续费和其他费用以及相关税项。

(7) 期货经纪公司与投资者签订的书面协议中双方同意的划款事项。

专家指点

投资者的保证金属于投资者所有。期货经纪公司由于破产或者其他原因无法从事期货经纪业务时，投资者的保证金不得用来抵偿期货经纪公司的债务或者挪作他用。

清一清，期货公司账户管理的条款：______________________________。

202 费用说明

投资者应当向期货经纪公司支付代理进行期货交易的手续费，手续费收取的标准按双方商议的执行。投资者支付给期货交易所的各项费用以及涉及投资者的税项由投资者承担，该费用不在投资者支付给期货经纪公司的手续费之内。

专家指点

费用的说明是值得投资者仔细阅读的，并且只有这一项条款是投资者可以与期货经纪公司协商确定的。争取更合理的手续费，对投资者来说是盈利的开始。

203 账户清算

在特殊情况下，期货经纪公司有权通过平仓或执行质押物对投资者账户进行清算，并解除同投资者的委托关系。

(1) 投资者死亡、丧失民事行为能力。

(2) 投资者被人民法院宣告进入破产程序。

(3) 投资者在期货经纪公司的账户被提起诉讼保全或者扣划。

(4) 投资者出现其他法定或者约定解除合同条件的情况。

投资者应对期货经纪公司进行账户清算的费用和清算后的债务余额负全部责任，期货经纪公司与投资者终止委托关系，投资者应当办理销户手续。

专家指点

如果期货经纪公司因故不能从事期货业务，期货经纪公司应当采取必要措施妥善处理投资者的持仓和保证金。经投资者同意，期货经纪公司可以将客户持仓转移至其他期货经纪公司，同时转移投资者的保证金。由此产生的有关合理费用由期货经纪公司承担。

204 免责条款

俗话说“天有不测风云”，天灾人祸是人力所无法避免的，对于由此产生的损失，期货经纪公司是没有责任的，主要包括以下 3 个方面。

(1) 由于地震、火灾、战争等不可抗力因素导致的交易中断、延误等风险，期货经纪公司不承担责任，但会在条件允许的情况下采取一切必要的补救措施以减少因不可抗力造成的损失。

(2) 由于国家有关法律、法规、规章、政策或者相关期货交易所规则的改变、紧急措施的出台等导致投资者所承担的风险，期货经纪公司不承担责任。

(3) 由于通信设施中断、电脑程序故障、电力中断等原因导致指令传达、执行延迟，期货经纪公司没有过错的，期货经纪公司不承担责任。

205 纠纷处理

投资者与期货经纪公司双方发生交易纠纷或者其他争议的，可以采取以下几种方式解决。

(1) 双方自行协商解决。

(2) 投资者提请仲裁。

(3) 投资者向有管辖权的人民法院起诉。

想一想，投资者与期货公司发生了纠纷怎么办？______________________。

5.7 期货投资实操精彩案例

本节将通过笔者的亲身经历和实际案例，带你了解期货投资的主要流程。

206 案例：期货开户注意事项

最近黄金价格回暖，杜先生想借此机会赚个“压岁钱”。他听人说通过期货买黄金可以双向交易，于是决定开个账户做黄金期货投资。

由于自己工作很忙，杜先生没有时间去期货公司开户，于是他让妻子拿着自己的身份证去期货经纪公司代他开户，自己则照常去公司上班。想着明天就能开始投资，跃跃欲试的杜先生只盼能早点回家，拿到自己的账户。终于熬到下班回家，可没想到刚一到家妻子就抱怨：“人家说了，期货开户要你本人去才行，不能代办！”

期货开户相对于银行卡、股票等开户的门槛是更高的，必须要投资者亲自去期货公司开户。对于想进入期货市场的投资者，开户时要注意以下几种不能开户的情况。

(1) 非本人来办理。

(2) 无法提供证照的自然人开户。

(3) 国家机关和事业单位。

(4) 中国证监会及其派出机构、期货交易所、期货保证金安全存管监控机构和期货行业协会的工作人员。

(5) 证券、期货市场禁止进入的投资者。

(6) 未能提供开户证明文件的法人开户。

(7) 中国证监会规定不得从事期货交易的其他单位和个人。

207 案例：股指期货交易流程

彭先生投资期货时间不短，有两年多了。最近他开通了股指期货交易，原本想着有商品期货交易的基础，投资股指期货应该是手到擒来。但是由于股指期货的波动相对商品期货大得多，彭先生好几次被迫减仓，这让他郁闷不已。

投资者在进行股指期货交易前，应该对股指期货交易的每个环节有个清楚的了解和认识，以避免因规则流程不熟悉带来的风险。

股指期货的整个交易流程可分为开户、交易、结算和交割这 4 大步骤。

1. 开户

股指期货的开户可归纳为选择期货公司、填写开户材料和资金入账 3 个步骤。如果投资者事先有商品期货的账户，股指期货交易也选择同一公司会比较方便。在开户时，投资者应仔细阅读“期货交易风险说明书”，选择交易方式并约定特殊事项，进而签署期货经纪合同，并申请交易编码和确认资金账户，最后通过银行存入保证金，经确认后即可进行期货交易。

2. 交易

股指期货的交易在原则上与证券和商品期货一样，按照价格优先、时间优先的原则进行计算机集中竞价。交易指令也与证券和商品期货一样，有市价、限价和取消 3 种指令。

投资者应该注意股指期货合约期限，正常情况下，股指期货合约在半年之内有 4 个合约，即当月现货月合约、后一个月的合约与随后的两个季度月合约。随着每个月的交割以后，进行一次合约的滚动推进。比如在 9 月份，就具有 9 月、10 月、12 月和次年 3 月这 4 个合约可进行交易，在 10 月底需要对 10 月合约进行交割。

3. 结算

期货经纪公司每天会对投资者的资产进行无负债结算，所以投资者应该知道如何计算自己账户的资金状况。相对于股票交易，股指期货要复杂得多。

(1) **结算模式**。股指期货计价基础是当日结算价，它是指某一合约最后一小时成交量的加权平均价，若这个小时出现无量涨跌停，则以涨跌停板价为结算价。但是如果这个小时无成交，则以前一个小时成交量的加权平均价计。

(2) **计算资金**。在期货交易账户计算中，盈亏计算、权益计算、保证金计算以及资金余额是 4 项最基本的内容。在进行差额计算时，如果当日权益小于持仓保证金，则意味着资金余额是负数，同时也意味着保证金不足了。

(3) **补足资金**。如果投资者的保证金不足，期货公司会通知投资者在下一交易日开市前将保证金补足，这就是追加保证金。如果投资者没有及时将保证金补足，期货公司可以对该账户所有人的持仓实施部分或全部的强制平仓，直至留存的保证金符合规定的要求。

(4) **盈亏日结**。期货是保证金交易，每天都要结算盈亏，账面盈利可以提走，但账面亏损就要补足保证金。期货的结算不像股票那样，买入后只要不卖出，盈亏都是账面的，投资者可以暂时不管。

4. 交割

股指期货的交割也与股票不同，一般股票投资者习惯了现货买卖，而容易忽视股指期货合约到期需要以当日的合约交割价进行现金结算，所以想要持有头寸需要持有非现货月合约。

208 案例：黄金期货交易要点

卢小姐很爱金饰同时也投资现货黄金，由于前段时间黄金价格走低，卢小姐亏损了不少钱。一个偶然的机会，她了解到期货也可投资黄金，并且可以通过“做空”在黄金走势不好的情况下挣钱，这让她很开心。可是学习了几天如何投资黄金期货后，卢小姐开始有点犹豫了：“黄金期货交易的手续比现货复杂多了，自己能学会吗？”

黄金期货是期货的一种，所以它有期货的大部分特点属性。国家规定黄金期货交易的黄金应符合国标 GB/T 4134—2003 的规定，含金量不低于 99.95%的金锭。黄金期货交易流程看似复杂，其实只要抓住几个关键点就能化繁为简。

(1) **开户资金**。投资黄金期货的资金虽然不需要股指期货那么多，但也应该比农产品等期货要高，因为一手黄金期货合约的实际价值会达到几十万。

(2) **保证金**。黄金期货的保证金相对于其他期货是比较高的，一般在黄金交易总额的 10%左右。

(3) **合同单位**。纽约交易所的每标准合约单位为 100 盎司的金条，或是 3 块共计 1000 克的金条。

(4) **波动幅度**。黄金期货的波动与国际价格关系密切，投资者不能仅仅关注国内市场。

(5) **期货交付**。购入黄金合约后的交易商，有权在期货合约变现前获得拥有黄金的保证书、运输单或黄金证书。同样，卖出黄金合约后的交易商在未平仓前，必须承担交付黄金的责任。但是对于一般的投资者来说，交易所是不允许其做黄金现货实物交割的。

清一清，黄金期货交易要点：________________________________。

209 案例：查询系统的用途

王女士最近才开始炒期货，前段时间期货经纪公司打电话给她，说由于期货软件的维护无法发送交易结算报告，让王女士自己登录中国期货保证金监控中心查询交易结果。王女士也不太懂："我的钱不是都在期货公司的账户里吗，为什么要去其他的地方查询呢？"

对于新手期货投资者，有这样的疑问是正常的，所以笔者认为有必要将中国期货保证金监控中心的作用告诉广大投资者。

投资者在开户的时候，期货经纪公司会提供访问中国期货保证金监控中心查询系统的账户和初始密码，投资者可以通过互联网访问中国期货保证金监控中心的网站，单击"结算单查询"超链接进入查询系统。该系统提供给投资者结算报告、操作记录、保证金账户和公告牌等功能，投资者可以在网站单击相应的链接，查询自己期货账户的资金去向。

专家指点

2006 年 5 月，中国期货保证金监控中心成立，其最主要的目的是保证投资者的资金安全，相当于第三方监管机构。该中心网站提供了投资者查询服务系统，投资者可以通过该系统查询自己的交易结算报告等相关信息，可以防止期货经纪公司可能的欺诈行为。

210 案例：交割违约如何处理

孔女士最近有点烦，由于自己身体的原因，她未能如数解付期货合约货款。本想直接联系卖方看能不能协商解决，但是由于期货的交易制度，根本无法联系到卖方，无奈她只好带病跑到期货经纪公司询问如何处理。

对于现金交割的投资者，期货经纪公司一般会采取强行平仓来完成交割。但是对于孔女士这样需要实物交割的投资者，如何处理交割违约是一个不小的问题。一般来说，交割违约的流程如下。

(1) **违约确认**。交割日上午 9 点前，卖方未能如数交付标准仓单，买方未能如数解付货款，视为交割违约。卖方交割违约合约数量为应交标准仓单数量减去已交标准仓单数量；买方交割违约合约数量为(应交货款−已交货款)÷(1−20%)÷(交割结算价+包装物单价)÷交易单位。

(2) **划分责任**。划分是双方违约还是单方违约，如果是双方违约，将分别处以合约价值一定百分比的罚款，并终止交割处理；如果是单方违约，则需先确定是买方违约还是卖方违约，违约方应向对方支付违约金。

(3) **选择终止**。在买方违约的情况下，卖方应该在当日 11:30 前将终止交割或继续交割的选择意向书递交给交易所，否则交易所将终止交割并退还卖方仓单；在卖方违约的情况下，买方应该在当日 11:30 前将终止交割或继续交割的选择意向书递交给交易所，否则交易所将终止交割并退还买方的货款。

(4) **继续交割**。未违约方可以选择继续交割，交易所会在下一交易日发布仓单竞卖或征购公告，并在 7 个交易日内组织竞卖或征购。

(5) **申报配对**。在规定时间内，交易所按照价格优先、时间优先的原则，对竞买或竞卖申报配对。

(6) **交易成功**。交易所交割部门于下一交易日通知相关会员到指定地方办理手续，为新产生的买方或卖方办理相关手续，该手续费由违约方支付。

(7) **交易失败**。如果交易数量不足或失败，违约方将支付未成交合约的赔偿金并退还对方的仓单或货款。

(8) **公告结果**。交易所将于下一交易日公示竞卖或征购的结果。

清一清，交割违约的处理流程：______________________________。

第6章

活学活用：期货交易软件使用

俗话说："**工欲善其事，必先利其器**。"期货交易软件，就是期货交易投资中的"器"。挑选一款好用的交易软件，可以使你的期货投资更加顺心。

知识要点

- 电脑与手机交易的优点
- 电脑软件——"博易大师"操作详解
- 电脑软件——"赢顺"操作详解
- 电脑软件——"富远行情"操作详解
- 手机期货软件使用详解
- 期货交易软件使用精彩案例

6.1 电脑与手机交易的优点

随着互联网的快速发展，选择使用电脑和手机在网上交易的投资者越来越多。网上交易期货比起其他的委托方式，具有方便、快捷、安全、成本低和信息资源丰富等优点。

211 随时看盘

由于期货的价格是随时波动的，能够随时掌握期货的走势，对于投资者尤为重要。网上交易就可以做到这一点，只要能够连上网络，在任何一个地方都可以查看到投资者所需要的信息。虽然投资者还可以通过电视、报纸等渠道查看行情，但这些方式在一定程度上受到时间和地点的限制。

专家指点

期货交易软件大多数都提供走势图、K 线图、行情分析等辅助看盘的功能，可以让投资者看盘更加轻松。一些技术较为先进的交易软件的系统行情下载速度几乎与场内相同，可以让投资者看到真正的“实时”行情。

想一想，随时看盘有什么好处？________________。

212 交易方便

用户只要在各期货经纪公司申请开通网上委托功能，就可以在任何地方通过上网进行交易。

网上委托下单免去了传统委托的繁杂手续，其流程比较简单，一般通过期货公司提供的期货交易软件，发送具体的操作指令即可实现。网上交易的反应速度也比较快，投资者委托下单以后，期货公司场内经纪人就会实时执行投资者的下单指令。

专家指点

期货价格的高波动性，导致了在期货投资中，每过一分钟期货价格都会发生很大的变化。快捷的交易方式往往能让投资者抓住稍纵即逝的盈利机会，所以抓住了时间就等于抓住了金钱。

213 信息共享

互联网上资源丰富，可为投资者提供大量信息。有许多职业投资人、专业操盘手在网上发表各种各样的评论与投资经验，这些好的经验是投资者完全可以学习借鉴的。**通过大量的信息，判断期货品种基本面的变化，可以为投资者的正确性投资多提供一份保障**。

但是网络消息复杂，其中有许多无用的甚至是虚假的消息，因此，投资者在网络上得到某一消息时，应先甄别消息的正确性。

214 交易安全

网上交易往往涉及巨额资金，一旦网络受到外部攻击造成系统中断，或网络犯罪导致信息泄露，将会给投资者造成重大损失，所以许多投资者对于网络交易的安全性抱有怀疑态度。但事实上，在线交易的安全系数要高于一般传统的委托方式。

在传统的交易方式中(如电话委托)，客户委托数据在到达券商交易服务器之前的传输过程中是透明可读的，只要黑客能够截获这些数据，就能够解读并获取客户的密码以及其他的交易数据等信息。

在网上交易中，客户的私有信息以及交易数据都要经过较长位数的加密，只有交易服务器才能正确识别这些数据，迄今为止，尚未出现由于网络安全性而引起的网上交易纠纷。

大部分事物都是环节越多，风险越大。由于网上交易是“一步到位”的委托方式，中间环节相对较少，所以安全性更加有保障。

专家指点

虽说网上交易比较安全，但不法分子的手段也越来越高明。使用一款适合的“防火墙”可以提升网络交易的安全程度，避免因为系统或软件的漏洞导致的黑客入侵、病毒攻击。

清一清，网上交易更加安全的原因：________________________。

215 成本低廉

网上交易的低成本、高效率是投资者从网上交易中获得的最大利益，也是网上交易最吸引人的地方。并且许多期货交易软件都是免费的，或者有免费的版本，投资者只要打开期货交易软件，动一动手指即可完成委托交易。

6.2 电脑软件——“博易大师”操作详解

“博易大师”是那牛网与上海澎博网络数据信息咨询有限公司合作推出的一款网上期货行情软件，是目前使用人数比较多的期货软件。

216 软件下载

一般来说，各大软件下载网站都有“博易大师”软件的下载项目，在对应的类别中找到即可，使用搜索引擎直接搜索“博易大师”，也能找到软件的下载地址，但是最好是在博易大师的官网(http://www.naniu.com/byty)进行下载。这里以官网最新的通用版本为例，打开官网后，单击“立即下载”按钮，即可从网络上下载到“博易大师”软件，如图6-1所示。

图6-1 下载页面

专家指点

下载时要注意软件的运行环境是否与你的电脑系统相对应。**如果下载的版本不对，很有可能无法安装，或安装以后运行不了。**

217 软件安装

“博易大师”软件的安装步骤具体如下。

(1) 双击下载的“博易大师”安装程序，弹出“博易大师通用 安装”对话框，单击“下一步”按钮，如图6-2所示。

(2) 进入“选择安装文件夹”界面，单击“浏览”按钮，如图6-3所示。

(3) 进入“更改当前目标文件夹”界面，选择合适的安装路径后，单击“确定”

按钮，如图 6-4 所示。

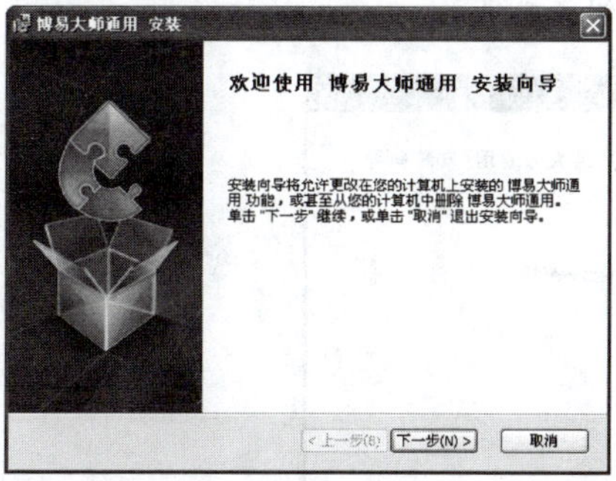

图 6-2　“博易大师通用 安装”对话框

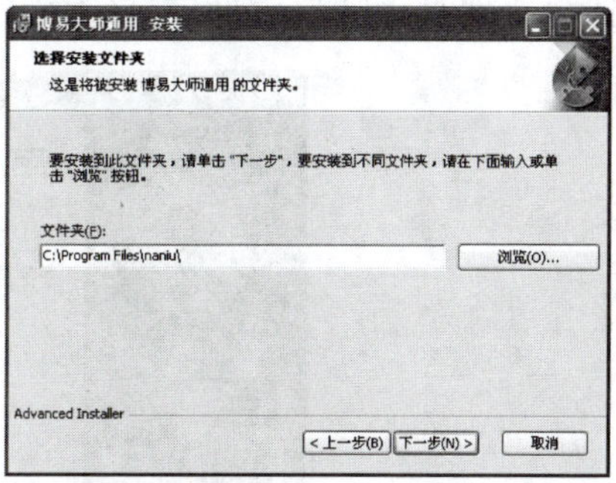

图 6-3　“选择安装文件夹”界面(1)

(4) 返回“选择安装文件夹”界面，这样就完成了安装路径的更改，单击“下一步”按钮，如图 6-5 所示。

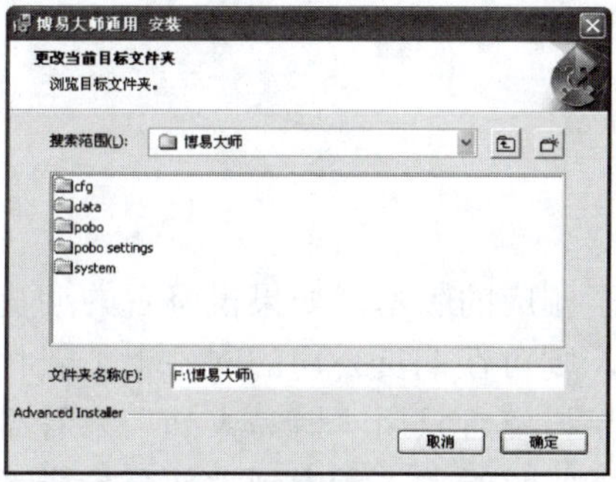

图 6-4　“更改当前目标文件夹”界面

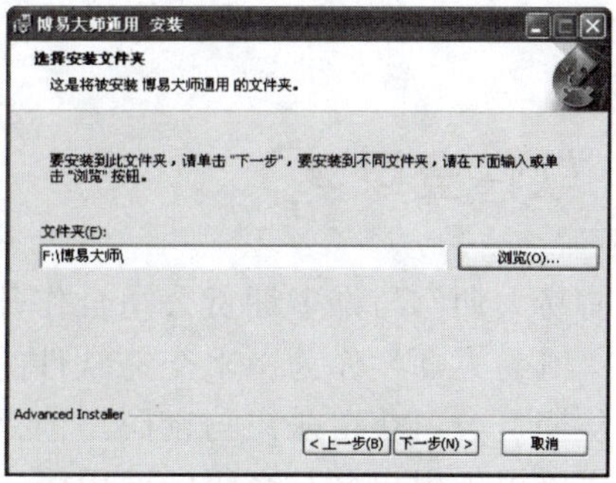

图 6-5　“选择安装文件夹”界面(2)

(5) 进入“准备安装”界面，单击“安装”按钮，如图 6-6 所示。

(6) 进入“正在安装 博易大师通用”界面，开始安装软件，并显示进度条，如图 6-7 所示。

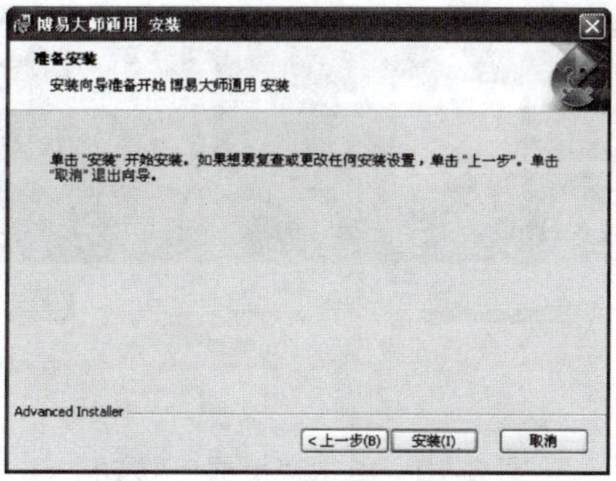

图 6-6　“准备安装”界面

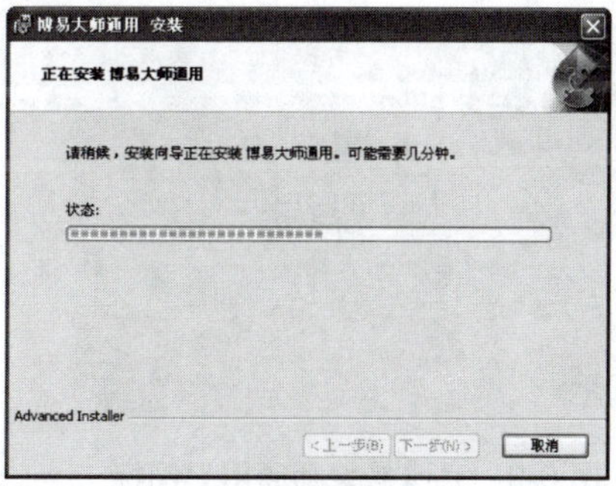

图 6-7　“正在安装 博易大师通用”界面

(7) 安装完成后，进入“正在完成 博易大师通用 安装向导”界面，单击“完成”按钮，“博易大师”软件安装完成，如图 6-8 所示。

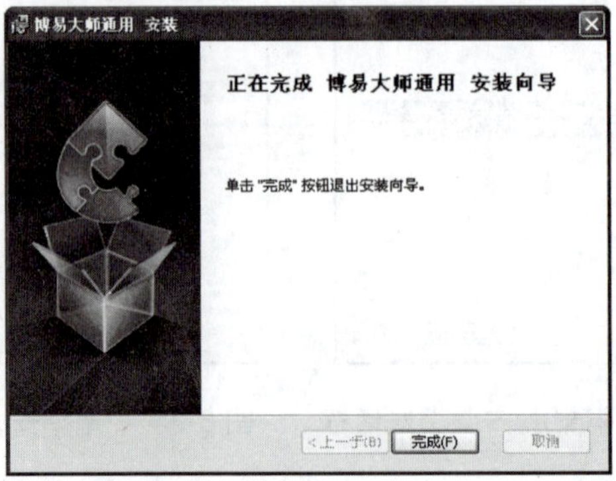

图 6-8　单击“完成”按钮

清一清，“博易大师”安装的流程：________________________________。

218　软件登录

“博易大师”与许多期货公司合作开发了相应的版本，如果投资者的期货公司可以使用“博易大师”作为网上交易软件的话，则可在期货公司的网站上下载相应的版本，并从期货公司获得账户与密码。但是如果投资者只用“博易大师”来看盘的话，需下载直接提供用户名与密码的通用版本才能实时看盘。**考虑到大部分投资者使用的是通用版本，这里以自带账号的软件版本为例进行软件登录介绍**，具体步骤如下。

(1) 双击桌面上的“博易大师通用”图标，如图 6-9 所示，即可运行软件。

(2) 进入软件登录界面，用户名与密码已自带，不需要再输入，选择合适的网络线路后，单击“登录”按钮完成登录，如图 6-10 所示。

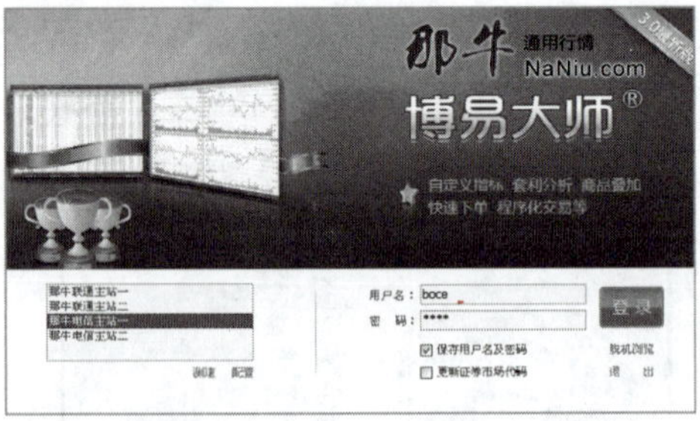

图 6-9　“博易大师通用”图标　　　　图 6-10　单击“登录”按钮

(3) 稍等片刻，即可登录到“博易大师”主界面，如图 6-11 所示。

图 6-11　“博易大师”主界面

219 界面简介

“博易大师”期货软件操作比较方便，大部分功能都直观地反映在主界面中，主界面通常包括显示窗口、菜单栏、工具栏和信息栏，如图 6-12 所示。界面右下角还显示网络状态与当前时间。

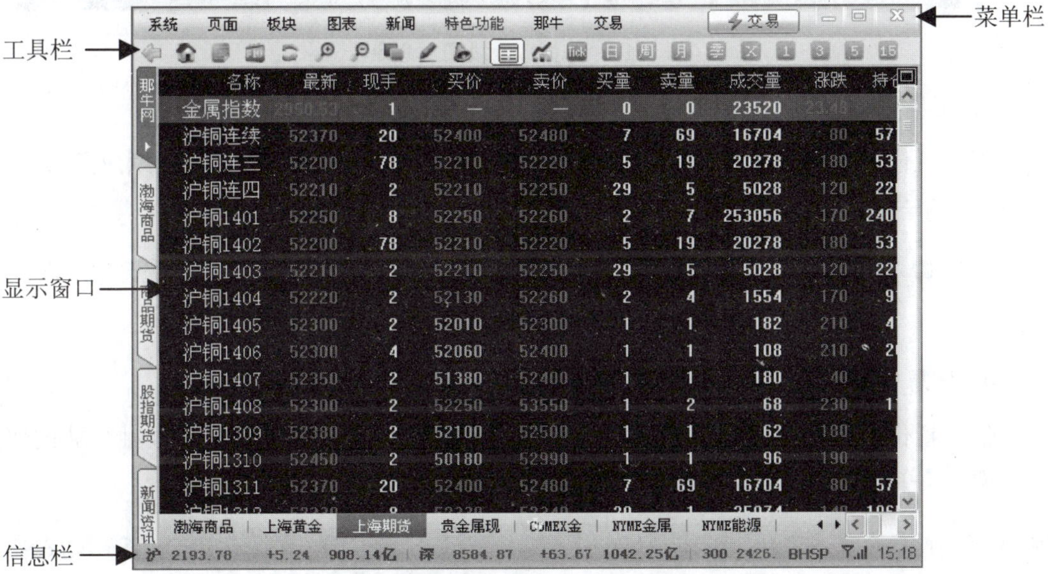

图 6-12　“博易大师”主界面

1. 显示窗口

显示窗口是软件最核心的部分，会显示期货的行情、报价、买卖数量等相关信息。如图 6-13 所示为大商所玉米期货的信息。

名称	最新	现手	买价	卖价	买量	卖量	成交量	涨跌	持仓量	仓差	结算价	开盘	最高	最低	昨结算
玉米连续	2353	2	2337	2351	1	2	10	2	46	-2	2348	2330	2371	2330	2351
玉米1401	2339	2	2339	2340	163	73	15348	-5	267042	-4372	2344	2347	2354	2339	2344
玉米1403	2331	0	2323	2329	1	1	0	—	120	0	—	—	—	—	2331
玉米1405	2351	2	2350	2351	2136	121	33070	-3	282036	-5930	2352	2358	2358	2350	2354
玉米1407	2364	2	2360	2363	1	1	6	4	16	0	2364	2364	2364	2364	2360
玉米1409	2357	2	2357	2358	2	19	1744	1	14240	580	2358	2360	2363	2355	2356
玉米1311	2353	2	2337	2351	1	2	10	2	46	-2	2348	2330	2371	2330	2351

图 6-13　玉米期货信息

2. 菜单栏

菜单栏位于软件界面的最上方，“博易大师”期货软件的所有功能都能通过菜单栏中执行。例如，若需要查看某期货的 K 线图，在菜单栏中选择“图表”|“K 线图”命令即可，如图 6-14 所示。

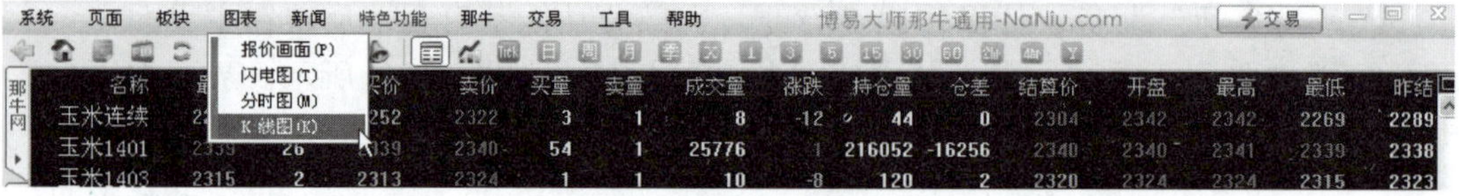

图 6-14　选择“K 线图”命令

3. 工具栏

工具栏位于菜单栏下方，走势图、K 线图、放大或缩小等投资者最常用的工具一般都会在这里显示，如图 6-15 所示。

图 6-15　工具栏

4. 信息栏

信息栏位于软件界面的最下方，这里会显示股票大盘的实时信息和金融行业的快讯，如图 6-16 所示。

图 6-16　信息栏

想一想，期货的最新价格应该在哪儿看？________________。

220 走势图功能

在工具栏中单击“走势图”按钮，显示窗口会出现选中期货的价格走势图与成交量，如图 6-17 所示。

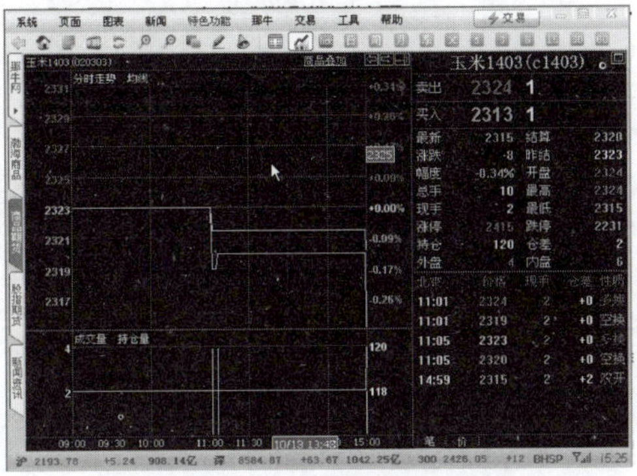

图 6-17　走势图界面

单击工具栏中的“缩小”按钮可以增加一天的走势，单击“放大”按钮可以减少一天的走势，把光标移至走势图上任意位置，会显示该位置的日期、时间和对应的价格。

221 K 线图功能

在菜单栏中选择“图表”|“K 线图”命令，窗口会显示选中期货的 K 线图，如图 6-18 所示。

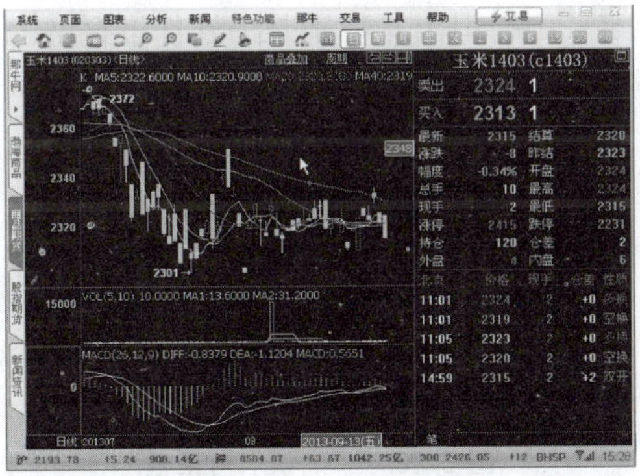

图 6-18　K 线图界面

单击工具栏中的“缩小”按钮可以显示之前更多的K线，单击“放大”按钮则相反。**通过光标框选，可以显示选中区域的K线，以便投资者更为细致地查看某时间的K线**。K线图下方还有多空信号和趋势线的走势，方便投资者掌握更多的交易信息。

222 资讯功能

“博易大师”软件提供了非常方便的资讯查看功能，在工具栏中单击“新闻”按钮即可实现，如图6-19所示。

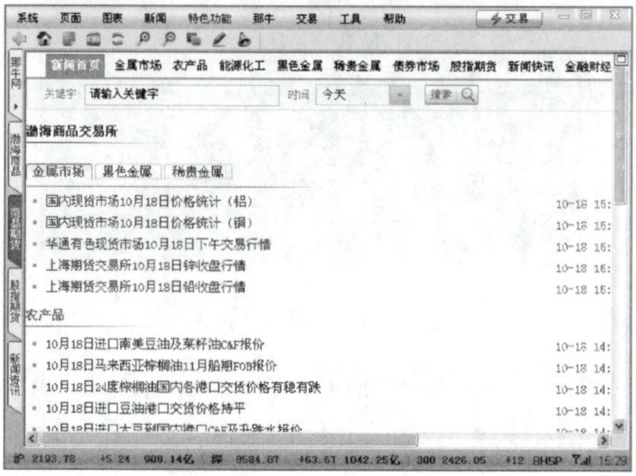

图6-19 新闻界面

想一想，你会使用“博易大师”查看资讯了吗？________________。

223 软件退出

软件使用完毕后一定要记得退出，特别是用软件进行网上交易的投资者更需要注意。一般情况下，单击界面右上角的“退出”按钮或者按Alt+F4组合键，即可弹出“确认”对话框，单击“是”按钮确认退出，如图6-20所示。

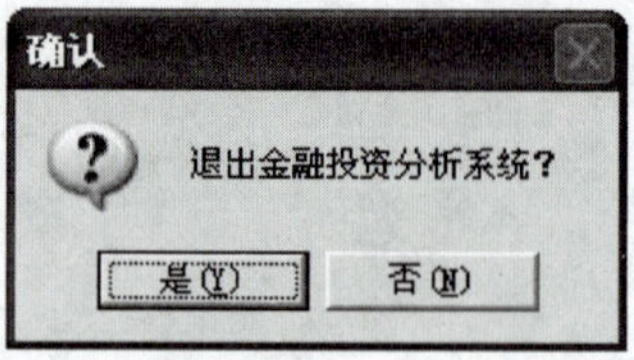

图6-20 “确认”对话框

6.3　电脑软件——“赢顺”操作详解

“文华财经”是期货行业的主要软件系统服务商，为投资者提供交易软件、交易策略工具软件，以及相关交易信息。**目前，使用“文华财经”软件服务的期货公司达到 150 多家**。“赢顺”是“文华财经”提供的一款付费的期货软件，考虑到大多数投资者不会选择付费版本，这里就以“文华财经”官网提供的“赢顺”模拟免费版为例，来详细说明如何使用软件。

224　软件下载

登录“文华财经”官网(http://www.wenhua.com.cn)，进入软件下载界面，选择“赢顺”模拟交易免费版，如图 6-21 所示。投资者可以根据自己的网络选择合适的线路进行下载，单击“电信下载”或“联通下载”按钮。

图 6-21　下载界面

想一想，你听说过“文华财经”吗？________________。

225　软件安装

“文华财经”旗下的“赢顺”期货交易软件是具有 17 年历史的经典的期货交易软件，而“赢智”程序化交易软件是专业程序化交易平台，这里以“赢顺”为例讲解软件的安装流程，具体步骤如下。

(1) 双击下载的“赢顺”软件安装程序，弹出安装对话框的“确定安装”界面，单击“开始安装”按钮，如图 6-22 所示。

(2) 进入“指定目录”界面，单击“浏览”按钮，如图 6-23 所示。

图 6-22 “确定安装”界面

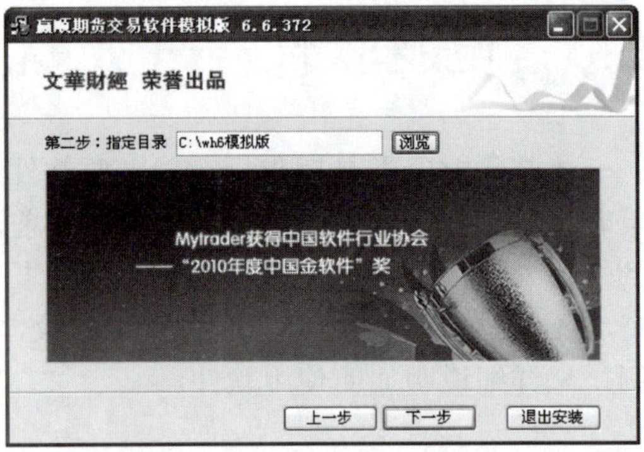

图 6-23 “指定目录”界面(1)

(3) 弹出“浏览文件夹”对话框，选择合适的路径以后，单击“确定”按钮，如图 6-24 所示。

(4) 返回“指定目录”界面，单击“下一步”按钮，如图 6-25 所示。

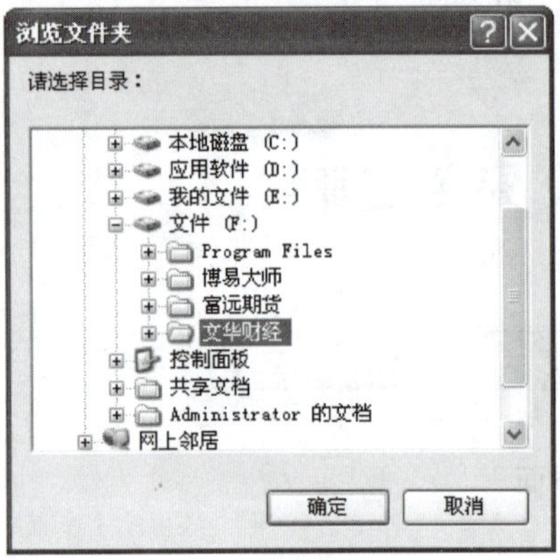

图 6-24 “浏览文件夹”对话框

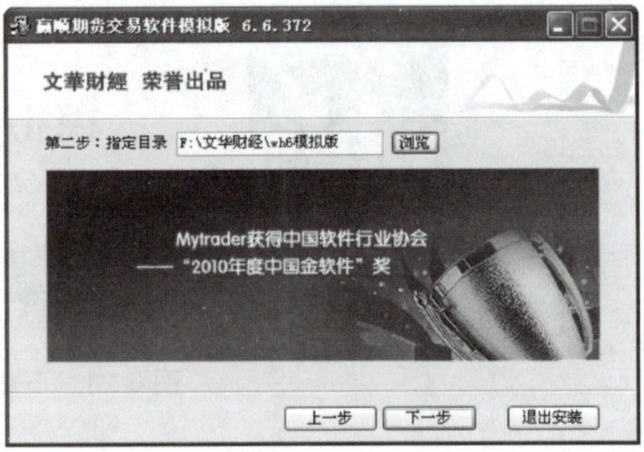

图 6-25 “指定目录”界面(2)

(5) 进入“解压文件”界面，开始安装软件，并显示进度条，如图 6-26 所示。

(6) 安装完成后，进入“安装成功”界面，单击“完成”按钮，“赢顺”软件安装完成，如图 6-27 所示。

专家指点

安装软件程序时最好不要安装到 C 盘，虽说 C 盘是硬盘的第一个分区，C 盘文件的读取速度是最快的，但因为 C 盘是默认的系统盘，如果在系统盘安装了太多软件的话，原则上可能会影响整个系统的运行速度。另外，当重装系统或者系统还原时，事先不做备份的话，C 盘上的软件、资料都会丢失。

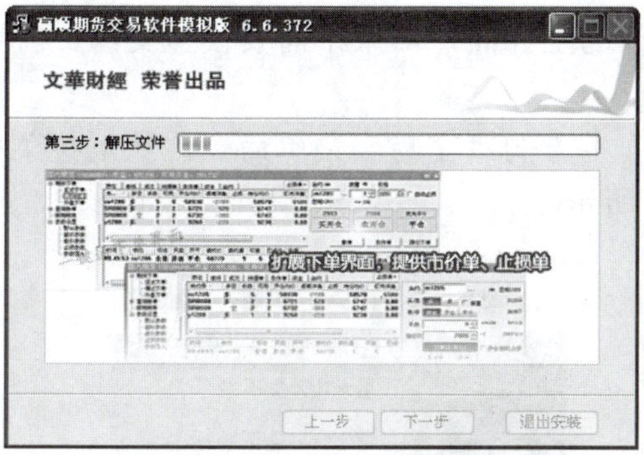

图 6-26 “解压文件”界面

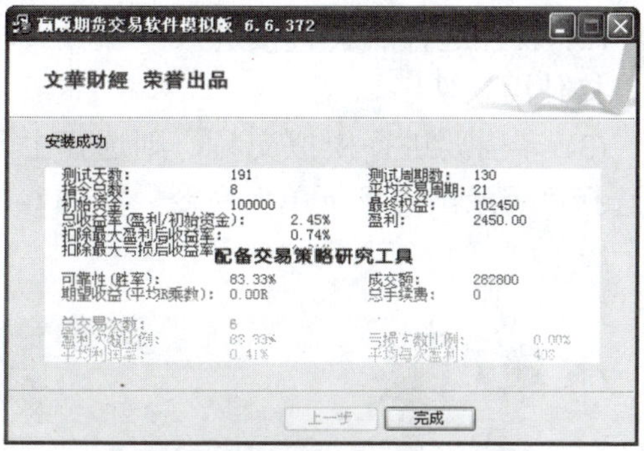

图 6-27 “安装成功”界面

清一清，“赢顺”软件的安装流程：________________________。

226 软件注册

“文华财经”提供模拟交易功能，投资者若要进行模拟交易，需在官网进行注册(http://sim.wenhua.com.cn/form.asp)，一般注册只需要手机号码即可，如图 6-28 所示。

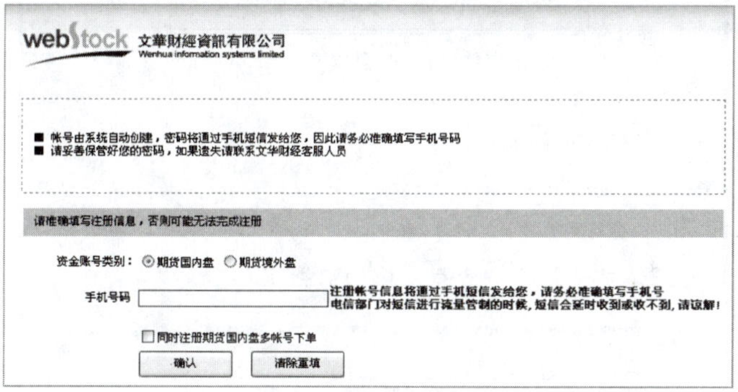

图 6-28 注册页面

注册完毕后，账号和密码会通过短信的形式发送给注册人，通过这个账号会获得 100 万元的模拟交易资金。

227 软件登录

安装好“赢顺”软件以后，即可使用期货软件了。软件登录的具体步骤如下。

(1) 双击桌面上的“赢顺模拟版”图标，运行软件，如图 6-29 所示。

(2) 软件运行后会直接进入“赢顺”软件的主界面，如果不需要模拟交易，就可以直接使用软件了。

(3) 若需要进行模拟交易，则选择主界面上方的“交易”菜单命令，从下拉菜单中选择“登录国内盘下单”命令，如图 6-30 所示。

图 6-29　“赢顺模拟版”图标

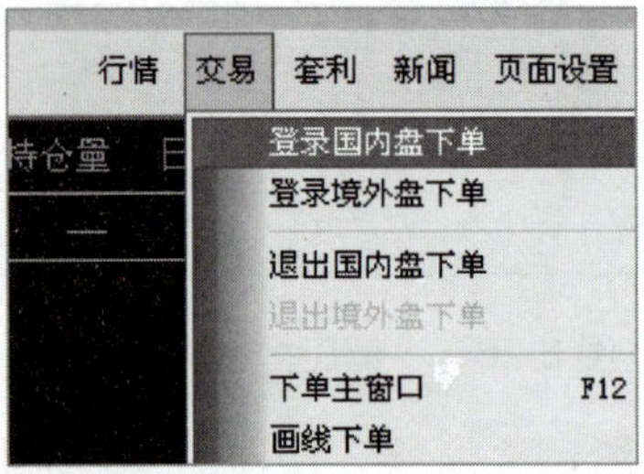

图 6-30　选择“登录国内盘下单”命令

(4) 弹出“客户登录”对话框，输入之前注册账号时手机短信收到的资金账号和交易密码，单击“登录”按钮即可完成登录，如图 6-31 所示。

图 6-31　“客户登录”对话框

专家指点

“赢顺”软件的交易模拟系统是十分逼真的，所有的数据均采用实时的真实数据，模拟交易规则与真实交易规则完全相同，可以说除了投资者的资金是虚拟的以外，其他都是真实的。

228 界面简介

“赢顺”软件的主界面分为显示窗口、工具栏和信息栏，所有的功能均可在主界面中实现，如图 6-32 所示。

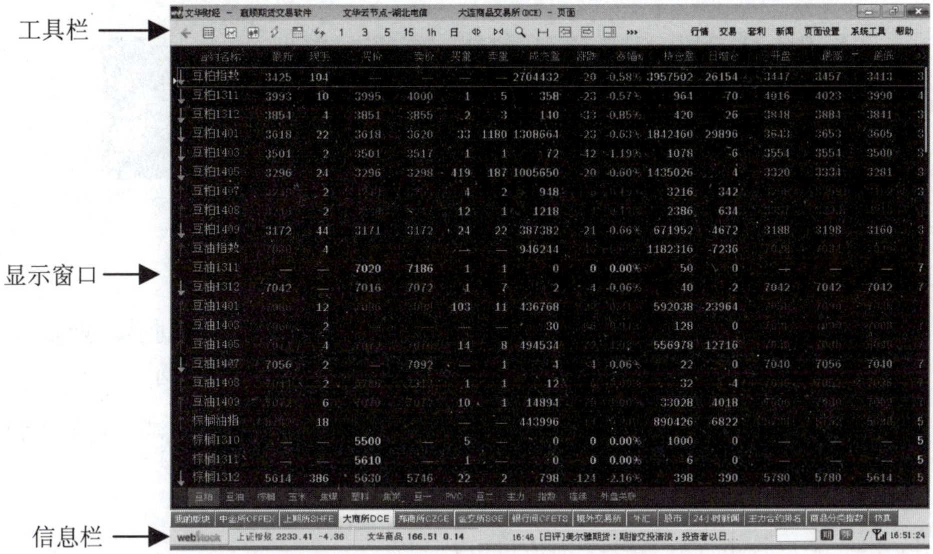

图 6-32　“文华财经”主界面

1. 显示窗口

显示窗口是“赢顺”软件最重要的一部分，在此会显示期货的各种信息。如图 6-33 所示为芝加哥商品交易所玉米期货信息。

合约名称	文华码	开盘	最高	最低	最新	涨跌	买价	买量	卖价	卖量	成交量	持仓量	涨幅%	昨收>>
美玉米指	3220	449.2	449.6	448.8	449.4	-0.4	—	—	—	—	2079	1108152	-0.09%	449.8
美玉米03	3223	455.4	455.4	454.6	455.4	-0.2	455.2	13	455.4	5	238	233886	-0.04%	455.6
美玉米05	3225	464.2	464.2	463.0	463.0	-1.2	463.4	13	463.6	2	68	57967	-0.26%	464.2
美玉米07	3227	471.6	471.6	470.2	470.6	-1.0	470.6	14	471.2	34	238	77249	-0.21%	471.6
美玉米09	3229	—	—	—	—	0.0	476.2	14	477.0	56	0	26924	0.00%	477.4
美玉米12	3232	442.6	443.4	442.4	443.0	-0.4	443.0	5	443.2	36	1535	712126	-0.09%	443.4

图 6-33　玉米期货信息

专家指点

主界面下方有世界各国主要期货交易所选项卡，切换至不同的选项卡，即可查看不同交易所的期货品种。如果是进行模拟交易，也可以切换至“仿真”选项卡，交易一些虚拟的期货品种。

2. 工具栏

“赢顺”软件的工具栏在主界面的最上方，其中包括软件的功能、账户登录与退出和系统设置等选项，实际上菜单栏也包括其中。例如，如果要查看套利价差的列表，则在工具栏中选择“套利”菜单，选择“套利价差报价列表”命令即可，如图 6-34 所示。

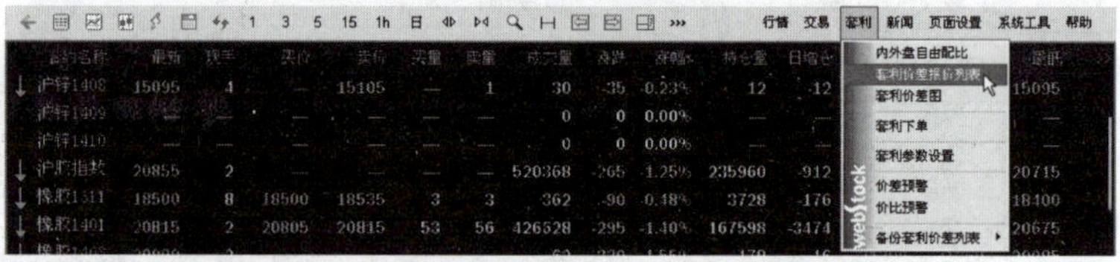

图 6-34　工具栏

3. 信息栏

信息栏在主界面的最下方，这里会实时更新上证指数，并滚动显示期货最新资讯。在信息栏的最右侧还会显示当前时间和联网状况，如图 6-35 所示。

图 6-35　信息栏

想一想，账户登录在软件什么地方可以找到？________________。

229　模拟交易功能

模拟交易功能是“赢顺”软件的特色功能之一，用户在注册并登录以后，单击信息栏中红色的“期”字按钮或者工具栏中的“下单主窗口”按钮，主界面会弹出模拟交易功能框，如图 6-36 所示。

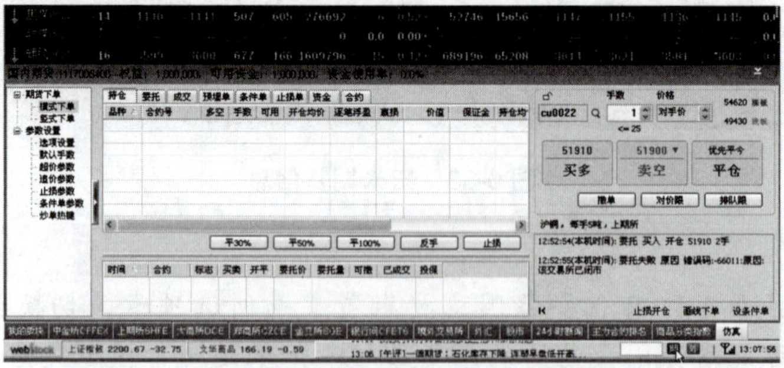

图 6-36　模拟交易功能框

“赢顺”软件的实际交易功能界面与模拟交易功能界面几乎相同，以下模拟交易操作步骤，对于需要实际交易的投资者同样适用。

1. 开仓操作

开仓操作的具体步骤如下。

(1) **选择合约**。在主界面选择好需要买入或卖出的期货合约。

(2) **确定手数**。在模拟交易功能框中输入需要买卖的手数，系统会根据投资者的资金限制买卖的最大数量。

(3) **选择多空**。确定好需要的手数以后，在模拟交易功能框中单击“买多”或“卖空”按钮，以实现选择买入或卖出合约。

(4) **确认委托**。完成上一步后，弹出“操作确认”对话框。对话框会显示选择的合约、交易手数等信息，确认信息后单击“确定”按钮即可发出交易委托，如图 6-37 所示。

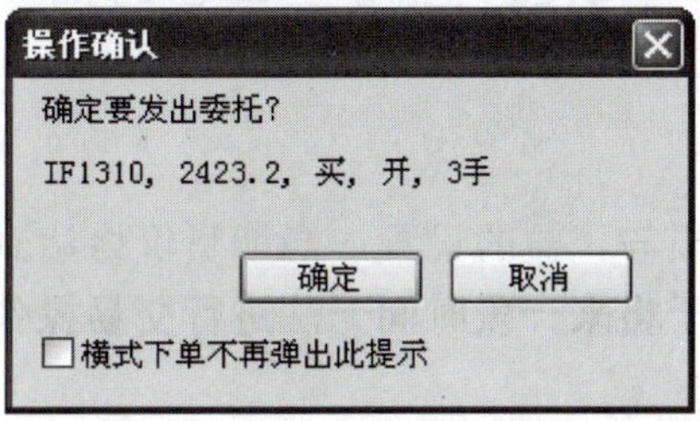

图 6-37　“操作确认”对话框(1)

期货交易成功以后，在模拟交易功能框中会显示持有期货合约的信息，包括合约品种、合约号、多空信息、手数、开仓均价和逐笔浮盈等，如图 6-38 所示。

图 6-38　合约信息

2. 平仓操作

平仓操作的具体步骤如下。

(1) **选择合约**。在“持仓”选项卡中选中要平仓的期货合约，如果只有一只合约可以不用选择，系统会默认对这只期货合约进行操作。

(2) **单击按钮**。单击模拟交易功能框中的“平仓”按钮。

(3) **确认委托**。完成上一步后，会弹出“操作确认”对话框，单击“确定”按钮即可发出平仓委托，如图 6-39 所示。

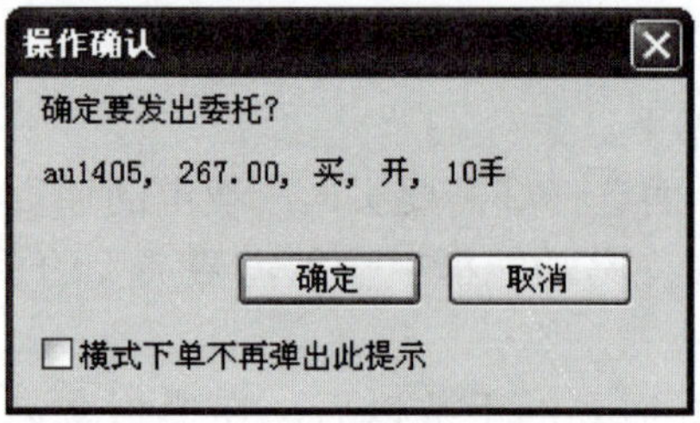

图 6-39 “操作确认”对话框(2)

专家指点

投资者实际交易时，系统可能会由于网络状况、服务器状况等原因造成一定时间的延迟，这是正常现象，也是投资者评判期货交易软件好坏的标准之一。

3. 止损与止盈设置

投资者可以预先作止损与止盈的设置，当期货价格达到事先设置的价位后，系统会自动发出平仓指令。**对于将来一段时间无法进行交易操作的投资者，预设平仓指令是很实用的功能。**

(1) 在所需设置止损或止盈的合约上右击，从弹出的快捷菜单中选择“设置止损单”(或“设置止盈单”)命令，如图 6-40 所示。

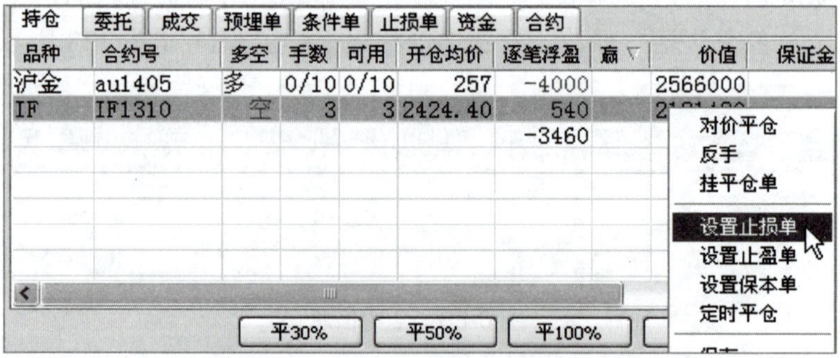

图 6-40 选择“设置止损单”命令

(2) 弹出“设置止损单”(或“设置止盈单”)对话框，调整合适的止损(或止盈)价位以及对应的手数后，单击界面上的绿色“启用止损”(或“启用止盈”)按钮，如图 6-41 所示。

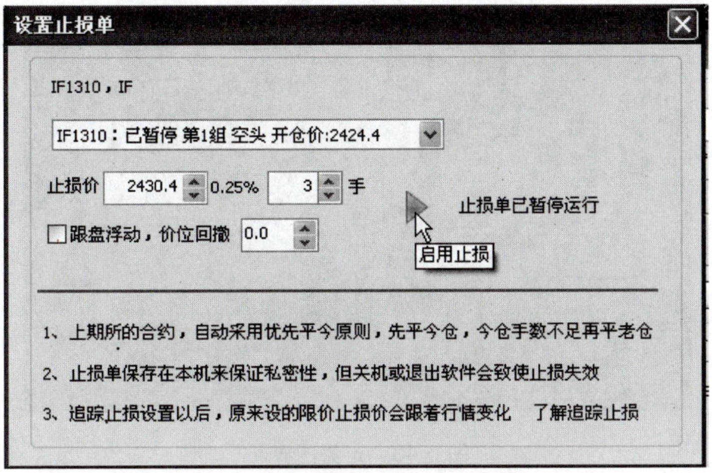

图 6-41　“设置止损单”对话框

(3) 关闭“设置止损单”(或“设置止盈单”)对话框，在模拟交易功能框的“止损单”选项卡中可以看到已经设置止损单(或止盈单)，如图 6-42 所示。

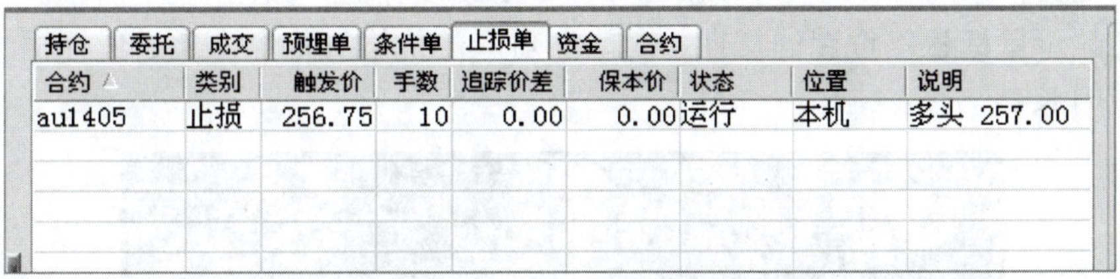
持仓 | 委托 | 成交 | 预埋单 | 条件单 | 止损单 | 资金 | 合约

合约	类别	触发价	手数	追踪价差	保本价	状态	位置	说明
au1405	止损	256.75	10	0.00	0.00	运行	本机	多头 257.00

图 6-42　“止损单”选项卡

专家指点

对于投资者来说，通过交易软件来止损(或止盈)是一种不错的系统止损(或止盈)法。

清一清，“赢顺”软件开仓操作的流程：________________________________。

230 分时图功能

分时图即走势图功能，单击工具栏中的“分时”按钮或双击期货品种，会进入走势图界面，如图 6-43 所示。界面右侧有该期货品种最新的价格、持仓量等信息，把光标移至走势图上任意位置，在走势图左侧会显示该位置的日期、时间和对应的价格。

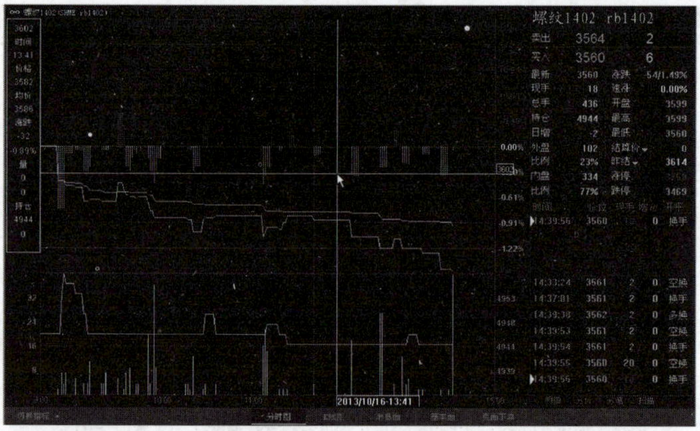

图 6-43　走势图界面

231 K 线图功能

单击工具栏中的“K 线”按钮，进入 K 线图界面，如图 6-44 所示。在界面左侧同样会显示鼠标悬停位置的日期、时间和对应的价格等信息，通过鼠标框选可查看选中区域的 K 线。

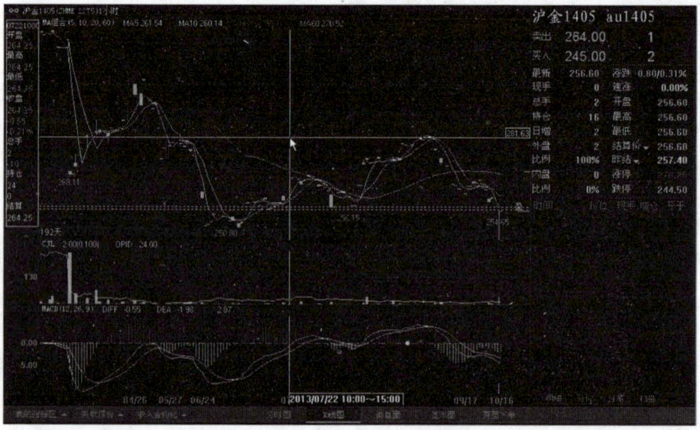

图 6-44　K 线图界面

232 资讯功能

“赢顺”软件的资讯功能分为消息面和基本面两方面。进入某一期货品种的走势图或 K 线图界面，在界面下方有“消息面”与“基本面”选项卡。

1. 消息面

切换至“消息面”选项卡以后，主界面会出与现消息面相关的新闻资讯。如图 6-45 所示为豆油期货消息面新闻资讯。

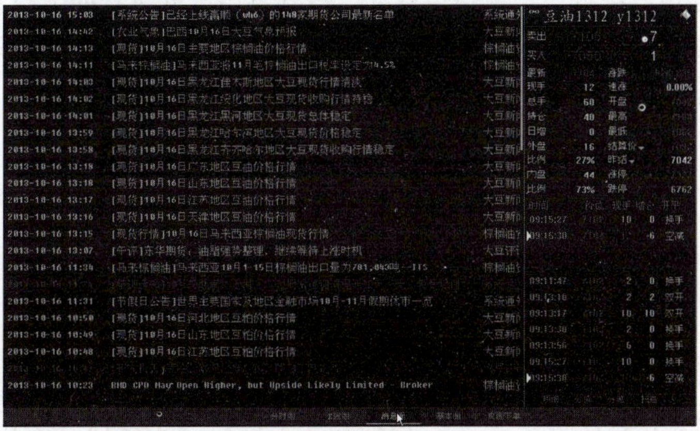

图 6-45　消息面资讯

2. 基本面

切换至“基本面”选项卡以后，主界面会出现与基本面相关的新闻资讯。如图 6-46 所示为豆油期货基本面新闻资讯。

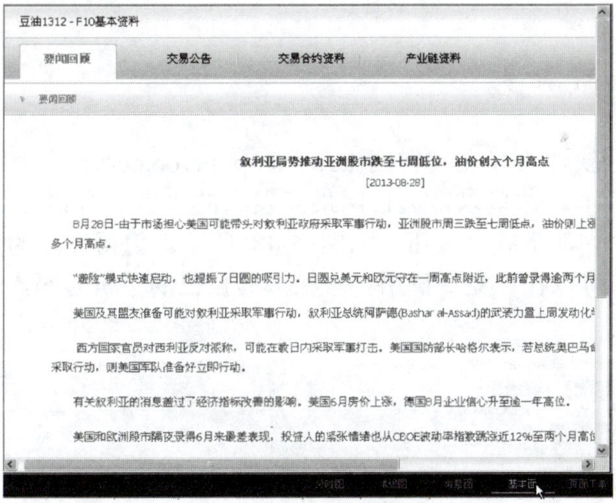

图 6-46　基本面资讯

想一想，如何查看某一期货品种的资讯？____________________。

233 软件退出

投资者在使用完软件以后要退出软件，特别是用软件进行网上交易的投资者更要注意。单击界面右上角的“退出”按钮或者按 Alt+F4 组合键，即可弹出“提示”对话框，单击“是”按钮确认退出，如图 6-47 所示。

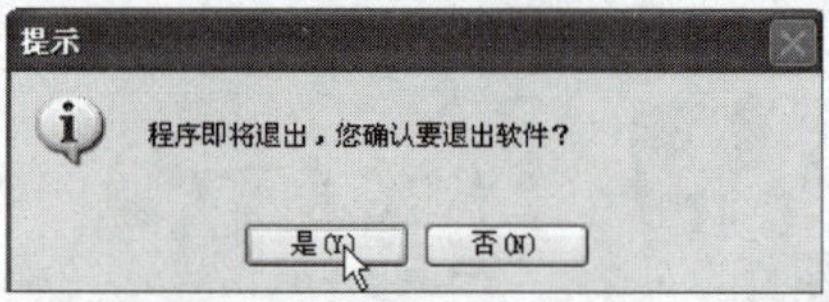

图 6-47 “提示”对话框

6.4 电脑软件——“富远行情”操作详解

“富远行情”是上海富远软件有限公司研发的期货交易软件，与各大期货经纪公司也有相对应的版本。其 3 大特点是：**新版界面更简洁，改为 TCP 模式，服务端压力平衡；资讯更新快，国内夜盘完美支持；扩展性能极佳，支持 IE 桌面模式和白板页面。**

234 软件下载

“富远行情”软件可以在其官网(http://www.fuyoo.net)下载，用户可根据自己的需求选择合适的版本。这里以富远官网最新发布的“富远行情 3.0 免费公测版”为例，单击相应的“立即下载”按钮，如图 6-48 所示。**值得注意的是，如果投资者选择下载收费版本，可以在“免费试用”一栏填写自己的手机号码，这样可免费试用相应的收费版本**。

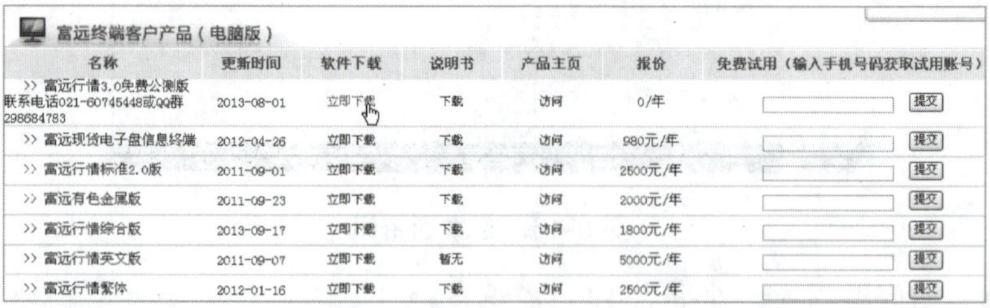

富远终端客户产品（电脑版）

名称	更新时间	软件下载	说明书	产品主页	报价	免费试用（输入手机号码获取试用账号）
>> 富远行情3.0免费公测版 联系电话021-60745448或QQ群298684783	2013-08-01	立即下载	下载	访问	0/年	提交
>> 富远现货电子盘信息终端	2012-04-26	立即下载	下载	访问	980元/年	提交
>> 富远行情标准2.0版	2011-09-01	立即下载	下载	访问	2500元/年	提交
>> 富远有色金属版	2011-09-23	立即下载	下载	访问	2000元/年	提交
>> 富远行情综合版	2013-09-17	立即下载	下载	访问	1800元/年	提交
>> 富远行情英文版	2011-09-07	立即下载	暂无	访问	5000元/年	提交
>> 富远行情繁体	2012-01-16	立即下载	下载	访问	2500元/年	提交

图 6-48 下载页面

235 软件安装

“富远行情”软件的安装步骤如下。

(1) 双击下载的“富远行情”软件安装程序，弹出“选择安装模式”对话框，如图 6-49 所示。

(2) 如果需要将程序安装在指定文件夹的话，单击“自定义安装”按钮；若单击“一键安装”按钮，则会自动把软件安装至 C 盘。这里以“一键安装”为例。

(3) 进入“安装”界面，开始安装软件，并显示进度条，如图 6-50 所示。

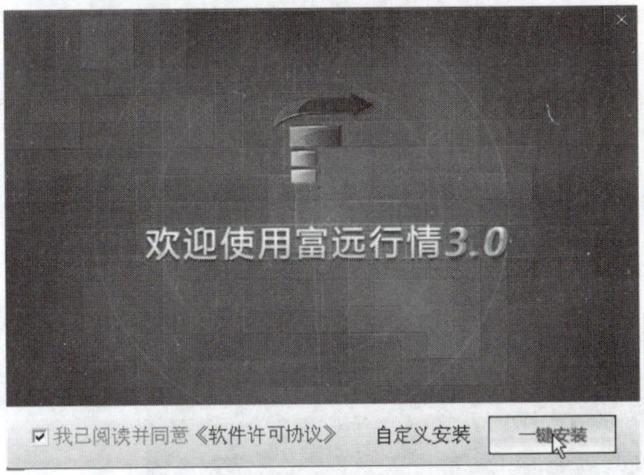

图 6-49　“选择安装模式”对话框

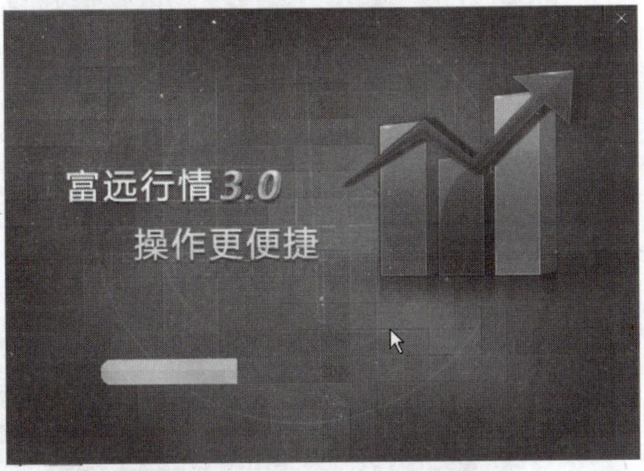

图 6-50　“安装”界面

专家指点

富远期货行情下载分析系统(简称“富远行情”)，是伴随中国金融期货的到来应运而生的一款期货软件。产品成功解决大容量金融数据传输的技术瓶颈，系统采用负载平衡机制，分层结构布局，分散服务，集中认证。富远期货行情下载分析系统是富远公司专为具有证券公司背景的期货经纪公司专门准备的产品，支持多营业部同步广泛下载使用，系统保障数据质量，且在行情下载速度上一贯保持领先。投资者使用的“富远行情”是没有企业功能的软件版本。

清一清，“富远行情”软件的安装流程：____________________。

236 软件登录

由于下载的是免费版本，所以该版本不需要注册，直接登录使用即可，具体步骤如下。

(1) 软件第一次安装完毕后，会自动弹出“启动软件”对话框，单击对话框上的“启动软件”按钮可以直接进入登录界面，如图 6-51 所示。

(2) 一般来说，应双击桌面上的“富远行情 3.0”图标来运行软件，如图 6-52 所示。

图 6-51 “启动软件”对话框

图 6-52 “富远行情”图标

(3) 弹出登录界面，系统会自带用户名与密码，直接单击“登录”按钮即可，如图 6-53 所示。

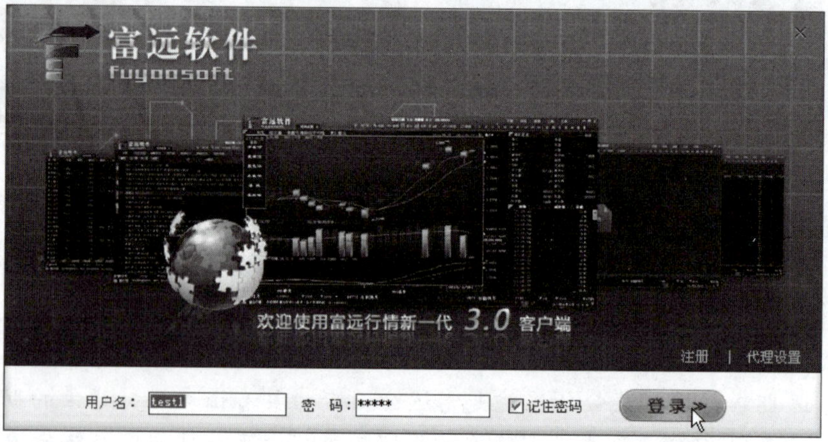

图 6-53 单击“登录”按钮

专家指点

使用系统自带的用户名与密码登录的话，只能进行看盘、分析等操作，是无法进行交易操作的。

237 界面简介

“富远行情”软件的主界面同样分为显示窗口、工具栏和信息栏，软件所有的功能均可在主界面上实现，如图 6-54 所示。

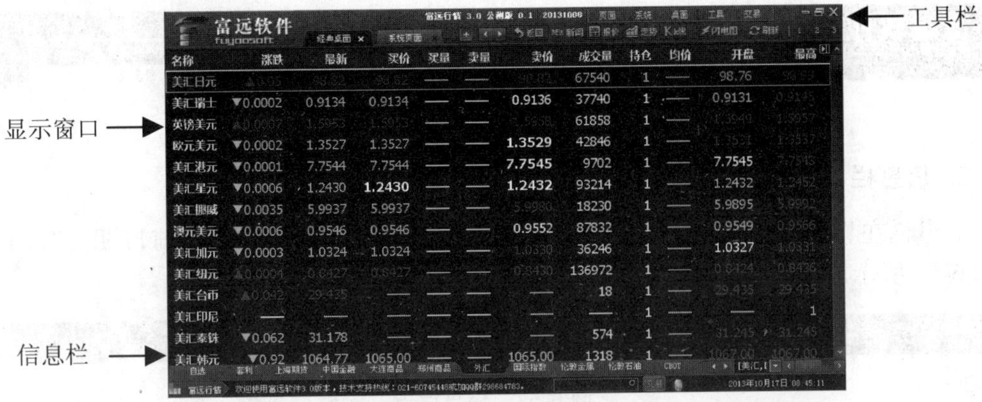

图 6-54　“富远行情”主界面

“富远行情”软件提供多种实用的操作功能，如报价界面的个人交易数据设置、图形界面的 K 线即时统计、综合界面的交易客户端内嵌等，是一款相对较全面的期货软件。

1. 显示窗口

显示窗口是“富远行情”软件的核心部分，切换至不同的选项卡，显示窗口会显示不同的内容。如图 6-55 所示为期货品种列表。

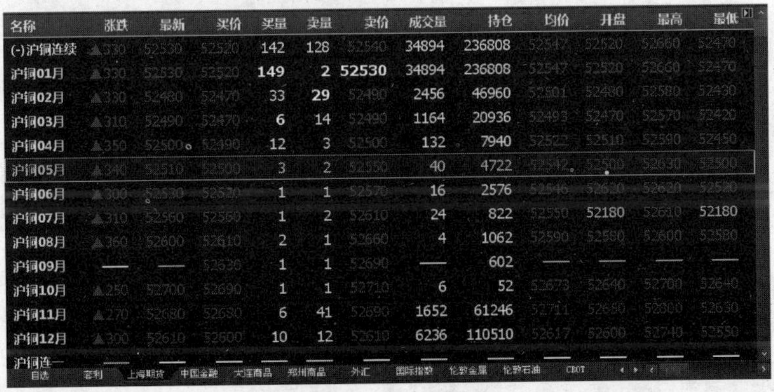

图 6-55　期货品种列表

2. 工具栏

“富远行情”软件的工具栏在界面的最上方，实际上菜单栏也包含在其中。在此可以实现页面切换、查看资讯、查看走势图与 K 线图等功能。例如，需要对软件快捷键进行设置的话，可以在工具栏中选择“工具”|“快捷键设置”命令即可，如图 6-56

所示。

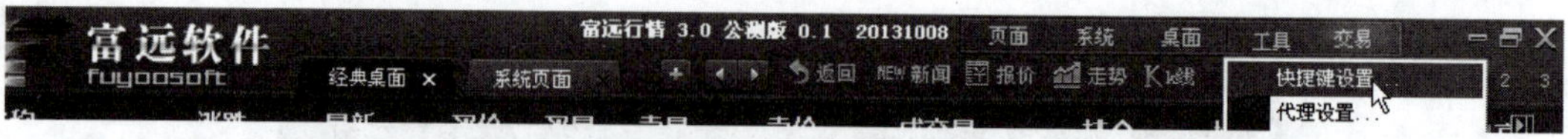

图 6-56　工具栏

3. 信息栏

信息栏在界面的最下方，会有期货最新资讯滚动播出，并显示当前日期、时间，如图 6-57 所示。

图 6-57　信息栏

想一想，你了解“富远行情”软件的界面了吗？____________________。

238 走势图功能

在工具栏中单击“走势”按钮后，主界面会显示选中期货当天的价格走势图，若是在交易时间，该图是实时刷新的，如图 6-58 所示。

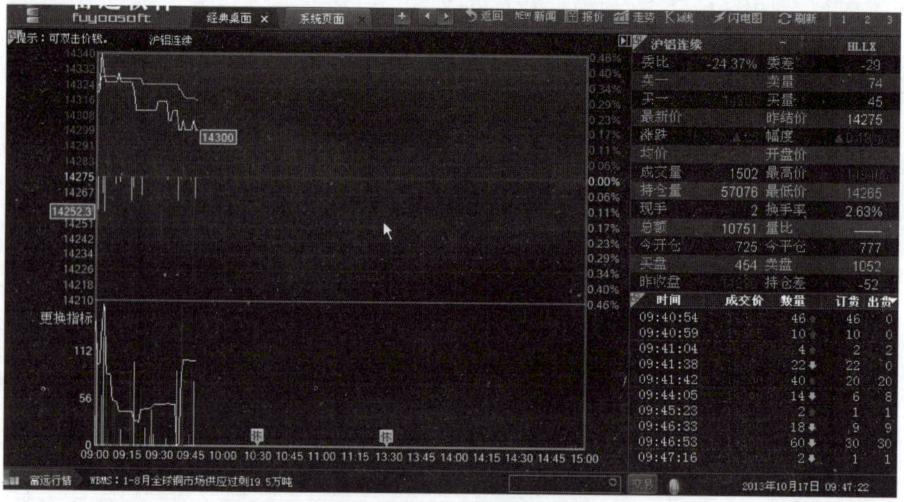

图 6-58　走势图

在走势图的左侧，会有光标停留位置期货品种的价格。单击已有走势的部位，主界面会显示该位置期货的成交价、今日涨跌价格与幅度以及持仓量等相关信息。走势图右侧还有期货实时的“订货”与“出货”信息。

239 K 线图功能

在工具栏中单击“K 线”按钮后，主界面会显示选中期货的 K 线图，如图 6-59 所示。主界面会显示光标停留位置的日期、时间、价格以及涨跌等信息。

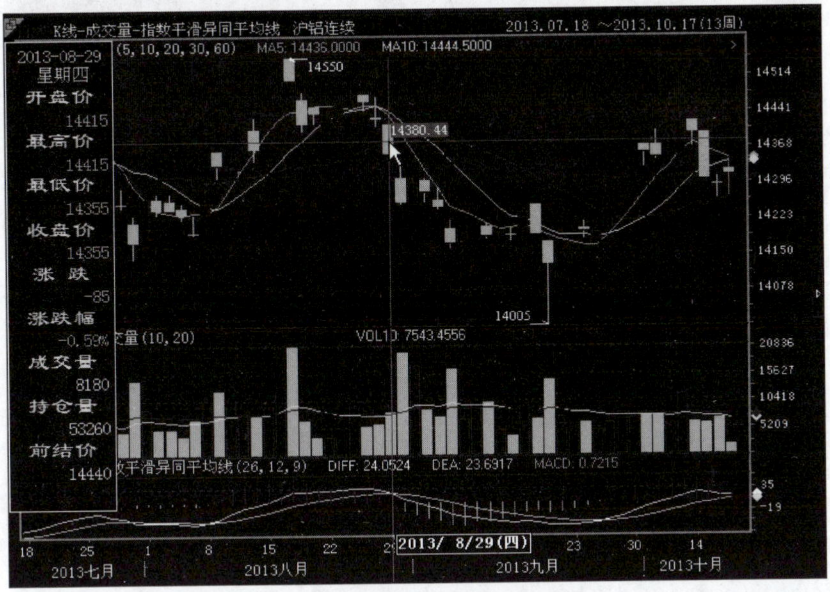

图 6-59　K 线图

用鼠标框选 K 线图中任意一段并按住鼠标左键不放，会显示该区间期货的价格信息，如图 6-60 所示。此时，按住 Ctrl 键后并松开鼠标左键，会放大该区间 K 线，如图 6-61 所示。

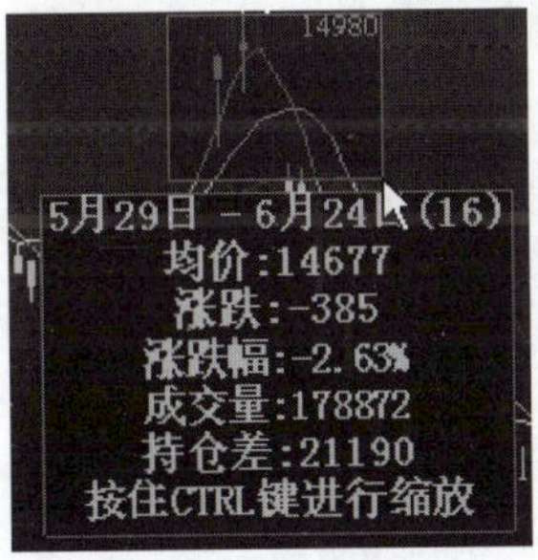

图 6-60　价格信息

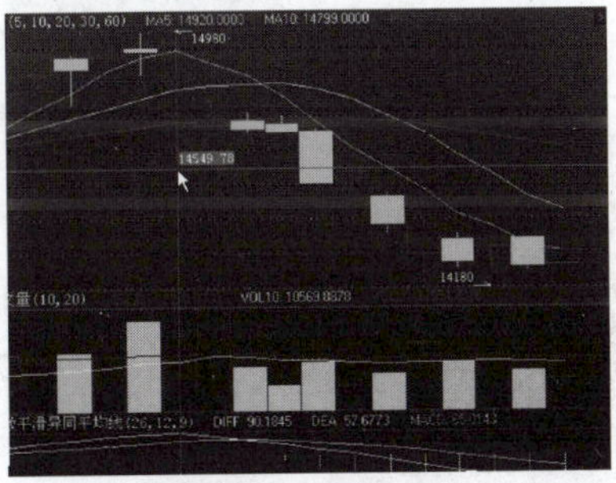

图 6-61　放大区间 K 线

240 资讯功能

单击工具栏中的“新闻”按钮，主界面会显示所有与期货相关的资讯新闻，如图 6-62 所示，投资者可以从中选择对自己有用的资讯进行查看。

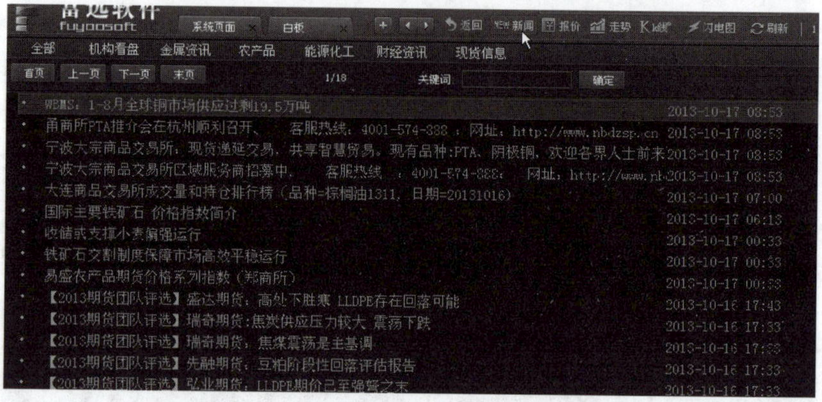

图 6-62　资讯功能

241 软件退出

投资者在使用完软件以后要退出软件，单击界面右上角的“退出”按钮或者按 Alt+F4 组合键，即可弹出“提示”对话框，单击“是”按钮确认退出，如图 6-63 所示。

图 6-63　单击“是”按钮

清一清，退出“富远行情”软件的方法：________________。

6.5　手机期货软件使用详解

手机是比计算机更为方便的期货网上交易方式，同时对投资者硬件的要求也更高，最主要是需要拥有一款功能较为先进的手机。

242 手机期货软件下载

由于目前市面上的智能手机操作系统有区别，所以投资者用手机下载软件的时候一定要注意下载的软件是不是与自己的手机平台相对应。例如，安卓手机就应该下载相对应的安卓版。一般手机下载软件的常用方法有以下几种。

(1) **计算机复制**。在计算机上下载适合自己手机的期货交易软件后，通过数据线复制到手机上。

(2) **手机应用商店**。进入手机应用商店，查找相关的软件并直接下载至手机。

(3) **扫描二维码**。使用手机摄像头，打开扫描功能后，扫描软件商提供的二维码直接进入下载。

243 手机软件——“投资堂”的下载与使用

“投资堂”是由杭州中焯信息技术股份有限公司开发的一款免费的手机期货看盘应用，虽然是手机应用，但其功能还是比较强大的。

1. 下载流程

以 Windows Phone 8 系统的版本为例，“投资堂”的下载流程大致如下。

(1) 进入手机应用商店，在金融工具类别中可以找到“投资堂”应用，或直接搜索“投资堂”，如图 6-64 所示。

图 6-64　“投资堂”应用

(2) 单击“投资堂”图标，进入下载界面。

(3) 下载界面有应用软件的介绍，单击“安装”选项下载并安装“投资堂”。建议在有无线网络的情况下进行下载，不然会耗费大量的手机流量费。

专家指点

“投资堂”手机应用集成了证券、期货和现货等金融投资的各种功能板块。目前，该应用注册以后可以进行股票交易，期货交易功能暂时还没有开发。

2. 使用简介

作为一款手机期货应用软件，“投资堂”的使用方法还是比较简单的，可以分为以下几个步骤。

(1) 从手机应用列表中找到“投资堂”，单击并进入。

(2) 应用运行以后，显示的是“投资堂”的全功能列表，其中包括“综合排名”、“我的自选”、“资讯中心”、“在线客服”和“热门关注”等功能。关注期货行情应选择“综合排名”选项。

(3) 进入选择市场界面，选择“国内期货”选项，然后根据自己的需要再选择期货交易所和该交易所的商品合约。

专家指点

就目前来说，大部分期货软件的主要功能是分析看盘，但随着科技的发展，将会有更多的功能在手机平台上出现。

3. 功能一览

“投资堂”的功能繁多，包括 K 线图、走势图、信息地雷和交易明细等，在此列举一些比较常用的功能。

(1) **走势图功能**。选择某一期货合约后，会自动弹出该期货品种的走势图，如图 6-65 所示。

(2) **K 线图功能**。进入走势图功能后，在界面上方有功能列表，单击“K 线”选项进入 K 线图功能，如图 6-66 所示。

(3) **最近浏览**。在“选择市场”界面单击“最近浏览”按钮，可显示用户最近浏览的一些期货合约，如图 6-67 所示。

(4) **资讯中心**。进入“投资堂”后，在初始界面单击“资讯中心”按钮，可以显示金融方面的所有新闻资讯，如图 6-68 所示。

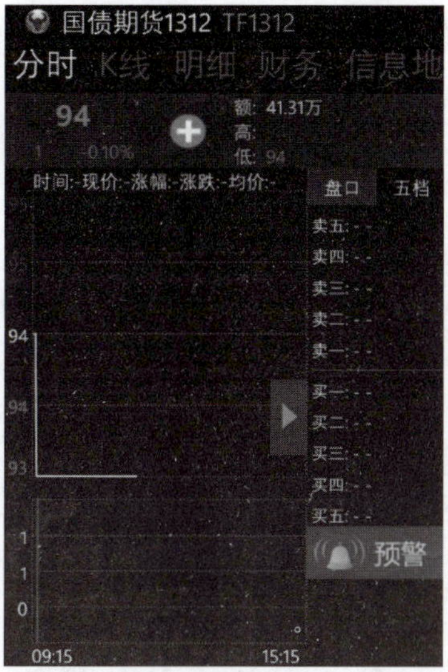

图 6-65　走势图

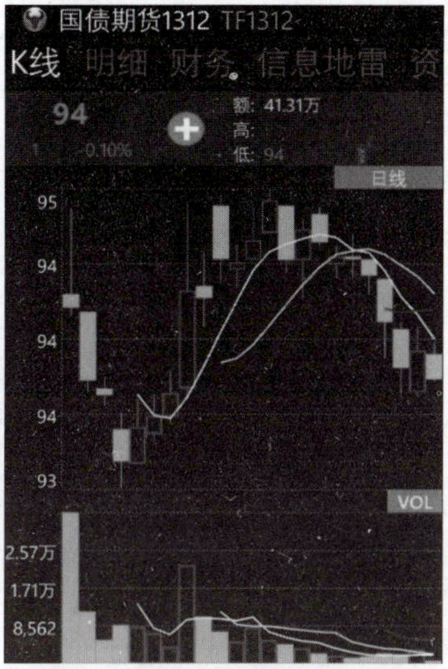

图 6-66　K 线图

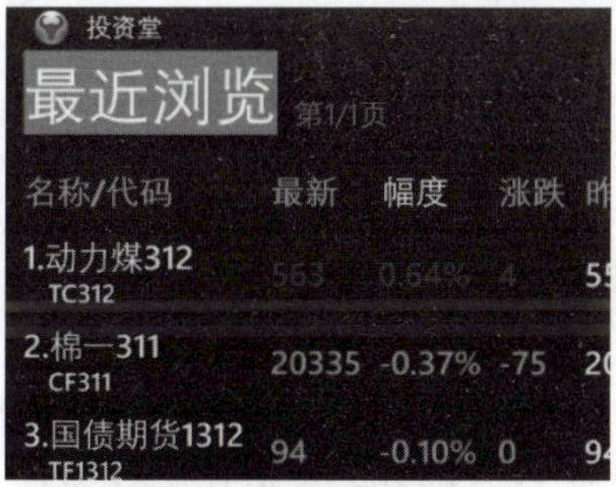

图 6-67　最近浏览

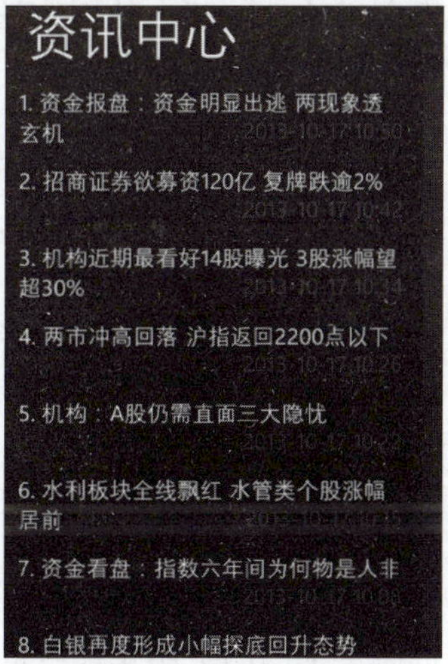

图 6-68　资讯中心

想一想，你知道如何使用“投资堂”了吗？________________________。

244　手机软件——“文华财经”的使用

“文华财经”同样有手机版的期货交易应用，下载安装进入应用后，即可进入“主力合约”界面，如图 6-69 所示。“文华财经”手机版基本包含了计算机版的大部分功能，如 K 线图、走势图、资讯、下单等。如图 6-70 所示为期货“下单”界面。

图 6-69 “主力合约”界面

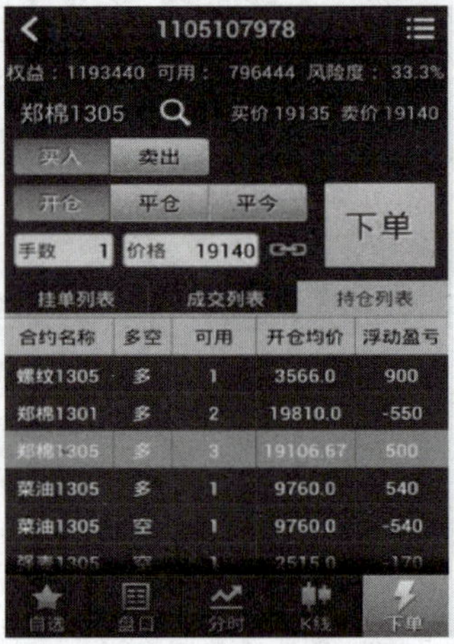

图 6-70 “下单”界面

由于手机期货软件的基本使用方法大同小异，这里便不再赘述了。不过“文华财经”的特色操作方式有以下几点。

(1) 不同交易所页面之间的切换可以通过左右滑动屏幕来进行。

(2) 在详细界面、分时界面、K 线界面、委托下单界面，可通过上下滑动屏幕来切换不同的合约。切换合约后，依然停留在所选界面。

(3) “文华财经”的分时、K 线、详细、委托下单等界面之间的切换，可以通过左右滑动屏幕来实现。

245 手机交易的注意事项

使用手机期货交易软件时最重要的问题是注意流量控制，在没有无线网的情况下，使用手机流量上网的费用是比较高的。不过大部分的手机使用者都有 GPRS 的套餐服务，但是投资者要切记，超出套餐的那部分流量是需要另外收费的。

手机病毒同样是使用手机交易的一大安全隐患，通常有以下 3 种方式对手机进行攻击。

(1) **攻击服务器**。虽然不会直接影响手机，但会使手机无法接收正常信息。

(2) **攻击和控制网关**。手机可能会因此收到大量垃圾信息，导致手机变得迟缓。

(3) **直接攻击手机本身**。侵袭手机的病毒可能会自动启动电话录音功能、自动拨打电话、删除手机上的资料等。

投资者预防病毒最好的办法是及时更新系统和手机应用，并安装手机防毒软件。

专家指点

投资者可以通过下载一款手机流量管理软件(如 360 手机卫士)来帮助自己有效监控手机流量，并通过软件的防黑、防毒功能，确保使用手机进行交易的安全性。

清一清，手机交易应注意的问题：________________________。

6.6　期货交易软件使用精彩案例

本节将通过笔者的亲身经历和实际案例，带你了解期货交易软件使用的更多方面。

246　案例："博易大师"小窍门

刘小姐辞去工作以后，成了"职业"期货投资者，她每天的工作就是在家看盘、分析和交易，并以此为生。

刘小姐一直使用"博易大师"作为期货交易软件。选择这款软件的原因，并不是因为这款软件最好，而是她接触的第一款软件就是"博易大师"，并一直使用近 3 年时间了。对软件的熟悉，也是她投资期货有方的重要原因。刘小姐说："许多人会用软件看盘之类的，但是许多高深的功能都不会用，这也是他们投资不顺的原因。"

能够熟练操作一款交易软件，确实可以在期货投资中顺利不少，刘小姐把她使用"博易大师"的几个窍门分享给所有投资者。

1. 分割窗口

分割窗口是比较实用的技巧，可以方便对比多只期货品种的各种信息，具体步骤如下。

(1) 在菜单栏中选择"页面"|"切分窗口"命令。

(2) 选择切割方式，单击"横切"或者"竖切"按钮。

(3) 切分后屏幕从中间一分为二，需要为每个窗口添加窗口属性。

(4) 在新切分的空白窗口中右击，从弹出的快捷菜单中选择"变换画面"命令。

(5) 选择需要变换的画面，如"分时图"或"K 线图"等。

2. 套利分析

"博易大师"可以直接为投资者进行套利分析，具体步骤如下。

(1) 进入 K 线图界面。

(2) 在K线图界面上右击，从弹出的快捷菜单中选择“套利分析”命令。
(3) 弹出操作菜单，从中选择需要套利的商品。

3. 商品叠加

商品叠加可以更为直观地查看商品之间的价格比较，具体步骤如下。
(1) 进入K线图界面。
(2) 在K线图界面上右击，从弹出的快捷菜单中选择“商品叠加”命令。
(3) 弹出操作菜单，在菜单中选择需要加入比较的期货品种。

专家指点

值得注意的是，“商品叠加”功能一次只能叠加一种商品，需要多商品比较的话，则需要多操作几次。

247 案例：“文华财经”期货软件使用小技巧

冯小姐听朋友介绍，下载了“文华财经”赢顺期货交易软件。她使用过一段时间以后，对朋友抱怨：“这个软件不好用，好多功能都没有。”朋友一问，才知道原来不是软件不好用，而是冯小姐不会使用。

“文华财经”赢顺期货软件的使用技巧有许多，这里笔者总结了一些投资者常用的小技巧，希望对广大投资者有所帮助。

(1) **设置自己的页面**。在主界面上方选择“页面设置”|“新建”命令，在弹出的窗口中选择页面模板。

(2) **设置更多坐标线**。在主界面上方选择“系统工具”|“个性化设置”命令，在“更多图表设置”选项卡中的“调整坐标线间距”选项可以设置更多或更少坐标线。

(3) **隐藏图上画线**。在K线图界面中右击，从弹出的快捷菜单中选择“其他”|“隐藏画线”命令。

(4) **多窗口界面显示大的盘口信息**。将光标移动到小盘口左侧竖线附近，按住鼠标左键并向左拖动，即可显示大盘口。

(5) **止损与止盈没触发的原因**。使用开仓自动止损、止盈功能时，模拟交易功能框左侧“止损参数”选项中的“开仓自动止损止盈”复选框没有选中。如果软件关闭，止损与止盈也不会触发。

清一清，“文华财经”赢顺期货软件的使用技巧：____________________。

248　案例："富远行情"优势多

徐先生刚学会投资期货时间不长，以往都是采用电话委托下单的方式交易。一次偶然的机会，他下载了"富远行情"期货交易软件，此后便一发不可收。他迷上了这款软件，以至于吃饭时都要把饭碗端到电脑跟前，边吃边看行情。

某天，朋友小王来到徐先生家，徐先生打过招呼以后就跑去看盘了，对朋友也爱搭不理的。小王奇怪地问道："老徐，你这是'走火入魔'了吗？""我每天指着它给我挣钱呢，这个月再努努力，赚的钱就够买新出的手机了！"徐先生回答道。小王又问："真有这么好吗？""好处多着呢！"

期货交易软件的出现确实让投资者方便许多，"富远行情"作为一款主流期货交易软件，具有以下优势。

(1) **分析图表功能全面**。"富远行情"提供多种常用技术分析指标下载，也可由投资者自定义各种指标和图表。

(2) **兼容多种金融品种**。"富远行情"兼容全球多种金融品种报价，如国内外股票期货、外汇黄金等，并可即时下载行情和历史数据。

(3) **行情传输速度快**。"富远行情"采取速度优先的设计理念，报价迅速，真正与场内客户行情同步。

(4) **操作简洁实用**。"富远行情"操作简洁，最符合广大投资者的日常操盘习惯，相对稳定而实用。

专家指点

"富远行情"提供了技术指标编制功能，投资者可以定义和修改自己的特色指标。同时，具有页面设置与修改功能，投资者可以在页面中定义自己喜好的内容组合。

249　案例：手机期货交易更方便

小赵是个"手机达人"，平时看视频、玩游戏、查资料都爱通过手机完成，最近他又开始用手机看期货行情了。

早些日子，小赵与几个同事在公司上网看盘，正好某期货快到了他们研究的理想价位。突然公司停电导致无法看盘了，这让几个同事放弃了这次开仓的计划。但是小赵通过手机看盘，并以电话的方式委托交易，把握到了这次好机会。事后，同事羡慕他的同时，也后悔自己没能早学会用手机交易。

手机期货交易实现了真正的随时随地交易，可谓是"**决胜于千里之外**"，它比之网上交易优势更多。

(1) **更加自由**。网上交易需要有网络的限制，而手机看盘的话完全不同担心这一问题，只要有信号的地方，都能实现看盘并交易。

(2) **更加方便**。手机期货软件使用大多都比较方便，不需要注册和系统地学习，可以说是即下即用。

(3) **更加安全**。由于计算机病毒与黑客的存在，网上交易的账户存在一定风险，而手机几乎不存在这方面的问题。

250 案例：提防网上交易的陷阱

老张是个普通农民，最近他收到了一条推销股票及农产品投资的手机短信，该短信还提供了一个炒作农产品的网站。

老张抱着碰碰运气的心态登录了该网站，看了不久他便被网站新颖的“水果期货”吸引了。老张按网站上的加盟方式通过传真与对方签订了协议，在该网站上注册了账户，出于小心他只转了 1 万元进行买进卖出交易。一开始，老张还赚了不少，可不久之后就开始出现亏损。这时，网站工作人员主动联系老张，说这是新品种有些波动是正常的，只要再投点钱，不但可以挽回损失，还可以大挣一笔。

随后，老张再次转入 6 万余元。刚刚转入资金的第二天，网站就无法打开了，打网站工作人员的电话也是停机，这时他才意识到自己被骗。

对于“水果期货”这类根本不存在的期货品种，其实是不法分子自己做个网站编造出来的，为的是通过控制价格，套住受害者的资金；或者让受害者不断挣钱，而出现加仓的想法。总之，目的是让受害者转入更多资金。

不法分子开通银行账户、手机号码、网站等的身份证件均为虚假信息，受害人一旦发现被骗，网站瞬间消失，难以追查。

网络在给投资者提供便利的同时，也带来了一定的风险。**投资者应该增强自身的防范意识，不要受“一夜暴富”的引诱，要时刻警惕诱惑背后的陷阱。**

想一想，你遇到过期货陷阱吗？____________________。

第 7 章

夯实基础：定价的理论原则

俗话说：“**基础打得好，楼房砌得高**。”期货的定价理论是期货交易中判断价格走势最基本的工具。期货的定价理论主要有 4 种：持有成本理论、预期理论、有效市场假说和金融学对期货的定价。

知识要点

- 持有成本理论
- 预期理论
- 有效市场假说
- 行为金融学
- 定价理论精彩案例

7.1 持有成本理论

欲了解期货的交易策略及掌握市场的动态，期货的定价理论是最有必要掌握的基础，而持有成本理论是期货投资中最为重要的概念之一。

251 理论概念

持有成本理论(Cost of Carry Model)，只是一种以期货与现货的套利关系为基础发展出来的定价模式，理论上认为期货价格取决于期货合约标的物商品的现货价格和持有该现货商品至期货合约交割日之间的持有成本。

持有成本定价模式解释了现货与期货市场价格间的关系，但是该理论有以下假设前提。

(1) 无任何交易成本。

(2) 无任何交易策略限制。

(3) 市场为强势效率市场。

专家指点

一般来说，期货价格应该等于现货价格加上持仓费用。持仓费用包括现货仓储费、运输费、保险费和资金成本 4 部分。但是不同的资产其仓储费是不同的，如金融资产的持仓费用，一般是借款利息支出减去该资产的收益。

清一清，持有成本理论的前提条件：________________________。

252 定价模式

持有成本理论的定价模式可用下面的公式表现出来。

合理期货价格=标的物现货价格×(1+持有成本)=标的物现货价格×(1+*i*)*t*/360+*C*

式中，i——资金成本；

t——距期货契约到期日所余天数；

C——资金成本以外的项目，包括仓储费、保险费等。

持有成本是以占现货价格的半分比来表示。

专家指点

在正常情况下，期货的价格应该等于(或接近于)由该模型推导出的合理价位，如此的话市场上无套利机会。如果期货的价格不等于由该模型推导出的合理价位，则意味着期货契约由于受到其他因素的影响而脱离了期货本身原有价格，如果此时价差能够涵盖交易成本，则意味着套利机会空间的出现。

253 套利空间

由持有成本理论分析出来的套利空间，是一种无风险套利形式，是建立在实际仓单交割的基础上的，可分两种情况。

1. **期货价格>标的物现货价格×(1+持有成本)**

在这种情况下，投资者可在现货市场买进(做多)，并同时在期货市场上卖出(做空)。当期货合约需要交割时，投资者持有现货商品所付出的总成本为：标的物现货价格×(1+持有成本)。此时，将此商品交割出去，则可获得：合理期货价格－标的物现货价格×(1+持有成本)的收益。

当这样的情况出现时，会使期货的价格下跌，而现货价格上涨，直到期货价格=标的物现货价格×(1+持有成本)。

2. **期货价格<标的物现货价格×(1+持有成本)**

在这种情况下，投资者可在现货市场卖出(现货做空的话，一般是自己已囤积商品，或能够从其他供货商处预支商品)，并同时在期货市场上买进(做多)。当期货合约需要交割时，投资者只需付出期货价格的成本即可获得商品，用来偿还之前现货做空的商品。

当这样的情况出现时，会使期货的价格上涨，而现货价格下跌，直到期货价格＝标的物现货价格×(1+持有成本)。

254 在商品期货的应用

在商品期货中，持有现货有一定的好处。例如，突发性的市场缺货，此时持有现货的话会有一定的收益。所以持有成本理论在现货中应计算该部分有可能的收益，其定价模型如下。

合理期货价格=标的物现货价格×$(1+i-y)t/360+C$

式中，i——资金成本；

y——持有该商品可能的收益，用现货价格的百分比表示；

t——距期货契约到期日所余天数；

C——资金成本以外的项目，包括仓储费、保险费等。

想一想，持有成本理论在商品期货中怎样应用？________________。

255 在股指期货的应用

在股票市场，因为有股票的分红收益，所以股指期货合约的定价模型如下。

股价指数期货合理价格=现货指数×(1+i−d)t/360

式中，i——资金成本；

d——平均股息率，即分红收益率；

t——距期货契约到期日所余天数。

这个公式与最基本的持有成本模式并无太大不同，唯一不同之处为分红的计算，原因在于股价指数期货的定价考虑不到分红这项因素。

专家指点

依据持有成本理论，期货价格与现货价格间的价差，应维持在理论的合理区间之内，在加计所有交易成本后，若期货价格偏离此区间，便将出现套利机会。当期货指数不等于理论价格并足以涵盖所有交易成本及预期报酬率时，即可进行套利；当期货指数回到理论价格时，即可反向冲销获利。

256 在利率期货的应用

在持有政府债券或其他生息债券时，应将利息收入从资金成本中扣除，才能得到持有成本，所以利率期货合约的定价模型如下。

利率期货合理价格=对应债券价格×(1+i−q)t/360

式中，i——资金成本；

q——持有债券的利率；

t——距期货契约到期日所余天数。

257 在外汇期货的应用

在外汇期货市场中，投资者持有外币现货时，也可用来做其他投资或者存在银行获取利息，所以外汇期货合约的定价模型如下。

外汇期货合理价格=对应外汇的价格×$(1+i-r)t/360$

式中，i——资金成本；

r——持有货币投资的收益率；

t——距期货契约到期日所余天数。

由于使用资金投资的收益率会因人而异，如将资金存在银行的收益明显比投资房地产要小很多，所以，这里的 r 一般取平均数。

258 持有成本理论的缺陷

由于持有成本理论建议在无任何交易成本、策略限制和市场为强势效率市场等假设前提下，所以按照之前所说的公式计算难免会有误差。

在市场实际运作中，会有许多因素影响持有成本理论的准确性，或者需要将这些因素考虑到定价模型中，这会让持有成本理论的模型变得十分复杂。具体可反映在以下 4 点。

1. 交易成本

最常见的直接的交易成本为投资者从事套利行为时，所必须付出的交易手续费和买卖差价。

由于交易成本的存在，会使得一些原本有的套利机会变得没有。例如，对某一股指期货套利，预期有 500 元的收益，但如果交易手续费超过 500 元的话，则此套利完全是多余的行为。

2. 不相等的资金借贷成本

在之前的模型中，任何投资者的借入和贷出的成本是一致的，但事实并不会如此。例如，在现货市场做空时，供货商提供给你一定数量的商品，但是投资者在归还商品时，除了要归还商品外很有可能需多支付一些费用。

3. 卖空行为的限制

现货市场对做空的行为会有许多限制，最基本的就是投资者想要做空时，没有现货资源。

以股票市场的融券为例，当投资者需要融券卖出股票时，除了要求不能在下跌市场中做空以外，券商还会要求投资者卖出留置部分股票所用的资金来做担保。所以，在卖空股票套利时，投资者不能将所有的股票卖出款用来投资生息。

专家指点

融券就是借证券来卖，然后以证券归还。证券公司出借证券给客户出售，客户到期返还相同种类和数量的证券并支付利息。客户向证券公司融券卖出称为“卖空”。

4. 商品储存的限制

在实际交易中，商品储存的限制会妨碍到无风险套利。例如大多数的粮食都无法在梅雨季节长时间保存。

清一清，持有成本理论的缺陷：________________________________。

7.2 预期理论

预期理论是由凯恩斯提出来的，它强调未来的不确定性对于人们的经济行为的决定性影响作用。凯恩斯将预期分为短期和长期两种，并且认为短期预期是价格预期，它决定厂商的现在产量和就业量；长期预期则是指资本的流动性偏好，投资者会在持有货币或是投资证券的收益性之间进行选择，这种预期往往也是不稳定的。

259 理论的产生

投资者在做出决策的时候一般会基于以下两个基本的要点。

(1) **投资者的预期**。这种预期往往是投资者一种合理的期望，而不是不切实际的梦想。

(2) **投资者获取的信息**。投资者会根据信息做出判断。如大家都认为某商品会跌价，那么你也很可能会相信该商品确实会跌价。

投资者在做决策时，自己的信心和情绪又同时起着加强和影响作用。所以理论上，分别研究这些因素对于人类做出的决策行为的影响作用，就会让我们在做决策的时候能够更加全面，正确率也会更高。

信息能让投资者对事物了解得更加深刻，所以所掌握的信息越多，做决策的时候就越有利。预期就是在信息的基础上发展而得到，所以在研究预期的时候也就必须要明白信息的重要性，同时要明白信息的不完全性。这两个特性是要我们知道，预期在前提上就不一定会正确。所以预期的错误性是始终有可能存在的。

专家指点

需要明白的是，事物的信息会在发展中不断出现，甚至呈现爆炸性的增长，所以信息对于投资者来说是不完全的，可以说投资者掌握的信息并不完全正确。另外，不同的人掌握的信息又是不同的，不同的人对信息的理解也是有偏差的。也就是说，信息对于不同的决策个体是非对称性的。

260 理论的概念

预期理论实际上是一种对价格的预判，例如根据往年玉米的价格，推断下个月玉米的情况会怎样发展，进而形成预期。

专家指点

预期理论先后经过了 3 个阶段，分别是外推法预期理论、适应性预期理论、理性预期理论。3 个阶段在期货市场中都有不同的表现特征出现，但是应用最广泛的还是理性预期理论。

预期理论一个显著的假说是，假定单个经济个体在做出预期的时候，使用了一切有关的可以获得的信息，并且对这些信息进行了理智的整理。

比如说，市场中理性的投资者就会从基本面、技术面、市场心态等这些基本的角度来尽可能地了解市场目前的情况和未来的情况，进而形成预期，最后得出决策结论，最终做出行动。

投资者在预期理论形成时，会经过 3 个步骤。

(1) **刺激**。获得与某一商品价格相关的信息。

(2) **分析**。经过投资者分析后，形成预期的价格。

(3) **操作**。从现货价格与预期价格中，找到正确的操作方向。

261 理论的作用

根据理论的定义得出，期货的价格应该等于市场交易者对未来交割日现货价格的预期值。

预期理论在期货市场的作用主要可以表现在以下 3 个方面。

(1) **解释市场现象。**可以通过预期理论，来解释市场中某些特殊行为产生的内在原因。

(2) **有助行为正确**。预期理论可以让投资者在做出决策的时候，知道自己的预期是哪种类型，从而进一步做出行动中的相对应的理性行为。

(3) **了解发展原因**。市场是各种各样的投资决策和行为相互博弈的结果，而预期则是决策和行为产生的基本原因。所以，预期理论可以基础性地了解市场的内在动态和发展原因。事实上，在极端行情中市场中的主流预期力量是非常强大和具有凝聚力的。

专家指点

因为预期永远都存在着错误的可能，所以投资者需要止损，保护自己的本金，让自己在下一次预期中有机会获取足够的利润。止损的必要性和内在原理在预期理论中也突显了出来。

想一想，你明白预期理论的作用了吗？________________________。

7.3 有效市场假说

有效市场假说是期货乃至资本市场中最为基本的理论之一，该理论的提出者尤金·法玛在 74 岁高龄时，依然能摘取 2013 年的诺贝尔经济学奖。

262 有效市场假说概述

提到有效市场假说，就要先谈谈随机漫步理论。1964 年奥斯本提出了“随机漫步”理论，他认为资本市场的价格总是无规律地波动，具有“随机漫步”的特点，也就是说，它变动的路径是不可预期的。那么就相当于，没有任何分析预测能判断出市场的走势。

专家指点

随机漫步理论和有效市场假说的提出，相当于否定了对市场的基本面和技术面的分析，也是很多人轻视基本面与技术面分析的原因。

1970 年尤金·法玛在此基础上，提出了有效市场假说(Efficient Markets Hypothesis，EMH)。法玛认为，假设参与市场的投资者有足够的理性，能够迅速对所有市场信息做出正确判断，由于理性投资者以理性的方式与非理性投资者博弈，所以前者将主导市场。

263 有效市场假说的要点

有效市场假说包含以下几个要点。

(1) **在市场上的每个人都是理性的经济人**。理性经济人是指以寻求最大利益为目的的投资者。金融市场上每只期货都处于这些理性人的严格监视之下，他们每天都在进行基本分析，以公司未来的获利性来评价公司的期货价格，把未来价值折算成今天的现值，并谨慎地在风险与收益之间进行权衡取舍。

(2) **价格反映了这些理性人的供求的平衡**。想买的人正好等于想卖的人，也就是说，认为期货价格被高估的人与认为期货价格被低估的人正好相等，假如有人发现这两者不等，即存在套利的可能性的话，他们会立即用买进或卖出期货的办法使期货价格迅速变动到能够使二者相等为止。

(3) **期货的价格也能充分反映该资产的所有可获得的信息**。这可以认为是“信息有效”，当信息变动时，期货的价格就一定会随之变动。一个利好消息或利空消息刚刚传出时，期货的价格就开始异动，当它已经路人皆知时，期货的价格也已经涨或跌到适当的价位了。

专家指点

有效市场假说同时也意味着“**天下没有免费的午餐**”。在一个正常的有效率的市场上，每个人都别指望发意外之财，所以投资者花时间去看路上是否有钱好捡是不明智的，投资者费心去分析期货的价值也是无益的，它白费投资者的心思。

264 关于有效市场的定义

曾有经济学大师说过：“**这种理论也许并不完全正确，但是有效市场假说作为一种对世界的描述，比你认为的要好得多。**”

有效市场假说只是一种理论假说，它是要基于有效市场这个前提的。实际上，并非每个人总是理性的，也并非在每一时点上都是信息有效的。有效市场的定义可分为两种。

(1) **交易有效市场**。它又称为内部有效市场，主要衡量投资者交易期货时所支付交易费用的多少，如期货经纪公司索取的手续费与佣金等。

(2) **价格有效市场**。它又称为外部有效市场，它探讨金融市场的价格是否迅速地反映出所有与价格有关的信息，这些“信息”包括有关公司、行业、国内及世界经济的所有公开可用的信息，也包括个人、群体所能得到的所有的私人的、内部非公开的信息。

265 有效市场假说的前提

根据有效市场的定义，可以得出有效市场的前提条件如下。

(1) 投资者对新信息的调整和反应迅速完成。

(2) 投资者都利用一切相关信息，获取最大利益的收获。

(3) 期货市场的价格对新的市场信息的反应迅速而准确，期货价格能完全反映全部信息。

(4) 市场竞争使期货价格从旧的均衡过渡到新的均衡，而与新信息相应的价格变动是相互独立的或随机的。

(5) 非理性交易者在价格形成过程中的作用是无足轻重的，因为他们不能长时间影响价格。

清一清，有效市场假说的前提：________________。

266 弱式有效市场

假设在弱式有效市场的情况下，市场价格已充分反映出所有过去历史的证券价格信息，包括期货的成交价、成交量、卖空金额、融资金额等，这也就是说，所有投资者占有的历史信息都是一样的。

由此可以得出，期货价格的技术分析失去作用，基本分析还可能帮助投资者获得超额利润。

但是，历史价格既不能用来说明今天的价格，也不能用来预测明天的价格。通过对金融市场的长期跟踪分析，人们用“随机漫步”来形容金融市场过去的价格与将来的走势。在随机的变动中，期货价格各次连续变动都是相互独立的。这就好像一群人在空地上没有计划与目的的漫步，这是完全无法预测每个人在下一时刻会出现在哪里的。所以说，过去的价格完全无法被用来预测将来的价格变化。

专家指点

检验弱式有效假说能否成立的原理是，技术分析是否能用于价格(收益)预测，如果能的话，则说明弱式有效不能成立。

想一想，你明白弱式有效市场了吗？________________。

267 半强式有效市场

假设在半强式有效市场的情况下，市场上所有参加交易的投资者所占有的公开信息都一样。同时，价格已充分反映出所有已公开的有关公司营运前景的信息。这些信息有成交价、成交量、盈利资料、盈利预测值、公司管理状况及其他公开披露的财务信息等。如果半强式有效假说成立，则可得出在市场中利用技术分析和基本分析都失去作用，内幕消息可能获得超额利润。

专家指点

检验半强式有效市场假说的原理是，基本分析是否有用。可用事件检验法来验证，即检验和公司基本面有关的事件发生时，股价变化有无快速反应。若能快速反应，则投资者不能通过新信息获得超额利润，基本分析失灵，半强式有效成立。

268 强式有效市场

假设在强式有效市场的情况下，所有参加交易的投资者都掌握了某公司的业绩以及其内在的价值，无论其是否公开，那么可以得出在强式有效市场中，没有任何方法能帮助投资者获得超额利润，即使基金和有内幕消息者也一样。

强式有效市场假说认为价格已充分地反映了所有关于公司营运的信息，这些信息包括已公开的或内部未公开的信息。

专家指点

检验强式有效假说的原理是，内幕消息是否有用。例如，从可能获得内幕消息人士的投资绩效评价，若被评估者的投资绩效确实优于市场平均水平，则强式有效不能成立。

269 有效市场假说的局限

资本市场作为一个复杂系统并不像有效市场假说所描述的那样和谐、有序，有层次。有效市场假说最大的局限就在于它是一种假说，有太多的限制条件。

(1) **价格反映信息**。价格已经反映了所有可以得到的信息，并且具有高度的灵敏性和传导性。

(2) **信息没有误差**。所有的信息都必须是公开和透明的，并且将无偿地提供给所有的投资者。所有的投资者对信息的解释和判断不存在任何分歧，信息传递渠道畅通，不存在任何阻隔。

(3) **价格是调节信号**。价格是既定的量，所有的投资者只能根据给定的价格做出自己的选择，谁也不能支配和影响价格的形成。

(4) **市场是理性的**。市场是完全竞争的市场和公平与效率统一的市场，不存在资本过剩和资本短缺的问题，资本可以自由地流出流入，交易过程是在瞬间完成的，既不存在虚假交易也不存在时间和数量调整。

(5) **投资者是理性的**。收益最大化是所有投资者从事证券交易的唯一动机，都必须自觉根据理性原则制定投资决策，调整交易数量，确立交易方式，规范交易行为，开展交易活动。

(6) **市场运行是均衡的**。能根据内部机制和外部环境的变化及时迅速地进行调整，从非均衡态自动恢复到均衡态。

从上述假设条件中可以得出，市场均衡假设是从理性市场假设中推导出来的，而理性市场假设又是以完全信息假设作为前提的。由于这些假设条件之间存在着互为前提循环证明的关系，只要人们对其中的一个假设条件证伪，上述假设条件形成的逻辑链条就会即刻断裂，市场有效性理论的基石就会因此而崩塌。

专家指点

尽管在学术界很少有哪一种理论能够获得像市场有效性理论那样多的支持和如此高的学术地位，但是该理论的局限性和缺陷还是十分明显的。应当说，市场有效性理论面临的最大挑战还是来自资本市场现实的矛盾运动和内在运行危机。

清一清，有效市场假说的局限性：________________________________。

7.4 行为金融学

行为金融学是指金融学、心理学、行为学以及社会学等学科相互结合，对金融市场的非理性行为和决策规律进行揭示。

270 行为金融学的定义

行为金融学理论认为，金融市场的价格并不只是由标的物的内在价值决定，很大程度上还会受到投资者主体行为的影响，它和有效市场假设是相对应的一种说法。人类由于其社会性而存在一个非常普遍的现象，经常在一起交流的人由于相互影响，因此他们往往具有类似或者近似的思想，这可以称之为羊群行为。

例如，在社会上普遍存在着信息不对称的现象，即使在信息传播高度发达的社会上，信息也是不充分的。在信息不充分的情况下，期货投资者的决策往往不完全是根据已有的信息，而是根据对其他投资者行为的判断来进行决策的，这就形成了羊群行为。在我国期货市场中，存在着大量的跟踪主力持仓的投资行为，或者在同一个期货公司开户的投资者往往持有同方向的期货合约。

专家指点

羊群行为是指由于受到其他投资者采取某种投资策略的影响而采取相同的投资策略。投资者采取相同的投资策略并不一定是羊群行为，羊群行为强调其他投资者对其投资决策的影响，并对他的投资决策结果造成了影响。

行为金融学认为市场的参与者不是完全理性的，这些投资者只是准理性或者是有限理性的人，他们在进行风险决策时，往往包含一些系统性误差，这些误差有时候会影响全局。在这样的情况下，市场选择的结果不一定是正确的。

271　行为金融学的应用

因为期货市场普遍存在羊群行为的现象，所以期货价格的过度反应将是不可避免的，以致出现“涨过了头”或者“跌过了头”。这样投资者可以采取相反的投资策略进行短线交易，以赢取过度反应向真实反应的价值回归过程的利润。

期货交易是一个“零和游戏”，这是指参与交易的各方，在严格竞争下，一方的收益必然意味着另一方的损失，所有交易方的收益和损失相加总和永远为“零”，双方不存在合作的可能。如果除去手续费等费用，期货交易严格来说是一个“负和游戏”。在这样一个市场里，真理往往掌握在少数人手中。当市场上的大多数人认为价格应该上涨的时候，价格往往会出现转机。**所以，作为一个成功的期货交易者，就应该敢于做市场上的少数人，根据自己的判断和分析，做出准确的决策。**

272　行为金融学的表现

在实际的期货市场上，行为金融学表现在投资者对市场信息反应过度与反应不足两种情况。投资者在投资决策过程中，涉及与统计有关的投资行为时，人的心理会出现扭曲推理的过程。根据对以往我国的期货市场的研究，投资者确实存在过度反应和反应不足的现象。主要表现为投资者对利多消息反应不足，对利空消息反应过度。

例如，在郑州早籼稻期货市场上，从历史数据上和季节性因素看，早籼稻有多头月和空头月之分。在这些月份上，当基本面有变化的时候，人们往往会由于对多头月和空头月的概念反应过度而忽略这些变化，从而产生价格的失真。但是，并不是说投资者不会改变他们的观点，随着时间的推移，基本面的这种变化持续下去，投资者将最终改变错误的观点。

专家指点

事件的典型性是指人们通常将事情快速地分类处理。人的大脑通常将某些表面上具有相同特征而实质内容不同的东西归为一类。当事件的典型性帮助人组织和处理大量的数据、资料的时候，就会引起投资者对旧的信息的过度反应。

想一想，你明白行为金融学的表现了吗？________________。

7.5 定价理论精彩案例

本节将通过笔者的亲身经历和实际案例，让你对定价理论的作用更加了解。

273 案例：持有成本对股期分析

王先生买了许多期货方面的书回家研究，他认为自己把书都读懂了以后，就开始了期货投资。

不过王先生的第一笔投资就以失败告终，原因是他买的股指期货的价格并没有按照书上持有成本理论的公式来变化。这让他对看书产生了疑问，同时他投资的信心也受到了打击。

股指期货合约是一个对应股票指数现货组合的临时替代物，该合约不是真实的资产，而是买卖双方之间的协议，双方同意在未来某个时点进行现货交易，即：**股指期货价格=现货指数价格+融资成本+股息收益。**但是，这种情况毕竟是理想状况，是预先做了以下几点假定的。

(1) 股票指数现货价格已知。

(2) 股指期货合约所对应的股票指数现货资产是可分的。

(3) 对应股票指数现货资产有足够的流动性。

(4) 现金股息是确定的。

(5) 借入和贷出资金的利率相同且已知。

(6) 卖空股票指数现货没有限制，而且马上可以得到对应货款。

(7) 没有交易成本和佣金。

虽然说指数套利操作会使得股指期货实际价格回归其理论价格，但持有成本模型假设过多违反现实情况和忽略市场环境因素，使得其在解释及预测股指期货价格走势时显得不够完美。**国外已有多位研究者实证发现，股指期货实际价格与持有成本定价模型所估算出的理论价格之间有显著差异**。持有成本定价模型在股指期货市场主要存在以下缺陷。

(1) 未考虑指数现货与股指期货市场之间的互动性。

(2) 假设无风险利率为一固定常数。

(3) 未考虑股价的波动性。

(4) 现实资本市场存在摩擦以及现实资本市场上的股指期货套利有风险。

由于持有成本定价模型存在以上一些缺陷，我们需要进一步考虑市场的不完美与种种限制，对持有成本定价模型进行修正，但所有改进的定价模型都是在持有成本定价模型的基础上再做修正，所以该模型的理论和现实意义依然重大。

专家指点

持有成本定价模型是被广泛使用的股指期货定价模型。该模型是在完美市场假设前提下，基于一个套利组合而推导出来的。

274 案例：预期理论的发展阶段

曹先生是一名期货投资老手，回忆起期货投资的经历，最让他难忘的是利用预期理论规避了一次可能的巨大亏损。他持有的某期货合约在价格上涨过程中，曾遭遇突然的大跌，这让许多短线每日过夜单投资者出现灾难性的后果，把近半财富都丢在了期货市场。

曹先生却通过观察日均线与周线分析自己的预期，回避了这次可能的损失。他以 5 日均线和 5 周均线组成的交易系统，以 3 周均线代表他目前的预期情况，3 日均线则代表现实价格情况对预期的反应。当时，该期货的价格跌破 3 日均线又处在 3 周均线之间，这时候表明市场虽然还在按预期的发展，但已经没有那么强劲，很有可能出现突然性的价格波动，所以曹先生做了提前平仓的操作。

从这个案例中可以看出，一旦预期和现实出现了错误的时候，投资者就要修改预期以符合现实情况。预期理论先后经过了以下 3 个阶段。

(1) **外推法预期理论**。外推法预期理论就是简单地根据过去的经验来推断未来的情况会怎样发展，进而形成预期。外推法预期理论一个关键的特征就是看重近期的经验特征，而不看重远期的经验。

(2) **适应性预期理论**。适应性预期理论在期货市场中运用得非常广泛，可以说和适应性预期理论在期货市场中自觉不自觉地运用有很大关系。但是适应性预期理论事实上还是只注重过去的经验而不去发展未来的信息，比如说政策对价格的影响等未来可能发生的信息对价格的影响。同时我们知道在期货市场中证明我们的预期需要调整的时候还是会损失一部分利润，所以追逐利润的特性就会促使人们去了解更多的信息，从而更好地做出决策。

专家指点

市场中理性的投资者就会从基本面、技术面、市场心态等这些基本的角度来尽可能地了解市场目前的情况和未来的情况，进而形成预期，最后得出决策结论，最终做出行动。

(3) **理性预期理论**。理性预期告诉大家一个理性的投资者应该怎样去形成理性预期，但是却存在着天然的缺陷，我们的信息是不完全性的，我们个体也是有限理性的，所以我们不可能获得所有可能的信息，我们永远都只是在不断接近理性。

当投资者在市场中的资金容量对市场来说是非常小的时候，投资者可以从中获得更多的自由和流动性，这样的话，投资者无论是采取外推法形成预期还是运用适应性方法形成预期，都是可以有效地从市场中赚取足够的利润。但是，超大资金则会出现非常明显的需要理性预期来做出决策。因为期货市场是零和游戏，所以一般来说主力都最终可以赚取足够的利润，跟踪主力就是跟踪赢家，也是在跟踪理性。很多人在盘面的一些操作行为之所以能够被大单和持仓所迷惑就是这种原因。主力不是那么容易跟踪的，因为人的意识和行为是不断变换的。

专家指点

未来总是在发展中不断地确定已经成为的事实，现实和未来就是在这样的发展中不断地转换。但是投资者却可以根据现有的信息和未来可能的有些信息来形成自己的预期，从而做出决策行为。当投资者的预期和决策行为符合将来发展的事实，那么投资者将获得足够多的利润。值得注意的是，预期不管是外推法形成的还是理性预期形成的，都有可能错误。因为未来有无数种可能，而最终能够成为现实的未来却只有一种。

清一清，预期理论有哪些阶段？______________________________。

275 案例：有效市场假说的意义

老康买期货的成绩总不理想，只好报了个期货投资者学习班。

这天，他在学习了有效市场假说后就乐了，“反正都没有技术分析可言，那我瞎买一顿赌个运气好了。”于是第二天老康随手挑了个品种就开仓了，没想到还真让他赌对了，不到一个星期老康的盈利就弥补回了以前投资的损失。

老康是幸运的，但是有效市场假说并不是“乱买一顿”。有效市场假说真正的意义如下。

1. 对于技术分析

假设市场未达到弱式下的有效，则当前的价格未完全反映历史价格信息，那么未来的价格变化将进一步对过去的价格信息做出反应。在这种情况下，投资者可以利用技术分析和图表从过去的价格信息中分析出未来价格的某种变化倾向，从而在交易中获利。

假设市场是弱式有效的，则过去的历史价格信息已完全反映在当前的价格中，未来的价格变化将与当前价格及历史价格无关，这时使用技术分析和图表分析当前价格及历史价格对未来做出预测将是徒劳的。因此在弱式有效市场中，技术分析将失效。

2. 对于基本分析

假设市场未达到半强式有效，公开信息未被当前价格完全反映，分析公开资料寻找误定价格将能增加收益。

假设市场是半强式有效的，那么仅仅以公开资料为基础的分析将不能提供任何帮助，因为针对当前已公开的资料信息，目前的价格是合适的，未来的价格变化与当前已知的公开信息毫无关系，其变化纯粹依赖于明天新的公开信息。

专家指点

对于那些只依赖于已公开信息的投资者来说，明天才公开的信息，他今天是一无所知的，对于明天的价格，这些投资者的最好的预测值也就是今天的价格。所以在这样的一个市场中，已公布的基本面信息无助于分析家挑选价格被高估或低估的证券，基于公开资料的基础分析毫无用处。

有效市场假说的 3 种形式——弱式市场、半强式市场和强式市场，是针对信息的透明度而言的。**从理论上说，有效市场假说可以提高期货市场的有效性**。重点就是要解决期货价格形成过程中在信息披露、信息传输、信息解读以及信息反馈各个环节所出现的问题，从这个角度来看，公开信息披露制度是建立有效资本市场的基础，也是资本市场有效性得以不断提高的起点。

276　案例：行为金融学的好处

张先生是一名心理学教授，他在朋友薄小姐的怂恿下也开始了期货投资。过了一个多月，薄小姐问张先生炒得如何，张先生说挣了些。薄小姐就有些不明白了：“我投资期货有 1 年多了，磕磕碰碰下来算是没亏也没赚，你怎么刚炒就能挣钱啊？”张先生笑道：“可能是因为我习惯从心理学的角度去分析问题吧。”

学习行为金融对于期货投资是有实际作用的，具体可以表现在以下几个方面。

(1) **了解影响资产配置行为的关键要素**。这些要素包括家庭自身的内部特征，如收入和财富水平、消费倾向、风险偏好等，也包括金融资产的特征，如流动性、风险性、收益性等，还包括外部经济金融环境，如稳定有序和混乱无序等。一个家庭最后做出的资产配置方案是这些关键因素综合作用的结果。

(2) **了解国内和国外的资产结构差异与趋势**。中国的实物资产远高于金融资产，美国则大体相等。这是因为中国的金融市场的不完善以及对住房拥有权的“心理情结”，有历史的原因，也有心理的原因。

(3) **导出了行为金融学资产组合理论**。越来越多的实例证明，传统的金融理论已经无法解释当人不是一个“理性的人”的情况。这时金字塔式的资产组合理论可得出更合理的解释：投资者通过综合考察现有财富、投资安全性、期望财富水平和达到期望水平的概率来选择自己的资产组合。

(4) **解释了不同的社会阶层会有不同的资产配置的原因**。比如说，低收入的家庭没有资金去投资，主要以预防风险和维持生活为主要目的；中等收入的家庭金融买卖最活跃，而且有很强的增加收益的欲望；高收入的家庭有精神和休闲追求，愿意委托专家去理财而不是自己介入；超高收入的家庭资产主要是企业股权，但是为了保证控股权，金融买卖的活动反而比较少。

想一想，你在金融交易中考虑过心理因素吗？________________。

277 案例：行为金融学的启示

刘先生是个爱音乐的人士，临近年末的时候，公司发给他一张价值不菲的音乐会门票作为奖励。就在音乐会上演的当天，天公不作美，突然来了一场暴风雪，刘先生想想：“反正是公司发的，不去算了。”

巧的是不久之后，刘先生再次准备去听音乐会的时候，又遇到了暴风雪导致交通瘫痪。但是这次的门票钱是自己掏的，这次他选择了冒着风雪步行半小时去听音乐会。

对于这样的事情，许多投资者都知道是心理账户在作怪。公司发的门票属于“意外的收获”，不需要自己掏腰包，这样浪费了也不会太心疼。可是自己辛辛苦苦排队花钱去买的票，是付出了一笔不小的“成本”，所以大多数人不愿意放弃，觉得放弃就是浪费了。

行为金融学是个很有意思的东西。许多期货投资者应该都出现过这样的情况，对于一只亏损已久的期货品种，一旦它的价格回升到开仓价，大多数投资者都会很高兴地平仓；对于计划分析已久的一只期货品种，即便它涨了但是幅度没到投资者自己心里的预期，那么也不会太开心。

一个完全理性的决策者在做成本收益分析的时候，是不应该把沉没成本算在内的。因为过去发生的事情不能挽回，既然不能挽回，就不能对现在产生影响，就应该让它过去，在决策时应将其忽略。

专家指点

行为科学的许多研究表明，正常人往往是欠理性的。大家所说的“既然买了领带，就戴上吧”，“既然买了票，就去听音乐会吧”，“既然好不容易追到，就忍受着吧”。实际上都是想通过这种“把事情进行下去”的方式来挽回沉没成本。

就刘先生这样的情况而言，不管是去还是不去，钱都已经花了，音乐会门票钱它是个确定的常数，不应该影响投资者其后的决策。我们仅仅需要考虑听音乐会这件事情本身所带来的收益和从现在起去听音乐会所要花费的成本，如从时间、精力等方面去考虑。

第 8 章

平稳提高：套期保值与投机

在投资界有一句名言：“**先确保资金的安全，再谈收益**。”期货交易中同样如此，套期保值就是一种企业保证自己资金安全的方法，而期货投机是建立在套期保值这种方法之上的。

知识要点

- 什么是套期保值
- 卖出套期保值
- 买入套期保值
- 套期保值注意事项
- 套期保值的风险
- 期货市场的投机
- 套期保值与投机精彩案例

8.1 什么是套期保值

套期保值是期货市场最基本的交易策略，了解套期保值是为今后学习期货交易技巧打基础。

278 期货操作的方向

期货操作的两个方向是做多和做空，而期货又联系现货市场，所以期货市场就有一些独特的盈利模式和操作策略。投资者在明白期货投资者如何盈利之前，应该先彻底弄清楚期货的操作方向。

1. 做多

做多的意思就是先买入商品，一段时间以后再卖出。如果该商品价格上涨，那么做多就有收益，反之则亏本。在现货市场，做多是个很简单的低买高卖行为，在期货市场则与股票类似。

2. 做空

做空的意思就是先卖出商品，一段时间以后再买回来。如果该商品价格下跌，那么做空就有收益，反之则亏本。

用个简单的例子说明，假如目前玉米的价格是 2000 元/吨，张三认为玉米价格将要下跌，他在期货市场签订了一张合约，约定一个月以后李四以 2000 元的价格向他买 1 吨玉米。假设 1 个月以后玉米的价格跌到了 1900 元/吨，那么此时张三购买 1 吨玉米给李四只需花费 1900 元，而李四要支付他之前约定好的 2000 元货款，张三就获得了 100 元的收益。

想一想，你明白期货的操作方向了吗？________________。

279 套期保值的概念

期货市场最主要的功能就是规避现货市场的风险，它是说因为未来现货价格的不确定性，一些想要规避这些风险的人可以在期货市场采取对冲交易，从而将风险转移至愿意承担风险的投资者身上。这种交易方式就叫作套期保值。

也就是说，套期保值是指把期货市场当作转移价格风险的场所，利用期货合约作为将来在现货市场上买卖商品的临时替代物，对其现在买进，准备以后售出商品或对将来需要买进商品的价格进行保险的交易活动。

专家指点

任何投资都是在保证不亏损的前提下再追求盈利。所谓保值，从字面上就能得出是“不亏损”的意思，套期保值也是采取一种“不亏损”的思路，是一种保守的策略，如果用保守的策略做激进的操作，那是很容易出问题的。

280 套期保值的原理

套期保值的原理是，因为同一种特定商品的期货和现货的交货日期前后不一，而它们的价格会受到相同的经济因素和非经济因素的影响和制约，并且期货合约到期必须进行实货交割的规定性，使现货价格与期货价格具有趋合性。

当期货合约临近到期日时，两者价格的差异接近于零，否则就有套利的机会，因而在到期日前，期货和现货价格具有高度的相关性。在相关的两个市场中，反向操作必然有相互冲销的效果。

281 套期保值的方法

套期保值的基本操作方法是，在现货市场和期货市场对同一种类的商品同时进行数量相等但方向相反的买卖活动，即在买进或卖出现货的同时，在期货市场上卖出或买进同等数量的期货，经过一段时间，当价格变动使现货买卖上出现盈亏时，可由期货交易上的亏盈得到抵消或弥补，从而在期货与现货之间、近期和远期之间建立一种对冲机制，以使价格风险降到最低限度。

套期保值有 3 个要素，即期货与现货对应、时间对应、买卖对应，所以在具体操作时要遵循以下 4 个原则。

(1) 商品种类相同。

(2) 商品数量相等。

(3) 交易方向相反。

(4) 交易月份相近。

8.2 卖出套期保值

卖出套期保值是期货市场做空行为，它有效降低了由于持有价格将要下跌的现货带来的利润缩水的风险。

282 卖出套期保值的定义

卖出套期保值是在现货市场持有或生产现货商品，并在期货市场卖出相应商品的期货。对于经营者来说，其所面临的市场风险是持有商品后尚未转售出去时，商品价格下跌，这将会使其经营利润减少甚至发生亏损。为规避此类市场风险，经营者可采用卖出套期保值方式来进行价格保险，这种方式又叫作空头避险。

由于期货市场有实物交割功能，所以期货与现货是联动的。如果商品生产商或者制造者担心未来商品价格下跌而给自己带来损失，那么他们可以在期货市场做空，来谋求损益相抵，达到避险的目的。

专家指点

无论是向市场提供农副产品的农民，还是向市场提供基础原材料的企业，作为商品的供应者，为了保证其已经生产出来准备提供给市场，或尚在生产过程中将来要向市场出售商品的经济利润，以防止正式出售时价格的可能下跌而遭受损失，可采用卖出套期保值的交易方式来减小价格风险，即在期货市场以卖家的身份售出数量相等的期货，以此作为保值手段。

想一想，你明白卖出套期保值的定义了吗？＿＿＿＿＿＿＿＿＿＿＿＿＿＿＿＿。

283 两个市场价格下跌一致

如果某期货价格与现货价格下跌一致，那么在该商品价格将要下跌时，采取卖出套期保值将不亏不赚。以下案例可以说明。

由于粮食普遍丰收可能导致玉米价格下跌，某玉米经销商便在期货市场上卖出 10 手期货合约来为其 100 吨玉米保值。此时，玉米现货价格为 2100 元/吨，期货合约为 2200 元/吨。两个月以后，玉米现货价格下跌至 1900 元/吨，期货合约跌至 2000 元/吨。此时，该经销商的玉米在市场上被人买走，于是他把卖出的期货合约也做了平仓，完成套期保值。该经销商的具体盈亏如下。

(1) **现货市场**：由于玉米现货价格下跌，所以该经销商每吨玉米亏损 2100−1900=200 元，共计亏损 200×100=20 000 元。

(2) **期货市场**：由于在期货市场做空，所以该经销商每吨玉米期货盈利 2200−2000=200 元，共计盈利 200×100=20 000 元。

(3) **总的盈亏**：期货市场盈利的 20 000 元等于现货市场亏损的 20 000 元，因此该经销商在此次交易行为中不亏不赚。

284 期货下跌大于现货下跌

如果某期货价格下跌大于现货价格下跌，那么在该商品价格将要下跌时，采取卖出套期保值将盈利。以下案例可以说明。

某钢材经销商在期货市场上卖出 10 手期货合约，来为其 100 吨钢材保值。此时，钢材现货价格为 4000 元/吨，期货合约为 4100 元/吨。一个月以后，钢材现货价格下跌至 3900 元/吨，期货合约跌至 3950 元/吨。此时，该经销商的钢材在市场上被人买走，于是他把卖出的期货合约也做了平仓。该经销商的具体盈亏如下。

(1) **现货市场**：由于钢材现货价格下跌，所以该经销商每吨钢材亏损 4000−3900=100 元，共计亏损 100×100=10 000 元。

(2) **期货市场**：由于在期货市场做空，所以该经销商每吨钢材期货盈利 4100−3950=150 元，共计盈利 150×100=15 000 元。

(3) **总的盈亏**：期货市场盈利的 15 000 元多于现货市场亏损的 10 000 元，因此该经销商在此次交易行为中盈利 5000 元。

285 期货下跌小于现货下跌

如果某期货价格下跌小于现货价格下跌，那么在该商品价格将要下跌时，采取卖出套期保值将亏损。以下案例可以说明。

某大豆经销商在期货市场上卖出 10 手期货合约，来为其 100 吨大豆保值。此时，大豆现货价格为 1800 元/吨，期货合约为 1900 元/吨。三个月以后，大豆现货价格下跌至 1700 元/吨，期货合约跌至 1850 元/吨。此时，该经销商的大豆在市场上被人买走，于是他把卖出的期货合约也做了平仓。该经销商的具体盈亏如下。

(1) **现货市场**：由于大豆现货价格下跌，所以该经销商每吨大豆亏损 1800−1700=100 元，共计亏损 100×100=10 000 元。

(2) **期货市场**：由于在期货市场做空，所以该经销商每吨大豆期货盈利 1900−1850=50 元，共计盈利 50×100=5000 元。

(3) **总的盈亏**：期货市场盈利的 5000 元不足以弥补现货市场亏损的 10 000 元，因此该经销商在此次交易行为中亏损 5000 元。

286 商品价格未下跌而上涨

假设当前棉花期货价格为 20 000 元/吨，现货价格为 19 000 元/吨。如果棉花卖出套期保值者判断失误，期货与现货的价格都有所上涨，那么会有以下 3 种情况出现。

1. 上涨幅度一致

这时无论上涨(负增长)多少，只要价格保持一致都是不亏不赚的。例如，棉花期货价格上涨为 22 000 元/吨，现货价格上涨为 21 000 元/吨。

(1) **现货市场**：由于棉花现货价格上涨，所以该卖出套期保值者每吨棉花盈利 21 000−19 000=2000 元。

(2) **期货市场**：由于在期货市场做空，所以该卖出套期保值者每吨棉花期货亏损 22 000−20 000=2000 元。

2. 期货上涨大于现货上涨

假设棉花期货价格上涨了 2000 元，现货价格上涨了 1500 元，由于现货市场是盈利市场，期货市场是亏损市场，因此该卖出套期保值者将亏损 500 元/吨。

3. 期货上涨小于现货上涨

假设棉花期货价格上涨了 1500 元，现货价格上涨了 2000 元，由于现货市场的盈利大于期货市场的亏损，因此该卖出套期保值者将盈利 500 元/吨。

清一清，卖出套期保值时价格上涨的情况：______________________。

8.3 买入套期保值

买入套期保值是期货市场做多行为，它有效降低了由于原材料价格上涨带来的生产成本增加的风险。

287 买入套期保值的定义

买入套期保值是在现货市场购买某现货商品，并在期货市场卖出相应商品的期货。对于加工制造业来说，其所面临的市场风险是所购买的原材料商品价格上涨，这将会使其生产成本变大甚至发生亏损。为规避此类市场风险，经营者可采用买入套期保值方式来进行价格保险，这种方式又叫作多头避险。

288 两个市场价格上涨一致

如果某期货价格与现货价格上涨一致，那么在该商品价格将要上涨时，采取买入套期保值将不亏不赚。以下案例可以说明。

由于运输原因导致进口煤价格上涨，某火力发电厂在期货市场上买入 10 手动力煤期货合约(200 吨/手)，来防止动力煤价格上涨带来的成本增加。此时，动力煤现货价格为 500 元/吨，期货合约为 520 元/吨。不久以后，动力煤现货价格上涨至 550 元/吨，期货合约上涨至 570 元/吨。此时，该电厂需要购入 2000 吨动力煤发电，于是它把买入的期货合约做了平仓，完成套期保值。该发电厂的具体盈亏如下。

(1) **现货市场**：由于动力煤现货价格上涨，所以该发电厂每吨动力煤亏损 550−500=50 元，共计亏损 50×2000=10 000 元。

(2) **期货市场**：由于在期货市场做多，所以该发电厂每吨动力煤期货盈利 570−520=50 元，共计盈利 50×2000=10 000 元。

(3) **总的盈亏**：期货市场盈利的 10 000 元等于现货市场亏损的 10 000 元，因此该发电厂在此次购买原材料中成本不变。

289 期货上涨大于现货上涨

如果某期货价格上涨大于现货价格上涨，那么在该商品价格将要上涨时，采取买入套期保值将盈利。以下案例可以说明。

某食用油厂在期货市场上买入 20 手大豆期货合约(10 吨/手)，来防止大豆价格上涨带来的成本增加。此时，大豆现货价格为 1800 元/吨，期货合约为 1900 元/吨。不久以后，大豆现货价格上涨至 1900 元/吨，期货合约上涨至 2050 元/吨。此时，该食用油厂需要购入 200 吨大豆生产食用油，于是它把买入的期货合约做了平仓，完成套期保值。该食用油厂的具体盈亏如下。

(1) **现货市场**：由于大豆现货价格上涨，所以该食用油厂每吨大豆亏损 1900−1800=100 元，共计亏损 100×200=2000 元。

(2) **期货市场**：由于在期货市场做多，所以该食用油厂每吨大豆期货盈利 2050−1900=150 元，共计盈利 150×200=3000 元。

(3) **总的盈亏**：期货市场盈利的 3000 元多于现货市场亏损的 2000 元，因此该食用油厂在此次交易行为中盈利 1000 元。

专家指点

对于不存在资金问题的经销商，买入套期保值就是所说的锁定了价格，免去了提前购买后等待价格上涨的这段时间中的仓储费等相关费用。

290 期货上涨小于现货上涨

如果某期货价格上涨小于现货价格上涨，那么在该商品价格将要上涨时，采取买入套期保值将亏损。以下案例可以说明。

某铝合金门窗厂在期货市场上买入 10 手铝期货合约(5 吨/手)，来防止铝价格上涨带来的成本增加。此时，铝现货价格为 15 000 元/吨，期货合约为 15 500 元/吨。不久以后，铝现货价格上涨至 16 000 元/吨，期货合约上涨至 16 200 元/吨。此时，该门窗厂需要购入 50 吨铝生产产品，于是它把买入的期货合约做了平仓，完成套期保值。该门窗厂的具体盈亏如下。

(1) **现货市场**：由于铝现货价格上涨，所以该门窗厂每吨铝亏损 16 000−15 000=1000 元，共计亏损 1000×50=50 000 元。

(2) **期货市场**：由于在期货市场做多，所以该门窗厂每吨铝期货盈利 16 200−15 500=700 元，共计盈利 700×50=35 000 元。

(3) **总的盈亏**：期货市场盈利的 35 000 元不足以弥补现货市场亏损的 50 000 元，因此该铝合金门窗厂在此次交易行为中亏损 15 000 元。

专家指点

对于不存在资金问题的厂商来说，即便是期货收益不足以弥补现货亏损，也省下了一笔可观的仓储费。但是由于人们的预期往往高于实际，所以绝大部分情况下期货价格的上涨幅度会大于现货价格，期货价格上涨小于现货价格上涨的情况通常比较少见。

想一想，为什么买入套期保值会亏损？____________________。

291 商品价格未上涨而下跌

假设当前豆油期货价格为 2100 元/吨，现货价格为 2050 元/吨。如果豆油买入套期保值者判断失误，期货与现货的价格都有所下跌，那么会有以下 3 种情况出现。

1. 下跌幅度一致

这时无论下跌多少，只要价格保持一致都是不亏不赚的。例如，豆油期货价格上涨为 2150 元/吨，现货价格上涨为 2100 元/吨。

(1) **现货市场**：由于豆油现货价格下跌，所以该买入套期保值者每吨豆油收益 2100-2050=50 元。

(2) **期货市场**：由于在期货市场做多，所以该买入套期保值者每吨豆油期货亏损 2150-2100=50 元。

2. 期货下跌大于现货下跌

假设豆油期货价格下跌了 100 元，现货价格下跌了 50 元，由于现货市场是盈利市场，期货市场是亏损市场，因此该买入套期保值者将亏损 50 元/吨。

3. 期货下跌小于现货下跌

假设豆油期货价格下跌了 50 元，现货价格下跌了 100 元，由于现货市场的盈利大于期货市场的亏损，因此该买入套期保值者将盈利 50 元/吨。

8.4　套期保值注意事项

实际上，一个成功的套期保值操作不是买卖合约那么简单，投资者在操作时有许多问题值得注意。

292　期货合约的选择

套期保值的关键在于期货价格与现货价格之间的关联程度，价格差异过大会导致某些情况下套期保值失去原有意义。所以，在选择期货合约时，应与现货商品关系越密切越好。也就是说，在选择期货合约时，套期保值者应该选择基差更小的合约。

293　到期月份的选择

当套期保值者不能确定需要在何时处置现货商品，或套期保值者处理现货的时间与期货合约的到期月份有差异时，套期保值一般有两种选择。

(1) **选择近期月份合约并转换**。这种做法是在选择的合约到期前冲销该部位，再转换成下一个月份的合约，直至期货与现货处理时间一致。虽然转换合约需要多次操作，但是近期合约与现货市场相关性较好，避险效果也会更好。

(2) **选择到期月份超过现货处理时间的合约**。这种做法可以减少合约转换操作，减少交易成本，但通常远期合约与现货市场的关联性较小，市场流动性也较低。因此，选择近期合约的套期保值效果会更好。

294 套期保值的时机

套期保值的进场时机是指何时进场买卖期货、买卖期货的次数。如果套期保值的目标是追求利益最大化，则套期保值者并不需要在任何时候都持有期货合约，只需要在市场走向不利时再进场冲销。

经济学家认为：**“没人能预测市场何时走向不利。”**这对于大多数套期保值是不幸的消息，所以套期保值者一般都不会把希望寄予自己对市场的准确判断上。在这种情况下，套期保值者应该采取连续套期保值策略，即不断地根据现货市场部位的增减来调整自己持有的期货数量，以求尽量降低价格风险。

专家指点

因为现货商的库存量或生产商的生产量是不断变化的，所以连续套期保值策略需要套期保值者经常地买卖合约，这样做无疑会提高成本。

想一想，你明白套期保值的时机了吗？________________________。

295 套期保值的比率

套期保值者应该选择与现货数量相适应的期货合约头寸，即套期保值的比率。**关于研究合适的套期保值比率的模型很多，最为简单的做法是头寸相等，即期货头寸：现货头寸=1：1。**

专家指点

套期保值比率设为 1，是需要假设期货市场与现货市场的价格变动一致，才能在理论上达到期货与现货的盈亏相抵。但实际上，期货合约的标的物、到期月份与单位合约所对应的商品数量，往往与现货市场所欲规避风险的商品不完全吻合。所以，这种套期保值的比率并不一定是最合适的选择。

8.5 套期保值的风险

套期保值理论上为企业提供了理想的价格保护，但实际上这种理想化的保护并不存在，在套期保值过程中还是有不少风险的。正确认识套期保值过程中的风险，把握影响套期保值成败的种种因素，有助于企业真正用好套期保值这把利剑。

296 转战海外

以往事实证明，我国企业开展套期保值损失最大的案例，均发生在海外市场。由于国内期货市场发展相对滞后，期货品种较少，一些企业不得不到境外期货市场进行套期保值。但是中国企业在海外期货市场孤军作战，难免会有“水土不服”的现象。信息不对称、企图暴露过于明显等弱点容易被代理机构利用，或被国际基金针对性“狩猎”。

例如豆油期货上市前，中国香港某上市公司到美国芝加哥期货市场进行套期保值，所持上万手合约平仓后亏损大约为 1700 万美元，导致公司上半年业绩亏损；湖南株洲某冶炼厂在伦敦市场的期锌合约，仅最后 3 天集中性平仓亏损就高达 1 亿多美元。

297 行情判断

行情不总是会按照投资者所想的发展，发生行情误判在所难免。加工企业对同一商品既可以买入套期保值锁定未来采购价格，也可以卖出套期保值锁定产品销售价格。当判断市场为牛市时，企业倾向于对原材料买入套期保值；当判断为熊市时，倾向于对产品卖出套期保值。

根据以往的市场研究发现，加工企业牛市行情中套期保值比原材料生产厂家做得更好，原因在于牛市行情中加工企业担心原材料价格上涨采取买入套期保值，而价格走势一路上涨符合其行情判断，积累较多盈利；原材料生产厂家则时刻担心价格见顶回落，且为维持正常生产也必须卖出产品套现，但是随行情上涨一路卖出，必然积累较多亏损。熊市行情中情形则正好相反，生产企业往往要比加工企业的收益更好。

专家指点

套期保值的“动机不纯”也是导致行情误判的重要因素。例如某油品公司在急功近利投机心理驱使下，背离原油进口商将预防油价上涨风险置于首位的初衷，主观愿望与简单统计学方法结合，看不到也不愿针对国际原油市场可能的持续走强开展套期保值，最终导致 5.5 亿美元巨亏。

此外，在实际操作中，进入时机和点位也非常重要，有时只相差一两天，效果却会差之千里。

298 基差较大

期货与现货的价格严重背离，会给套期保值带来巨大风险。因为实际交易中，企业很难严格按照“月份相同或相近、产品种类相同、数量相等、方向相反”这4条原则实施套期保值操作。合约到期时期现价格应趋于一致，但通常期现价格总会存在一定程度的背离，称之为基差。基差在一定范围内合理且必要，但如果严重背离，套期保值的理论基础就不复存在，基于基差在合理范围内运行的前提设计的套期保值方案就规避不了价格波动风险。

企业根据生产计划设计套期保值方案，多数情况下，会跨越多个不同期限的合约，完成与现货相对应的套期保值需多次进行期货头寸移仓。基差绝对值较小时移仓收益或损失也较小，对套期保值影响不大。但是一旦基差异常，期现价格严重背离，对套期保值影响就会加大，并且保值时间越长，影响越大。

专家指点

金属、农产品等由于供需不平衡及仓储、运输等原因，尤其在发生逼仓时，容易导致基差变化加大，期现价格严重背离。只有金融期货和黄金、白银等贵金属期货品种，由于其金融属性较强，市场存在大量套利行为，才能使期现价格之间的基差能较好地保持某一确定关系。

熊市中价格近高远低，基差为正值，移仓可获得可观的展期收益；而牛市中价格近低远高，基差为负值，移仓后果则相反。例如，2005年铜价上涨引发铅价波动加大，某上市公司在伦敦金属交易所存在现货高升水情况下进行铅的卖出套期保值，最终导致移仓的巨大损失。

清一清，选择基差小的期货合约方法：________________________。

299 保证金不足

企业套期保值要根据购销数量计算最优头寸，生产经营规模较大时头寸也较大，且由于生产经营的连续性，头寸持有时间也相对较长，即使套期保值方向正确，也容易出现保证金不足。

由于保值期内期价可能短暂剧烈波动，这会致使保证金准备不充分的企业被迫平仓而造成亏损。如2004年10月13日LME铜价暴跌305美元，此时如果企业买入套期保值将面临巨大风险，境外套期保值更面临外汇调拨困难而被迫砍仓的风险，必须追加保证金或忍受套期保值头寸暂时亏损。一些上市公司套期保值周期没有结束，但又临近报表公布，往往被迫对期货头寸平仓。如 1993 年德国金属公司的原油买入套期保值，在价格下跌中出现亏损需追加保证金，然而按德国惯例采取保守稳健的会计和信息披露制度，对逐日盯市算出的浮动盈利不计为利润，但潜在亏损必须披露，故公司在股东反对追加保证金情况下被迫砍仓，而清仓后原油期价马上涨过原套期保值价位，虽然套期保值方向正确，却巨亏 13 亿美元。前述豫光金铅 2005 年上半年报表中公布：在 LME 铅的卖出套期保值中亏损 1711 万元，但 2005 年 7 月 1 日至 4 日公司持仓的套期保值头寸平仓盈利 1347.21 万元，却不能计入上半年报表，也使企业当时面临巨大压力。

300 移仓损失

通常情况下，频繁移动仓库的费用也是不小的。企业一般会根据全年原材料采购计划或产品销售计划来制订套期保值方案，立足现货采购或销售，在与此相对应的期货合约月份进行操作。

但是期货市场不同，合约活跃程度不同，其流动性也不同，如果相对应的合约流动性差，企业只能选择较接近的合约进行替代，到期移仓。如果不同月份间基差较小，则对保值效果影响不大。但是基差出现异常，则会严重影响套期保值效果。

例如，某德国金属公司买入保值头寸庞大，保值时间长达数年，而当期活跃的合约月份也就一两个，使得大量保值头寸必须在不同月份间频繁移仓，增大了交易成本和移仓损失。

301 交割费用

实物交割费用主要是指运输与仓储的费用等方面，虽然其仅占期货交易总量的 5%以下，并且套期保值也不一定交割了结，但是现货企业在期市采购原材料或销售产品有利可图时，也常进行实物交割。现货交割环节多、程序复杂，处理不好就会影响套期保值效果，交割中存在的风险主要包括以下几点。

(1) 成本控制不到位。

(2) 运输环节中交货时间不能保证。

(3) 交割商品不符合交易所规定的质量标准。

(4) 交割库因库容不足而无法入库。

除此之外，替代品种升贴水、交割中的增值税等，也可能发生种种意外。

302 投机操作

由于投机有时能带来巨额利润，这就诱惑一些企业放弃套期保值宗旨，或不严格执行套期保值方案，在市场方向突变或判断失误时造成亏损。期货交易总量应与其同期现货交易总量相适应，即企业套期保值头寸数量应以不超过现货商品规模为限。

专家指点

套期保值与投机在交易上并无本质区别，套期保值在防止价格反向运动带来损失的同时，也失去因正向运动带来意外收益的可能性。

例如一些企业入市的初衷是套期保值，但对头寸未能有效控制，使其超出生产或加工规模，套期保值演变为过度投机，最终损失惨重。

想一想，过度投机操作的害处是什么？________________。

8.6 期货市场的投机

套期保值可以通过期货市场的盈利冲销现货市场的损失。如果没有现货市场损失的部分，只做期货市场的盈利，这样做的投资者就属于投机行为。

303 期货投机的概念

投机一词广泛用于期货、证券等金融交易行为中，它并不是贬义词，而是中性词。**期货投机是指在期货市场上纯粹以牟取利润为目的而买卖标准化期货合约的行为**。

投机者根据对市场的判断，把握机会，利用市场出现的价差进行买卖从中获得利润。投机者可以“买空”，也可以“卖空”，其目的就是获得价差利润，因为没有现货而只能采取对冲平仓，所以这样的风险会比较大。从本质上来说，投机是一种“低买高卖”行为。

304 期货投机的功能

套期保值者让出利益，投机者承担风险，这才使得套期保值成为可能，所以说投机是期货市场中必不可少的一环。其经济功能主要有以下几点。

(1) **承担价格变动风险**。期货投机与套期保值可以说是对立的两种行为，期货投机者承担了套期保值者力图规避和转移的风险。

(2) **提高期货市场流动性**。由于投机者频繁地建立部位，对冲手中的合约，增加了期货市场的交易量，这就使得套期保值交易容易成交，并且减少交易者进出市场所可能引起的价格波动。

(3) **保持价格体系稳定**。由于各期货市场商品间价格和不同种商品间价格具有高度相关性，因此，投机者的参与促进了相关市场和相关商品的价格调整，有利于改善不同地区价格的不合理状况，有利于改善商品不同时期的供求结构，使商品价格趋于合理。对于某一商品与之相关商品的价格比值，投机也能让其价格趋于合理化，从而保持价格体系的稳定。

(4) **形成合理价格水平**。投机者在价格处于较低水平时买进期货，使需求增加，导致价格上涨；在较高价格水平卖出期货，使需求减少，这样又平抑了价格，使价格波动趋于平稳，从而形成合理的价格水平。

期货投机交易是指在期货市场上以获取价差收益为目的的期货交易行为。投机者根据自己对期货价格走势的判断，做出买进或卖出的决定，如果这种判断与市场价格走势相同，则投机者平仓出局后可获取投机利润；如果判断与价格走势相反，则投机者平仓出局后承担投机损失。由于投机的目的是赚取价差收益，所以，投机者一般只是平仓了结持有的期货合约，而不进行实物交割。

305 期货投机者分类

一般来说，可以将期货投机者按照不同的标准进行分类。

(1) **交易量的大小**。按照交易量的大小，可将投机者划分为大投机者和小投机者。

(2) **交易部位的不同**。按照交易部位的不同，可将投机者分为多头投机者和空头投机者。

(3) **持有合约的长短**。按照投机者持有合约时间的长短，可将其分为趋势交易者、当日交易者和“抢帽子”者。

专家指点

在期货市场上，抢帽子是一种极为短线的操作行为。即投机者当天先低价购进预计期价要上涨的期货合约开仓，然后待价格上涨到某一价位时，当天再卖出所买进的期货合约平仓，以获取差额利润；或者是当天先开仓卖出手中持有的预计要下跌的期货合约，然后等到价格下跌至某一价位时，再以低价买进所卖出的期货合约平仓，从而获取差额利润。

在期货市场上，无论是哪一种类型的投机者都必须与一大群专业人员展开竞争。

这些专业人员中，有以期货交易为生的职业投资者，也有为市场提供流动性的做市商，以及基金公司对于期货投资的职业操盘手，所以任何投机都需要格外小心。

清一清，投机者分类的方法：________________________。

306 期货投机的方式

期货投机交易一般分为两种：价差投机和套利交易。这两种方法各有其优点与缺点，投资者应该合理选择。

1. 价差投机

价差投机指的是，投机者通过对价格的预期，在认为价格上升时买进、价格下跌时卖出，然后待有利时机再卖出或买进原期货合约，以获取利润的活动。

进行价差投机的关键在于对期货市场价格变动趋势的分析预测是否准确，由于影响期货市场价格变动的基本面因素很多，特别是投机期货心理等偶然性因素难以预测，因此正确判断难度较大，所以这种期货投机的风险较大。

2. 套利交易

期货投机交易中有一种特殊方式，那就是套利交易，它利用期货市场中不同月份、不同市场、不同商品之间的相对价格差，同时买入和卖出不同种类的期货合约来获取利润，但是这种利润往往不会太高。

正如一种商品的现货价格与期货价格经常存在差异，同种商品不同交割月份的合约价格变动也存在差异，同种商品在不同的期货交易所的价格变动也存在差异。由于这些价格差异的存在，使期货市场的套利交易成为可能。

专家指点

套利交易丰富和发展了期货投机交易的内容，并使期货投机不仅仅局限于期货合约绝对价格水平变化，更多地转向期货合约相对价格水平变化。套利交易对期货市场的稳定发展有积极的意义，套利的作用主要表现在两个方面：一是提供了风险对冲的机会，二是有助于合理价格水平的形成。

8.7 套期保值与投机精彩案例

本节将通过笔者的亲身经历和实际案例，让你深入了解期货的套期保值与投机。

307 案例：卖出套期保值的好处

某棉花经销商刘经理为了提高效益，不惜花重金聘请期货投资方面的人才，并开设期货投资部门。一些同行笑话刘经理是“东施效颦”，他们认为：“一家规模不大的公司为此还专门开设一个部门，那不是得不偿失吗？”刘经理也不好说什么，只能讪讪一笑。

有一年夏天，由于整个服装市场开始流行用化纤生产衣服，这让棉花现货的价格急剧下跌。几乎所有的棉花经销商都出现了严重的亏损，唯独刘经理的公司不但没有亏损，还盈利不少，原因是他采取了卖出套期保值，并且当时棉花期货价格下跌大于现货价格下跌。只几个月的时间，不仅让刘经理收回了开设期货投资部门的成本，还让他在同行面前可以“昂首阔步”。

卖出套期保值的具体好处有以下几个方面。

(1) **规避未来价格下跌的风险**。如刘经理成功规避了棉花价格急剧下跌的风险。

(2) **顺利完成销售计划**。经营企业通过卖出套期保值，可使保值企业按照原先的经营计划，强化管理，认真组织货源。

(3) **有利于现货合约顺利签订**。企业由于做了卖出保值，就不必担心对方要求以日后交货时的现货价为成交价。

专家指点

在价格下跌的趋势中，企业由于做了卖出套期保值，就可以用期货市场的盈利来弥补现货价格下跌造成的损失。反之，如果价格上涨，企业趁机在市场上卖了个好价钱，尽管期货市场上出现了亏损，但该企业依然能实现自己的销售计划。

清一清，卖出套期保值的优点：________________。

308 案例：买入套期保值的优点

李顺刚刚学会投资期货，对期货中的一些事情总是一知半解，这天，他与朋友闲聊时就闹了个笑话。

李顺说：“买入套期保值完全没必要啊，如果企业怕原材料价格上涨，不会先买着囤在那吗？”李顺的朋友嘲笑他道：“人家企业的老板、股东不比你会想事吗，要是没有好处，人家为什么要做套期保值呢？”

买入套期保值的优点远远不是“先买着囤在那”可以替代的，这样操作具体有以下几个优点。

(1) **回避价格上涨带来的风险**。

(2) **提高资金的使用效率**。由于期货是一种保证金交易，因此只用少量资金就可以控制大量货物，加快了资金的周转速度。所以一些企业只需要拿出合约价值 10%左右的资金，其他资金可以用于企业加速周转。

(3) **节省相当一部分仓储费**。对于需要库存的商品来说，节省了一些仓储费用、保险费用和损耗费。

(4) **避免供货商违约**。由于价格的上涨，一些供货商势必不会愿意按照以前的价格供货，造成违约风险甚至谈判破裂，导致经销商无法拿到货。如果经销商做了买入套期保值，即使出现供货商违约的状况，经销商没有以约定低价拿到货，但其在期货市场上的盈利也可以弥补现货的亏损。如果厂家履行合约，那么经销商就在期货市场上获得了额外的盈利。

309 案例：期货投机的交易准则

苏小姐总听人说期货很容易赚钱，于是她也开始学习期货交易。苏小姐了解到期货的投机方法与股票交易的方法差不多，于是开始了自己的期货投机。

但是不久之后，苏小姐发现自己并没有盈利，她只好咨询期货公司，期货公司的工作人员告诉了苏小姐一些期货交易的准则，并让她按此操作。此后，苏小姐果然开始慢慢走上了赚钱之路。

成功的投机交易取决于投机者对未来价格的正确判断，虽然说价格是投资者无法预测的，但是按照以下方法做，会大大提高投机交易的成功概率。

1. 准备工作

做期货投机交易之前，应该有一定的准备，包括以下几点。

(1) **心理方面**。最重要的是投资者自己应该了解期货市场，有足够的期货交易知识，并确定自己的心态不会因为价格波动而发生改变。

(2) **交易计划**。投资者无论是从基本面分析还是技术面分析，都应该事先考虑好自己的交易计划。交易计划是指投资者完成一定时间内交易目标所制定的措施、方法和步骤。

专家指点

一个完整的交易计划应该包括：确定在哪些市场交易，确定分析工具，确定入场交易的市场状况、入场的条件、自己所能承受的风险，确定退出的策略、预期的操作时间与成绩、实现交易目标的方法等。

2. 交易过程中

投资者在交易过程中应注意以下几点。

(1) **谨慎交易**。在能承担的风险内谨慎交易，切勿因为贪婪导致损失惨重。

(2) **分散投资**。尽量不要将所有资金集中在某一期货品种上，而应该选择分散投资的方式分散风险。

(3) **多做分析**。通过自己熟悉的分析方法来辅助判断未来行情的走势。

(4) **顺应市场**。由于期货价格是根据现货价格来确定的，而现货价格是反映市场情况的，所以投资者不应该抗拒市场。

想一想，你明白期货投机的交易准则了吗？______________________。

310　案例：黄金期货的投机操作

黄金期货上市首日价格高达 230 元/克，但市场上现货的价格不到 210 元/克，其价差达到 20 多元。因此，某黄金经销商果断地在期货市场抛空，同时在黄金交易所现货市场买入，这样看似是套期保值的行为，但实际上，该经销商通过套期保值实现了巨额收益。

有的投资者肯定有疑问："钱这么好赚的话，那岂不是人人都去交易黄金期货了吗？"其实并不是如此，由于目前国内黄金市场很多制度仍有待完善，特别是在个人参与黄金现货买卖方面的限制，给黄金市场套利交易带来了不便。尽管如此，黄金期货推出之初所产生的无风险套利空间，仍吸引了黄金相关企业的广泛参与，这在一定程度上是对黄金期货推出的肯定。

黄金作为一种地位十分特殊的期货品种，无论是其经济作用使然，还是出于广大投资者对"金子"的喜好，它总是被人们热炒的。这里就详细介绍一下黄金期货的套期保值，并告诉大家一些与黄金期货相关的知识。

1. 黄金期货的发展历史

20 世纪 70 年代以前，黄金以价值稳定著称。

(1) **稳定阶段**。1900—1933 年的 34 年间，国际金价年度均价稳定在 20.67 美元/盎司；1934—1967 年，美国政府官方定价黄金为 35 美元/盎司。这个阶段黄金价格相对稳定，风险较小，企业避险需求不大。

(2) **崩溃阶段**。1968—1971 年间，这种黄金美元标价的稳定局面彻底崩溃了。西方国家放弃黄金总库，建立双重黄金市场，目的是把各国央行之间的黄金交易和私人黄金市场隔离。

(3) **波动阶段**。1972—1988 年，国际金价由 59 美元/盎司飙升至 436.79 美元/盎司。在此期间，黄金价格开启了自由波动的新纪元。1973 年布雷顿森林体系崩溃，美元和黄金脱钩，西方主要工业国放弃双重黄金市场，形成统一、稳定的国际黄金现货市场。

(4) **发展阶段**。1989—2001 年，国际金价由 380.74 美元/盎司跌至 272.67 美元/盎司。接下来的 8 年期间，黄金的表现举世瞩目，由 309.66 美元/盎司一路涨至近 900 美元/盎司。从 1993 年开始，银行推出多样化的场外黄金衍生工具、融资工具，各国央行在管理黄金储备上更积极地利用国际黄金市场。

2. 黄金期货套期保值

对于黄金生产商，其所面临的风险主要在于预期黄金价格下滑风险，即采用卖出套期保值，通常情况下，如果黄金期货价格高出现货价格，那么黄金矿产商就可以通过期货市场进行操作以实现稳定盈利。

某矿产企业黄金生产成本为 130 元/克，未来 1 个月会有 1 吨黄金产出，目前黄金现货价格为 270 元/克，而 1 个月黄金期货价格为 280 元/克，那么该矿产企业就有 10 元超额利润，而客观上期货与现货之间的价差有逐步缩小的可能。为了规避未来黄金价格下滑所产生的风险，该黄金矿产商可在期货市场上卖出 1000 手合约，若 1 个月后价差缩小至 10 元以下，那么套期保值成功。

对于用金企业，其所面临的是成本上升的风险，即采用买入套期保值。假设某金饰品生产商需要在 1 个月后买入 1 吨黄金用于生产黄金首饰，现货市场黄金价格为 280 元/克，1 个月黄金期货价格为 290 元/克，为了规避现货价格上升所带来的风险，该金饰品生产商就可以预先在期货市场买入 1000 手 1 个月黄金期货合约，到期后若黄金期现价差扩大到 10 元以上，那么套期保值成功。

3. 能实现投机的原因

由于黄金期货的特殊性，投机者可以通过黄金延期交割品种与黄金期货进行期货与现货之间的套利。

(1) **从历史的角度分析**。我国现有黄金远期品种与黄金现货价格波动一致，二者的价差十分微小。这就意味着，我们可以通过黄金远期品种与黄金期货进行期现套利。通过对以往数据的研究，黄金期货与现货之间存在套利机会，这在黄金期货上市初期尤为明显。

(2) **从基差的角度分析**。这个问题更加清楚，但因 2008 年 11 月 21 日前个人无法实现黄金现货买卖的业务，实物黄金只针对法人，无论交货、提货都必须有法人资格，个人不能直接参与，这大大削弱了市场套利力量，没有套利交易，黄金期货与现货价格经常背离，也不乏期现倒挂现象。

专家指点

目前黄金期货市场交易尽管并不活跃，尤其是期现套利的参与主体有限，黄金期货与现货的市场价格经常偏离，特别是在黄金期货与现货交易时间不完全一致的情况下，这给了黄金矿产商利用期货进行套期保值的机会。**可以认为套期保值就是“期现套利”，“期现套利”成功，则套期保值就成功了**。

清一清，黄金期货实现投机的原因：________________。

311 案例：期货投机的常见错误

窦先生是一名职业期货投机者，自他从事这个行业以来可谓是“未尝一败”。

例如，某一次市场上出现了大量 PVC 将要大幅上涨的消息，并且有一些使用 PVC 作原材料的大型企业开始囤积货物。这时，窦先生的朋友都选择了大量持有 PVC 期货多头合约，唯独窦先生自己在 PVC 期货小幅上涨达到自己计划的收益以后就做了平仓操作。

窦先生的朋友不解地问他：“你觉得这个消息不对吗？”

窦先生回答说：“这个消息正不正确我不知道，但是我知道我的计划是多少。”

结果之后的市场并没有按照消息的预期去发展，PVC 期货的价格不但没有上涨，反而有所下跌。这让窦先生的朋友对于窦先生的“计划”佩服不已。

在期货投机交易中，并不是每一个投机者都能像窦先生那样获得不错的收益，原因有以下几点。

(1) **没有交易计划**。没有交易计划，漫无目的地投资交易往往容易失败，因为交易的对方在进行有计划、有目的的操作。

(2) **不按计划行事**。容易被市场摆布、影响情绪的投资者，会偏离自己原定的计划。

(3) **满仓操作**。期货交易是保证金制度，能够起到杠杆效应。满仓操作很可能在市场波动大的时候让投资者出现重大亏损。

(4) **疲劳交易**。有些投资者每天都从事交易活动，这让他们变得疲劳，甚至是对价格的麻木，在这样的状态下自然容易犯错误。

(5) **没有主见**。没有主见就是没有自己的交易风格，每一个投资者都斗不过自己的性格，所以每一个投资者都应根据自己的性格和经验建立自己的交易风格。

(6) **不思进取**。不愿意学习他人的经验，不愿意学习期货方面的知识。

第 9 章

一锤定音：期货套利与止损

俗话说：“**凡事预则立，不预则废**。”投资者能否正确套利与止损，决定着期货投资中的“立”与“废”。套利和止损直接与利益挂钩，所以投资者务必认真对待套利与止损。

知识要点

- 什么是套利
- 套利的流程
- 投资者套利须知
- 跨期套利使用攻略
- 跨市套利使用攻略
- 跨品种套利使用攻略
- 认真看待期货的止损
- 投资者经历的盈亏阶段
- 期货套利与止损精彩案例

9.1 什么是套利

从字面上来说，**套利就是获取利益。**投资者投资期货的目的无论是规避风险，还是投机盈利，都是为了获取利益，所以套利在期货投资中的地位可想而知。

312 套利的概念

套利又叫差价交易，这是指利用相关市场或者相关合约之间的差价变化，在相关市场或者相关合约进行与交易方向相反的交易，从而通过差价获得利益的行为。简单来说就是期货市场投资者利用不同月份、不同市场、不同商品之间的差价，同时买入和卖出不同种类的期货合约以从中获取利润的交易行为，套利也可以认为是投机中的一种表现。

一种商品的现货价格与期货价格经常存在差异，同种商品不同交割月份的合约价格之间也存在差异，同种商品在不同交易所的交易价格变动也存在差异。由于这些差异的存在，使期货市场的套利交易成为可能。

想一想，你明白套利的概念了吗？______________________________。

313 套利的两大作用

套利的作用主要表现在对投资者和对市场两个方面，具体如下。

(1) **投资者可以通过套利实现收益**。投资者的套利行为无疑是为了获得收益。

(2) **将扭曲的市场价格重新拉回正常水平**。一旦期货与现货市场偏差较大，会出现单边操作行为，这会导致期货与现货价格的拉近。假设白银现货的价格为 20 元/克，期货价格为 30 元/克，此时每买入 1 克现货白银并卖出 1 克期货白银可以获得 10 元的利润。投资者如果纷纷买入现货白银，并卖出期货白银，则会使白银现货供不应求，价格迅速上涨，而白银期货大量卖空导致供应过剩，价格自然也会跟着下跌。

314 套利的 3 大方式

一般常用的套利方式有 3 种，即跨期套利、跨市场套利和跨品种套利。

(1) **跨期套利**。这是指在同一期货品种的不同合约月份建立数量相等、方向相反的交易部位，并以对冲或交割的方式结束交易的一种操作方式，通过时间导致的价差获取利益。

(2) **跨市场套利**。这是指在某个市场买入(或卖出)某一月份的某种商品合约的同时，在另一个市场上对应地卖出(或买入)同种商品合约，利用两个市场的价差变动来获得利益。

(3) **跨品种套利**。这是指在买入(或卖出)某种商品合约的同时，卖出或买入相关的另一种交割月份相同、商品不同但相关的合约，当两者的差价收缩或扩大至一定程度时，进行平仓了结的操作方式。

还有一种相对特殊的套利方式，即原料与产品之间的套利。这种方式应该选择价格相关性强的两种商品(如大豆与豆油)，同时在市场上买进及卖出这两种商品的套利交易，它也可以算作跨品种套利的特殊形式。

315 套利的 4 大原则

进行套利操作时，应遵循以下基本原则。

(1) **买卖方向相反**。在建立买仓的同时建立卖仓，而不能只建买仓或者卖仓。

(2) **买卖数量相等**。建立买仓与卖仓的数量一定要相等，否则做多与做空数量不匹配会使头寸裸露(即出现净多头或净空头的现象)而面临较大的风险。

(3) **进出时间相同**。由于期货价格是波动的，交易机会稍纵即逝，如果不能在同一时间建仓，其差价可能变得无法套利。所以，多空头寸的建立要在同一时间。

> **专家指点**
>
> 套利头寸经过一段时间的波动达到所期望的利润目标时，需要通过对冲来结算盈利，对冲操作也要同时进行。假设对冲不及时，很可能使得长时间取得的价差利润在顷刻间消失。

(4) **合约相关性强**。一般来说，套利要在两个相关性较强的合约上进行，并不是所有的品种都适合套利。这是因为只有合约相关性强的品种，其价差才会出现回归，这样才有套利基础。否则，在两个没有相关性的合约上进行套利，与分别购买两个不同的合约做单向投资没有区别。

9.2 套利的流程

套利的流程可分为 4 大步骤：确定期货合约、找到套利空间、研究套利方案和实施套利操作。本节将为你一一讲述。

316 第一步：确定期货合约

投资者套利的第一步是寻找两个相关性和联动性较好的期货合约，可以从市场经验和概率统计角度来分析。

市场经验是对以往期货合约关联性的总结，不过这是一种“想当然”的情况。例如，人们都知道菜籽油是油菜籽加工炼制得来，所以菜籽油期货合约与油菜籽的关联性较为密切，但在特殊情况下，这两种合约也有相关性较低的时候。

投资者最好还是利用各方面数据做科学的计算。假设，某合约的收盘价为 X，另一个合约的收盘价为 Y，则计算相关系数的公式如下。

$$Z=\frac{\sum(X_i-X')(Y_i-Y')}{S_xS_y}$$

式中，Z——相关系数；

X_i——特定时间下的 X；

X'——X 的样本平均值；

Y_i——特定时间下的 Y；

Y'——Y 的样本平均值；

S_x——X 的样本方差；

S_y——Y 的样本方差。

利用这个公式，可以得出两个合约之间的相关系数：**系数越大，相关性越高**。

专家指点

相关系数并不是越高越好，根据以往经验，相关系数在 0.70～0.95 之间的期货合约品种，套利效果比较好。如果相关性过高，其套利空间也将很小，收益率比较低。但是相关性太低的话，收益率固然高，风险也将随之大大提升。

清一清，相关系数涉及的数据：______________________________。

317 第二步：找到套利空间

套利空间可以参考历史价位的波动来确立。一般情况下，两种相关性较好的期货合约，其价差变化会在一定幅度内不动，极少有价差突破历史最低点与最高点。当价差扩大或缩小到某一程度后，其后的价格会向相反的方向波动，这时就出现了不错的套利空间。

对于两合约的价格的关系要进行相应的数据处理，才能判断出价差的走势，较为直观的方法就是用价格比来表示。

(1) 将两合约数据处理到一张图上，得到一张价格比曲线图。

(2) 考察价格比曲线的长期波动情况，可以找出套利的上限和下限。

(3) 根据目前价格确定套利空间，即找出套利在何种情况下建立套利头寸，在何种情况下要对冲离场。

318 第三步：研究套利方案

投资者在套利流程的最后，还应该确定套利方案是否可行。

(1) **解决个人问题**。套利方案需要根据投资者自己的时间、资金确定，保证套利过程中不会因为个人问题影响套利结果。

(2) **确定流通问题**。套利的期货合约也应该有足够的流通性和足够的容量，并且互相匹配，以便于套利行为的顺利进行。合约的持仓量在拟套利头寸数量的 10 倍以上比较理想，否则会因进出不便严重影响操作效果。

(3) **考虑价差问题**。由于套利操作一般不考虑价格波动的方向，而主要考虑价差的扩大与缩小，因此，投资者除了要确知价差的绝对数值外，还要特别注意价差的波动趋势。

319 第四步：实施套利操作

根据价格运动趋势，选择持有期货合约的形式，买进一种期货合约，卖出另一种期货合约。等到期货价格达到投资者的预期收益后，两边同时平仓了结。

9.3 投资者套利须知

市场中出现的套利机会有许多都是一种假象，它们由于种种原因，致使价差不会很好地回归，甚至会出现让人大跌眼镜的变化，这是值得投资者警惕的。

320 存在异常也是合理的

许多投资者寻找的套利机会，往往都是根据经验判断其价格走向，但是趋势并不一定会保持下去。例如某期货价格一直在某一区间波动，当它波动到较高位置时，许多投资者都会认为该期货价格将要下跌，进而做空。但是事实上，商品价格完全有可能突破历史价位。

出现异常的价格波动也是期货市场正常的现象，毕竟“**存在即合理**”。

321 选择更熟悉的市场

套利的成功实现，需要投资者熟悉两个期货合约之间的正常价差，这是需要长时间观察并分析得出的。专注操作几个更加熟悉合约的投资者，往往比喜欢广撒网的投资者收益要好得多。毕竟在一个陌生的市场、对陌生的期货品种，投资者很难做到系统地分析数据。

想一想，选择熟悉的市场有什么好处？________________________。

322 挑选套利影响因素

由于套利机会是通过中长期价格关系，找到短期价格呈现偏离的机会，发生套利机会的因素一般都是短期或者突发事件引起的价格变动。所以，投资者一般不应该介入非短期因素影响的正向套利时机。

323 做流动性好的合约

如果投资者组建的套利组合中，有一个或者两个期货合约流动性很差，那么就应该注意该套利组合是否可以顺利地同时开仓和平仓了。此时如果强行进行套利操作，投资者不仅不能获得利益，还有可能出现亏损。

专家指点

如果组合构建得足够大，则组合的两个合约都必定存在冲击成本。在期货与现货之间套利或者跨期套利中，参与到交割的套利必须保证有足额的资金交付。

324 资金成本要把好关

投资者在实际投资过程中，两个交易账户均须备有足够的预留保证金，这会增添利息成本，从而降低收益率。投资者需要斟酌资金来源是自有资金还是借贷资金，而资金借入的期限和套利头寸的持有期限可能并不匹配。

325 不做“跨年”套利

不要做跨年度的跨期套利。政策往往会在年后变化，这会导致供需的迅速变化，从而影响原有的价格趋势。

例如之前业界普遍关注的早籼稻 1109 和 1201 合约的套利机遇。由于 2010—2011 年度早籼稻供需偏紧，而 2011—2012 年度早籼稻却又供应多余，这就让早籼稻 1109 和早籼稻 1201 的价格出现了比较大的偏差，致使许多投资者套利失败。

326 切莫在逼仓中套利

在逼仓的情况下进行套利是比较危险的行为，特别是对于跨期套利。因为一般情况下，跨期的期货套利不涉及现货，而逼仓的风险就在于没有现货头寸作维护，被逼仓的一方是肯定无法交割出大量实物的。当市场行情呈现单边逼仓的时候，逼仓月合约要比其他月份走势更强，其价差则不会出现回归波动现象，从而导致投资者亏损的局面。

327 套利的交割有难度

投资者即使具备现货交割的条件，套利交割也有很大的难度。由于双边合约，一旦临近交割月保证金就会大幅增加。而且只要交割环节稍有不畅，套利的条件就会被打破。

事实上，最大的问题在于套利的利润一旦要通过交割实现，那么至少有 90%以上的利润会被摊薄，而且需要用全额资金去获取较小利润，并涉及增值税、仓单、报关费、运输费和机会资金成本等诸多复杂问题，致使交割结果与预期有很大差异。

328 佣金“吃掉”利润

佣金最主要是手续费的支出，有些期货合约的手续费比较高，并且频繁地操作会大大增加手续费的支出，从而“吃掉”投资者更多的利润。

例如，笔者曾经持有过某一黄金期货合约，由于自己分析不细致，刚开仓便一直处于亏损状态。直到下午快休市的时候，该合约终于有了小幅收益，笔者将其平仓完成套利操作，但由于盈利幅度过低，甚至连手续费都不够抵消，以致最后还是亏损。

329 套利“杀人于无形”

套利实施的过程往往会很慢，不会马上产生利润。如果投资者持有的合约突然出现亏损的停板，会果断斩仓。

但实际上，投资者做多的合约可能一直在低位震荡，而做空的合约却迟迟不见下跌的趋势。这会慢慢耗光投资者的时间和金钱，当发现自己账户每天只少了几百元，投资者多半会想：“也许明天差价就该回归了。”这种慢慢地蚕食，直到某一天再计算损益的时候才发现，自己比遭遇亏损停板的损失要大得多。

想一想，为什么套利可以“杀人于无形”？＿＿＿＿＿＿＿＿＿＿＿＿＿＿＿＿。

9.4 跨期套利使用攻略

跨期套利相对于其他套利方式，其最大的优势是只需要研究分析一种期货合约，比较适合新手投资者。

330 跨期套利概述

跨期套利又叫“持仓费用套利”、“跨作物年度套利”或“新老作物年度套利”，普遍适用于价格变化的季节性较强的农产品期货。

1. 原理

跨期套利的原理是，当前远月合约和近月合约的价差大于持仓成本时，就可进行套利，收益即是两者的差。其中，持仓成本主要包括仓储费、手续费、交割费、过户费、质检费、增值税和资金利息等费用。

2. 特点

跨期套利的最显著特性是风险极小，主要体现在以下 3 个方面。

(1) **锁定收益**。不存在单边价格的波动风险，在整个操作过程中始终具有双向等量的头寸，所以它自始至终锁定了收益。

(2) **兑现性好**。由于期货市场本身具有标准化程度高、完全履约等市场化特性，使得整个操作剔除了所有的风险因素，其价格始终处在可靠、可控、安全的状态下。

(3) **固定收益高**。在时间周期上不存在不确定性，始终按照确定的时间表进行操作，从而避免了资金使用周期不确定所带来的风险。

3. 分类

跨期套利针对市场情况，一般可以分为牛市套利、熊市套利和蝶式套利 3 种。

4. 流程

跨期套利的流程可分为 3 个步骤。

(1) 先以某一低价格买入期货近期合约，同时以某一高价格卖出同等头寸的远期合约。

(2) 在近期合约到期后进行买入交割，将资金换成仓单。

(3) 在远期合约到期后进行卖出交割，将仓单换成资金，实现预定的利润额。

331 解析牛市套利

牛市是看涨的市场，一般只要采取正确的跨期套利方法，投资者都会盈利，但是也有亏损的情况出现。

1. 盈利情况

在牛市行情中，由于投资者对现货后市的良好预期，远期合约将会表现出更好的上涨性或抗跌性。此时投资者可以卖出近期合约，买入远期合约(买远卖近)从而获得盈利，如表 9-1 所示。

表 9-1　买远卖近

项　目	近期合约	远期合约	基　差
开始时	以 2350 元/吨卖出 1 手玉米 1309 合约	以 2400 元/吨买入 1 手玉米 1403 合约	50 元
完成时	以 2400 元/吨买入 1 手玉米 1309 合约	以 2500 元/吨卖出 1 手玉米 1403 合约	100 元
损益	亏损 50 元/吨	盈利 100 元/吨	

按照该表所示，若投资者每套利一手合约(玉米以 10 吨/手计算)可获得利润为：(100−50)×10=500 元。

2. 亏损情况

在个别时候，也会出现近期合约涨幅大于远期合约的情况。这样的情况下，由于亏损大于盈利，所以投资者会出现亏损的情况，如表 9-2 所示。

表 9-2　牛市亏损情况

项　目	近期合约	远期合约	基　差
开始时	以 2350 元/吨卖出 1 手玉米 1309 合约	以 2400 元/吨买入 1 手玉米 1403 合约	50 元
完成时	以 2450 元/吨买入 1 手玉米 1309 合约	以 2480 元/吨卖出 1 手玉米 1403 合约	30 元
损益	亏损 100 元/吨	盈利 80 元/吨	

按照该表所示，若投资者每套利一手合约(玉米以 10 吨/手计算)则将亏损：(100−80)×10=200 元。

清一清，牛市套利分哪些情况：________________________________。

332 解析熊市套利

熊市是看跌的市场，投资者只要采取正确的跨期套利方法一般都会盈利，亏损情况比较少。

1. 盈利情况

在熊市行情中，由于投资者看淡现货后市，远期合约将下跌更快、抗跌性更弱。此时投资者可以买入近期合约，卖出远期合约(买近卖远)从而获得盈利，如表 9-3 所示。

表 9-3　买近卖远

项　目	近期合约	远期合约	基　差
开始时	以 2350 元/吨买入 1 手玉米 1309 合约	以 2400 元/吨卖出 1 手玉米 1403 合约	50 元
完成时	以 2300 元/吨卖出 1 手玉米 1309 合约	以 2280 元/吨买入 1 手玉米 1403 合约	20 元
损益	亏损 50 元/吨	盈利 120 元/吨	

按照该表所示，若投资者每套利一手合约(玉米以 10 吨/手计算)可获得利润为：(120−50)×10=700 元。

2. 亏损情况

在个别情况下，也会出现近期合约跌幅大于远期合约的情况。这样的情况下，由于近期合约是亏损合约，远期合约是盈利合约，亏损大于盈利，所以投资者会出现亏损的情况，如表 9-4 所示。

表 9-4　熊市亏损情况

项　目	近期合约	远期合约	基　差
开始时	以 2350 元/吨卖出 1 手玉米 1309 合约	以 2400 元/吨买入 1 手玉米 1403 合约	50 元
完成时	以 2220 元/吨买入 1 手玉米 1309 合约	以 2300 元/吨卖出 1 手玉米 1403 合约	80 元
损益	亏损 130 元/吨	盈利 100 元/吨	

按照该表所示，若投资者每套利一手合约(玉米以 10 吨/手计算)则会亏损：(130−100)×10=300 元。

333 解析蝶式套利

蝶式套利是套利交易中的一种合成形式，整个套利涉及 3 个合约。在期货套利中的 3 个合约是近期合约、远期合约以及更远期合约。蝶式套利可以认为是由一手牛市套利和一手熊市套利组合而成，其特点是盈利有限，但风险较低。

专家指点

蝶式套利在净头寸上没有开口，它在头寸的布置上采取一份近端合约、两份中间合约和一份远端合约的方式。其中近端、远端合约的方向一致，中间合约的方向则和它们相反。这样两端一样，并与中间相反的操作方法很像一只蝴蝶，所以叫作蝶式套利。

根据期货合约交易部位的不同，蝶式套利可分两种情况：多头蝶式套利和空头蝶式套利。

1. 多头蝶式套利

多头蝶式套利的中间蝴蝶身体是卖出合约，两翅膀是买入合约。具体操作方法与损益如表 9-5 所示。

表 9-5　多头蝶式套利

项　目	近期合约	远期合约	更远期合约
开始时	以 2350 元/吨买入 1 手玉米 1309 合约	以 2400 元/吨卖出 2 手玉米 1401 合约	以 2430 元/吨买入 1 手玉米 1403 合约

续表

项　目	近期合约	远期合约	更远期合约
完成时	以 2400 元/吨卖出 1 手玉米 1309 合约	以 2460 元/吨买入 2 手玉米 1401 合约	以 2510 元/吨卖出 1 手玉米 1403 合约
损益	盈利 50 元/吨	亏损 60 元/吨	盈利 80 元/吨

按照远期合约是 2 手计算，那么使用多头蝶式套利的投资者将获得利润为：(50−60×2+80)×10=100 元。

2. 空头蝶式套利

空头蝶式套利的身体是买入合约，翅膀是卖出合约。具体操作方法与损益如表 9-6 所示。

表 9-6　空头蝶式套利

项　目	近期合约	远期合约	更远期合约
开始时	以 2350 元/吨卖出 1 手玉米 1309 合约	以 2400 元/吨买入 2 手玉米 1401 合约	以 2430 元/吨卖出 1 手玉米 1403 合约
完成时	以 2250 元/吨买入 1 手玉米 1309 合约	以 2280 元/吨卖出 2 手玉米 1401 合约	以 2230 元/吨买入 1 手玉米 1403 合约
损益	盈利 100 元/吨	亏损 120 元/吨	盈利 200 元/吨

按照远期合约是 2 手计算，那么使用多头蝶式套利的投资者将获得利润为：(100−120×2+200)×10=600 元。

想一想，你明白蝶式套利的用法了吗？________________________________。

9.5　跨市套利使用攻略

相对于常规套利而言，跨市套利是一种更为复杂，也更为专业的套利方式，但它的好处是可以只分析一种期货商品。

334　初步了解跨市套利

跨市套利中的“市”是指“市场”，它指的是同一商品在不同交易所的交易市场。**跨市套利是投资者利用同一种商品在不同交易所市场的差价进行低买高卖的套利交易行为。**

当同一期货商品合约在两个或更多的交易所进行交易时，由于区域的地理差别，各商品合约之间也会存在一定的价差关系。例如，芝加哥商品交易所(CBOT)与大商所同时进行玉米期货合约交易，由于同品种合约的关联性较强，它们之间的价差会在某一范围内波动。假设芝加哥玉米合约价格远远低于大商所玉米合约时，投资者可以在芝加哥商品交易所买入玉米的同时，在大商所卖出玉米合约。直到两个市场价格恢复正常关系时，再将双方市场所持的合约平仓并从中获利。

专家指点

因为政策法规的制约，投资者常常用实物进口成本来衡量套利机会。当某一国际化程度较高的商品在不同国家的市场价差超过其进出口费用时，就存在进行跨国际市场的套利机会。进出口费用一般包括关税、增值税、报关检疫检费用、信用证开证费、运输费用、港杂费等。

从贸易流向和套利方向一致性的角度出发，跨市套利一般可以划分为正向套利和反向套利两种。

(1) **正向跨市套利**：指贸易方向和套利方向一致。

(2) **反向跨市套利**：指贸易方向和套利方向相反。

例如，国内铜以进口为主，在伦敦商品交易所做多头寸的同时，在上海期货交易所做空头寸，这样的开仓交易称为正向套利。

专家指点

跨市套利相应的平仓方式有实物交割平仓和对冲平仓两种。一般来说，正向套利是较常采用的一种跨市套利，而反向套利则因具有一定的风险，不建议新手投资者使用。

335 跨市套利的 5 大特点

跨市套利的特点如下。

(1) **成本低廉**。进行商品跨市套利需要在两个交易所分别缴纳保证金，但总共所需的投资额也只占商品价格的很小一部分。

(2) **商品相同**。必须选择同一商品进行套利。

(3) **交易所不同**。跨市套利是利用不同交易所的期货合约进行对冲交易，必须在一个交易所买入，在另一个交易所卖出。

(4) **价差获利**。跨市套利是利用不同交易所的价格变化来获取利润。

(5) **风险较低**。由于跨市套利具有“对冲”特性，一个市场的损失可以在另一个市场得到弥补，所以风险较低。

336 跨市套利的 3 大前提

一般情况下，跨市套利交易风险相对较小，利润也相对稳定。所以，跨市套利是一种适合于具有一定资金规模的机构投资者，或追求稳健收益的投资者的一种期货投资方式。不过跨市套利有 3 个前提，具体如下。

(1) 期货交割标的物的品质相同或相近。

(2) 期货品种在两个期货市场的价格走势具有很强的相关性。

(3) 进出口政策宽松，商品可以在两国自由流通。

337 跨市套利的 6 大方法

由于跨市套利本身所具有的比较强的复杂性和专业性(需要外盘交易)，所以对投资者跨市套利策略的制定、实施、监控和改进等有更高的要求，因此有效和规范的方法和步骤就显得尤为重要。一套完整的跨市套利策略，通常会涉及机会识别、数理验证、动因分析、历史检验、趋势确定、成本计算、风险控制等一系列复杂的环节，可参照以下步骤执行。

(1) **寻找机会**。从成本的角度来看，投资者应先对实物进出口费用进行比较，之后确定是否存在跨市套利机会。从市场角度来看，可对近三个月国内外各品种的价格走势、成交量、持仓量等数据进行分析，从中识别出可能存在的套利机会。其中主要是选取国内外各品种的价格指数，周期可分为 1 周、1 个月、3 个月、6 个月、1 年等，根据研究的具体需要进行选取。在对比分析历史数据表现及近期数据的基础上，挖掘出具有内外套利机会的品种。

(2) **数据统计**。确认挑选的内外套利品种的比值或者价差是否在某一区间内进行波动，也就是要观察假如进行相关套利操作，其风险是否可控。在可能的情况下，应统计出比值波动的界限，也就是风险的上界和下界。

专家指点

一个典型的统计分布是由其所处的某种或某些典型环境因素所导致，同时也是揭示系统性环境影响力的一种方式。例如，决定正态分布的主要因素包括：大量的影响因子；各因子的影响力度基本相当；影响因子的发生概率具有随机性的特征。

(3) **数据确认**。对上述数据的分布及相关性进行确认，相应的计算工具可选取 SPSS 等统计软件。相关性确认，目的是确保两合约价格走势之间存在着一定的联系以及统计依赖关系。尽管其内在的原因或许并不为人所知，但在一般情况下，跨市套利的品种比值有回归均值的趋势和动力。

(4) **基本面分析**。之前套利机会的识别都是从数据计算和分析的角度展开，但基本面也是不可忽视的决定性因素。在数据分析的基础上，应注意结合基本面分析，以便为跨市套利机会的捕捉和选择提供更好的依据和支持。

(5) **基金持仓**。由于跨市套利中涉及国外品种，而外盘基本面的分析难度较大，投资者一般可以通过基金持仓与外盘品种价格趋势的关系，来判断相关国外品种的价格走势。由于国外期货市场较为成熟，机构投资结构也较为合理，因此基金持仓具有一定的参考价值。

(6) **补救办法**。当实际操作中出现不利的行情变动时，可采取对相关品种加仓、止损或蝶式套利的方法进行补救和头寸保护。

专家指点

当跨市套利两个品种中的某一品种亏损过大时，可在投资配比中反方向持有与该亏损品种关联性较高的品种，从而对冲掉一定的风险，防止亏损的进一步扩大，此时构成蝶式套利。

清一清，跨市套利有哪些步骤？________________________________。

338 跨市套利的7大风险

跨市套利虽说是一种比较稳健的保值和投资方式，但是依旧会存在一定的风险因素，表现为以下几点。

(1) **价差稳定性**。价差(比价)关系只在一定时间和空间内具备相对的稳定性，这种稳定性是建立在一定前提条件下的。一旦这种条件被打破，如税率、汇率、贸易配额、远洋运输费用、生产工艺水平等外部因素的变化等，将有可能导致比价偏离均值后缺乏“回归性”。

(2) **市场风险**。市场风险主要是指在特定的市场环境下或时间范围内，套利合约价格的异常波动。如果套利交易者处在这种市场情形之下，并无法及时采取应对措施，在交易所落实化解市场风险的措施过程中，被冲掉获利的方向的持仓，留下亏损的单向头寸，很可能导致整个套利交易的重大损失。

(3) **交易风险**。交易风险一般是指投资者在套利头寸的建仓或平仓过程中发生的意外情况，特别是在行情剧烈变化的情况下，价格起伏波动较快，一些原本空间不大的套利在开仓、平仓时，随时都可能出现价格或者持仓数量的失误，导致整个套利操作的混乱，直接影响和改变该次套利投资的结果。

(4) **交易成本**。交易成本是套利者需要考虑的另一个重要因素。在套利中，交易成本包括买卖期货合约的手续费，如果涉及实物交割，还需要支付交割手续费。有时候交易成本会非常高，即使套利成功了，交易成本也会蚕食掉相当比重的获利。

(5) **资信风险**。由于国内禁止未经允许的境外期货交易，目前大多数企业只能采用各种变通形式，通过注册地在香港等地的小规模代理机构进行外盘操作，这种途径存在一定的信用风险。

专家指点

一些企业虽与一些国外的正规代理机构签订了外盘代理协议，但从法律角度看，这种协议的有效性仍存在疑问。由于外盘业务的正常开展及资金安全，主要依赖国外代理机构的信誉，所以涉及与外盘有关的套利操作，必须注意非交易性风险。

(6) **时间敞口**。由于内外盘交易时间存在一定差异，因此很难实现同时下单的操作，不可避免地存在着时间敞口问题，加大了跨市套利的操作性风险。

(7) **政策改变**。政策性风险又叫作系统性风险，指国家对有关商品进出口政策的调整、关税及其他税收政策的大幅变动等，这些都可能导致跨市套利的条件发生重大改变，导致套利最终效果的改变。

清一清，跨市套利有一些怎样的风险？________________。

9.6 跨品种套利使用攻略

跨品种套利指的是利用两种不同但相关联的指数期货产品之间的价差进行交易，这两种指数之间具有相互替代性或受同一供求因素制约。跨品种套利的交易形式是同时买进和卖出相同交割月份但不同种类的期货合约，主要有相关商品间套利和原料与成品之间套利。

339 跨品种套利概述

不同期货品种之间之所以能够套利，是因为它们存在相互替代的关系，或是存在原料和成品之间的对应关系。例如，玉米与小麦同为粮食作物，大豆与豆油为原料与成品的关系等。

跨品种套利多以价差或比价作为判断标准，较少涉及交割方面，但投资者仍然需要考虑时间因素。临近交割的月份的套利风险是投资者比较难以把握的，市场可能出现突发状况或资金因素而导致的“挤仓”行为，这会令价差的关系失衡，又加之临近交割，已经没有足够的时间使价差改变这种失衡的状态，让其恢复到正常水平。同时，临近交割时，持仓保证金的提高也会影响套利结果。

专家指点

一般来说，跨品种套利通常以比价或价差来寻找套利机会，虽然此方法具有一定的可行性，但是跨品种套利作为外联套利，其价差或比值通常是沿着趋势变化的，一旦出现历史比值的高点（或价差）为今年比值的低点时，会造成投资者套利的巨大损失。

340 跨品种套利的 3 大步骤

多数投资者都会选择常见期货品种进行跨品种套利，然而整日面对“油菜籽和菜籽油”、“铜和铝”等期货做跨品种套利的投资者，或许会有一些厌烦感。因此，这里为投资者解析一种不太常见的期货品种——玻璃期货。

投资者进行跨品种套利的第一步，是要找到有相关性的合约。与玻璃价格相关性高的品种有两类：一类是与玻璃为上下游关系的品种，如燃料油等；另一类则是与玻璃有同种用途的品种，如与玻璃同样作为重要的建筑材料的螺纹钢。这里以螺纹钢为例，介绍跨品种套利的具体步骤。

专家指点

从表面上看，作为全球唯一的玻璃期货品种，套利方面的机会肯定比较少，跨市套利更是无从谈起，但其实玻璃期货在跨品种套利方面却有着得天独厚的优势。

1. 相关性分析

选取玻璃期货自上市之日 2012 年 12 月 3 日至 2013 年 6 月 3 日的主力合约和同时段螺纹钢主力合约的日数据，运用“SPSS”或其他统计分析软件对两者的价格进行相关性分析。由系统统计两者相关系数≥0.8，所以可视为高度相关。

2. 套利区间确定

以主力合约为例，螺纹钢与玻璃主力合约比价平均值约在 2.7，基本上在 2.6～2.8 这个区间波动，所以其比价 2.8 以上和 2.6 以下为在这两种商品之间进行套利提供了机会，套利风险相对较小而收益空间可观。

从价差方面考虑，螺纹钢与玻璃的价差基本在 2200～2700 元之间波动，所以 2650 元以上和 2250 元以下为比较好的套利区间。

3. 具体方案制订

当螺纹/玻璃比价≥2.8 时，可采取买玻璃期货、卖螺纹钢期货套利策略，反向操作、结束套利的区间可放在比值回归到 2.7 左右；当螺纹/玻璃比价≤2.6 时，采取卖玻璃期货、买螺纹钢期货套利策略，并考虑在比值回归到 2.70 时，进行反向操作结束套利。

由于一手螺纹钢为 10 吨，一手玻璃为 20 吨，故二者的交易手数可设为螺纹：玻璃=2∶1。

9.7 认真看待期货的止损

期货中有一条著名的鳄鱼法则：**当鳄鱼捕获猎物之后，猎物越试图挣扎，鳄鱼的收获越多**。如果一只鳄鱼咬住你的脚，而你用手臂试图挣脱脚，则它的嘴巴便会同时咬住你的脚与手臂，你越挣扎便陷得越深。

341 止损的必要性

市场存在的基础是，波动性和不可预测性是期货市场最根本的特征，这也是交易中风险产生的原因，这是一个不可改变的特征。交易中永远没有确定性，所有的分析预测仅仅是一种可能性，根据这种可能性而进行的交易自然是不确定的，不确定的行为必须得有措施来控制错误的扩大，止损就这样产生了。

投资大师索罗斯曾说过：“**投资本身没有风险，失控的投资才有风险**。”止损远比盈利重要，因为任何时候保本都是第一位的，盈利是第二位的，建立合理的止损原则相当有效，其核心工作主要在于不让亏损持续扩大。

专家指点

止损是人类在交易过程中自然产生的，并非刻意制作，是投资者保护自己的一种本能反应，市场的不确定性造就了止损存在的必要性和重要性。成功的投资者可能有各自不同的交易方式，但止损却是保障他们获取成功的共同特征。

投资者在进行期货交易时，假如发现自己最初的判断与现货市场行情走势不一致，那么一定不是市场错了，而是投资者自己错了，此时亡羊补牢进行必要的止损还为时未晚。一定要记住，万一鳄鱼咬住你的脚，唯一的生存机会便是牺牲一只脚。

想一想，当你亏损时应该怎样做？______________________。

342 正确理解止损

由于市场的不确定性和价格的波动性，决定了止损并不一定是正确的。在每次交易中，大多数投资者都搞不清楚该不该止损，如果止损对了也许会窃喜，如果止损位置错了，则不仅会有资金减少的痛苦，更会有一种被愚弄的痛苦，心灵上的打击才是投资者最难以承受的痛苦。

因此，投资者理解止损的真正意义显得尤为重要。出现错误在交易中是正常的现象，所以投资者应该坦然面对错误的止损，不要回避，更不必恐惧，只有这样才能正常地交易下去，并且最终获利。

专家指点

假设在交易中投资者的止损操作都是正确的，那就是说每次交易都是正确的，而你的交易如果都是正确的，那么就不需要止损了。所以，止损是一种成本，是寻找获利机会的成本，是交易获利所必须付出的代价，这种代价只有大小之分，难有对错之分。你要获利，就必须付出代价，包括错误止损所造成的代价。

343 应程序化止损

由于一些投资者不重视风险控制，他们在发生亏损以后会表现出极端的行为，最具代表性的有以下几种。

(1) **优柔寡断型**。当价格到达止损位时，有的投资者错失方寸，患得患失，致使止损位置一改再改。

(2) **孤注一掷型**。有的投资者抱着“赌一把”的心态临时变卦，并逆势加仓，企图孤注一掷，以挽回损失。

(3) **放任自流型**。有的投资者在亏损扩大之后，干脆采取“鸵鸟”政策，任由价格去波动。

在出现亏损以后这几种行为都是非常危险的，为了避免这些现象与危险的发生，投资者最好采取程序化的止损策略。程序化止损是利用事先制定好的程序，在价格一旦到达止损位时，不通过投资者而直接发出止损指令。

国际上大的期货交易所通常都会提供止损指令。交易者可以预先设定一个价位，当市场价格达到这个价位时，止损指令立即自动生效。国内期货交易所目前还没有止损指令，但可以借助先进的期货交易工具，这是目前帮助投资者严格执行止损的一种简单而有效的方法。

目前，国内有的交易系统可以提供市价止损和限价止损两种止损指令。

(1) **市价止损**。这是指市场价格一旦触及预设的止损价位，立刻以市价发送止损委托，市价止损指令能确保止损成功。

(2) **限价止损**。这是指在市场价格一旦触及预设的止损价位时以限价发送委托。限价止损指令则可以避免在价格不连续时出现不必要的损失。

两种方式各有利弊，一般来说，在成交活跃的品种上使用市价止损指令，而在成交不活跃的品种上使用限价止损指令。

专家指点

交易系统有助于投资者养成良好的止损习惯，不会因为人为因素导致止损的失败，从而规避市场中的风险，使之最大限度地减少损失，化被动为主动，在期货市场中立于不败之地。

344 止损的小技巧

不是投资者随随便便设置一个平仓的价位就叫止损，真正意义上的止损应该根据许多指标来判定。

(1) **进场之前就要设定好止损点**。做期货投资，投资者必须养成一种良好的习惯，就是在开仓的时候就要设置好止损点，如果在亏损出现时再考虑止损，往往为时已晚。

(2) **止损要与市场趋势相结合**。趋势分上涨、下跌和盘整。例如在盘整阶段，价格在某一范围内止损的错误性的概率要大。因此，止损的设置不能千篇一律，其执行要和趋势相结合。

(3) **选择合适的分析方式**。止损点位的把握要因人而异，可以是均线、趋势线、形态及其他工具，但必须是适合自己的，不要因为别人用得好你就盲目拿来用。分析方式的确定非常重要，而运用交易工具的能力则会导致完全不同的交易结果。

专家指点

期货交易注重健全的交易策略，其中资金管理可视为其核心，而止损可视为资金管理的灵魂。投资者只有做好资金管理，严格止损，才能细水长流，成为期货市场的常胜将军。

清一清，止损有哪些小技巧？________________。

9.8　投资者经历的盈亏阶段

在实际期货投资中，投资者有再好的套利计划、再优的止损设置也会出现亏损的情况，从新手到老手一般都会经过从亏本到盈利的阶段。

345　入门：小盈大亏

投资者的入门阶段是对交易结果期望的理想化，使得内心有“小盈”的幻想，但不注重风险控制的后果往往是“大亏”。

新手投资者总是过度谨慎，一有盈利就马上想着落袋为安进行平仓操作，这样做是肯定无法获得更多盈利的。

俗话说“**初生牛犊不怕虎**”，许多新手投资者看到人家都在挣钱，会觉得赚钱相当容易，并且在市场盈利的期待和诱惑下，贸然杀入期货市场。这样盲目的操作经常会让自己陷入被动的局面，“东边”亏一点，“西边”亏一点，越亏越多，最后造成相当严重的亏损。

346　学习：大盈大亏

经历了亏损的投资者，会从各个方面了解、学习期货的相关知识，开始系统学习专业的投资理念和投资技巧，掌握止损止盈的重要性。他们希望可以通过研究各种图表，埋头做技术分析找到“一夜致富”的期货品种，妄图一次性赚回之前亏损的钱。

这个阶段的投资者才是最不稳定的，他们知道期货要赚钱，就得把握大势，开始敢于重仓介入高风险的期货品种。有时资金增值快速，一度也能翻上几倍。但是，不能很好地执行风险控制的投资者只要一次的判断失误，就会让他们覆灭。

专家指点

一些投资者被套在反向板里，心如刀割，犹犹豫豫不敢做止损操作，甚至希望通过加仓拉低成本，导致亏损加剧。

347　升华：小盈小亏

这个阶段的投资者学会了什么是真正的期货，**明白了投资期货的目的不是为了挣钱**。看淡了盈亏数字的他们，严格执行交易计划，严格控制风险，把资金安全放在第一位，往往在风险发生之前就会选择平仓，盈亏幅度都不至于太多。但毕竟由于过度小心，盈利的单子拿不长，控制风险的同时，也限制了盈利。

有个别投资者在经历了大盈大亏后，对市场极度伤心，但是又不甘心亏损或没有盈利，在经过思想斗争后，重新进入期货市场，这时的他们“草木皆兵”，见风就是雨，这样做无法获得任何收益。

348 成功：大盈小亏

这个阶段才是真正的成功，没有经历前 3 个阶段的投资者是无法达到这个阶段的。经过长时期的磨炼、经历大起大落、走过牛市与熊市的轮回，这样的投资者对机会和风险有了到位的认识，分得清什么时候该坚持，什么时候该放弃。

到了这个阶段，适合本人的完整交易系统已经建立，盈亏尽在掌握之中，进退自如。不需要再预期盈利和亏损的具体金额，但资金会呈现稳定上涨的趋势。

专家指点

虽说要经过前 3 个阶段才能走向成功，但如果投资者一开始就端正投资态度，严格规范行为，学习正确理念，那么前 3 个阶段是可以快速度过的。

想一想，你目前处于哪个阶段？______________________________。

9.9 期货套利与止损精彩案例

本节将通过笔者的亲身经历和实际案例，带你了解期货套利与止损的更多知识。

349 案例：跨期套利的 4 大窍门

小刘进行跨期套利总是失败，不知道是运气不好还是其他原因，他选择的跨期套利的两只合约总是亏损的比盈利的数额大，以至于最后总的损益是亏损。

无奈之下，小刘只好“高薪”请到教他炒期货的朋友老黄。

饭桌上，老黄告诉了小刘几个秘诀，并说按照他说的来做，保证马上就能赚回这顿饭钱。

小刘将信将疑地回家并按照老黄说的做了开仓操作，结果发现这招很灵验，小刘还真在几天内获得了不少的收益。

至于老黄告诉小刘的秘诀为何能如此奏效，广大投资者看完以下几个窍门，自己试试后就会明白了。

(1) 近期月份合约一般要比远期波动更加活跃。

专家指点

一般情况下，远月合约价格要高于近月合约价格，这是因为远月合约中还包括了仓储费成本、交割手续费成本和资金占用利息成本。

(2) 空头的移仓会使隔月的价差变大，多头的移仓会让隔月价差变小。

(3) 隔月价差的决定因素是库存。

(4) 合理价差是价差理性回归的重要因素。

350 案例：投机性的跨期套利

方先生自投资期货以来，一直采用跨期套利这种稳定的方式获取收益。方先生最近觉得老是用这种方法投资，让他看盘的时候“昏昏欲睡”，总感觉没有投资激情。

多方打听之下，方先生学到了一种“投机性跨期套利”的方法，通过这种新方法，方先生不但使自己盈利的额度增加了，还获得了不少的投资乐趣。

一般投资者只听说过跨期套利，并不了解投机性跨期套利。下面就为广大投资者详细解析一下投机性跨期套利。

投机性跨期套利指的是，通过某种商品不同月份合约由不正常回归至正常之间的差额所获得利益。跨期套利的成败完全取决于价差的变化，与价格变动的趋势关系不大。

正常情况下，价格的波动影响持有成本，价格上涨导致持有成本增加，价格下跌导致持有成本下降，从而导致价差出现相应的变化。由于投资者需要承担一定的风险，因此投机性跨期套利的潜在收益要高于无风险跨期套利。根据跨期套利机会形成的原因，可将投机性跨期套利分为事件冲击型套利和市场结构型套利两种。

(1) **事件冲击型套利**。由于某一事件的发生对近月和远月的价格波动影响不同，从而出现月间价差变化，依据事件的发生建立买近卖远或买远卖近的跨月套利交易就是事件冲击型套利。

(2) **市场结构型套利**。市场结构型套利一部分反映供求关系的影响，但更多的是反映市场中参与者，尤其是投机者的偏好对价差的影响。

当市场处于一个明显的投机性看涨氛围，由于投机者一般都喜欢参与远期合约，因此容易在远期合约形成投机性溢价。另外，随着主力合约的切换，合约之间的价差会出现明显的变化。当主力合约出现切换的时候，投机性资金从一个合约流向另外一个合约，容易导致减仓合约投机性溢价的缺失和增仓合约投机性溢价的扩大，从而导致两个月份合约价差出现明显的变化。

专家指点

由于投机性跨期套利无法向现货渠道转嫁风险，也很难通过移仓等技术手段寻找后路，而且，往往这种套利临近交割的月份如果空头持仓量较大，投资者很容易发出被逼仓的行为。

351 案例：蝶式套利的可行性

小陆跟着朋友学习投资期货，朋友也没多说，给了他一张写着操作方法的纸条，让他回家这样做以后等消息。

小陆按照朋友所写的方法，选择同一品种的 3 个交割月份的合约，并按照 1∶2∶1 的比例分配，把多的中期合约做空，近期和远期合约做多。

没过多久，朋友打电话给他，让他把所有的合约都平仓。

小陆照做以后核对自己的账户，发现竟然挣了不少钱，这让他非常奇怪："明明买卖的数量是一样，这就相当于没做交易，怎么会挣钱呢？"

小陆朋友教他的做法就是蝶式套利，是一种比较稳定的套利方式。蝶式套利的原理是，套利者认为中间交割月份的期货合约价格，与两端交割月份合约价格之间的相关关系会出现差异。

蝶式套利主要有以下 4 大特点。

(1) **实质**：蝶式套利的实质是同种商品跨交割月份的套利。

(2) **组成**：由两个方向相反的跨期套利组成。

(3) **数量**：连接两个跨期套利的纽带是居中月份的期货与合约，其数量应该是两端之和。

(4) **命令**：蝶式套利必须同时下达 3 个交易命令。

专家指点

由于不同交割月份的期货合约在客观上存在价格水平的差异，而且随着市场供求关系变动，中间交割月份的合约与两端交割月份的合约价格有可能出现更大的价差。这就可以让投资者通过不同交割月份的合约价差变动，进行蝶式套利而获利。

清一清，蝶式套利的特点：________________________。

352 案例：克服止损中的障碍

江先生炒期货虽然时间不短，但总是挣不到钱。江先生也知道自己常常亏损的原因，那就是不能做到止损。并不是江先生不会止损，他甚至明白止损至关重要，但就是无法执行。

例如某次对大豆期货进行跨期套利，时值多头市场，江先生也确实看准了行情，使用了牛市套利的方法去操作。可是他买的近期合约涨幅居然超过了远期合约，抱着侥幸心理，他想等两天就应该恢复正常了，可这只近期合约竟一路疯涨，一拖再拖未做止损操作的江先生，最终付出了惨痛的代价。

明白止损的意义固然重要，然而这并非最终的结果。事实上，投资者设置了止损而没有执行的例子比比皆是，市场上，被扫地出门的悲剧几乎每天都在上演。对于这些投资者来说，止损如此艰难的原因主要有以下 3 点。

(1) **侥幸的心理**。某些投资者尽管也知道趋势上已经破位，但由于过于犹豫，总是想再看一看、等一等，导致自己错过止损的大好时机。

(2) **犹豫不定**。价格频繁地波动会让投资者犹豫不决，经常性错误的止损会给投资者留下挥之不去的记忆，从而动摇投资者下次止损的决心。

(3) **对亏损的畏惧**。执行止损是一件痛苦的事情，是一个血淋淋的过程，是对人性弱点的挑战和考验。

专家指点

事实上，每次交易投资者都无法确定是正确状态还是错误状态，即便盈利了，投资者也难以决定是立即出场还是持有观望，更何况是处于被套状态下。人性追求贪婪的本能会使每一位投资者不愿意少赢几个点，更不愿意多亏几个点。

353 案例：期货止损实施策略

顾女士属于股票转投资股指期货的人，她对于股票指数趋势的准确判断，让许多朋友羡慕不已。

在一次熊市行情中，顾女士意外地发现自己获得的收益竟然没有朋友小陶多，她问起原因，小陶回答说："虽然我看盘不如你准，但是我会止损。"

在股指期货的交易中，选择合适的止损点，对于保证本金的安全有着极其重要的作用。有很多投资者在投资遇到损失时，选择"拖"字诀，以营造账面损失而非实际亏损的心里假象，从而错过了止损的最佳时机，造成更大程度的亏损。

1. 止损要素

止损规则有两个要素，分别是时机和幅度。对于不同的投资者来说，由于存在不同的投资品种、不同的风险偏好，以及不同的行情阶段，止损策略的时机和幅度均有所不同。一个合适的止损策略应当是满足两个要素之一的情况下，便需及时止损。

2. 止损方式

投资者应该根据个体情况，选择不同的止损方式，具体有以下 4 种。

(1) **平衡点止损**。这是指在建仓后只略有盈利，就将止损点位设为建仓价格。这样就拥有了一个零风险的止损策略，投资者的最大损失将是自己的收益，而你的本金不存在任何风险。当然，止损点的设置也可以随着你权益的不断增加而逐渐提高。止损点的设置是一个动态的过程，但是一旦价格达到预先设定的止损点，则必须坚决平仓。

(2) **时间止损**。很多时候，投资者往往关注于空间止损，也就是幅度达到预先设定的止损点。但是在一般情况下，投资者可以根据交易周期设定止损时间。例如，预计 5 天内资产将产生一波行情，因此将止损时间设为 5 天。当价格徘徊超过 5 天，则说明投资者的预先判断发生了错误，且错误可能性变大，因此应当坚决平仓观望。这样同时也减少了持仓事件过程而产生的机会成本。

(3) **技术止损**。这指的是在关键的技术点位设定止损。这样的策略下，有可能存在一定程度的亏损，但是相对来说，也可以避免被“震仓”出局，而错失大幅盈利的机会。技术止损法一般没有固定的模式，往往以技术形态作为依据，如重要均线、趋势线、头肩形态、通道线的上下轨等。

(4) **程序化止损**。由于做出止损决定的是人，而人的行为往往会受到心理上的影响。为了克服投资者在投资遭遇亏损时存在的不切实际的幻想，以及随之而来的赌徒心态，投资者可以采取程序化的止损策略，预先设置好交易系统，由电脑自动生成操作指令，从而最大限度地规避投资者的心理活动对于其投资行为的影响。

专家指点

从行为金融学的理论上来说，人们存在宁可选择不确定的“大损失”，也不愿接受眼前确定的“小亏损”的心理。这对于投资者，尤其是股指期货投资者而言是非常有害的。投资者应抱着烈士断腕的决心来看待止损指令。严格的交易纪律，尽管不能保证让投资者获利，但是可以保证投资者的亏损在可控的范围内，从而为投资者东山再起做出了保证。

想一想，你学会止损策略了吗？______________________________。

第 10 章

面面俱到：期货基本面分析

俗话说："**以不变应万变**。"市场的变化总是万变不离其宗，那就是供求关系。基本面分析就是利用市场的供求关系判断市场的走势，它主要从一些影响期货价格的客观因素出发，如国家政策、经济形势等，进行偏大趋势的分析。

知识要点

- 期货宏观经济分析
- 期货供给与需求分析
- 农产品期货的基本面
- 有色金属期货的基本面
- 能源化工期货的基本面
- 金融期货的基本面
- 基本面分析的 5 大缺陷
- 期货基本面分析精彩案例

10.1 期货宏观经济分析

宏观经济是指国民经济的总体活动，通过国家总的水平指标，可以在很大程度上反映出微观的水平指标。

354 宏观经济分析的概念

宏观经济分析是以整个国民经济作为分析对象，研究各个相关的总量及其变动，特别是国民生产总值和国民收入的变动及其与社会就业、经济周期波动、通货膨胀、经济增长之间的关系，这 4 项关系又称为宏观经济的 4 大目标。

专家指点

投资、消费、出口等方面需求和供给能力的变化，货币供应的变化，最终都会在价格上反映出来。所以说，价格是反映社会总供需变化最为集中、最为灵敏的指标。

想一想，你了解宏观经济分析的概念了吗？______________________________。

355 宏观经济分析的意义

宏观经济分析一般从总需求和总供给这两方面入手，宏观经济分析对期货市场的意义有以下几点。

(1) 判断这个期货市场的投资价值。

(2) 把握期货市场的总体变动趋势。

(3) 掌握宏观经济政策对期货市场的影响力度和方向。

投资活动效果的好坏、效率的高低，不仅要受国民经济基本单位的影响，更要受宏观经济形势的直接制约。因此，宏观经济分析无论是对投资者、投资对象，还是对资本市场本身乃至整个国民经济的快速健康发展都具有非常重要的意义。

356 什么是宏观经济总需求

宏观经济中的总需求，指的是对应于既定的价格总水平的社会总支出水平或总需求量。

研究宏观经济总需求，就需要提到总需求曲线，它表示经济中需求总量与价格水平之间的关系，可用公式 AD=Y/P 表示，其中 AD 代表总需求曲线；Y 代表国民收入；P 代表一般价格水平。价格水平与国民收入成反比，如图 10-1 所示。

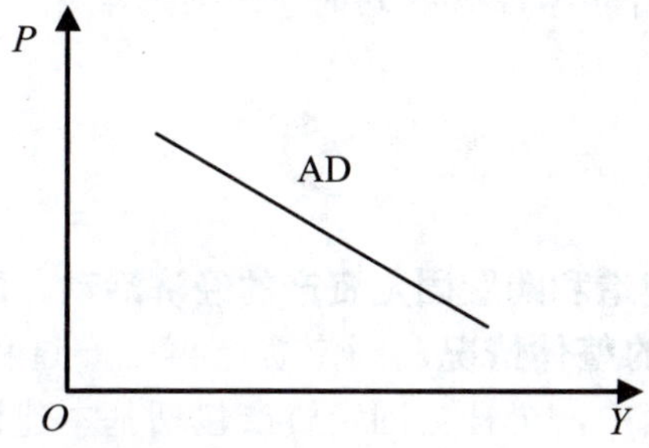

图 10-1　价格水平与国民收入成反比

当然，这是一种理想情况，是建立在一般物价水平不变的基础上。然而，一般物价水平上涨已经成为一种普遍现象，所以随后发展出了许多复杂的总需求函数模型，但都是基于 AD=Y/P 衍生而来，这里不多赘述。

想一想，宏观经济总需求曲线表示什么？________________。

357 影响总需求的一些因素

在物价水平不变的情况下，影响总需求的因素主要有以下 10 点，如表 10-1 所示。

表 10-1　影响总需求的因素

引起总需求增加的因素	引起总需求减少的因素
利率下降	利率上升
汇率下降	汇率上升
货币总量增加	货币总量减少
总财产增加	总财产减少
预期通货膨胀率上升	预期通货膨胀率下降
预期未来利润增加	预期未来利润减少
税收减少或转移支付增加	税收增加或转移支付减少
国外收入增加	国外收入减少
政府对物品与劳务的支出增加	政府对物品与劳务的支出减少
人口增加	人口减少

专家指点

总需求的分析一般应该从投资需求、内需和外贸 3 个方面入手，这 3 个方面就是国内经济学家经常提到的“三驾马车”。

358 总需求之固定资产投资

固定资产投资指的是建造和购置固定资产的经济活动，即固定资产再投资，它的变化可以反映出投资需求的整体情况。固定资产再生产过程包括固定资产更新、改建、扩建和新建等活动。其中，全社会固定资产包括基本建设、更新改造、国有单位其他投资、城镇集体经济单位建设、房地产开发投资、零星固定资产投资、城镇私营、个体经济投资以及城镇私人建房投资和农村固定资产投资。

专家指点

在我国，政府的固定资产投资是所有投资中最大宗、权重所占分量最大的方面。一般情况下，投资者考察固定资产投资时，都必须紧盯政府固定资产投资的增减。

359 总需求之国内需求

国内需求即内需，以社会消费品零售总额来表示，它指的是批发和零售业、住宿和餐饮行业及其他行业直接售给国内和社会集团的消费品零售额。社会消费品零售总额可以反映出一定时期内人民物质文化生活水平的提高情况，同时反映商品购买力的实现程度，以及零售市场的规模。

社会消费品零售总额由社会商品供给和有支付能力的商品需求决定，它主要取决于以下 3 个因素。

(1) **人口数量**。人口越多，所需求的商品自然越多。

(2) **商品价格水平**。商品价格越高，人们的购买意向就越低。

专家指点

一般情况下，人口总数在短时间内不会有明显的变化。所以，对社会消费品零售总额影响最大的因素是商品的价格水平和国民工资情况。其中，商品价格水平的影响尤为重要。

(3) **国民工资总额**。工资总额越高，才会有更高的消费能力。

360 总需求之对外贸易

对外贸易简称外贸，出口的增加将引起国内生产总值的增加。所以，积极的外贸政策既可以增加外汇收入，促进国家对短缺产品的进口，又可以弥补国内总需求的不足，为经济发展提供更多的动力。对外贸易的作用如下。

(1) **调整资源配置**。外贸能使资源配置在世界范围内实现最优化。

(2) **调整产品价格**。各国产品在世界范围内进行竞争，其结果往往是使得各种产品在各国的价格水平相当，而且是最低的价格水平。

(3) **改变生产成本**。外贸能让各国产品相对自由地流动，从而使得生产要素的价格均等化。

从以往数据可以得出，我国的外贸进出口基数是庞大的。在全球经济下滑的情况下，各国都在努力保护自己国家的就业，而中国如此庞大的外贸基数和积极的外贸政策，必然会使其面临与世界诸多经济体的贸易摩擦。

例如早些年，美国国际贸易委员会以中国轮胎扰乱美国市场为由，建议对中国出口美国的乘用车与轻卡车轮胎增加关税。随后美国政府公布制裁结果，连续 3 年对中国出口美国的轮胎加收 35%、30%和 25%的附加税。结果一经公布，上海天然橡胶期货所有合约开盘即陷入跌停。

专家指点

外贸需求用出口量减去进口量来表示，又可叫作净出口。金融危机以后，我国进行经济转型，使经济增长的动力逐步从投资和出口拉动转向消费拉动。

清一清，对外贸易有哪些作用？________________________。

361 什么是宏观经济总供给

总供给是经济社会的总产量，它描述了经济社会的基本资源用于生产时可能有的产量。一般情况下，总供给是由生产性投入的数量和这些投入组合的效率决定的。

在研究宏观经济总供给时，最重要的是了解总供给函数，它指的是总供给的价格水平之间的关系，可用公式 $AS=Y/P$ 表示，其中 AS 代表总供给函数；Y 代表经济中的产出；P 代表一般价格水平。

多数经济学家认为，短期内实现的总供给曲线会表现为向右上方倾斜的曲线，如图 10-2 所示。其中 Y_1 表示潜在产量。

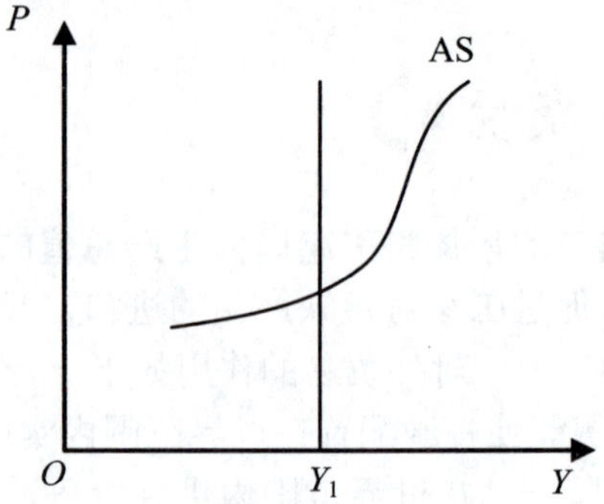

图 10-2　短期总供给曲线

当然也有一些极端的情况，例如社会存在较为严重的失业时，生产者可以在现行工资水平下得到其所需要的任何数量的劳动力，此时的总供给曲线如图 10-3 所示。当社会处于充分就业状态时，无论价格水平如何变化，总供给量都是固定不变的，如图 10-4 所示。

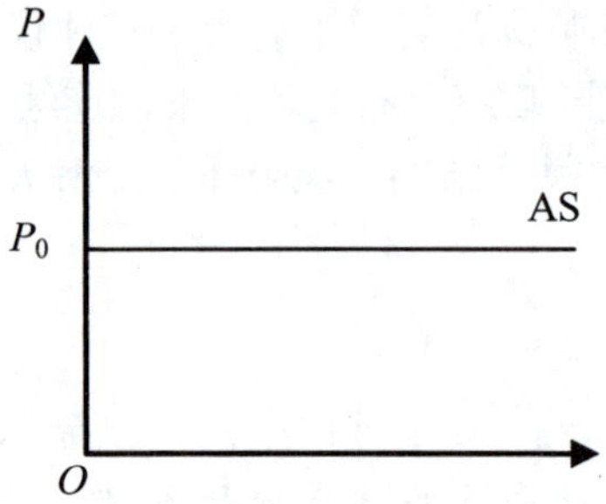

图 10-3　大量失业时的曲线

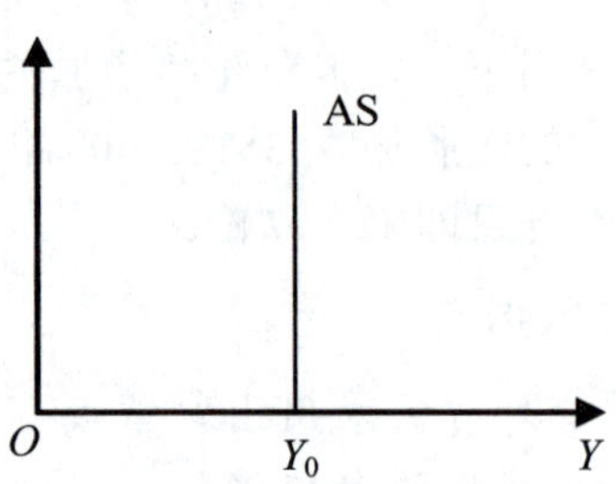

图 10-4　充分就业时的曲线

362　影响总供给的一些因素

总供给曲线是会经常移动的，诱使其移动的因素相对较为复杂，主要的影响因素有以下几点。

(1) **生产积累**。生产增长靠的是生产能力的增加和资金的积累。资金积累包括 3 个方面：企业自有资金、银行贷款、上市融资。

(2) **劳动力稳定**。国内劳动力无论是质量还是数量，都是比较好的。同时，国内劳动力的价格也比较低。

(3) **技术进步**。技术进步能有效提升总供给量，这也是可能制约我国经济增长的重要因素。技术进步分为技术创新、技术扩散和技术的转移与引进，技术进步最终提升国民思想的进步，就目前来说，这也是最为缺乏的。

专家指点

中国劳动力的水平普遍高于一些西方发达国家，且不说文化程度的高低，单单是勤奋这一点，就足以保持我国经济增长很长的时间了。

期货投资者不光要分析已经发生的现象，还要研究这些现象的发展趋势。劳动力的报酬是必须高于生活成本的，所以说中国不能在短期内解决技术水平的问题，这种靠廉价劳动力支撑的经济增长是无以为继的。如果中国经济增长减速，那么中国对大宗商品的需求必将大幅减少。

363 可以反映总供给的指标

总供给是一个长期的指标，一般情况下，它的变化没有总需求的变化迅速。反映总供给变化的指标主要有以下几个。

(1) **工业总产值**。工业总产值是以货币形式表现的、工业企业在一定时期内生产的工业最终产品或提供的工业性劳务活动的总价值量。一般以工业增加值增长速度来表示工业总产值的变化，工业增加值增长速度可以反映出工业经济的运行走势，判断行业景气程度，研究经济周期状况等。

(2) **农业总产值**。农业总产值与工业总产值类似，它反映了一个国家或地区农业生产的总规模和总水平。

(3) **第三产业总产值**。第三产业总产值指的是按市场价值计算的第三产业国内生产总值，主要包括流通和服务两大行业。

(4) **进口总额**。进口总额与对外贸易是相对的，它可以反映在内需方面。例如国内大量需求某一商品时，不足的供应量必将通过进口来实现。

364 货币利率与宏观经济

货币利率又叫利息率，是指一定时期内利息量与本金的比率，通常用百分比表示。根据计算时间不同，货币利率又可分为月利率、年利率等。**其计算公式是：利息率=利息量÷本金÷时间×100%**。

专家指点

利率是国家宏观调控的重要工具之一，当经济过热、通货膨胀上升时，提高利率可以抑制经济过热，降低通货膨胀；当通货膨胀得到有效控制，再调回利率。所以说，利率与宏观经济有密切的关系。

对于期货来说，调高利率会直接影响商品的价格，改变投资策略。例如在牛市中，小幅加息引发的市场回调，就是多头加仓不错的机会；在熊市中则恰恰相反，央行为防止经济过冷，会小幅降息刺激投资消费，此时期货的价格往往出现多次反弹，这些反弹就是投资者做空加仓的绝好时机。

想一想，货币利率与宏观调控有何关系？＿＿＿＿＿＿＿＿＿＿＿＿＿＿＿＿＿＿＿＿＿＿＿＿。

365 货币汇率与宏观经济

汇率是一国货币兑换另一国货币的比率，是以一种货币表示另一种货币的价格，又可以称为外汇行市或汇价。通俗来说就是本币兑外币的比率，本币指本国流通的货币，外币泛指外国货币。汇率对国家经济的影响主要有以下两个方面。

(1) **影响进出口水平与物价水平**。正常情况下，本币贬值可以起到促进出口、抑制进口的作用。原因是利用等量的外币，可以购买到更多本国的货物。同理，如果本币升值，则会抑制出口、促进进口。

(2) **影响资本流入和流出情况**。短期资本流动会受到汇率的影响，在本币对外币贬值的情况下，本国投资者和外国投资者就不愿意持有以本币计算的金融资产，并将本币兑换成外币，发生资本外流现象。相反，在本币对外币处于升值的情况下，常常发生资本内流的现象。

对于期货市场来说，无论是进出口水平还是资金流向，都将影响供需状况。假设人民币大幅度升值，往往会让进口激增，很有可能出现供应过剩的情况。

专家指点

投资者分析汇率的时候，不仅要分析本币，还要分析外币。例如美元暴跌，将直接推高全球大宗商品的走势。

366 货币供应与宏观经济

货币供应量指的是国家在某一时期内为社会经济运转服务的货币存量，它由包括中央银行在内的金融机构供应的存款货币和现金货币两部分构成。我国对货币层次的划分和意义有以下 4 点。

(1) **M0**。M0 是流通中的现金，就是投资者所谓的“钱”。

(2) **M1**。M1 又称为狭义货币，它是由“M0+可开支票进行支付的单位活期存款”组成，反映着经济中的现实购买力。

(3) **M2**。M2 又称为广义货币，它是由“M1+居民储蓄存款+单位定期存款+单位其他存款+证券公司客户保证金”组成。M2 不仅反映市场现实的购买力，还反映市场潜在的购买力。

(4) **M3**。它是由“M2+金融债券+商业票据+大额可转让定期存单”等组成，这是根据金融工具的不断创新而设置的。

专家指点

M2 减 M1 是准货币，若 M1 增速较快，则消费和终端市场活跃；若 M2 增速较快，则投资和中间市场活跃。中央银行和各商业银行可以据此判定货币政策，调整利率以对应市场的变化。如果 M2 过高而 M1 过低，表明投资过热、需求不旺，有危机风险。如果 M1 过高而 M2 过低，表明需求强劲、投资不足，有涨价风险。

生产者需要资本扩大生产，市场资金宽裕的情况下，企业可以更容易地在市场上筹措到资金，从而提升供应量，导致供需的变化。**所以，货币供应量最终会在物价上得到体现**。

专家指点

如果总需求过度膨胀导致供求失衡，可通过控制货币量达到对总需求的抑制；当总需求不足时，可通过增加货币供应量，提高社会总需求，使经济继续发展。同时，货币供给的增加有利于贷款利率的降低，可减少投资成本，刺激投资增长和生产扩大，从而增加社会总供给；反之亦然。

367 宏观经济的财政政策

财政政策指的是，国家根据一定时期政治、经济、社会发展的任务而规定的财政工作的指导原则，通过财政支出与税收政策来调节总需求。增加政府支出，可以刺激总需求，从而增加国民收入；反之则压抑总需求，减少国民收入。

财政政策是政府指导经济走向和进行财富再分配的手段，其内容一般包括：社会总产品、国民收入分配政策、预算收支政策、税收政策、财政投资政策、财政补贴政策以及国债政策和预算外资金收支政策等，它们之间有着相辅相成的关系。

国家不同财政政策的出台，对不同的商品有不同的影响。例如国家对玉米进行种植补贴时，多数有条件的农民会选择种植玉米，在提升了玉米供应的同时，也相对降低了其他农产品的供应。

10.2 期货供给与需求分析

供给与需求是经济学的一个模型，它主要用来决定市场均衡价和均衡产量。这个模型适用于竞争性市场，而非垄断性市场。

368 什么是供需模型

从大的层面来说，供应与需求是一起商品交易活动的前提，没有供应或是需求将不会有商品交易。假设某商品价格用 P 表示，数量用 Q 表示，则供需的标准模型如图 10-5 所示。

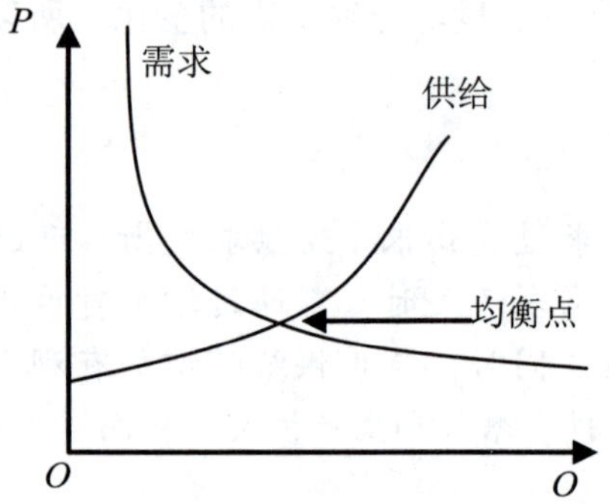

图 10-5 供需模型

从图 10-5 中可以得知，需求与供给曲线的交点就是供需平衡的位置(即均衡点)，生产企业与销售商可以根据该数据制订生产计划，确定市场的需求量等相关信息。

369 什么是需求曲线

需求曲线是显示价格与需求量关系的曲线，是指其他条件相同时，在每一价格水平上买主愿意购买的商品量的表或曲线。商品价格用 P 表示，数量用 Q 表示，则需求曲线如图 10-6 所示。

专家指点

需求量是不能被观测的。需求曲线可以以任何形状出现，符合需求定理的需求曲线只可以是向右下方倾斜的。

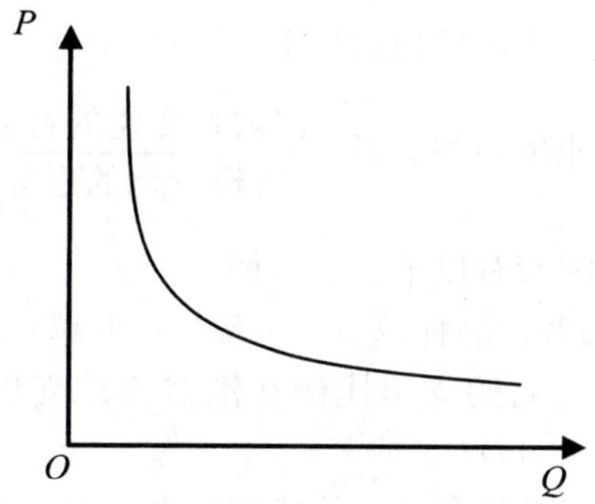

图 10-6　需求曲线

370　影响需求的 6 大因素

在实际情况下，由于多方因素的影响，需求曲线会变得比较复杂，能够影响需求的主要因素有以下几个。

(1) **商品的价格**。在正常情况下，某商品的价格越高，需求量会越大；价格越低，需求量则越小。

(2) **消费者收入**。当消费者收入水平提高时，需求量就会增加；当消费者收入减少时，需求量则会减少。

(3) **消费者偏好**。如果市场上的消费者普遍偏好某一商品，那么该商品的需求量自然增加。

(4) **消费者预期**。当许多消费者预期某一商品价格将要上涨，就会致使提前购买的现象出现，使得需求激增。

(5) **替代品价格**。替代品是指使用价值相近、可以相互替代的商品，如大米与小麦、植物油与动物油等。一般情况下，某种商品的价格提高，消费者会把需求转向其替代品上，从而使替代品的需求增加，被替代品的需求减少；反之亦然。

(6) **互补品价格**。互补品是指使用价值上必须相互补充才能满足需求的商品，如汽车与汽油、电器与电等。在互补商品之间，一旦某一商品价格上涨，需求量降低，也会使得另一种商品的需求量降低；反之亦然。

清一清，影响需求的因素有哪些？________________________。

371　需求的价格弹性

需求的价格弹性又称为需求弹性，在经济学中一般用来衡量需求的数量随商品的价格的变动而变动的情况，其计算公式如下。

$$需求的价格弹性=\frac{需求量变化的百分比}{价格变化的百分比}$$

决定需求价格弹性的因素有以下 3 个方面。

(1) **替代品**。某商品的替代品种越多，可替代程度越高，弹性就越大；反之亦然。

(2) **支出比例**。购买商品的支出比例在消费者总支出中所占比例越大，弹性越大；反之亦然。

(3) **价格变化时间**。一些具有较大价格弹性的产品，短期内可能体现不出来，需要较长的时间周期才能体现。

372 什么是供应曲线

供给是某一厂商在特定时间内，对某一商品愿意并且有商品出售的数量。商品价格用 P 表示，数量用 Q 表示，则供应曲线如图 10-7 所示。

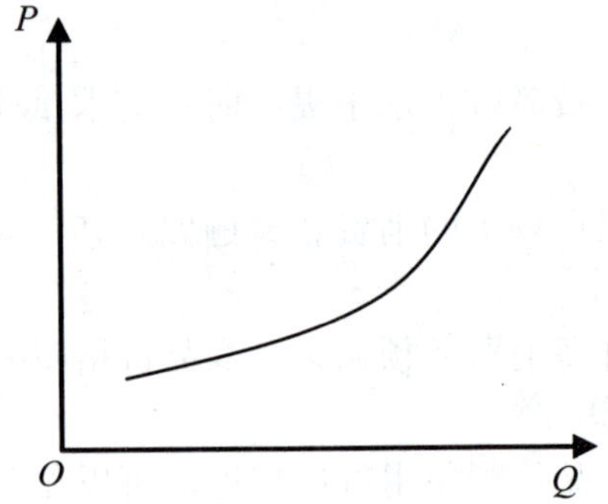

图 10-7　供应曲线

373 影响供应的 4 大因素

与需求曲线一样，在实际中供应曲线同样比较复杂，影响其变化的因素主要有以下几个。

(1) **商品的价格**。在正常情况下，某商品的价格越高，供给量会越大；价格越低，供给量则越小。

(2) **生产技术水平**。生产技术水平越高，则产量越高，供应量越大。

(3) **相关商品价格**。一般来说，相关商品价格越高，供应量将越大。

(4) **经营者的预期**。如果供应商预期某一商品价格走势上涨，那么将会扩大生产，增加供应量；反之亦然。

374 供应的价格弹性

供应的价格弹性有时候也被简称为供应弹性，它表示价格变动 1%引起供给量变动的程度，其计算公式如下。

$$供应的价格弹性=\frac{供应量变化的百分比}{价格变化的百分比}$$

影响供应弹性大小的主要因素有以下两个。

(1) **投资费用**。增加产量所需追加生产要素的费用较小，则供应弹性大；反之供应弹性小。

(2) **时间的长短**。一般在短时期内，厂商只能在固定的厂房设备下增加产量，因而供给量的变动有限，这时供应弹性就小。在长期内，厂商能够通过调整规模来扩大产量，这时供应弹性将大于同种商品在短期内的供应弹性。

10.3 农产品期货的基本面

农产品期货除了具有商品期货的大多属性外，还有一些独特的属性，所以影响农产品价格的基本面因素比较多，具体可分为 8 大方面，以下将详细说明。

375 分析需求因素

影响农产品的需求方面的因素有以下几个。

(1) **国内消费量**。国内消费量主要受消费者的收入水平或购买能力、消费者人数、消费结构变化、商品新用途发现、替代品的价格及获取的方便程度等因素的影响，这些因素变化对期货商品需求及价格的影响一般大于对现货市场的影响。

(2) **出口量**。出口量是本国生产和加工的商品销往国外市场的数量，它是影响国内需求总量的重要因素之一。分析其变化应综合考虑影响出口的各种因素的变化情况，如国际、国内市场供求状况，内销和外销价格比，本国出口政策和进口国进口政策变化，关税和汇率变化等。

(3) **期末结存量**。期末结存量具有双重作用，一方面，它是商品需求的组成部分，是正常的社会再生产的必要条件；另一方面，它又在一定程度上起着平衡短期供求的作用。

专家指点

本期商品供不应求时，期末结存将会减少；反之则增加。所以，分析本期期末存量的实际变动情况，即可从商品实物运动的角度看出本期商品的供求状况及其对下期商品供求状况和价格的影响。

376 分析供给因素

影响农产品的供给方面的因素有以下几个。

(1) **前期储备**。前期储备是指上年或上季积存下来可供社会继续消费的商品实物量。

(2) **当期产量**。当期产量是指本年或本季的商品生产量(根据农作物的收获时间确定)。它是市场商品供给量的主体，其影响因素也甚为复杂。从短期看，它主要受生产能力制约，资源和自然条件、生产成本及政府政策的影响。不同商品生产量的影响因素可能相差很大，必须对具体商品生产量的影响因素进行具体的分析，以便能较为准确地把握其可能的变动。

(3) **当期进口量**。当年进口量是对国内生产量的补充，通常会随着国内市场供求平衡状况的变化而变化。同时，进口量还会受到国际国内市场价格差、汇率、国家进出口政策以及国际政治因素的影响而变化。

清一清，影响农产品供给的因素有哪些？________________________。

377 分析经济周期

农产品波动通常与经济波动周期紧密相关。期货价格也不例外，其经济周期一般由复苏、繁荣、衰退和萧条 4 个阶段构成。

(1) **复苏阶段**。该阶段开始时是前一周期的最低点，产出和价格均处于最低水平。随着经济的复苏、生产的恢复和需求的增长，价格也开始逐步回升。

(2) **繁荣阶段**。该阶段是经济周期的高峰阶段，由于投资需求和消费需求的不断扩张超过了产出的增长，刺激价格迅速上涨到较高水平。

(3) **衰退阶段**。该阶段出现在经济周期高峰过去后，经济开始滑坡，由于需求的萎缩，供给大大超过需求，价格迅速下跌。

(4) **萧条阶段**。该阶段是经济周期的谷底，供给和需求均处于较低水平，价格停止下跌，处于低水平上。

378 分析自然条件因素

自然条件因素主要是气候条件、地理变化和自然灾害等。对于农作物来说，气候条件是影响产品的重要因素，一旦由于气候原因导致作物歉收，那么其价格自然水涨船高。

专家指点

期货交易所上市的粮食、金属、能源等商品，其生产和消费与自然条件因素密切相关。有时因为自然因素的变化，会对运输和仓储造成影响，从而也间接影响生产和消费。

想一想，为什么农产品价格受自然条件影响？________________________。

379 分析货币因素

商品期货交易与金融货币市场有着紧密的联系。利率的高低、汇率的变动都直接影响商品期货价格变动。

(1) **利率因素**。对于期货市场的投机者来说，保证金利息是其交易的主要成本。因此，利率的高低变动将直接影响期货投机者的交易成本，如果利率提高，交易成本上升，投机者风险增大，就会减少期货投机交易，使交易量减少。如果利率降低，期货投机交易成本降低，交易量就会放大。

(2) **汇率因素**。期货市场是一种开放性市场，期货价格与国际市场商品价格紧密相连。当本币贬值时，即使外国商品价格不变，以本国货币表示的外国商品价格也将上升；反之，本币升值时外国商品价格将下降。因此，汇率的高低变化必然影响相应的期货价格变化。

380 分析政策因素

对于农产品期货来说，影响它的政策不仅仅只有农业方面的政策，还有与之相关的多个方面。

(1) **农业政策**。各国政府为了自身利益和政治需要，而制定或采取一些政策、措施，这些都会对商品期货价格产生不同程度的影响。我国农业政策的变化也会对农产品期货价格产生影响，同时农产品保护价政策也影响农民的种植行为。如 1999 年国家农调队的种植意向调查显示，玉米种植面积增加 120 万公顷，而豆类作物减少 110 万公顷。种植面积减少，商品供应量减少，农产品价格会有所上涨。

(2) **贸易政策**。贸易政策将直接影响商品的可供应量，对商品的未来价格影响特别大。如 1999 年 11 月 10 日开始，中美贸易代表团在北京举行关于中国加入世界贸易组织的谈判，消息一出，大连大豆期价即告下跌，猛跌一周，2000 年 5 月大豆合约价格从 2240 元/吨下跌至 2060 元/吨。

(3) **食品政策**。食品政策影响加工食品对原材料的需求。例如国家对甜品加工管理较严时，白糖期货的需求会明显减少。

(4) **组织协定**。许多贸易国之间建立了国际性的或区域性的经济贸易组织，这些国际经贸组织经常采取一些共同的政策措施来影响商品供求关系和商品价格。国际大宗商品，如石油、铜、糖、小麦、可可、锡以及茶叶和咖啡等商品的价格及供求均受有关国际经贸组织及协定的左右。因此，期货价格分析必须注意有关国际经贸组织的动向。

清一清，哪些政策影响农产品价格？________________________________。

381 分析政治因素

政治因素属于投资者难以分析的方面，它主要指国际国内政治局势、国际性政治事件的爆发及由此引起的国际关系格局的变化、各种国际性经贸组织的建立及有关商品协议的达成、政府对经济干预所采取的各种政策和措施等。这些因素将会引起期货市场价格的波动，但波动的方向往往不好确定。

382 投资者心理影响

期货本身是交易未来的商品，投资者对未来走势的看法会决定其交易方向，大量的交易会直接影响期货的价格。因此，期货交易中的价格预期和投机心理对期货价格波动具有极强的推波助澜、加剧波动的作用。

10.4 有色金属期货的基本面

由于金属品种作用的差异性，金属期货的基本面分析应将工业金属与贵金属分开讨论。

383 工业金属

铜、铝、锌、铅等有色金属因为主要用于工业，所以又叫工业金属。**对于有色金属来说，使用该金属的行业的景气程度与需求量的关系最为紧密**。主要影响因素有以下几个。

(1) **宏观经济**。作为工业原材料，其需求量与经济形势密切相关。

(2) **供求关系**。体现供求关系最重要的一个指标是库存，它将直接影响金属的价格。一般工业金属的库存分报告库存和非报告库存，报告库存是指交易所库存，非报告库存是指全球范围内的生产商、贸易商和消费商手中持有的库存。

(3) **进出口政策**。关税政策直接影响工业金属进出口成本，是影响工业金属价格最重要的政策因素。

(4) **消费领域拓展**。开拓使用的新领域可以直接拉动某一有色金属期货的需求总量。

(5) **生产成本**。一般来说，工业金属的生产成本包括冶炼成本和精炼成本，这两项指标决定有色金属的价格走向。

金属矿石存在严重的分布不均的问题，所以容易造成地区性垄断市场。以铜为例，美洲占了全球超过半数的铜矿资源，所以当地的铜矿市场对整个世界铜的价格都有较大的影响。

专家指点

我国铜矿石产量严重不足，铜资源不足的缺口只能靠进口铜矿石、废铜或者精炼铜来弥补。所以，我国铜的价格与进出口贸易、国际价格有极大的联系。

384 贵金属

常见的贵金属期货有金、银、铂和钯等，但我国只有黄金与白银两种。这两种贵金属的价格有一定的相关程度，且作用也比较相似，主要用途有 3 个。

(1) **保值**。由于黄金或白银都曾作为货币流通过，且本身价值较高，所以其保值性是比较高的。

(2) **珠宝首饰**。使用黄金或白银作为珠宝首饰不仅美观，还能起到一定的保值作用。

(3) **工业应用**。目前能使用贵金属的行业并不是太多，一般只有一些“高精尖”

(如微电子领域)才能用到。

由贵金属的用途可以发现，其需求会相对稳定，只有在经济水平提高或国民收入提高的情况下，才能刺激民众的贵金属消费。同时，黄金和白银与货币的性质有相同之处，决定了这两种期货长远的价格相对稳定。

10.5 能源化工期货的基本面

能源类期货是商品期货中重要的一环，材料类期货也可以统称为能源期货。世界上的能源类期货有原油及其下游产物；新兴品种包括气温、二氧化碳排放额等。目前我国的能源类期货包括燃料油、焦炭、塑料、PVC 以及 PTA 和甲醇。能源化工行业的期货有 4 个显著特点。

385 受原油影响大

国际原油走势对化工产品的影响巨大，主要体现在两个方面：一是从成本上构成推力，二是对投资者心理产生影响。能源和化工产品在走势上具有趋同性，尤其是原油在一段时间内形成明显上涨趋势时，很容易引发现货市场跟涨，期货市场大量资金涌入炒作。但是，在油价变现温和时，主导化工产品价格走势的是其自身的基本面。因此，原油对化工产品到底产生多少影响力，关键是看原油上涨的幅度及持续时间。

想一想，为什么能源化工期货受原油影响？________________________。

386 波动周期频繁

能源类期货价格波动具有季节性和频繁波动性。虽然化工产品在生产上并没有如农产品般有季节性的供应特点，但在其需求上存在季节性特点，使得期货价格也会呈现上涨概率较大的季节、下跌概率较大的季节和价格盘整概率较大的季节 3 种情况。能源化工产业链长，供求关系的变化对期货价格的影响很大程度上受交易者心理预期变化的左右，从而导致期货价格反复频繁波动。

387 产业链较复杂

石化产业链较为复杂，影响因素众多，且各品种具有各自的特点。无论是分析成本还是供需，都需要对各个环节有清晰的认识，忽视了任何一个环节的客观现实都容易产生反应过度或反应滞后。

388　价格有垄断性

化工产业的终端产品价格具有垄断性。分析化工产业终端产品价格不容易，因为石化领域的“中间体”价格往往由生产企业根据成本加上企业的加工利润报价形成，而买方只能被动接受，所以化工品具有垄断性。特别是越靠近产业链上端的企业，其价格垄断性越强。

10.6　金融期货的基本面

金融期货是比较年轻的期货品种，目前我国的金融期货品种只有股指期货和国债期货两种。

389　股指期货

我国现有的股指期货只有沪深 300 这一种，由于股指期货的标的物是股票指数，所以股指期货的基本面分析应该从股票市场出发。

(1) **供给状况**。股票市场的供给只能来自于发行新股票，或非上市股票的流通。应该说，供需的影响在股指期货市场不会太明显。

(2) **宏观经济**。从长期和根本上看，股票市场的走势是由一国经济发展水平和经济景气状况所决定的，股票市场价格波动也在很大程度上反映了宏观经济状况的变化。

专家指点

根据证券市场历史走势可以看出，股票市场的变动趋势大体上与经济周期相吻合。在经济繁荣时期，企业经营状况好、盈利多，其股票价格也在上涨。当经济不景气时，企业收入减少，利润下降，也将导致其股票价格不断下跌。

(3) **利率调整**。如果利率上升，可能会将一部分资金吸引到银行储蓄系统，从而盘活了股票市场的资金，对股价造成一定的影响。同时，由于利率上升，企业经营成本增加，利润减少，也相应地会使股票价格有所下跌。如果利率降低，人们出于保值增值的内在需要，可能会将更多的资金投向股市，从而刺激股票价格的上涨。同时，由于利率降低，企业经营成本降低，利润增加，也会相应地促使股票价格上涨。

(4) **通货膨胀**。通货膨胀对股票市场有利有弊，既有刺激市场的作用，又有压抑市场的作用，但总的来看是弊大于利。在通货膨胀初期，由于货币增加会刺激生产和消费，加之企业的盈利，从而促使股票价格上涨。但通货膨胀到了一定程度时，将会推动利率上扬，从而促使股价下跌。

(5) **企业状况**。股票价格反映的无非是企业经营状况，影响其价位高低的主要因素在于企业本身的内在素质，包括经营情况、管理水平、技术能力、市场大小、财务状况以及行业特点和发展潜力等一系列因素。

(6) **政治因素**。国际的政治形势、政治事件、国家之间的关系、重要的政治领导人的变换等，这些都会对股价产生巨大的、突发性的影响。

390 国债期货

中国证监会于 2013 年 9 月 6 日批准中金所重新发行国债期货，作为国家债券，其基本面与国家政策最为密切。

(1) **长期趋势**。一般中长期国债价格或到期收益率一定程度上会受到经济增长以及通货膨胀因素影响。

(2) **从债券定价角度来看**。如果通货膨胀(CPI)走高时，债券买方往往会要求较高的到期收益率，即持有债券到期时获得的加权平均收益率，这会导致债券价格走低。同理，当 CPI 走低时，那么债券到期收益率往往跟随走低，则债券价格走高概率较大。

专家指点

一般情况下，CPI 一旦出现方向性走势，持续时间不会很短，这会导致在这个时间段内，中长期国债价格走势同样会出现较为明显的方向性。

10.7 基本面分析的 5 大缺陷

虽然基本面分析是通过各个方面对商品价格研判，基本涵盖了所有可以影响价格的因素，但是基本面分析还是有其不足之处。

391 无法了解所有的基本面

作为一名普通的投资者，或者是企业管理者，对于基本面的了解只能是被动接受。如果是作为国家机构或者国际投资银行，它们所了解的基本面肯定要比普通投资者了解得更多。

392 单一基本面影响方面广

在投资市场中，即使单个基本面，其影响也绝非单一的。例如人民币升值，从一方面来说，对于人民币标价不变的商品，其价值就等于提高了，那么对价格是要求下调的；从另一方面来说，美元相对于人民币是贬值的，以美元标价的商品价格则会上涨，进而影响国内商品价格的上涨，其关系如图 10-8 所示。

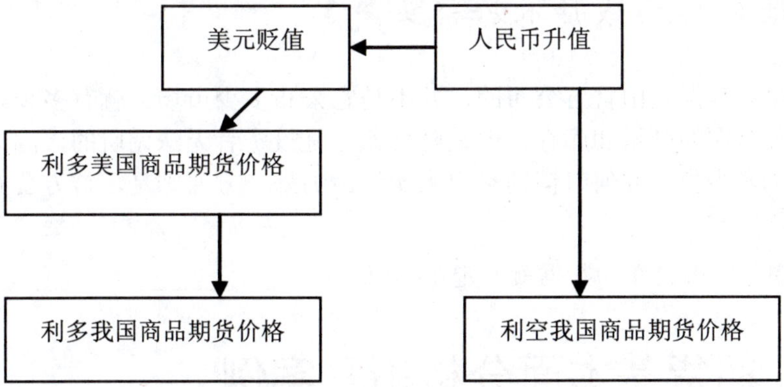

图 10-8　人民币升值的影响

从图 10-8 可以明确看出，同样一种基本面的变化，可以得出两种不同的结果，那么两者究竟谁占主导地位，一时很难分清楚。

想一想，为什么同一基本面的影响会相反？________________________。

393 基本面分析正确率不高

许多投资者认为，或许是由于技术原因，自己分析得出的结论正确率不高，但实际上作为掌握基本面更加全面的国家机构或者大型国企，也有亏损的时候。例如，中国储备棉管理总公司巨额亏损事件，豪赌国内市场棉价上涨。结果，国内棉价不涨反跌，致使其投机失败，亏损近 10 亿元。

期货投资的多空是相对的，有多头大额资金，就会有空头大额资金，那么做空与做多总有一方将以失败告终。如果说大资金的进入，是经过详细的基本面分析而做出的决策，那么失败一方的基本面分析肯定是有误的。

394 价格与基本面的因果关系

价格与基本面之间的因果关系也有不确定性。甚至基本面与价格同时发生变化时，两者完全没有关系。例如原油价格上涨与伊拉克战争之间的关系，到底是因为油价上涨所以发动战争，还是因为发动战争所以油价上涨，这对于投资者来说不得而知。

395 基本面的数据未必真实

基本面的数据是由官方公布的，并不是它公布多少市场上就有多少。以铜为例，官方只会公布铜的产量和库存，但是隐性库存是投资者无法调研的，因为“你不会知道我家藏了多少货，并何时悄悄拿出来卖”。另外一方面则是，官方公布的数字也会出现错误。

想一想，官方公布的数据就一定正确吗？________________________________。

10.8 期货基本面分析精彩案例

本节将通过笔者的亲身经历和实际案例，带你深入了解期货基本面分析。

396 案例：利率上调的具体影响

涂小姐投资期货只通过一次交易，就获得了巨额回报，原因是她赶上了利率调整这趟“快车”。当时利率上调后，她做空的铜期货并没有直接下跌，而是在波动。涂小姐咬咬牙也就坚持了下来，原因是她相信利率会给期货带来影响。

终于在一个月之后，铜期货价格开始下跌。不到半年的时间涂小姐做空的 10 手铜期货，收益将近 50 万元。

2011 年 7 月 6 日中国人民银行决定，金融机构一年期存贷款基准利率分别上调 0.25 个百分点。沪铜期货在持续走高后，终于在 7 月末开始下跌，如图 10-9 所示。

利率的调整对期货投资肯定有影响，对于不同的期货品种，反应的时间或许不一样，**但只要坚持，就会有所回报。**

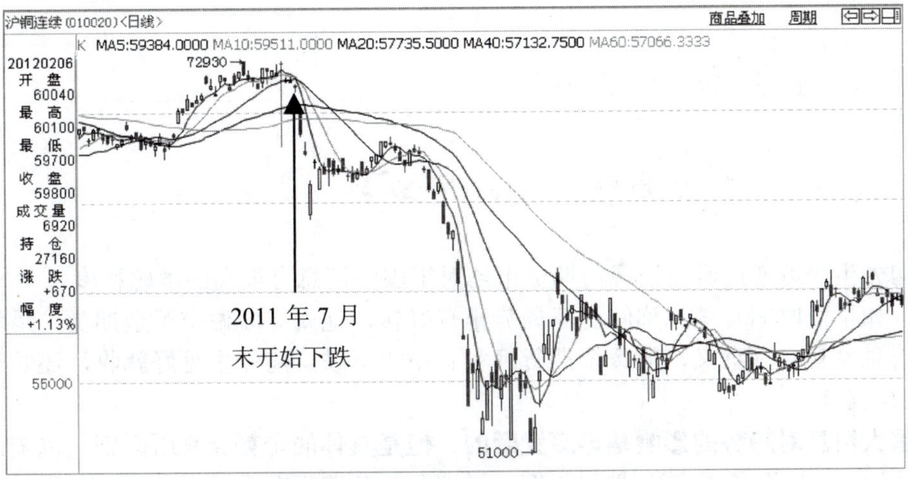

图 10-9　沪铜 2011 年 6—12 月走势

397 案例：货币政策的 4 大功能

小林刚刚开始学习投资期货，最让他奇怪的就是："期货不就是买涨买跌吗？为什么还要弄得那么复杂？连宏观经济都要考虑。"直到他看到朋友利用货币政策的变化大赚了一笔后，也开始重视宏观经济的作用了。

对于大多数投资者来说宏观经济"太遥远"，但是宏观经济中的货币一定是投资者感兴趣的，因为这就是"钱"。

所谓货币政策，是指政府为实现一定的宏观经济目标所制定的关于货币供应和货币流通组织管理的基本方针和基本准则。货币政策对宏观经济进行全方位的调控，调控作用突出表现在以下几个方面。

(1) **保持社会总供给与总需求的平衡**。货币政策可通过调控货币供应量达到对社会总需求和总供给两方面的调节，使经济达到均衡。

(2) **保持物价总水平的稳定**。无论通货膨胀的形成原因多么复杂，从总量上看，都表现为流通中的货币超过社会在不变价格下所能提供的商品和劳务总量。提高利率可使现有货币购买力推迟，减少即期社会需求，同时也使银行贷款需求减少；降低利率的作用则相反。中央银行还可以通过金融市场直接调控货币供应量。

(3) 调**节国民收入中消费与储蓄的比例**。货币政策通过对利率的调节能够影响人们的消费倾向和储蓄倾向。低利率鼓励消费，高利率则有利于吸收储蓄。

(4) **引导资金的合理配置**。储蓄是投资的来源，但储蓄不能自动转化为投资，储蓄向投资的转化依赖于一定的市场条件。货币政策可以通过利率的变化影响投资成本和投资的边际效率，提高储蓄转化的比重，并通过金融市场有效运作实现资源的合理配置。

清一清，货币政策有哪些功能？________________________。

398 案例：重大消息影响趋势

陶先生最近通过看盘发现，期货市场对于国际消息有很高的敏感程度。

例如早段时间有消息称叙利亚局势稍有好转，他就立即做空黄金期货，虽然类似这种消息没有实际意义，但黄金期货确实有小幅下跌，陶先生见好就收，还是获得了不错的收益。

重大消息对趋势的影响是毋庸置疑的，但是具体的走势会有所区别。以美国反恐怖战争(“9・11”及阿富汗战争)为例，详细分析各期货在重大消息中的走势。

1. 国际市场

(1) **金属市场**。“9・11”当天伦敦铜价上涨 1.8%，随后即出现下跌走势，该波下跌行情引致的低点达到 1336 美金/吨。

(2) **农产品市场**。“9・11”当晚，芝加哥交易所的大豆期货基本上没有受到突发事件冲击，当天的收盘价格基本上与前一交易日收盘价格持平。在“9・11”开始之前，国际大豆价格已经明显从 2001 年 7 月 17 日创下的高点 538 美分开始下跌。“9・11”之后大豆价格没有受到随后发动的阿富汗战争的影响，此轮下跌行情最终在 2002 年 1 月 3 日跌至 415 美分之后终止。

(3) **橡胶市场**。亚洲橡胶价格在 2001 年 9 月 12 日对“9・11”事件做出剧烈反应，胶价大幅度上扬。但是随着事件的持续以及美国对阿富汗战争的开始，胶价随即放弃上扬的势头，重新步入原先的下跌通道，直至 2001 年 12 月创下本轮下跌底部后，才重新步入上扬轨道。

2. 国内市场

(1) **铜期货**。由于“9・11”当晚国际铜价冲高回落，因此在 2001 年 9 月 12 日的交易之中国内铜对于该消息的反应程度远不如国际铜价来得那样剧烈，铜价继续维持原先的下跌走势。随着美国对阿富汗战争的开始，国内交易商忧虑经济衰退可能造成铜消费走弱，因此铜价继续下跌，并没有因为战争的因素扭转行情走势，价格在 2001 年 11 月跌至 13 600 元/吨左右。

(2) **大豆期货**。在“9・11”事件之后，国内大连大豆期货价格在次日的交易中波澜不惊，在美国反恐战争不断升温之际，国内大豆期货价格继续原先的下跌通道，直至 2001 年 12 月 29 日创下低点之后才转向上涨。

(3) **天然橡胶**。由于本次国际战事发生的时候，国内橡胶市场资金严重匮乏，因此国内橡胶市场基本上没有对反恐怖战争产生应有的反应。

399 案例：注意“隐性”基本面

彭小姐最近遭遇了“不测”，她做多的某期货品种遇到了连续的跌停板。在此之前，她甚至发现了对该期货基本面利好的消息。这让她大为不解：“即使是事后，也并未发现对该期货利空的消息，是不是基本面分析有问题啊？”

像彭小姐这样的情况并不少见，原因是在基本面分析中，有两个比较重要的“隐性”因素。但是，这两个不在传统的基本面之内的“隐性”因素，会对期货价格产生较大的影响。

1. 预期

由于期货交易的本质是“预期”，而不是简单的商品，所以投资者的预期对价格将起到比较大的作用。可是投资者的预期不会有明确的数据显示，并且预期往往会发生与客观事实相悖的情况。

例如伊拉克战争爆发之前，谁都知道打仗需要石油，原油价格理应上涨。但在战争爆发的前一个月，原油价格持续走低。

导致这样的情况发生，主要还是因为在战争爆发的更早以前，大量资金做多，价格就“预期”先上涨起来。等到真正确定要打仗的时候，市场发现战争对原油价格的预期又过大了，所以价格出现下跌。由此可见，原油价格的涨跌，完全是由投资者的预期所造成。

2. 资金

资金原本就不在基本面分析之内，但是资金对于期货市场是十分重要的。任何大资金的入市，都会导致期货价格走势的变化。有时甚至一笔小资金也可能产生“蝴蝶效应”，导致出现重大行情。

例如伦敦铜曾出现过一夜之间暴跌超过 10%，一天之内的跌幅就超过了之前一个月的暴涨走势，创下历史最大跌幅。在出现这样的行情之前，基本面没有任何变化，而且基本面也不可能在一夜之间发生如此大的变化。

据事后的“传闻”，极有可能是伦敦场内交易员下错了单，或者是下了一笔大单。虽然是“传闻”，但这样解释比其他原因更有说服力。

原因是，**只有较大的资金才能瞬间把价格拉低，**而国外对伦敦铜投资的基金组织都会有自动化止损，一旦价格跌至某一价位，系统会自动斩仓。结果随着越来越多的大型资金离场，价格越跌越厉害，最终导致这样的情况发生。

清一清，“隐性”基本面有哪些？________________________。

400 案例：基本面分析的 3 大要点

顾先生投资期货后，学会了用基本面分析价格的走势，但是他总感觉基本面反映出来的数据与实际情况有些出入。曾经出现过一次这样的情况，芝加哥玉米期货与国内玉米期货出现了较大的价差。顾先生认为这是高度相关的两种商品，价差肯定会马上缩小，但实际上这种情况经过了一段时间后才开始缩小。

后来顾先生才明白，原来这是经济周期不同导致的突发情况，虽然不常见，但也会影响期货的投资。基本面分析法是通过分析期货商品的供求状况及其影响因素，来解释和预测期货价格变化趋势的方法。在投资者分析基本面因素时，有以下一些值得注意的地方。

1. 供求分析难以准确

在实际投资过程中，因为不太可能获得所有真实的供求数据，比如大豆，投资者不可能把所有大豆的产量情况了解清楚，尤其是生长期，只能通过往年的亩产和种植面积来推知当年的产量，用主要生产国和主要消费国的情况来预测全球的供求状况，因此，只能通过其他方式对供求关系做定性或相对的定量分析。

2. 经济周期区别大

经济周期有 4 个阶段，通过商品处在某一阶段，可以判定其走势。但不同国家、不同时期的经济周期可能具有自己不同的特点。

专家指点

经济周期阶段可由一些主要经济指标值的高低来判断，例如 GDP 的增长率、失业率、价格指数以及汇率等。这些都是期货投资者应该密切注意的。

例如，在 20 世纪 60 年代以前，西方国家经济周期的特点是产出和价格的同向大幅波动；到了 70 年代初期，西方国家先后进入所谓的“滞胀”时期，经济大幅度衰退，价格却仍然猛烈上涨，经济的停滞与严重的通货膨胀并存；90 年代以来的经济波动幅度大大缩小，并且价格总水平只涨不跌，衰退和萧条期下降的只是价格上涨速度而非价格的绝对水平。进入 90 年代中期以后，一些新兴市场经济体，如韩国、东南亚地区等，受到金融危机的冲击，导致一些商品的国际市场价格大幅下滑。但是，全球经济并没有陷入全面的危机之中，欧美等地的经济依然发展稳定。

3. 政治对不同期货影响不同

投资者在分析政治因素对期货价格的影响时，应注意不同的商品所受影响程度是不同的。如国际局势紧张时，对战略性物资价格的影响就比对其他商品的影响大。

专家指点

期货市场价格对国际国内政治气候及相关政策的变化十分敏感。政治因素主要指国际国内政治局势、国际性政治事件的爆发及由此引起的国际关系格局的变化、各种国际性经贸组织的建立及有关商贸协议的达成、政府对经济干预所采取的各种政策和措施等。这些因素都会引起期货市场价格的波动。

清一清，基本面分析的 3 大要点：________________________________。

第 11 章

把握核心：价格走势分析

俗话说：“**众人皆醉而我独醒**。”只有拥有清醒的头脑，才能进行正确的走势分析。市场上的信息往往带有欺骗性，但图表数据不会说谎，技术分析是让投资者“独醒”的最好办法，技术分析最为关键的作用就是分析期货价格走势。

知识要点

- 什么是技术分析
- 技术分析的实际作用
- 价格走势常见的形态
- 利用顶部与底部分析
- 利用价格走势确定趋势
- 一些实用的变化规则
- 期货价格走势分析精彩案例

11.1 什么是技术分析

技术分析是利用一切分析工具，通过历史价格来预测未来价格的走势。由于“随机漫步”理论被金融学的认可，所以技术分析只能做投资参考，并不是绝对正确的。曾有金融学家指出：**“技术分析是艺术，而不是科学。”**

401 市场行为包容一切

投资者必须理解和接受“市场行为包容消化一切”这个前提条件，否则学习技术分析就毫无意义，这是技术分析的基础。

这个前提的实质含义其实就是价格变化必定反映供求关系，如果需求大于供给，价格必然上涨；如果供给大于需求，价格必然下跌。供求规律是所有经济预测方法的出发点，可以反向思考供求关系：只要价格上涨，不论是由于什么具体的原因，需求一定超过供给，从经济基础上说必定看好；如果价格下跌，从经济基础上说必定看淡。由此可以得出，研究价格变化就是投资者必须做的事情。

专家指点

从根本上说，技术分析人士不过是通过价格的变化间接地研究基本面。大多数技术派人士也会同意，正是某种商品的供求关系，即基本面决定了该商品的看涨或者看跌。图表数据本身并不能导致市场的升跌，只是简明地显示了市场上流行的乐观或悲观的心态。

在价格趋势形成的早期或者市场正处在关键转折点的时候，往往没人了解市场为什么会如此这般古怪地运作。恰恰是在这种至关重要的时刻，技术分析能让投资者独辟蹊径。所以，随着投资者市场经验日益丰富，遇到市场反常的情况越多，对“市场行为包容消化一切”这句话的理解就越深刻。

专家指点

技术派认为，在交易具体时机的选择方面，技术分析更有前瞻性和可操作性。当一个重要的市场转折初露端倪时，从基本面上也许找不到理由。但通过技术分析可以看清事物的本质，技术分析者乐于领先一步，当少数派。因为他们明白，引起价格变化的原因迟早会大白于天下，但那时肯定已经坐失良机，他们既不愿意也没必要等待。

虽然说影响市场价格的所有因素最终必定要通过市场价格反映出来，但不代表投资者研究价格就够了。实际上，图表分析师只不过是通过研究价格图表及大量的辅助技术指标，让市场自己揭示它最可能的走势，而并不是通过技术分析来征服市场。

想一想，你明白“市场行为包容消化一切”的含义了吗？________________。

402 价格以趋势方式演变

趋势性是技术分析的核心。研究价格图表的全部意义，就是要在一个趋势发生或转折的早期，及时准确地把它揭示出来，从而达到顺势交易的目的。

“价格以趋势方式演变”说的是，对于一个既成的趋势来说，下一步常常是沿着现存趋势方向继续演变，而掉头反向的可能性要小得多。这也可以说是金融学上的“惯性定律”。

趋势顺应理论的源头是，坚定不移地顺应一个既成趋势，直至有反向的征兆为止。“价格会以趋势方式演变”这句话虽然比较好理解，但投资者能否按照趋势去执行操作，而不是带着“说不定明天就涨回来了”这样的主观意愿去操作才是关键。

403 历史会重演

技术分析和市场行为学与人类心理学有着千丝万缕的联系，比如说价格形态，它们通过一些特定的价格图表形状表现出来，而这些图形表示了人们对某市场看好或看淡的心理。其实这些图形在过去的几百年里早已广为人知，并被分门别类了。既然它们在过去很管用，就不妨认为它们在未来同样有效，因为它们是以人类心理为根据的。**“历史会重演”可以解释为，通往未来的道路会隐藏在历史里，或者说将来是过去的翻版**。

专家指点

历史虽然会重演，但却以不同方式进行“重演”。现实中没有完全相同的两片树叶。例如，上次牛市某个期货品种大跌，这预示着牛市中会有下跌的期货品种，但下次牛市时，就不见得是上次牛市下跌的品种下跌了。

404 正确理解技术分析

技术分析倚赖的是技术指标，技术指标从大的角度来看，不外乎两种完全对立的思想。

(1) **趋势思想**。趋势思想引导投资者在期货价格上涨时买入。

(2) **整理思想**。整理思想引导投资者在期货价格下跌时买入。

显而易见，这两种思想是对立的，但是技术分析就是在这两种水火不相容的思想上建立起来的。使用技术指标的关键就是，在某个特定市场找到适合分析尺度的技术指标，或者说找到适合某种指标的市场尺度。

技术分析看似简单，简单到可以用两条线，最多 3 条线来发出明确的买卖信号，简单到只用两种指标就可以分析行情。但是简单的背后，是无数代人研究、探索的成果。技术指标属于统计学范畴，给我们的只是概率分析，所以技术指标不能告诉投资者市场一定会怎么样。

并不是技术分析越细致越好，技术分析指标的灵敏度与稳定度成反比。例如，一些投资者寻找更多的采样特征来扩充技术指标分析思想，有的加入成交量，有的加入基本面的信息，甚至嫁接不同的技术指标，来实现更高的准确率。但是这些指标往往是时间稍稍流逝，市场稍稍变化就会失效。

405 技术分析的利与弊

技术分析是一种科学的预测，同市场较接近，考虑问题较直观，获得收益的周期短，其优势具体有以下几点。

(1) **明确反映行情**。技术分析具有量化指标特性，技术分析提供的量化指标，可以明确指出行情的转折点。

(2) **正确引导投资**。技术分析具有趋势追逐特性，由技术分析得出的结论，是引导投资者去顺应趋势，而不是创造趋势。

(3) **不带主观判断**。技术分析是直观现实的，它所提供的图表，是历史轨迹的记录，无虚假和臆断的弊端。

在实践中，技术分析的假设条件同样会受到限制，这就决定技术也有不足之处，具体表现为以下 3 点。

(1) **不确定性**。所有技术分析，都是一种涨跌率的预测，没有百分之百绝对的正确，最佳技术指标参数具有不确定性。

(2) **滞后性**。技术指标也具有滞后性，价格变动在前，指标变动在后。

(3) **欺骗性**。技术指标有时也具有欺骗性，一些大的投资机构利用大众投资者的一般投资原则进行反技术操作，使普通的投资者上当受骗，因此要注意多个指标的联合运用。

清一清，技术分析有哪些利弊？_______________________________________。

11.2　技术分析的实际作用

技术分析可以用于期货交易的各个环节，从开仓到平仓，技术分析都可以发挥其作用，本节将展现不同的技术分析指标在期货投资的各个环节的作用。

406　用技术分析选择时机

当投资者发现期货价格的某一趋势以后，具体开仓的时机就变得比较关键，趋势判断正确代表投资者可以获得收益。但是收益获得的多少，是要靠精准的买入点来确定，而技术分析就是确定这个点位的好工具。

利用图形上出现的价格“跳空”就可以有效地选择买卖的时机。例如，在上升运动之后，其下方的价格“跳空”常起到支撑作用。当价格跌回价格“跳空”的上边缘，或者回到价格“跳空”之内的时候买入，然后把止损指令放置在“跳空”之下。在下跌运作之后，当市场反弹到上面价格“跳空”的下边缘，或进入“跳空”之内的时候卖出，然后把止损指令安排在“跳空”的上方。

专家指点

虽然说交易时机的问题是针对很短暂的时间区间而言，与逐周、逐月的筹划相对立，但是所采用的技术方法依然是一致的。

想一想，技术分析是怎样选择时机的？________________________________。

407　选择出、入市时间点

在选择出、入市时间点这一方面，支撑和阻挡水平是最行之有效的图表工具。当阻挡被击破时，可能就是构成开立新的多头的信号。这个新头寸的保护性止损指令就可以设置在最近的支撑点的下方。投资者甚至还可以更接近地设置止损指令，把它安排在实际的突破点之下，因为这个水平现在应该起到支撑作用了。

专家指点

如果在下降趋势的市场上，价格冲至阻挡水平，或者在上升趋势中价格下跌到支撑水平，投资者就可以开立新的头寸，或者把已有账面利润的原有头寸加以扩大。另外，在投资者设置止损指令的时候，支撑和阻挡水平也是最有参考价值的。

408 找到趋势变化的信号

如果投资者正在寻找趋势变化的技术信号，用作开立新头寸的判断，或者正找机会平仓了结原有头寸的话，**紧凑趋势线的突破常常构成绝妙的出手信号**。当然，其他技术信号也必须考虑。

专家指点

在趋势线起支撑或阻挡作用时，也可以用作入市点。在主要的上升趋势线的上侧买入，或者在主要的下降趋势线的下侧卖出，均不失为有效的时机抉择的对策。

409 开设新头寸时机判断

在上升趋势中，向下的调整常常回撤到前面的上涨进程 40%～60%的位置，投资者可以利用这一点来开立新的多头头寸。目前，投资者主要考虑的是时机抉择问题，所以投资者把百分比回撤也应用于非常短期的变化。比如说，在牛市突破之后的 40%回撤，或许正是绝妙的买入点。而在下降趋势中 40%～60%的向上反弹通常提供了优越的抛空机会。同时，在日内价格图上，交易者也可以应用百分比回撤的概念。

11.3 价格走势常见的形态

期货价格的走势图(或分时图)是反映价格趋势最基本的图形，它由一根曲线形成，了解曲线中所形成的顶部与底部形态，是投资者了解走势图的基础。**投资者值得注意的是，任何走势形态都可以从长期范围和短期范围来看，但是选择区间越长，分析的准确性越高**。

410 单顶与单底

单顶是指价格涨到一个顶点，形成顶部，并在研究区间之内再没有达到相同价位的地方，它既可以是一轮陡直上涨后的迅速下跌，又可以是缓慢上涨始于顶部的回落。单底与单顶正好相反，当期货价格形成底部以后，在一段时间内不再达到此价位。一般来说，价格如果从单顶处下跌，会形成更低的顶部；价格如果从单底处上涨，会形成更高的底部，如图 11-1 所示。

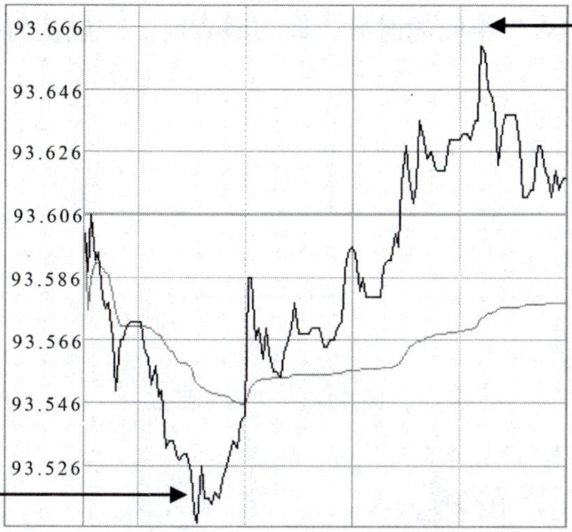

图 11-1 单顶与单底

想一想，你遇到的单顶多还是单底多？________________。

411 “U”型底

“U”形底又叫作平底，是指期货价格停留在一个狭窄的交易区间内几周甚至更长时间，数次形成同样的底部或顶部，然后一旦它突破中间的顶部，就形成了“U”形底，如图 11-2 所示。**一般来说，这个突破点也成为投资者最安全的买入点。**

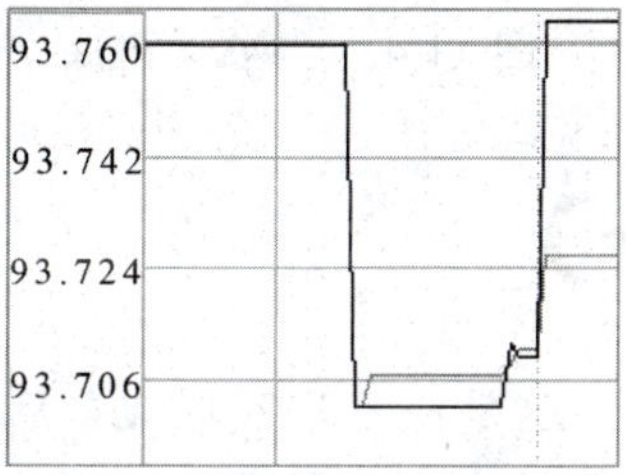

图 11-2 “U”型底

412 “W”型底

“W”型底又叫作双重底，如果商品下跌形成了底部，接着就开始了持续几周或更长时间的反弹，然后再跌到与第一次相同水平的位置，再一次形成底部，之后又一次上升并突破之间的顶部。这样，一个“W”型底就形成了，如图 11-3 所示。**如果**

市场处于顶部或者“W”中间的时候，即突破点时，一般认为是投资者买入比较安全的时机。

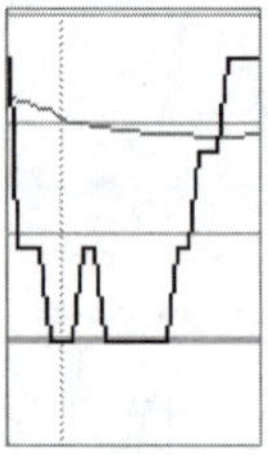

图 11-3　“W”型底

413　“WV”型底

“WV”型底又叫三重底，是在双重底形成之后，在同一水平形成了第 3 个底部。如果某期货价格走势图形成一个“W”和一个“V”，如图 11-4 所示，**此时在“W”的第二个顶部被突破时，视为买入比较安全的位置**。

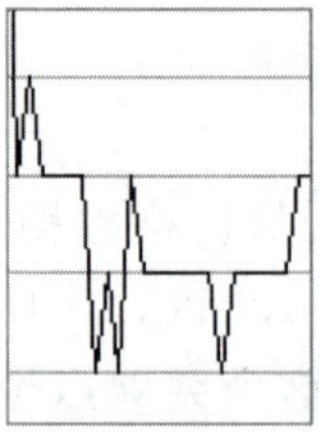

图 11-4　“WV”型底

414　“WW”型底

“WW”型底又叫四重底，这是在三重底形成之后，在同一水平形成了第 4 个底部，如图 11-5 所示。**此时买入的安全位置是，突破点或商品价格到达第二个“W”中间顶部**。

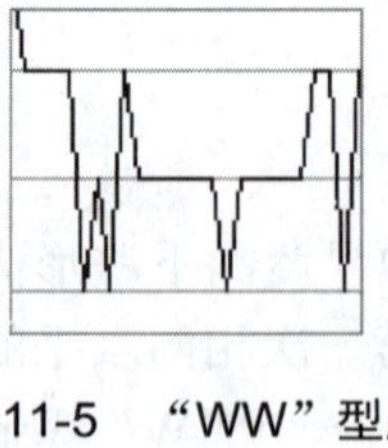

图 11-5　“WW”型底

415 “A”型顶

“A”型顶又叫陡峭顶，在长期的上涨或一轮大牛市的行情临近尾声时，商品价格走势往往会形成一个陡峭的顶部，如图 11-6 所示。这个顶部形成一般要经历长时间的上涨，中间即使有下跌也是小幅度并且时间很短的，上涨到定点后会迅速下降。面对这种情况的时候，**较为安全的出售时机是在随后的反弹时，更为安全的时机是在它冲破最后一段“A”或者跌破首个下跌底部时**。

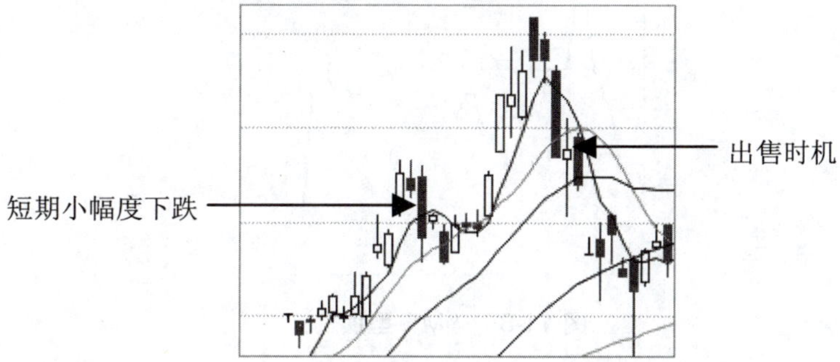

图 11-6　“A”型顶

清一清，“A”型顶中价格有哪些阶段？________________。

416 “U”型顶

“U”型顶又叫扁平顶，在同一水平附近有数个顶端形成，以及在几乎同一水平形成回落的顶部，并停留在一个狭窄的交易范围内，形成一个“U”型的顶端，如图 11-7 所示。**当它跌破一系列底部时，可以认为是做空的安全时机**。

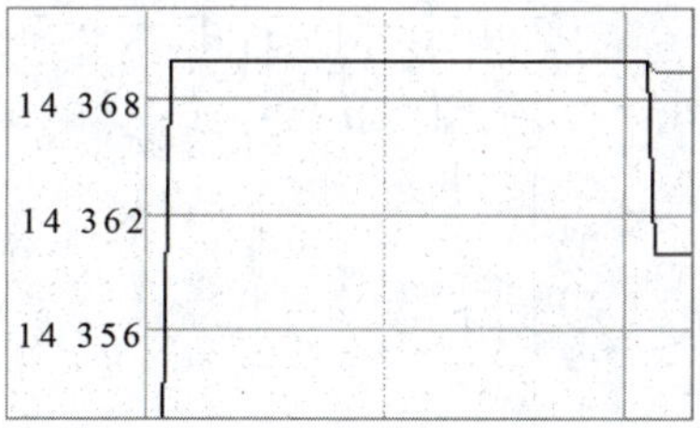

图 11-7　“U”型顶

417 “M”型顶

“M”型顶又叫双重顶，当商品价格在大幅度上升至顶部后，开始了持续下跌，然后再一次反弹至同一顶部附近，就会形成一个“M”型，如图 11-8 所示。**此时，一旦价格下跌至最后一次回落之下，或者“M”型的中间时，可以认为是做空比较安全的时机**。

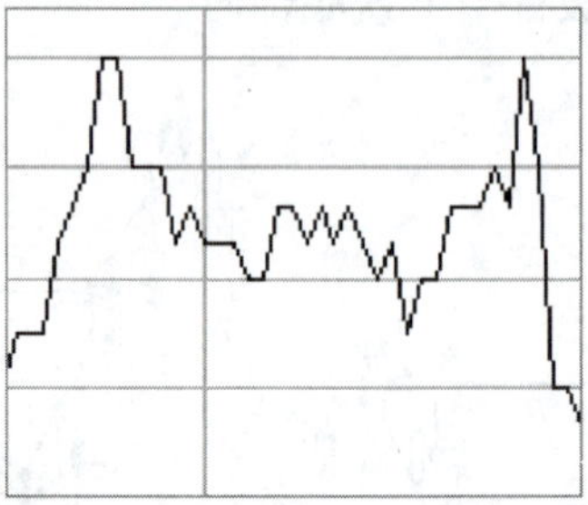

图 11-8 “M”型顶

418 “MA”型顶

“MA”型顶又叫三重顶，这是在出现“M”型顶后，价格又一次回到了之前的顶部并开始下跌，如图 11-9 所示。**一般这种情况出现，预示着市场将大幅下跌**。它停留在顶部的时间越长，下跌就越强烈，一旦价格跌破了最后一个底部或者“M”的最后一段，一般是安全卖出的好时机，如果它跌破了“A”的底部，那么将是卖出的更好时机。

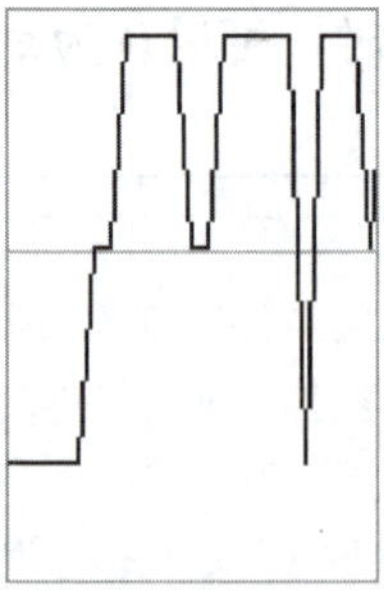

图 11-9 “MA”型顶

419 "MM"型顶

"MM"型顶又叫四重顶，它由两个"M"型顶组成，如图 11-10 所示。**如果价格在第二个"M"的第二个点或最近一次回落的最低点被跌破，可以认为是做空比较安全的时机。**

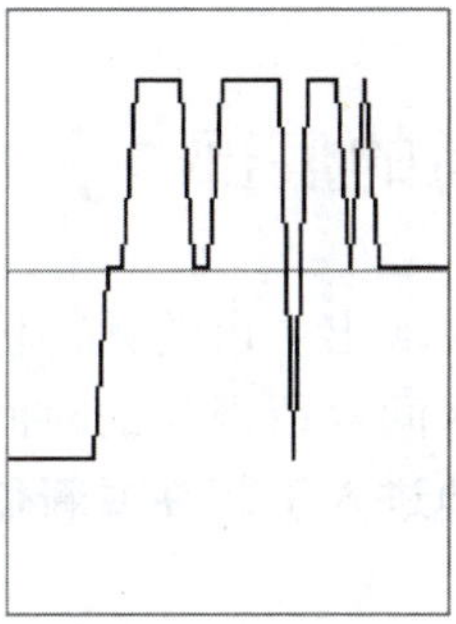

图 11-10　"MM"型顶

清一清，"MM"型顶经历了哪几次涨跌？＿＿＿＿＿＿＿＿＿＿＿＿＿＿＿＿。

11.4　利用顶部与底部分析

利用顶部与底部的出现判断价格趋势，是投资者学会看懂走势形态后要做的事情，这就是利用技术指标来分析趋势。

420 更高的底部和更高的顶部

市场运动受供求关系所支配，并且将商品价格推到更高的价位所需要的购买力要比卖出力大。假设卖压比买压大时，商品的价格就会下跌，当商品价格完成筑底并开始上涨之后，如果商品价格继续去构筑更高的顶部或底部，那么整体趋势就会向上，它们会以更高的底部或顶部来显示出强劲的势头。

专家指点

卖压与买压是期货中常见的名词。卖压是指在期货市场上大量抛出商品，使得商品价格迅速下跌；买压是指购买期货的人多，而卖出期货的人很少，造成商品价格上涨的情况。

因此，投资者应该仔细观察前 4 个更高的底部，并牢牢记在脑海里。其中，第 3 个更高的底部的重要性与统一价格上的 3 个底部一样，一般来说，它代表市场正处强势并获得了很好的支撑。**一旦市场在波动中构筑了第 3 个更高的底部，并且上升到了一个新的高价位或者突破了前一个顶部阻力位之后，那就预示着市场将要出现更高的价格**。

想一想，更高的底部与顶部预示着什么？____________________。

421 更高的顶部和更高的底部

如果市场持续走高并明显地表现出牛市的话，价格的走势将抬高底部和顶部。但是，一个市场可能会在某一交易区间停留很长的时间，却从未出现比上一个顶部低的情况。**此时，一旦它确实突破性地进入了新高或新低，那很有可能是将要出现更大的价格区间**。

专家指点

一个处于下跌的市场，它的顶部和底部一定会降低，因为这说明了压力作用于市场或支撑大于卖压的时间。

422 更低的顶部和更低的底部

在市场构筑了最后的顶部，且卖压比买压大时，市场很自然地会下跌，在这样的下跌趋势中，会形成更低的底部和更低的顶部。

423 更高的底部和更低的顶部

这种情况常常在市场处于一个交易区间时发生，底部持续上升，不断构成比较高的底部和更低的顶部，一般发生在市场正趋向于平衡或开始向一个方向突破时。在一系列更高的底部以及稍低的顶部形成之后，**一旦市场突破了顶部，那就表明市场到达更高的价位**。

专家指点

一旦市场收益跌破了一个重要的底部，那就意味着支撑已经失效，下跌将持续。

424 当价格涨破原有的顶部

如果某期货的价格涨破了之前的老顶部，或涨到了上一次大行情的最高点之上时，都预示着更强的买力与趋势转变。老顶部可以是周顶部，也可以是月顶部等，假设以 1 周为区间来看的话，当某期货价格突破了周顶部后，其预见的趋势往往也是针对本周来说。

市场突破了老顶部以后，通常会有小幅上涨，然后下跌至老顶部，或老顶部稍微偏下的位置，但下跌幅度很大的情况比较少。**所以，当市场回落到老顶部时，是一个较为不错的买入时机。**

专家指点

在价格涨破了之前老顶部时买入，针对的是价格突破顶部后，即将出现的上涨趋势。但是实际价格很有可能继续回到原来的区间波动，所以投资者应该事先设置止损位，以防上涨趋势未出现而亏损。

425 当价格跌破原有的底部

如果投资者通过周线、月线等走势图，发现某期货价格跌破了原有的底部，那么就表明趋势已经开始向下反转。一般此时，市场在跌出原有底部不久之后，会反弹至原来的底部。如果投资者此时选择做空，比较好的止损点就是原有的底部。

426 次级反弹或更低的顶部

当市场经过了长时间上涨后，在期货价格到达了最终的顶部且在牛市结束的时候，常常会有一场剧烈下跌，这样的下跌可能会维持一段比较长的时间。在第一次迅速下跌之后，市场会在一个狭长的区间波动。

在此之后，次级反弹将出现，反弹甚至会达到原有的顶部。根据以往的数据来看，这样的案例为数不少。**当发生次级反弹时，特别是在趋势开始反转向下时，它就是比较安全的做空信号。**

专家指点

当投资者明白了次级反弹会常常出现之后，就应该在发生第一次剧烈下跌时平掉做空的仓，为了之后的次级反弹而买入。在次级反弹的顶部出现后，才是最安全的做空点位。

427 次级下跌或更高的底部

在一轮熊市行情结束之后，无论其结束下跌的方式是猛烈的还是平缓的，都会构成一个最后的底部，之后常常会出现持续时间较长的快速反弹。然后就会开始出现次级下跌，并形成一个更高的底部，此时的底部是最安全的买入位置。虽然说买入点应该尽量选在价位更低的时候，但是没有次级下跌这样的信号出现，是无法判断其价格走势的。没有根据市场信号的操作，更像是一种赌博，在这样的情况下赌对了或许收益比较大，但大多数情况是得不偿失的。

例如，某玉米期货品种最近正常的波动区间是 2000～2200 元，当它的价格下跌到 1950 元时，许多投资者都想赶紧捡低价的“便宜”。但是接下来它很有可能跌到 1900 元。此时，又有更多的投资者认为有“便宜”可赚。一旦该期货价格跌至 1850 元时，或许在 1950 元时买入的投资者已经撑不住而被迫斩仓出局了。投资者应该等到上涨的信号出现时，再进行买入操作。

清一清，自己在下跌过程中获利的经历：______________________________。

428 牛市未能突破原有的顶部

在大牛市当中，也有许多期货品种没有跟上这种行情。假如某一期货在经过了一段时间的上涨后，并未能突破原有的顶部，那就意味着该期货所持的状态不够坚挺，根据期货中投资者的规则，买入的商品状态越强劲越好，所以这样的期货品种并不适宜投资者买入。

专家指点

对于在牛市中未能突破原有顶部的品种，即使在牛市末期有可能突破，投资者做多这样的期货品种时，还是要慎之又慎。但如果牛市以后紧接着熊市来临，那么这样的期货品种就是做空的好对象。

429 熊市未能突破原有的底部

在大熊市中，会有一些期货品种显现出很强劲的势头，或许它们并未逆势上涨，但是它们反复波动，却并未能突破原有的底部。投资者熊市中做空，一定要选择与市场大趋势一致的期货品种，表现强劲的期货品种，明显不适合做空。当农产品普遍丰收时，很有可能个别品种会歉收，致使该歉收品种在下跌趋势中比较坚挺。例如我国北方风调雨顺，玉米、小麦等北方作物长势喜人；南方却饱经洪涝等自然灾害，导致早籼稻歉收。

对于熊市中不能跌破原有底部的期货品种，建议投资者不要去操作。这样的期货品种走势会比较复杂，影响其价格变化的因素过多，可以说是一种“要跌不跌”的状态。

11.5　利用价格走势确定趋势

通过分析不同情况下的价格走势，可以预测相对应的变化趋势。

430　通过底部区间分析

在价格没有突破前一段时间的底部或顶部时，投资者千万不能过早断定大势或小趋势已经出现了变化。在市场看涨的情况下，某一期货的价格下跌不久就将反弹，并且下跌的幅度也不会很大，形成位于底部之上的双重底或多重底。但是一旦价格跌破原有的底部，就表示在出现一些重要反弹之前，价格将要下跌至更低点。

431　通过顶部区间分析

在出现双重顶或多重顶，但价格并未涨破原有顶部时，即便是牛市也不应该过早进入。一旦价格涨破原有顶部，在其回落之前，价格常常会出现明显的上升迹象，这时进入做多才会更好。

专家指点

一切以假乱真的价格变动经常出现在牛市或熊市的最后阶段，投资者应该在有明确看涨或看跌信号出现后再进行交易操作。

432　分析回落时间长度

时间长度是判断大势是否变化的一个重要途径。其具体规则是，在大行情经过了一段时间后(即到了势头萧条的阶段)，萧条阶段出现回落的时间超出了之前最长的回落时间，这时往往是大势开始出现变化。

专家指点

值得注意的是，无论牛市或熊市，它们前期出现的空间变动的反转，是无法表现出行情最后阶段将要出现的重大逆转。也就是说，在牛市中上升势头强劲时，即便当前回落期比牛市开始时长，也不代表大势发生了改变。

以往的数据显示，通常牛市中小顶部时间或者回落期为 4 周左右，如果市场在萧条阶段连续回落时间超过了 5 周，就表明大势已经转变。这对于熊市同样适用，一旦空间变动或者价格反弹的点数被超过，就表示牛市即将开始。

想一想，回落时间长度如何判断大势？________________________。

433 分析狭长波动区间

在某一狭窄的交易区间内，如果某一期货的价格持续数周或数月后，价格突破了原有的底部或顶部，这很大程度上意味着大势已经发生改变。并且，价格在该狭长区间停留的时间越长，突破该区间后变动的幅度也将越大。

434 分析价格横向运动

期货市场的价格走势并不是仅仅只有上涨或下跌两种，还有一种横向运动，即不涨不跌。

当某一期货品种属于横向运动时，它会在一个狭窄的交易区间维持较长的时间，价格既不高于以往最高点，也不低于以往最低点。这就让投资者浪费了大量时间在这种期货上面，并无端地支付长时间的持仓费用。

在这样的情况下，投资者最好的办法就是观望，直到价格突破了这一狭长区间。当这种横向运动一旦被摆脱之后，无论上涨还是下跌，多半情况下其价格将会进入一个新的领域。如果投资者在市场进入一个新的领域之后再进入的话，就能更为方便地设置止损价位，使得投资者在市场价格不变动的情况下得到保护，或者能够安全离场。

专家指点

如果投资者能在价格突破横向运动之后进行交易，不但能省下大量的持仓费用，还能利用资金做更为有利的交易操作。

435 横向运动发展阶段

当牛市行情临近结束时，期货价格很有可能出现横向运动，并开始积累、发展。价格一般会在这一交易区间维持较长时间，该区间的顶部也许会低于极限最高价位。投资者在遇到这样的情况时，一定要密切关注该横向运动的发展区间，当期货价格处于这个横向发展区间的顶部时，就可以认为是空头出售的好时机。当它突破了这个区间的最低点之后，出售会更加安全。

当熊市行情进入末期时，首次剧烈上涨之后会有一个次级回落，接着就很有可能进入横向积累并发展的阶段。在此期间，期货价格会在横向发展区间的最高点与最低点之间反复波动数次，这个幅度的最低点就是一个较为不错的买入阶段。

436 低价位的横向运动

低价位之上的积累是市场横向运动比较不错的买入时机。此时，市场下跌并形成较为陡峭的底部，一般在这之后会反弹、回落，但仍然远远保持在老底部之上，在这种底部以上的狭窄范围内的价格波动，可以证明市场开始处于坚挺状态。

专家指点

一些投资者在还没等到价格恢复到原来的低水平线时，就开始买入等待上涨，因为他们通过分析低价位上的横向运动，了解该期货价格很难以回到原来的低水平了。

437 大行情末期的趋势

一般来说，当市场处于牛市的最后阶段的迅速上涨的时候，随着价格不断上升，回落会逐渐减小，直到行情的最后一阶段结束。然后，回落就会变得剧烈、迅速，市场趋势也随之改变。

当熊市处于最后的阶段，且价格跌破了所有的原有底部，随着价格不断降低，反弹的次数不断减少，幅度也减小。在这个时候，一些选择买入的投资者就失去了反弹时卖出的机会，直到价格跌至最后的底部后，首次反弹出现。这也是在牛市与熊市的最后阶段，投资者不能逆势而行的原因。

清一清，你遇到过多少次大行情并从中获利？____________________。

11.6　一些实用的变化规则

价格趋势变化的规则是许多专家、学者通过大量的历史数据总结得来，这些规则虽然不是定理，但大多数情况下是奏效的。所以，投资者在实际投资中合理利用这些规则，可以大大提高自己投资的准确率。

438　价格持续天数的规则

时间趋势变化，不是考虑跌幅达到多少元、将要反弹多少元，而是基于持续下跌的时间，随后出现的反弹时间。其重点是涨跌的天数，在可变的时间周期内发生趋势上的变化就表示如下。

(1) **上涨数天**。市场长时间处于上涨，并形成顶部。

(2) **出现下跌**。往往会发生一次连续几天或更长时间的回落下行。

(3) **价格反弹**。出现上行运动，形成一个比较低的顶部。

(4) **再次下跌**。价格再由这一顶部下跌。

(5) **或跌破底部**。这次的下跌极有可能首次跌破下行运动的最低位置，形成“M”型顶。但也有可能跌破底部，并在狭长区间波动较长时间，形成类似于“M”的图形。

这种类似于“M”的图形，是一种比较长常见的情况。如图 11-11 所示为沪铜1406 在 2013 年 6 月 28 日至 2013 年 7 月 20 日的走势。

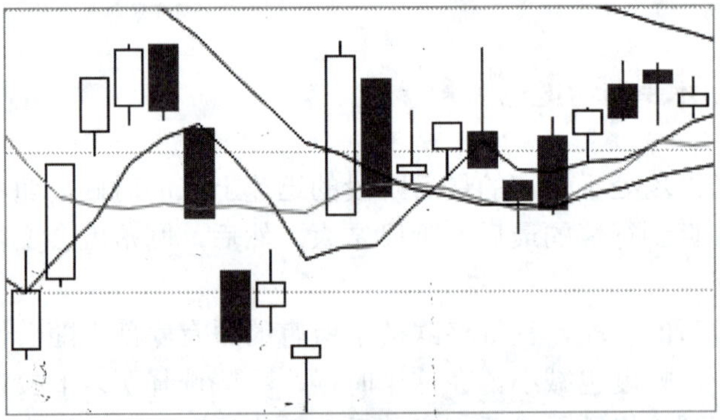

图 11-11　沪铜 1406 的走势

但是根据历史数据来看，该规则也有例外的情况，例如市场价格出现了迅速而猛烈的上涨，并且在时间趋势没有发生变化的情况下，形成了一个单一顶部。

439 利用价格走势的快慢

一些投资者发现，期货的价格在低价位时总会非常缓慢，而在高价位上却非常迅速，这是价格正常运动的行为。**所以说，能够判断出目前期货的价格是在高位还是低位，就能知道其运动的规律**。

例如某一期货价格已至高位，那么对于该期货的投资策略应该是较为激进的，因为期货在高价位的波动会非常迅速，或者在高价位无法保持较长时间，走向下跌。

440 涨跌持续时间有规律

期货价格的涨跌时间是有迹可循的，通过对趋势持续时间的把握，可让投资者获利的时间更多。当商品处于正常的市场中，一旦价格的上涨速度变得缓慢，且未出现涨停板，如果某一期货品种的上涨趋势已经持续了数周以上，多半会发生 10 天以上的正常回落。但是回落的时间一旦超过 15 天，则回落的时间很有可能要持续一个月。反之，在下跌行情中也适用该规则。

对于投资者来说，将每日最高价和最低价记录下来是不错的技术分析方式。通过观察这些数据持续时间，可以很好地判断即将出现的趋势。例如，某一期货价格连续上涨了 13 天，但在第 14 天时形成了最高价(即出现下跌趋势)，那么该期货的价格很有可能不再会上涨。

专家指点

从以往历史数据来看，如果某一期货的价格上涨或下跌的运动连续超过了 30 天，那么这在极大程度上预示着这种趋势可以保持 60 天。

想一想，涨跌持续时间有什么规律？________________。

441 价格走势周期的经验

许多期货价格涨跌都是有时间周期的，如农产品期货的生产本身就有时间周期制约。所以作为投资者，可以做以下记录。

(1) 记录下较高的顶部价格与较低的底部价格。

(2) 计算最高价与最低价出现的周期。

(3) 计算顶部与顶部、底部与底部出现的时间周期。

通过这些数据的记录与计算，可以让投资者清楚掌握时间周期获得平衡或者同上次运动一样的时间，并可以预测出下一次运动的时间周期。

根据对以往时间周期的总结，可以得出一条普遍的规则，在价格涨破前一次的最高价之前或跌破前一次的最低价之前，市场经历的时间周期越长，随后出现价格涨幅或跌幅将越大。

442 通过价格逆转看大势

价格在很长的一段时间内处于上涨趋势，且经历了多次反向摆动(回落)后，当反向摆动的价格首次低于之前的下行摆动时，往往代表趋势发生了变化，涨势将要改变。如图 11-12 所示为沪铝 2011 年 6 月 1 日至 2011 年 11 月 1 日的走势，当下跌幅度超过前一次下跌的底部，则涨势变为跌势。

图 11-12　沪铝走势

专家指点

值得注意的是，趋势在时间周期被逆转以前是未发生变化的。例如，价格处于上涨趋势很长一段时间，在这段时间出现过数次短期(5 天左右)的价格回落。随后，价格开始较为长时间(7 天以上)地下行，这就代表趋势发生改变。

在市场处于下跌状态时，投资者应该将全部的价格反弹以及反弹的幅度详细地记录下来，并观察每次反弹的时间周期。当价格上涨超过以往的上行运动，并且时间周期也超过以往上行运动的时间时，往往表示大势被逆转。

当市场非常活跃的时候，且形成顶部与底部与历史极限高价、低价接近时，通过价格逆转判断大势行情更加奏效。

想一想，怎样的价格摆动代表逆转？________________。

443 预示趋势改变的价格

当投资者在推算期货价格趋势变化的时候，其极限低价与极限高价都是用来判断商品供需平衡价位或计算未来买入点与卖出点的重要点位。一般是将极限高价与低价的百分比点位计算出来，并运用到后市的研判上。

例如，玉米期货一般在每年 3 月份左右出现较高的行情，5 月份左右出现较低的行情。那么投资者可以利用以往数据，计算出 3 月高价与 5 月低价的波动幅度，并利用该幅度在 3 月计算即将到来的 5 月低价，通过这个预期价格作为市场见底的参照价格，并确定趋势改变。

444 波动中获利并不理想

利用短期波动获得收益并不是投资期货的好办法。例如，某大豆期货品种在最近 3 个月涨至 4000 元/吨，之前最低价是 3800 元/吨，其上涨幅度达到 200 元/吨。此时，没有任何波动的底部被跌破，也没有发生持续多天的价格回落。如果投资者在这 3 个月都建有多头仓，其收益将达到 200 元/吨，而一些每天为了小幅波动获得 1 元利润的投资者，在 3 个月时间的收益是肯定达不到 200 元/吨的。

在期货交易中，多数投资者都能够通过基本面分析，找到合适的买入点和卖出点，但是他们只会获得一定的利益后就安全退出。如果这些投资者能在价格波动出现反向运动以前就按照波动规则交易，把握期货价格的整体趋势，那么他们的收益很可能要翻几倍。

专家指点

毕竟投资者对大趋势的把握是需要丰富的经验和许多期货投资理论知识的。一旦投资者趋势判断错误，其损失将是巨大的，所以在小幅波动中获得小额利益的资金安全更有保障。

445 判断极限价格的规则

当市场价格波动变得非常快，形成较宽的波动区间时，投资者可以利用期货每日最高价与最低价的走势，来判断市场趋势发生的变化。判断极限价格一般有以下 3 个规则。

1. 反转日

反转日指的是期货价格出现明显的逆转信号的日子。当天开盘价要比前一天的最高价更高，并在价格涨到本次价格运动的最高价后开始下跌，在当日最低价附近收盘，这预示着市场将走低；当开盘价比前一天的最低价更低，并在价格跌到本次运动最低点开始上涨，在当日最高价附近收盘，这预示着市场将走高。

当市场处于下跌时，反转日一般在经过相当长的一段时间下跌后，最终会以一个较宽、较剧烈的摆动结束。

2. 跳空日

跳空也就是前后交易日价格上面出现的真空，它分为上行跳空和下行跳空两种。当第二天的开盘价比第一天的收盘价高，则称为上行跳空，如图 11-13 所示；当第二天的开盘价比第一天的收盘价低，则称为下行跳空，如图 11-14 所示。

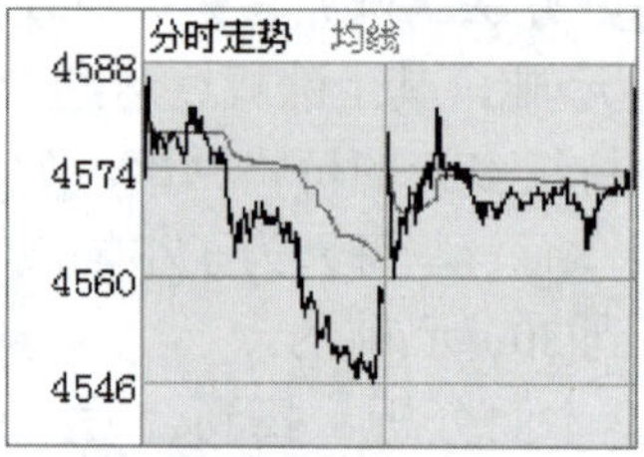

图 11-13　上行跳空

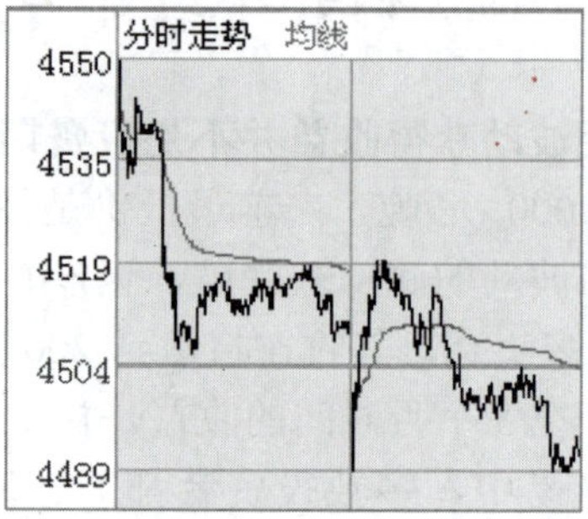

图 11-14　下行跳空

专家指点

形成跳空的原因一般是在一夜之间出现了比较有影响力的消息，许多投资者在开盘前进行买入或卖出操作，使得供需暂时失衡，致使价格瞬间抬高或降低。

大多数情况下，反转日会出现在某一个重要的半路点价位(当日最高价与最低价的均值价位)。一旦发生了这样的跳空，价格就会在次日出现下跌，将跳空填补。当市场下跌持续了较长的时间后，跳空的出现往往就会比较重要，如果这个跳空仅出现一天后就在次日得到了填补，那么这个跳空就是反转信号了。

3. 涨停日

一般来说，如果价格在一天内到达了涨停，那么往往会出现跳空价格。如果价格正处于极限价位，那么就会形成反转信号。

反转日、跳空日与涨停日之间有着密切关系，假如某期货品种价格上涨到了涨停，而且出现了形成反转日的信号，并在前一天的最高价出现了一次跳空，这就表示将出现一个最后的最高价，也就是极限价格。

清一清，判断极限价格可以从哪些方面出发？________________。

11.7　期货价格走势分析精彩案例

本节通过笔者的亲身经历和实际案例，可以让投资者更加清楚期货价格走势分析的重要意义。

446　案例：技术分析是研究概率

肖先生投资期货有几年了，也算得上是一名老手。通过自己的投资实践发现，有时用技术分析来操作很准，趋势也基本上按照分析结果运动。但有时完全不按照其结果来，这让肖先生很受困扰。上次，他根据历史经验分析出某一期货价格应该出现逆转，当他开仓之后，其价格并未按照以往的经验来变化出现逆转，这样肖先生损失了不少钱。

许多投资者也应该有这样的困扰："技术分析到底靠不靠谱。"这里笔者明确给出答案，**技术分析不是科学，而是概率学**。

市场是由人构成的，人的心理也能反映在价格上，同时构成市场的是千千万万不同年龄、不同地区、不同性格、不同经济状况的投资者，那么由人内心波动导致的价格波动，肯定是无迹可循的。

虽然说期货市场的价格是"随机漫步"，但通过以往"漫步"的规律，可统计出对应该价格的下一价格，并找到出现最多的情况。通过这种概率上的选择，将大大提升对随机性的猜测与判断，为投资者提供更为"高概率"的选择。

专家指点

技术分析有技术分析的道理，但是不能教条化。掌握技术分析的理念是投资者必须做的事，但在具体运用上要更为灵活。

447　案例：不错的入市时机策略

夏小姐最近看到一则新闻，由于台风肆虐，几大天然橡胶生产国的产量都将不理想。她认为这是个做多天然橡胶期货的好时机，随后就下了开仓委托的单。结果橡胶的价格直到临近交割日期都未有明显上涨，夏小姐无奈只好对冲平仓，为此损失了一笔不小的持仓费。

在此之后，市场频频有天然橡胶将要涨价的消息传出，这时的夏小姐不敢再提前持仓，而是等到天然橡胶确实开始上涨才敢入市。

投资者始终面对一个左右为难的抉择：究竟在突破发生之前预先入市，还是正当突破发生的时候当场入市，或者是等突破发生后市场反扑或反弹时伺机入市。这 3 种做法各有各的门道，选对了就将占得先机。

(1) **预先入市**。如果投资者预期市场将发生向上突破，采取预先方式的好处就在于：如果突破果真如愿发生了，那么投资者的头寸就处在有利的价位。但是这样做的话，交易失败的风险也相应地较大。

(2) **当中入市**。如果投资者正当突破发生时才入市，则成功的把握较大，但是代价是，入市的价位也不利。

(3) **事后入市**。如果投资者等市场在突破后出现反扑时再伺机入市，那么只要果真能够发生反扑，这就不失为合理的折中方案。可惜的是，许多势头凶猛的市场，并不给那些耐心的交易者第二个机会。所以，采取“事后入市”方式的风险较小，但也可能会错过重要的入市机会。

投资者也有综合采用 3 种方式的办法，如果投资者可以买卖数张合约，那么可以选择每样各做一个单位。使用复合头寸的办法大大化解了交易者左右为难的程度。在突破前“预先”入市时，投资者可以开立一点小头寸。然后在突破时，再添一点头寸。最后等突破后市场调整性地跌回时，再追加一点头寸。

专家指点

如果投资者的头寸不多，其操作方法在很大程度上取决于他愿意在这笔交易上冒多少风险，以及他愿意采取什么样的交易风格。最保守的方式可能是在市场突破后出现反扑时伺机买入。碰上这种情况，完全要看交易者本人如何决策了。

想一想，适合自己的入市策略是什么？____________________。

448 案例：要活用各项技术分析

刘女士最近埋头研究技术分析，但投资的实际效果显得差强人意。有一次，她通过图表分析发现某期货价格到达了反转向上位置，但刘女士具体交易的时机却选择得并不好，正好买到了反弹位置。

如果投资者确定了买入信号，那么就应力求以最低的价格入市，但只凭借某一项技术数据分析出的结果并不会太过精确。像刘女士这样的情况，如果还有其他技术数据支持的话，其准确率会更高。

利用各项技术概念的最有效的办法，是把它们综合起来。投资者将这一切因素综合在一起，就能增加交易时机抉择的有效性。例如在判断极限价格时，反转日、跳空日与涨停日同时出现的话，该价位是极限价格的可能性将远高于只出现单一指标的情况。

449 案例："高急低缓"的原因

池先生最近大赚了一笔，原因就是他利用农产品的周期性与高价急走的特点，合理在高价位做空，虽然期间有亏损，但他坚持持仓 1 个月以后终于迎来了该期货的大幅下跌。

期间有朋友劝他没必要持仓浪费时间与金钱，但他还是坚信大幅下跌肯定会出现，"孤独"地坚持了下来。事后，没有坚持下来的投资者不得不抱憾一整年了，毕竟这样的趋势是以年为周期的。

高急低缓是说期货的价格在高价位上非常迅速，而在低价位时总会非常缓慢，即高价急走、低价缓行。

造成这样的原因是，如果某一期货的价格偏高，则对应现货的价格也将偏高，此时赚钱的机会也将很大。无论现货还是期货都将出现大量卖空行为，过量供应会使价格迅速下跌。如果某一期货的价格长期处于一个低价位，当大量买入的投资者持仓到价格稍涨后，一般会立即抛售。

农产品因为有周期影响，其高价急走、低价缓行更为明显。如图 11-15 所示为豆粕 1403 在 2013 年 1～10 月的走势。

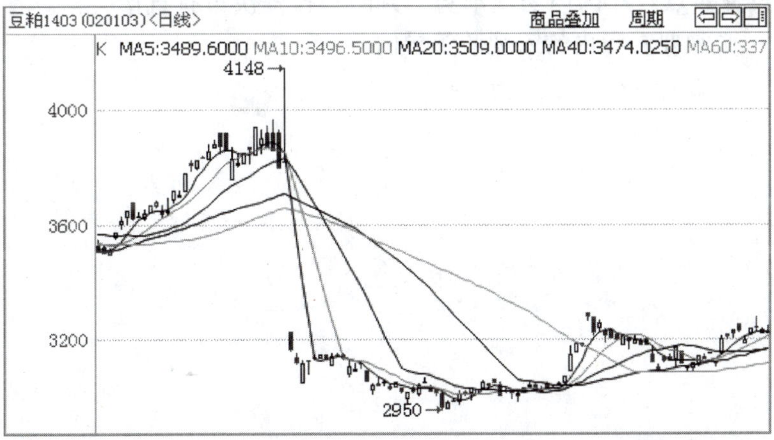

图 11-15　豆粕 1403 在 2013 年 1～10 月的走势

其价格在 2 月份达到 3800 元，不到一个月，便开始直线下跌，从 4 月份开始一直低价缓行，将高价急走、低价缓行体现得淋漓尽致。

450 案例：跟随大趋势才挣大钱

老黄在亲朋好友中算得上是一个“传奇”，他在投资期货的一年多时间里，资金差不多翻了两倍。更为关键的是，老黄既不是金融科班出身，也没拜过名师。让他得到如此骄人成绩的原因是：**“要会跟随大势，才能挣得大钱。”**

想要获取最大的利益，就必须跟随大势做长线投资，频繁地买卖只能是赚得小钱。如果投资者在大势走完之前一直跟着，直到出现明确的逆转信号再退出，这样所能获得的利润是巨大的。

专家指点

一年只做几次交易的投资者，往往会比一年进行几百次交易的投资者获得的利益高得多，但前提是需要自己有足够的能力把握住大势。

从另一方面来看，投资者想要跟随大势而行，就必须在技术上、知识上有一定的掌握。也就是说只有全面学好相关知识，才能赚得大钱。

对于一些连大势是什么都搞不清楚的投资者，还是不要这样操作，毕竟跟随大势走也是需要一定的魄力的。但是，即使是不会基本面与技术面分析的新手投资者，也应该做好以下两点。

(1) **看大形势**。投资者必须把握准国际形势的趋势，至少要去关注它，并不一定要成为专家，而是平时要思考。

(2) **看投资热点**。对国内宏观形势的判断与投资决策有直接关系。看国内形势把握投资热点，必须要看国内的宏观政策导向。

想一想，你明白为什么要跟随大势了吗？＿＿＿＿＿＿＿＿＿＿＿＿＿＿。

第 12 章

坐观天下：主要指标分析

俗话说："**不积跬步，无以至千里。**"期货技术分析中的各种指标，都是让投资者到达目的地的一个个脚印。投资者只有不急不躁，牢牢走好每一步，才能获得最终的胜利。

知识要点

- 什么是 K 线图
- 常见 K 线图解析
- KDJ 指标
- RSI 指标
- 威廉指标
- 乖离率指标
- 布林线
- 情绪指标
- 动向指标
- 平滑异同移动平均线
- 期货技术指标精彩案例

12.1 什么是K线图

K 线图是期货技术指标中最常见的形式，也是进行技术分析的基础。K 线可以反映市场的心理，是虚构出来的，实际是不存在的。也可以认为是为了方便人们直观地看到市场行情的走势而设计出来的。所以简单地说，K 线只是做技术分析之用，并不代表实际的东西。

451 K线是什么样子

K 线形似一根蜡烛，所以又叫蜡烛线或者日本线、阴阳线等，由上、下影线和阴、阳实体组成。一般用红色阳线表示某一天的收盘价比开盘价高(即价格上涨)，用绿色阴线表示某一天的收盘价比开盘价低(即价格下跌)，如图 12-1 所示。

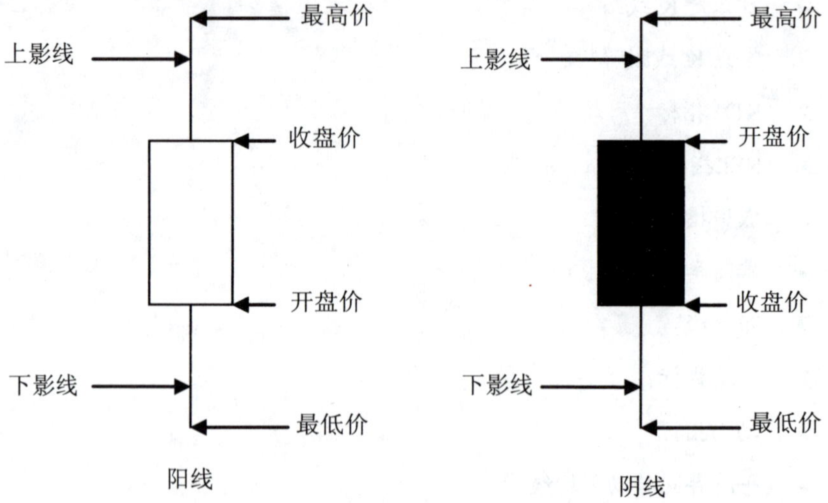

图 12-1 阳线与阴线

想一想，你了解 K 线是什么样了吗？______________________________。

452 K线反映了什么

K 线可以是 5 分钟 K 线、30 分钟 K 线或日 K 线等，许多分析软件都提供不同的 K 线时间选择，不过一般用得多的是日 K 线。通过日 K 线的上、下线影线可以反映以下内容。

(1) 阳线的上影线：反映当日最高价与收盘价之差。

(2) 阴线的上影线：反映当日最高价与开盘价之差。

(3) 阳线的下影线：反映当日开盘价与最低价之差。

(4) 阴线的下影线：反映当日收盘价与最低价之差。

从 K 线图中不但可以看到价格的趋势，同时还能了解每日的市场波动。它最大的特点就是简单直观，即便是对于看到数据就“头疼”的新手投资者，也能在短时间内对其有一定的了解。

清一清，K 线反映哪些数据？______________________________。

453 阳线的不同形态

根据上下影线和中间柱体的长短不同，阳线不同的形态有各自不同的含义。

(1) **光脚阳线**：没有下影线且上影线长，如图 12-2 所示。一般表示股价上涨时遇到强劲反压力道，这种 K 线若出现在高价区，则后市看跌。

(2) **上吊阳线**：没有上影线且下影线长，如图 12-3 所示。一般表示买方力道强劲，在价格下跌时，低价位上可以得到买方的支撑。

(3) **假阳线**：上下影线短且实体柱长，如图 12-4 所示。一般表示涨势强劲，股票价格坚挺。

(4) **上影阳线**：上影线长且下影线短，如图 12-5 所示。一般表示多空交战，多头方更强势，经常表示反转信号。需要注意的是，出现大涨后，常代表后市可能下跌，而出现大跌后，则可能触底反弹。

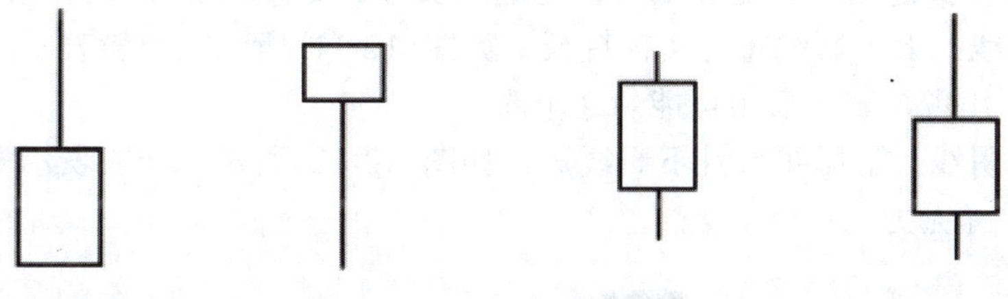

图 12-2　光脚阳线　图 12-3　上吊阳线　图 12-4　假阳线　图 12-5　上影阳线

(5) **下影阳线**：上影线短且下影线长，如图 12-6 所示。一般表示上涨力道强劲，下跌后能够收回。

(6) **大阳线**：没有上下影线且实体柱长，如图 12-7 所示。一般表示一路上涨，买方的力量总大于卖方。

(7) **小阳线**：上下影线长且实体柱短，如图 12-8 所示。一般表示多空交战，力道均衡，行情不明。

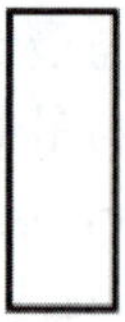
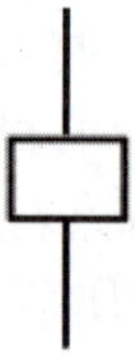

图 12-6　下影阳线　　图 12-7　大阳线　　图 12-8　小阳线

专家指点

值得一提的是，收出阳线并不代表当日价格肯定是上涨的，这关键取决于当日开盘价的高低，如果是低开高走，涨幅为负，其收盘 K 线事实上仍为阳线。同理，收出阴线并不代表当日价格肯定是下跌的，这也取决于当日开盘价的高低，如果是高开低走，最终涨幅虽然为正，但其收盘时 K 线仍为阴线。

454 阴线的不同形态

根据上下影线和中间柱体的长短不同，阴线不同的形态有各自不同的含义。

(1) **光脚阴线**：没有下影线且上影线长，如图 12-9 所示。一般表示先涨后跌，反弹无力，空头强势，这种情况下卖方占很大的优势。

(2) **光头阴线**：没有上影线且下影线长，如图 12-10 所示。一般表示卖方力量强大，价位呈现下跌趋势，但是在低价位上遇到买方的支撑，后市可能会反弹。

(3) **假阴线**：上下影线短且实体柱长，如图 12-11 所示。一般表示下跌力道仍然强劲，大涨后出现，表示后市可能急速下跌。

(4) **上影阴线**：上影线长且下影线短，如图 12-12 所示。一般表示多空交战，空方较强势，反弹无力。

图 12-9　光脚阴线　　图 12-10　光头阴线　　图 12-11　假阴线　　图 12-12　上影阴线

(5) **下影阴线**：上影线短且下影线长，如图 12-13 所示。一般表示多空交战，空方较强势，但是下跌时有强劲力量支撑。

(6) **大阴线**：没有上下影线且实体柱长，如图 12-14 所示。一般表示一路下跌，卖方的力道强劲。

(7) **小阴线**：上下影线长且实体柱短，如图 12-15 所示。一般表示多空力量均衡，行情不明。

图 12-13　下影阴线　图 12-14　大阴线　图 12-15　小阴线

清一清，阴线有哪些形态？________________。

455 K 线的位置关系

K 线的位置主要分为 4 类，其中相离状态、相交状态和相含状态是常见的 3 种，还有一种特殊的相含状态：阴阳同体线。

1. 相离状态

相离状态指的是两根 K 线完全没有交叉的部分，表现为一种突破的状态。相离状态又分上涨趋势的上相离状态(见图 12-16)和下跌趋势的下相离状态(见图 12-17)。

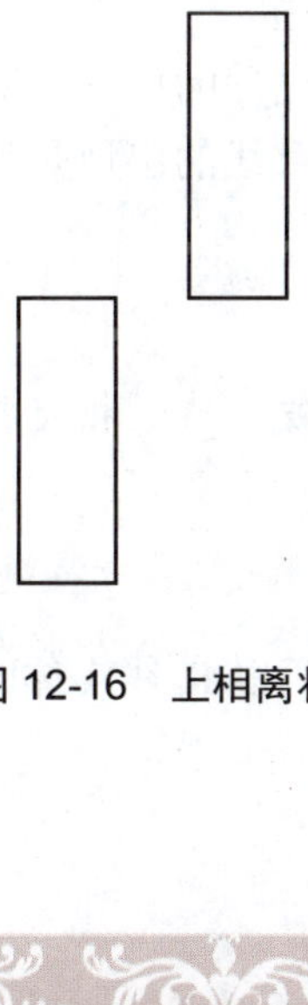

图 12-16　上相离状态

图 12-17　下相离状态

2. 相交状态

如果两根 K 线有交叉的部分，则叫作相交状态。相交又分上涨趋势的上相交状态(见图 12-18)和下跌趋势的下相交状态(见图 12-19)。

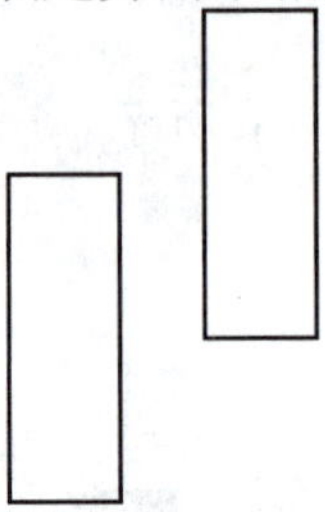

图 12-18　上相交状态

图 12-19　下相交状态

3. 相含状态

相含状态是指其中一根 K 线的上下长度都比另外一根长，又叫孕育状态、吞没形态。如图 12-20 所示为右相含，如图 12-21 所示为左相含。

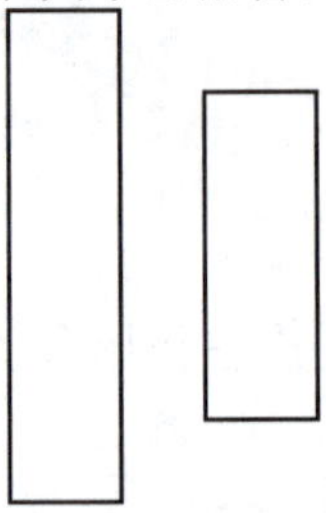

图 12-20　右相含状态

图 12-21　左相含状态

孕育形态的出现，往往代表市场已经进入多空平衡状态，市场上升或下跌的力量已接近衰竭，随之而来的很可能是行情的逆转。

一般情况下，在上升趋势中，高位孕育线是明显见顶的信号，即将下跌的可能性较大，投资者可以考虑做空；在下跌趋势中，低位孕育线的出现是见底的信号，即将上涨的可能性较大，投资者可以选择做多。

专家指点

一般情况下，相离状态预示着强烈的突破行情；相交状态可能出现比较温和的突破行情；相含状态则为震荡行情。

4. 阴阳同体线

阴阳同体线是相含状态的一种特殊情况，它是指两根 K 线实体区间同等或大致相同，如图 12-22 所示。

图 12-22　阴阳同体线

阴阳同体线虽然比较特殊，但却比较常见。**如果在行情低位出现，常常表示底部的出现；如果在行情走高时出现，则常常表示顶部的出现**。

想一想，阴阳同体线代表什么？____________________。

456　K 线的相关知识

K 线的原始形式首创于一位叫本间宗久的日本粮食商人，他全力研究稻米现货买卖及定期交易的价格信息及走势，并以 K 线的形式记录下来。靠着他研究的行情战术及胆识过人所预估的行情无不神准，本间宗久不但赚进巨额财富，也在日本引起很大的轰动。

1990 年，美国人史蒂夫·尼森将“日本 K 线图”引进西方金融界，立即引起轰动。史蒂夫·尼森向西方金融界展示了日本长期以来具有强大生命力的 4 种技术分析手段，破解了日本金融界投资人的秘密，展示了蜡烛图、三线反转图、砖块图、折线图的魅力。

专家指点

1990 年我国股市开市时直接起用了 K 线，但对 K 线的研究、使用一直局限于日本人的研究成果，主要是以单 K 线、双 K 线、多 K 线的局部零散的统计为主，没有形成系统的、完整的模式。

12.2　常见 K 线图解析

K 线类的研究是侧重若干天的 K 线组合情况，如二根、三根或者更多的 K 线组合来推测证券市场多空双方力量的对比，一些特定的图形也有其代表的意思。投资者可以记住一些常见的 K 线图形，这对自己的投资有一定的好处。

457 光脚K线

光脚阴(阳)线是没有下影线的K线，通常又叫作锤子底，其上影线较长，实体部分较短。

锤子底在行情的底部区域，前面应该有一段时间的下跌。当锤子底出现时，投资者不能着急入市，要等到其他看涨信号确定时，再执行做多操作。当锤子底的实体与次日开盘价格向上的缺口(跳空)越大，则说明越有可能形成市场的底部，如图12-23所示。

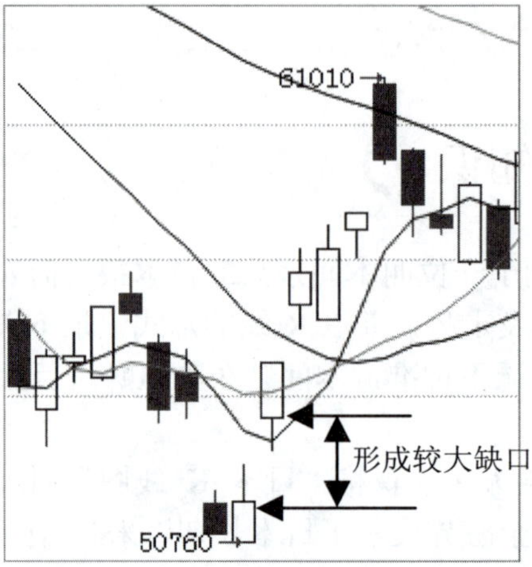

图12-23 锤子底

从图12-23中可以看到，该期货出现了两次锤子底，当第一次出现时，次日开盘的价格与其缺口不大，所以第一次出现的锤子底并未成为市场的底部。但是第二次锤子底与次日的价格跳空极大，所以该期货价格开始大幅上涨。

458 光头K线

光头阴(阳)线是没有上影线的K线，通常又叫上吊线，其下影线较长，实体部分较短。上吊线与锤子底的意义类似，是一种看跌信号，当上吊线的实体与次日开盘价格向下的缺口(跳空)越大，则说明越有可能形成市场的顶部。

专家指点

因为锤子底和上吊线都出现在已然存在的趋势中，其出现往往代表趋势的变化，这种逆转的力量通过上影线或下影线反映。所以，上下影线的长度也是评判逆转能否发生的标准，**上下影线越长则说明趋势越有可能改变。**

459 吞没形态

吞没形态就是两根 K 线相含的状态，它的出现常常预示着行情的迅速转向。吞没形态有几个特点或者说评判标准。

(1) 出现于大行情。在吞没形态出现之前，市场必须处在大跌或大涨的行情下，行情持续的时间可能不长，但幅度必须比较大。

(2) K 线状态相含。两根 K 线必须是实体相含状态，影线可以不考虑。

(3) K 线颜色相反。吞没形态的第二个实体必须与第一实体颜色相反，先涨后跌或先跌后涨都可以。

如图 12-24 所示，该期货大跌后出现的 K 线正好满足吞没形态的特点，从后市可以看出其出现吞没形态后，价格确实开始上涨。

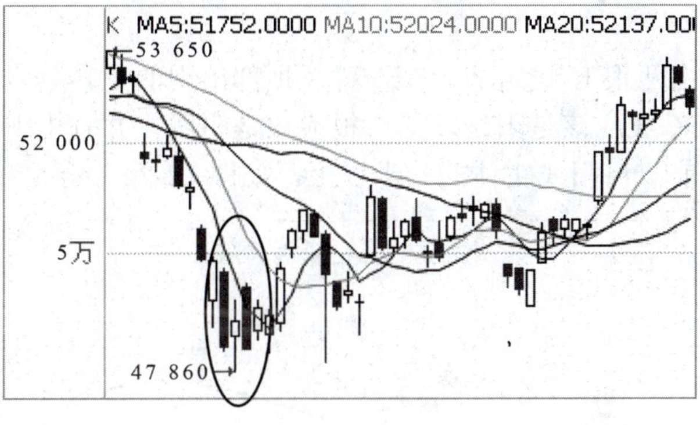

图 12-24　吞没形态

460 鸿运当头

鸿运当头形态与乌云盖顶形态是相互对立的图形，它发生在下跌行情中，是反弹信号。它通常由两根 K 线组成，其中第一根 K 线是下跌阴线，而第二根上涨 K 线应具有较长的红色实体，其下影线应该在前一天的实体之下。

在鸿运当头形态中，红色上涨的 K 线在开始后会跌至前一天绿色 K 线之下，但之后价格会反弹上来，在最后收盘时的价格会高于前一天绿色实体的中点，如图 12-25 所示。

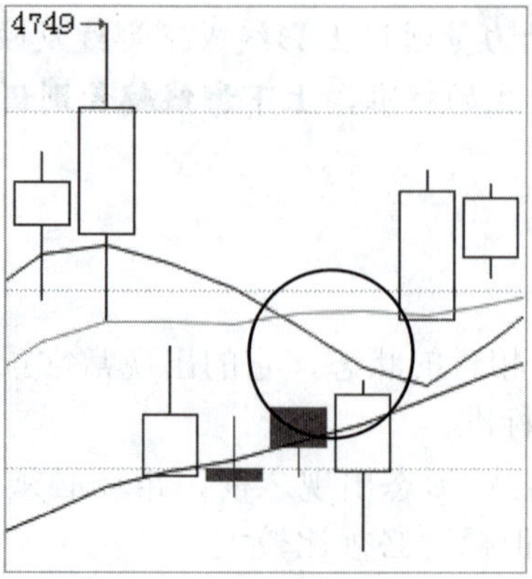

图 12-25 鸿运当头

清一清，鸿运当头形态有什么特点？____________________。

461 乌云盖顶

乌云盖顶形态由两根 K 线组成，是一种在顶部出现的反转信号。它通常出现在上升趋势中，第一根 K 线应该是阳线，第二根应该是阴线，并且出现向上跳空的情况，其收盘价也应该在前一日阳线实体的一半以上，如图 12-26 所示。

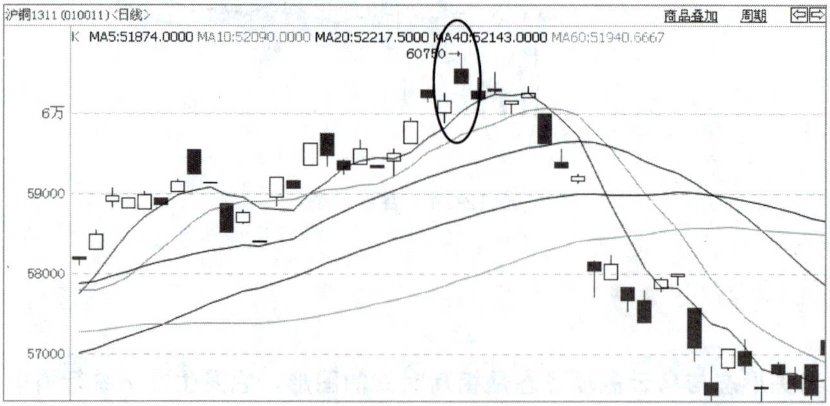

图 12-26 乌云盖顶

专家指点

顾名思义，乌云盖顶形态是阴线出现在阳线上方，是市场逆转向下的信号。一般来说，绿色实体的收市价向下穿入前一个红色实体的程度越深，则该形态构成市场顶部的机会越大。

462 十字星

十字星形态是实体部分极短，但影线较长的 K 线，即开盘价与收盘价几乎没有变化，它的出现往往是市场趋势即将发生变化的信号。十字星形态的显著特点是需要出现跳空，在上升趋势中，应该出现向上跳空；在下降趋势中，应该出现向下跳空，如图 12-27 所示。

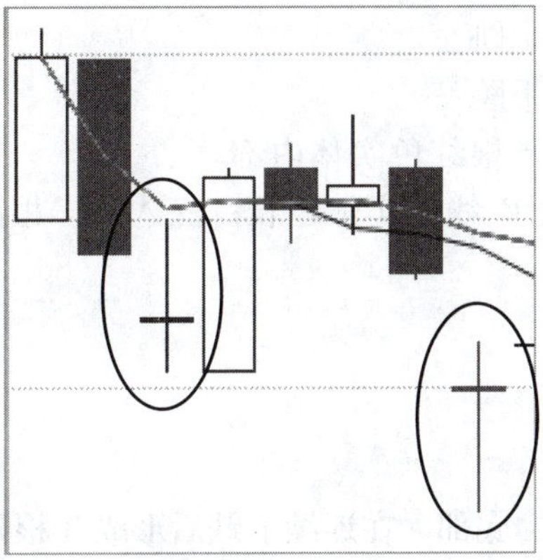

图 12-27　十字星

专家指点

十字星形态表明多空双方力量相对平衡，之前以多头或空头为主的市场已经出现变化。上下影线的长度对该形态具有一定的指导意义，通常影线越长则越能说明多空双方争夺的激烈程度。

463 黄昏星

一般来说，黄昏星形态由 3 根 K 线组成，是一种看跌信号。第一根为较长的红色实体；第二根为上涨或下跌的十字星(或者是类十字星的图形)；第三根为绿色下跌的 K 线，如图 12-28 所示。

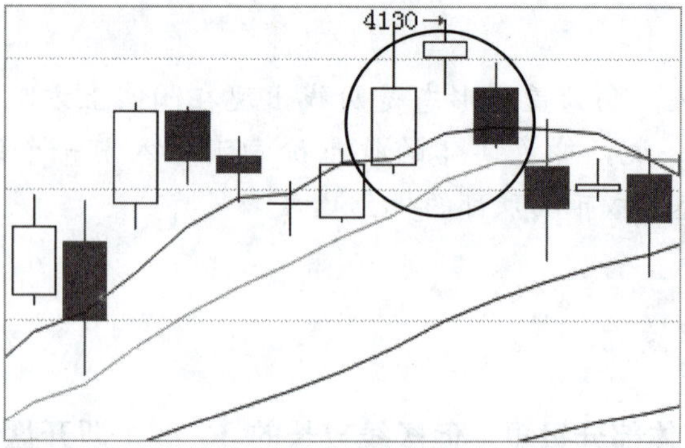

图 12-28　黄昏星

黄昏星形态的 3 根 K 线，应该满足以下特征。

(1) 只出现在上升趋势中。

(2) 第二根星线出现向上跳空。

(3) 第三根阴线出现向下跳空。

(4) 第三根阴线扎入第一根红色实体内部。

值得注意的是，第三根 K 线的实体越长，深入第一根阳线的实体越深，则说明空方反击力量越强。

464 红三兵

红三兵形态出现在市场的底部，在连续下跌后形成 3 根阶梯向上的阳线，如图 12-29 所示。

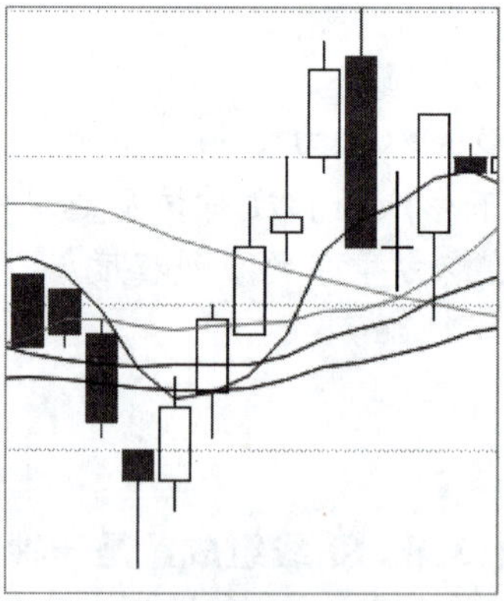

图 12-29　红三兵

一般来说，红三兵的出现是市场强烈反转信号。如果市场处于长时间的横向发展后出现该图形，往往是代表市场启动的前奏，投资者应该密切留意市场。

专家指点

有资深投资者认为，真正意义上的红三兵图形的第三根阳线应该光头、光脚，至少应该是光头阳线。如果出现上影线，则表明做多方力量开始衰竭，不会再出现大的涨势。

想一想，你了解红三兵代表什么了吗？______________________________。

465 三只乌鸦

三只乌鸦与红三兵正好相对，它一般出现在市场顶部，在期货价格出现连续上涨后，形成 3 根阶梯下跌的阴线，并且每一根阴线的开盘价格都应该在前一天的收盘价之下，如图 12-30 所示。

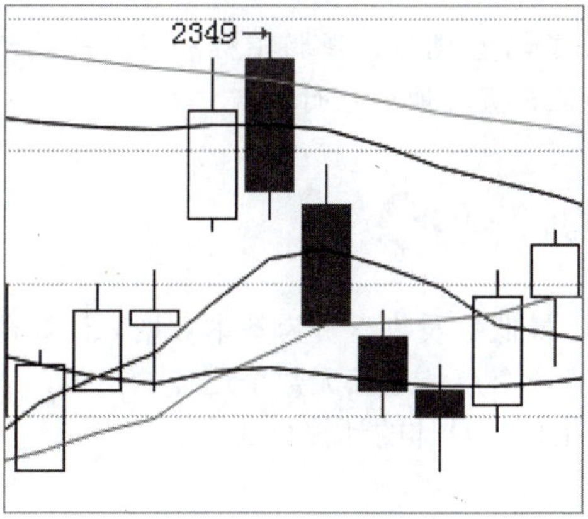

图 12-30 三只乌鸦

一般来说，三只乌鸦的出现意味着上涨行情的结束。从图形上来看，3 根阴线的下影线应该较短，即收市价都在当日最低价附近。

专家指点

有分析师指出，三只乌鸦的第一根阴线的实体，最好居于它之前的阳线的最高点以下。这样才能表示市场上悲观情绪较多，多头方市场遭到了强大打压。

想一想，你了解三只乌鸦代表什么了吗？______________________________。

12.3 KDJ 指标

KDJ 指标是由乔治·蓝恩博士最先提出，又叫随机指标，被广泛用于期货和股票的短期趋势分析。

466 KDJ 指标的原理

KDJ 指标的原理是利用价格波动的幅度，来反映价格走势的强弱和超买超卖现象，在价格尚未上升或下降之前发出买卖信号的一种技术工具。由于 KDJ 线本质上是一个随机波动的观念，故其对于掌握中短期行情走势比较准确。

专家指点

DKJ 指标在设计过程中主要是研究最高价、最低价和收盘价之间的关系，同时也融合了动量观念、强弱指标和移动平均线的一些优点，所以能够比较迅速、快捷、直观地研判行情。

467 KDJ 指标的计算

DKJ 指标用最高价、最低价及收盘价为基本数据，计算得出的 K 值、D 值和 J 值分别在指标的坐标上形成一个点，连接无数个这样的点位，就形成一个完整的、能反映价格波动趋势的 KDJ 指标。具体的计算分 3 步。

1. 计算 RSV 值

RSV 值是周期(n 日、n 周等)，即未成熟随机指标值，然后再计算 K 值、D 值、J 值等。以 n 日 KDJ 数值的计算为例，其计算公式为：

$$\text{RSV}(n)=(C_n-L_n)\div(H_n-L_n)\times 100$$

式中，C_n——第 n 日收盘价；

L_n——n 日内的最低价；

H_n——n 日内的最高价。

RSV 值始终在 1～100 之间波动。

2. 计算 K 值与 D 值

K 值与 D 值的计算公式如下：

$$K_n=2/3\times K_{n-1}+1/3\times \text{RSV}_n$$

$$D_n=2/3\times D_{n-1}+1/3\times K_n$$

式中，K_n——当日 K 值；

K_{n-1}——前一日 K 值；

D_n——当日 D 值；

D_{n-1}——前一日 D 值。

如果无前一日 K 值与 D 值，则可分别用均值(50)来代替。公式中 2/3 和 1/3 是平滑因子，可以人为设定，但一般默认是 2/3 与 1/3。

3. 计算 J 值

J 值是一个辅助指标，投资者应主要关注 K 值与 D 值。J 值是反映 K 值与 D 值的乖离程度，J 值是没有 1～100 这个波动范围的，其公式如下：

$$J_n=3\times D_n-2\times K_n$$

清一清，KDJ 指标的计算流程：________________________。

468 反映超卖和超买

目前，多数期货交易软件都提供了自动计算 KDJ 指标的功能，并且直观地与日 K 线相对应，如图 12-31 所示。

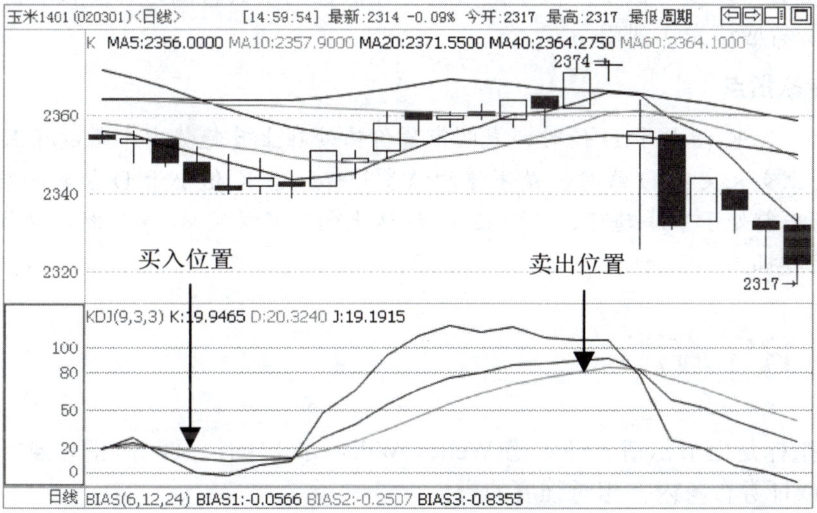

图 12-31 KDJ 指标曲线

KDJ 的数值可以反映超买与超卖现象，**一般 K、D、J 的值在 20 以下为超卖区域，是买入信号；K、D、J 的值在 80 以上是超买区域，是卖出信号；K、D、J 的值在 20～80 之间为徘徊区域，投资者最好持观望态度。**

从该图中可以清楚地看出，如果某一投资者在 KDJ 值低于 20 时买入，并在高于 80 时卖出，则该投资者在 10 天左右的时间中将至少获得 20 元/吨的收益。从图中还可以看出，J 值最为敏感，K 值次之，D 值最迟缓，但从安全性考虑的话则恰恰相反，D 值将最稳定。

专家指点

在一些特殊情况下，D 值大于 90 容易出现瞬间回档；D 值小于 15 容易产生瞬间反弹，这样的瞬间反应不代表大趋势的变化。

469 要留意背离现象

在某些情况下，KDJ 指标的曲线走势方向和 K 线图走势相反，这叫作 KDJ 的背离现象。背离现象又可分为顶背离和底背离两种。

(1) **顶背离**。这是指当期货的 K 线图走势向上，价格一直上涨，但 KDJ 曲线图却走势向下。一般来说，顶背离是期货价格高位反转的信号。

(2) **底背离**。这是指当期货的 K 线图走势向下，价格一直下跌，但 KDJ 曲线图却走势向上。通常，底背离的出现表示将出现低价反弹，是买入的信号。

一般来说，顶背离的研判准确率要高于底背离。也就是说，当期货在高位出现顶背离，投资者可以及时做空，但是期货价格在低位出现底背离，并不代表价格会马上上涨，投资者应该先作观望。

专家指点

当 K 值大于 D 值时，表明期货价格处在上升趋势中，所以在 K 线从下向上交叉突破 D 线时，是不错的做多时机；当 K 值小于 D 值时，则代表市场当前处于下降趋势，所以在 K 线从上向下交叉突破 D 线时，是很好的做空时机。

12.4 RSI 指标

RSI 指标是由韦尔斯·怀尔德(Welles Wilder)提出的，又叫作相对强弱指标，是衡量期货或证券自身内在相对强度的指标。

470 RSI 指标的原理

RSI 指标是根据一定时期内上涨和下跌幅度之和的比率，制作出的一种技术曲线，它能够反映出市场在一定时期内的景气程度。简单来说，就是以数字计算的方法得出买卖双方的力量对比。例如，有 10 个人在市场之中，其中有 5 个人以上要买同一商品，竞相抬价，那么该商品的价格必然上涨；反之，则价格下跌。

471 RSI 指标的计算

RSI 指标的计算一般以 14 天为周期，把上升的总幅度视为做多方力量总和，把下跌的总幅度视为做空方力量总和，其公式如下：

$$RSI=RS\div(1+RS)\times 100$$

或者：

$$RSI=100-100\div(1+RS)$$

其中 RS 为 14 天内收市价上涨(或下跌)之和的平均值，通过不同日期的 14 天的 RSI 值不同，把它们相连后，即可得到 RSI 曲线。

472 RSI 的应用方法

RIS 指标与 KDJ 指标的应用方法类似，其取值区间在 0～100 之间，主要也是判断超买和超卖现象，如图 12-32 所示。

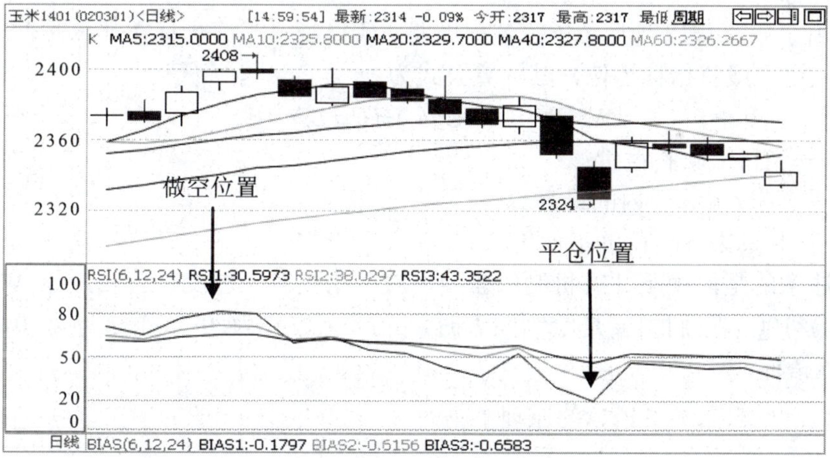

图 12-32　RSI 指标曲线

RSI 值常在 30～70 之间波动，一般认为，RSI 值在 80 以上，则认为市场已达到超买状态；RSI 值在 20 以下，则认为市场达到超卖状态。

由该玉米 1401 合约的 RSI 曲线与 K 线对照图可以得出，如果投资者在 RSI 值达到 80 时做空该期货，并在 RSI 值到达 20 时平仓，那么通过 10 来天的下跌，他将获利 70 元/吨左右。

值得注意的是，RSI 指标更适合对中长期趋势的判断，而且不适合直接来做交易指导，只能作为辅助工具。

想一想，你明白 RSI 的应用了吗？________________________。

12.5 威廉指标

威廉指标(Williams %R)是由拉里・威廉斯在 1973 年首先提出，它又可以简称为 W%R、WM%或%R。

473 威廉指标的原理

威廉指标的原理与 KDJ 指标的原理比较类似，是一个震荡指标，依据价格的最高点和最低点来度量市场是否处于超买或超卖的状态。它衡量多空双方创出的峰值(最高价)距每天收市价的距离与一定时间内(如 7 天)的价格波动范围的比例，以提供出市场趋势反转的信号。

威廉指标可以应用于行情的各个周期的研究判断，如 5 分钟、15 分钟、30 分钟、60 分钟、日、周以及月和年等各种周期。所以说，威廉指标在计算时首先要决定计算参数，以日威廉指标为例，其计算公式为：

$$W\%R=100-(C-L_n)\div(H_n-L_n)\times100$$

式中，C——当日最新收盘价；

H_n——是过去 n 日内的最高价；

L_n——是过去 n 日内的最低价。

值得注意的是，由于计算机制的差异，威廉指标有一些变种公式，如 $W\%R=(C-L_n)\div(H_n-L_n)\times100$。它们主要是绘制图表时，定义上边界为 0 或下边界为 0，所以用 100 减去该指标。

想一想，你明白威廉指标的原理了吗？________________________。

474 威廉指标的应用

这里以上边界为 100，下边界为 0 的指标刻度，n 取 14 的以日为周期的威廉指标为例分析在期货中的应用，如图 12-33 所示。

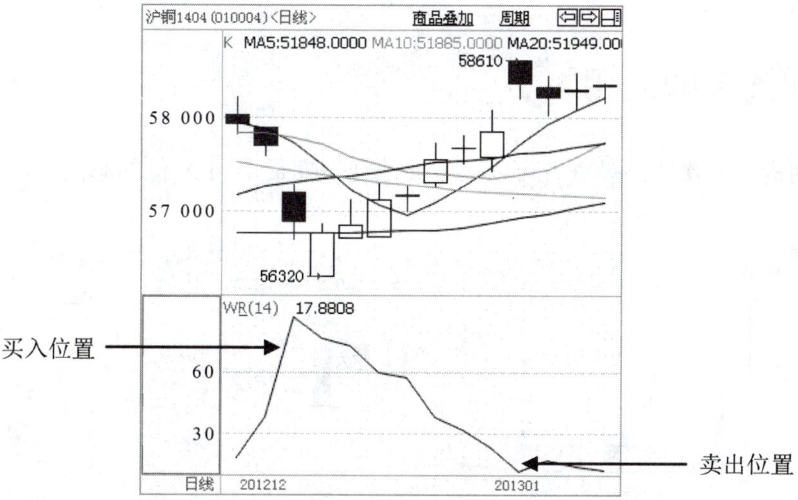

图 12-33　威廉指标曲线

从图中可以看出，若上边界为 100，则威廉指标与 K 线走势相反；反之，则与 K 线走势相同。**一般认为，当威廉指标达到 80 以上，则市场处于超卖状态，价格走势应该见底；如果威廉指标低于 20 以下，则市场处于超买状态，价格走势可能见顶；当威廉指标处于 30～60 之间时，投资者应持观望态度**。

从该图中还可以得出，若投资者在威廉指标达到 80 买入该期货，并在威廉指标达到 20 时卖出。那么他并没有在最低价买入，而且也在市场进行到最高价之间就卖出了。从这也可以看出，威廉指标对价格反应有一定的预判。

12.6　乖离率指标

乖离率(BIAS)指标简称 Y 值，是测量期货与股票价格偏离均线大小程度的指标。当价格偏离市场平均成本太大时，都有一个回归的过程。

475　乖离率的计算方法

乖离率的测量原理是建立在如果期货价格偏离均线太远的情况下，无论期货价格在移动平均线之上或之下，价格都有可能回归平均线这条原理上。其计算公式如下：

$$乖离率=(当日收盘价-N日平均收盘价)/N日平均收盘价\times100\%$$

其中，N 为可调整的参数，一般分为 6 日、12 日、24 日和 72 日等。

476 乖离率的应用

通过期货交易软件，投资者可以很方便地观察期货不同 *N* 值的乖离率，如图 12-34 所示。

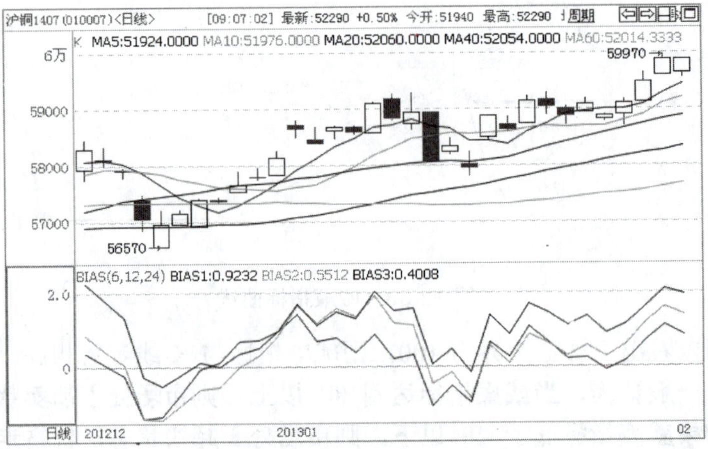

图 12-34 乖离率指标曲线

从图 12-34 中可以看出，乖离率 *N* 的取值不同(图为 *N* 取 6、12 和 24)，其曲线数值有较大的变化。通过对历史数据的统计，具体判断超买超卖分以下情况。

(1) ***N* 为 6 日时**：乖离率为+3%是卖出时机，乖离率为-3%是买入时机。

(2) ***N* 为 12 日时**：乖离率为+5%是卖出时机，乖离率为-5%是买入时机。

(3) ***N* 为 24 日时**：乖离率为+7%是卖出时机，乖离率为-7%是买入时机。

(4) ***N* 为 72 日时**：乖离率为+11%是卖出时机，乖离率为-11%是买入时机。

清一清，乖离率的应用方法：______________________________。

12.7 布林线

布林线又称为 BOLL 指标，是美国股市分析家约翰·布林根据统计学中的标准差原理，设计出来的一种非常简单实用的技术分析指标。

477 布林线的原理

布林线是各种路径型指标中用得比较广泛的。同时，布林线又属于比较特殊的一类指标，绝大多数技术分析指标都是通过数量的方法构造出来的，它们本身不依赖趋势分析和形态分析，而布林线却与价格的趋势有着密不可分的联系。

布林线由 3 条轨线组成，一般情况下，布林线认为各类市场间都是互动的，市场内和市场间的各种变化都是相对性的，是不存在绝对性的。**总之，布林线中的期货价格通道，对预测未来行情的走势起着重要的参考作用，它也是布林线指标所特有的分析手段。**

专家指点

价格的高低是相对的，价格在上轨线以上或在下轨线以下只反映该商品价格相对较高或较低，投资者做出投资判断前还须综合参考其他技术指标。

478 布林线的计算

布林线指标计算引进了统计学中的标准差概念，涉及中轨线(MB)、上轨线(UP)和下轨线(DN)的计算。

以日布林线指标计算为例，其计算方法如下。

1. 日布林线的计算公式

布林线主要计算中轨线、上轨线与下轨线的数值。

中轨线=N日的移动平均线

上轨线=中轨线+两倍的标准差

下轨线=中轨线−两倍的标准差

2. 日布林线的计算过程

先计算 MA，其公式为：

$$MA=N\text{日内的收盘价之和}\div N$$

再计算标准差 MD，其公式为：

$$MD=\text{平方根}\ N\ \text{日的}(C-MA)\text{的二次方之和}\div N$$

最后计算 3 条轨线，其公式为：

$$MB=(N-1)\text{日的}\ MA$$

$$UP=MB+k\times MD$$

$$DN=MB-k\times MD$$

其中 k 为参数，可根据期货的特性来做相应的调整，一般默认为 2。

专家指点

之所以说布林线的计算是技术指标中最复杂的，原因就是 MD 的计算比较复杂，但是投资者可以使用期货交易软件直接得出。

想一想，你明白 MD 的计算了吗？________________。

479 布林线的应用

与其他指标不同，布林线可直接在 K 线图上画出，如图 12-35 所示。

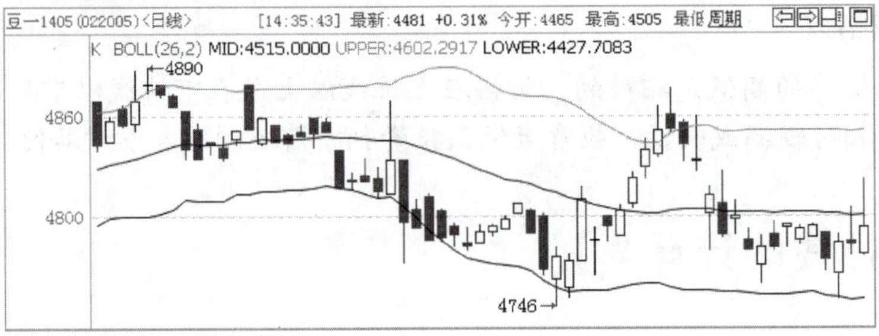

图 12-35 布林线

布林线的应用方法主要是对其 3 条轨线的分析，通过对历史数据的统计，布林线指标可以得出以下结论。

(1) 当 3 条轨线同时向上时，表明价格强势的特征非常明显，短期内看涨，投资者可以持仓待涨。

(2) 当 3 条轨线同时向下时，表明价格弱势的特征非常明显，短期内看跌，投资者可以选择做空。

(3) 当上轨线向下、中轨线和下轨线向上时，表明期货价格处于整理状态。此时，若期货价格处于上升趋势，那么表明是上涨途中的整理阶段，投资者可以逢低短线买入；若期货价格处于下跌趋势，则投资者可以逢高做空。

(4) 当 3 条轨线横向运动时，市场多半处于不明朗状态，投资者最好持观望态度或考虑其他指标。

12.8 情绪指标

情绪指标(BRAR)也称为人气意愿指标，由人气指标(AR)和意愿指标(BR)两个指标构成，主要用来反映市场上多空较量的指标。

480 情绪指标的原理

期货价格变化的本质就是由多空双方的力量造成，如果某一时间内多方力量占优势，则期货价格会不断上涨；如果空方力量占优势，则期货价格会下跌；如果双方力量比较平衡，则期货价格会在某一狭窄区间波动。

481 情绪指标的计算

人气指标(AR)是以分析历史股价为手段的技术指标。**人气指标是以当天开市价为基础，即以当天市价分别比较当天最高、最低价，通过一定时期内开市价在股价中的地位，反映市场的买卖人气**。人气指标的计算公式如下：

$$\text{AR}=n\text{ 日内}(H-O)\text{之和}/n\text{ 日内}(O-L)\text{之和}$$

式中，H——指当日最高价；

L——当日最低价；

O——当日开市价；

N——公式中的设定参数，一般设定为 26 日。

意愿指标(BR)是以昨日收市价为基础，分别与当日最高、最低价相比，通过一定时期收市价在股价中的地位，反映市场买卖意愿的程度。意愿指标的计算公式如下：

$$\text{BR}=n\text{ 日内}(H-\text{CY})\text{之和}/n\text{ 日内}(\text{CY}-L)\text{之和}$$

式中，H——指当日最高价；

L——当日最低价；

CY——昨日收市价；

n——公式中的设定参数，一般设定值同 AR 一致。

482 情绪指标的应用

一般来说，AR 指标可以单独使用，BR 指标则需要与 AR 指标并用，BR 指标的波动比 AR 指标值敏感。投资者可以从期货交易软件分析情绪指标的曲线，如图 12-36 所示。

情绪指标的应用方式可以对照以下几条。

(1) 一般认为 BR<AR，且 BR<100 时，可以考虑逢低买入。

(2) 当 BR<AR，且 AR<50 时，就是买入信号。

(3) AR 和 BR 同时急速上升时，往往价格到了顶部，做多者应该了结。

(4) BR 急速上升，但是 AR 处在横向发展或小跌时，应该择机做空。

(5) BR 从高峰跌到 50%以上时，如果 AR 无警戒信号，应该逢低买入。

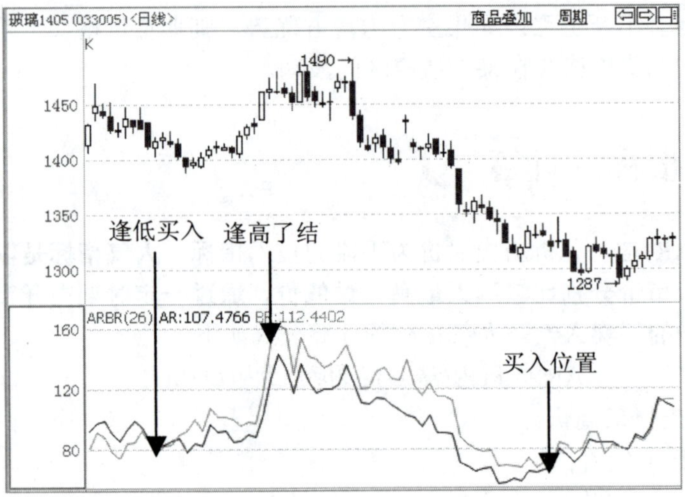

图 12-36　人气指标曲线

12.9　动向指标

动向指标也是技术分析中比较实用的指标，投资者应该掌握。

483　动向指标的原理

动向指标(DMI)属于趋势判断的技术性指标，又称为移动方向指数或趋向指数。**动向指数的基本原理是通过分析价格在上升及下跌过程中供需关系的均衡点，即供需关系受价格变动的影响而发生由均衡到失衡的循环过程，从而提供对趋势判断的依据。**

484　指标运算的程序

动向指标的计算也相对复杂，具体计算程序分为 3 大步骤。

(1) 根据一定的规则比较每日价格波动的最高价、最低价和收市价，计算出每日价格波动的真实波幅(TR)、上升动向(+DM)和下降动向(−DM)，在运算的基日基础上按一定天数将其增加，用来求出 N 日的 TR、+DM 和−DM 值。

(2) 用 N 日的上升动向值和下降动向值分别处以 N 日真实的波幅，从而求出 N 日的上升指标(+DI)和下降指标(−DI)。通过 N 日的+DI 和−DI 之前的差和之比，计算出每日动向指数(DX)。

(3) 通过一定天数将 DX 累加后平均，再求出 *N* 日的平均动向指数(ADX)。

由于动向指标每一步骤的计算内容过于复杂，同时期货交易软件都能自动分析动向指标，所以投资者了解计算的程序即可。

485 动向指标的应用

+DI 与-DI 的运用方法是，当图形的+DI 从下向上突破-DI 时，说明有新的多头入市，是买入信号；反之则是卖出信号，如图 12-37 所示。

图 12-37 动向指标曲线

ADXR 是 ADX 的评估指数，一般情况下 ADXR 比 ADX 平缓，当+DI 与-DI 发出交易信号，ADXR 又与 ADX 相交的时候，则是发出最后入市或出市机会的信号，如果随后出现了大行情，投资者应该立即执行交易。

想一想，你明白动向指标的应用了吗？______________________________。

12.10 平滑异同移动平均线

平滑异同移动平均线(MACD)是由查拉尔·阿佩尔发明的，是最为简单而可靠的指标之一。

486 MACD 的原理

MACD 是从双移动平均线发展而来的，由快的移动平均线减去慢的移动平均线，MACD 的意义和双移动平均线基本相同，但阅读起来更方便。

专家指点

一般来说，当 MACD 从负数转向正数，是买的信号；当 MACD 从正数转向负数，是卖的信号。当 MACD 以大角度变化，表示快的移动平均线和慢的移动平均线的差距非常迅速地拉开，代表了市场出现大趋势的转变。

487 MACD 的计算

MACD 的计算分为 3 大步骤，学会 MACD 的计算，有助于加深投资者对其的理解，具体方式如下。

1. 平滑系数

在计算指数平均值(EMA)前，首先必须求得平滑系数，这是指移动平均周期之单位数，如几天、几周等，其公式如下：

平滑系数=2/(周期单位数+1)

通过该公式，可以得出：

12 日 EMA 的平滑系数=2/(12+1)=0.1538

26 日 EMA 平滑系数为=2/27=0.0741

2. 指数平均值

计算出平滑系数后，即可用于 EMA 之运算，具体公式如下：

今天的指数平均值=平滑系数×(今天收盘指数−昨天的指数平均值)+昨天的指数平均值

根据公式，12 日 EMA 的计算如下：

12 日 EMA=2/13×(今天收盘指数−昨天的指数平均值)+昨天的指数平均值=(2/13)×今天收盘指数+昨天收盘指数+(11/13)×昨天的指数平均值

同理，26 日 EMA 的计算如下。

26 日 EMA=(2/27)×今天收盘指数+昨天收盘指数+(25/27)×昨天的指数平均值

由于每日行情波动的大小不同，并不适合以每日之收盘价来计算移动平均值，于是产生了需求指数(DI)，收盘指数可以用需求指数来替代。在计算时，都分别加重最近一日的分量权数(两倍)，即对较近的资料给予较大的权值，其计算方法如下：

$$DI=(C\times2+H+L)/4$$

式中，C——收盘价；

H——最高价；

L——最低价。

3. 指数平均的初值

当开始对指数平均值做持续性的记录时，可以将第一天的收盘价或需求指数当作指数平均的初值。

专家指点

投资者若要计算得更精确一些，则可把最近几天的收盘价或需求指数平均，以其平均价位作为初值。此外，亦可依其所选定的周期单位数，来作为计算平均值的基期数据。

488 MACD 的应用

利用 MACD 预测行情时，投资者还应该了解与 MACD 相关的一些技术指标，包括如下两个。

(1) DIF：这是指短期的 EMA 和长期的 EMA 之间差离的值。

(2) DEA：这是 DIF 的移动平均，也就是连续数日 DIF 的算术平均。

一般来说，DIF 和 DEA 均为正数，属于多头市场，DIF 向上突破 DEA 是买入信号，如果 DIF 向下跌破 DEA 只能认为是回档，投资者可以做获利了结；DIF 和 DEA 均为负值时，属于空头市场，DIF 向下突破 DEA 是卖出信号，如果 DIF 向上穿过 DEA 只能认为是反弹，如图 12-38 所示。

图 12-38　MACD 指标曲线

新手理财系列

清一清，MACD 的应用方法：________________________________。

489 活用特殊分析方法

MACD 除了常规的应用方法以外，还有其特殊的分析方法，具体如下。

1. 形态法则

当 MACD 的红柱或绿柱构成的图形是双重顶底、三重顶底等形态时，可以按照形态理论的研判方法来加以分析研判，方法如下。

(1) **顶背离**。当期货价格 K 线图上的走势一峰比一峰高，期货价格一直在向上涨，而 MACD 指标图形上的由红柱构成的图形的走势是一峰比一峰低。也就是说，当期货价格的高点比前一次的高点高，而 MACD 指标的高点比指标的前一次高点低，这叫顶背离现象。顶背离现象一般是价格在高位即将反转的信号，表明期货价格短期内即将下跌，是卖出或做空的信号。

(2) **底背离**。底背离一般出现在期货价格的低位区间，当期货价格 K 线图上的价格走势在下跌，而 MACD 指标图形上的由绿柱构成的图形的走势是一底比一底高。也就是说，当期货价格的低点比前一次低点低，而指标的低点却比前一次的低点高，这叫底背离现象。底背离现象一般是预示期货价格在低位可能反转向上的信号，表明期货价格短期内可能反弹向上，是短期买入的信号。

专家指点

根据以往数据分析，MACD 指标的背离一般出现在强势行情中比较可靠，期货在高价位时，通常只要出现一次背离的形态即可确认为股价即将反转，而当价格在低位时，一般要反复出现几次背离后才能确认。因此，MACD 指标的顶背离研判的准确性要高于底背离。

2. 周期法则

通过对以往数据的观察，可以得出以下两点结论。

(1) 绿柱状间隔时间越长，未来上涨力度越大和时间越长。

(2) 红柱状维持时间越长，未来下跌空间和力度越大，时间越长。

3. 均线为先

MACD 指标与短中长期均线呼应，同属趋势型范围，同具惯性。

12.11　期货技术指标精彩案例

本节将通过笔者的亲身经历与实际案例，带你了解期货技术分析中主要指标的更多知识。

490　案例：K 线是最简语言

赵先生刚学会期货投资时机不长，虽然没赚到钱，却也没有大的亏损。某天，他去听了一堂关于 K 线分析的课，聪明的赵先生终于发现了能提高自己投资技术的方法。平时他投资期货，只从供需、国家政策等基本面分析期货，而忽略了技术分析的重要性。此后，他采取分析 K 线走势与基本面相结合的分析方式，以至钱包一天比一天鼓。

俗话说：**“麻雀虽小，五脏俱全。”**K 线就是一种以小见大的技术分析指标，它通过开盘价、收盘价、最高价和最低价，能够体现很多的信息。

(1) **开盘价**。在期货市场是指早盘集合竞价 5 分钟产生的价格。投资者在开盘之前，通过对外盘和其他影响市场的因素分析，可以大致做出对当日交易情况的基本判断。也可以认为，开盘价的形成是投资者对当天交易的预期，并通过短暂的实际交易而形成。从开盘价，也就是投资者的预期，可以看出市场对某一期货品种的多空量比值。

(2) **收盘价**。这是经过持续一天的交易，到结束时形成的最终价格。收盘价是多空双方争夺一天的结果，它是实际形成的价格，与人们的预期无关。

(3) **最高价**。对最高价的理解应该分两个层面：一是产生的原因，二是造成的结果。价格上涨是因为多头力量大于空头力量，而当多空力量达到平衡时，最高价就产生了。其结果是，在最高价以下所有买入的多头都将是盈利的，最高价以下的空头都应该是亏损的。

(4) **最低价**。最低价同样分产生的原因和造成的结果这两个层面。价格下跌是空头力量大于多头力量的结果，当多空力量达到平衡时，最低价就产生了。其结果是在最低价以上的空头都将是盈利的，最低价以上的多头都应该是亏损的。

专家指点

投资者要注意的是，同样形态的 K 线，其具体波动可以是不同的。这也就是说，并不是 K 线能反映价格走势的所有信息，投资者还应该结合走势图来看。

想一想，为什么说 K 线是最简单的语言？________________。

491 案例：成功源于画 K 线

期货投资大师杨先生开始投资期货时，对于理论知识很在行，但投资结果并不理想。出于无聊，杨先生找出期货的走势图，开始对照走势画 K 线。但就是这样一个无心之举，造就了他的成功。

杨先生表示，随着日子一天天过去，他所画的 K 线图也越来越多，越来越熟练。大概坚持了一个多月的时间，他发现了价格运行的规律，也就是技术分析的秘密。

现在投资期货与股票的 K 线图都可以通过计算机瞬间显示出来，投资者再也不需要像十几年前的投资者那样手工绘制 K 线图表，但这让许多投资者对 K 线再也没有深入的理解。正如看电视一样，银幕里男女主角的生离死别，远没有自己的亲身感受那么刻骨铭心。

即使投资者在电脑屏幕上盯盘很长一段时间，也没有亲手绘制 K 线图表一段时间后，对 K 线的感觉那样敏感。投资者看 K 线图表只是停留在感官视觉里，手工绘制可起到做学问中的读、看、写、听、练与思的作用。

在绘制 K 线过程中，投资者就会亲身感受到开盘价、收盘价、最高价、最低价的魅力以及 K 线与 K 线之间的价位排列所呈现出的规律。看 K 线图更多的是停留在视觉层次，但绘制 K 线，则可感悟出主力造就某一 K 线的心机之深，用意之巧。当投资者懂得 K 线的绘制之后，就具有了造就 K 线的本领。也就是说，自己也可以做庄了，懂得如何画 K 线给市场上的评论家说事，磨嘴皮子。

那些精通 K 线技术的投资者的盈利并不是主力庄家仁慈让他们赚钱，而是这些市场参与者的 K 线技术超群。主力的 K 线做盘技术都不在话下，可以这样说，这些 K 线高手在与主力较量的过程中，在技术上是毫不逊色的，只是资金的实力大小成了软肋而已。

专家指点

看电脑显示屏中的 K 线图表只起“看”的作用，而手工绘制则可起到看、思、想、写、练的作用。通过以上的比较，投资者就清楚两种方法的优劣。“看”只是用了大脑的其中一个潜能，亲手绘制 K 线图则用了 5 个方面的潜能。单凭“看”K 线图表虽然同样可以达到学习 K 线的高境界层次，但无疑耗时要比亲手绘制要长很多，除非你具有学习 K 线技术的天赋，对 K 线有天生的特殊感觉。

492 案例：KDJ 的 4 大局限

高女士看过一本关于 KDJ 指标研究的书以后，对自己投资期货充满了信心。起初，她用 KDJ 给出的信号尝试性地做了几次小额交易，发现效果还不错，于是她更加迷信于 KDJ 指标的数据。

两个月后，高女士通过 KDJ 指标发现了一个做空的极好机会，于是她把资金全部用于该期货的做空。买入不久后，期货价格出现了小幅上涨，她出于对 KDJ 指标的“信任”，以为这是市场的正常波动。可此后的 3 天，竟然连续出现 3 个涨停板，这让高女士的保证金几乎亏损殆尽。

KDJ 指标虽然可以克服移动平均线的收盘价误区，但是它本身还是有一定局限性的，所以投资者在利用该指标时，应该注意以下几点。

(1) **指标失效的情况**。当期货价格短期波动剧烈，或者瞬间的行情幅度过大时，KDJ 指标信号常常失效。也可以认为是，当市场的投机性太强时，KD 值容易在极限位置钝化。

(2) **J 值波动过大**。J 值是可以为负，或者超过 100 的，这主要是因为 J 指标比 K、D 指标更为灵敏。

(3) **指标过于敏感**。由于 KDJ 指标的敏感性，很容易被大型投资机构所操纵，诱使普通投资者进行错误操作。

(4) **使用 KDJ 信号有风险**。由于 KDJ 指标提供的买卖信号比较频繁，如果投资者单独依据这些数据来制订投资计划，会存在很大的风险。

493 案例：威廉指标的缺陷

小吴偶然通过威廉指标指导交易后获得了不错的收益，他便常常使用该指标作为自己投资的方向。

通过自己的长期使用，小吴发现如果进行较长的持仓，威廉指标的效果将很差，他也曾由于这个原因出现过一次不小的亏损。后来小吴再也不用威廉指标去研判长线的投资了。

威廉指标作为一种期货技术分析指标，同样有一些自己的缺陷，主要表现为以下两个方面。

(1) **反应过于灵敏**。由于威廉指标波动频率较快，会引起信号频频出现的现象，误差率较高。

(2) **侧重于短线**。时间参数的设置，会有一定的随意性和不科学性。过短的时间参数是造成指标侧重于短线和过于灵敏的原因，但如果把时间参数设置较长，又会失去威廉指标本来的意义。

专家指点

投资者如果能正确应用威廉指标，发挥其与强弱指数在研究强弱市场及超买超卖现象的互补功能，就可以得出对大势较为明确的判断。一般认为，威廉指标与 RSI 指标相配合验证比较好。

清一清，威廉指标有哪些缺陷？________________________。

494 案例：巧用布林线做多

老王投资期货不下 10 年了，每年都有不错的收益。侄儿小王想跟老王学习投资期货，于是每天看老王的操作方法。小王发现老王投资期货喜欢做多，这让他感到不解：“期货是双向投资的，叔叔你怎么只做多啊？”老王解释，其实他就会一种投资方法，那就是通过布林线来做多，所以很少做空。小王更加奇怪了：“只用一种方法就能赚钱吗？”老王笑了笑说：“用得好，也是可以的。”

一般情况下，运用布林线指标进行买卖，操作的成功率远胜于借助于 KDJ、RSI 甚至移动平均线进行买卖。用布林线买卖，能使投资者避开庄家利用一些常用技术指标诱多或者诱空的陷阱，特别适用于波段操作。布林线对做多信号更加准确，可以从以下几点考虑。

(1) **通过上下轨线差**。若期货价格在中轨之上运行，布林线开口逐步收窄，上轨线、中轨线和下轨线逐步接近，当上下轨线数值差接近 10%左右，就可以认为是最佳买入时机。若此时成交量明显放大，则期货价格向上突破的信号更加明确。布林线收窄是黑马启动的信号，而布林线开口再次放大则是最佳买入时机。

(2) **价格在轨线的移动**。当期货价格经过一段温和上升行情之后出现短线回调，如果价格在上轨附近受阻然后又回到布林线的中轨，而且连续 3 日站稳中轨线，那么可以考虑买入。

(3) **价格沿上中轨线向上**。当某一期货的价格始终沿着布林线通道上轨和中轨之间稳步向上时，表明该期货正处于强多头走势之中。

(4) **价格跌出下轨线**。倘若价格跌出下轨线或站稳中轨可考虑介入。

专家指点

布林线有上轨、中轨和下轨 3 条轨道，它们的总体运行态势能明确指示个股的 3 种中线运行趋势，即向上趋势、向下趋势和横盘趋势。其中轨线为个股趋势的强弱分界线，中轨和上轨之间的区域为强势区，期货价格进入强势区运行的品种统称为强势品种。一般情况下，强势品种的价格一般会在中上轨之间反复向上，这就为投资者提供了中线波段操作的机会。

第 13 章

修身养性：自身强化策略

俗话说："**兵无常势，水无常形**。"当期货投资者学会了期货投资的基本程序、技术分析、投机与止损等操作技巧后，如何应用这些手段将变得更加重要。本章旨在训练投资者成为一名真正的"操盘手"的能力，让投资者做一名成功的期货投资者。

知识要点

- 成功投资者的类型
- 重新认识自我
- 建立交易信念
- 心理暗示训练
- 交易理念训练
- 交易规则训练
- 运用价格规律
- 震荡交易训练
- 强化止损训练
- 自身强化精彩案例

13.1 成功投资者的类型

有些投资者头脑灵活，有些投资者善于抓住时机，这些都是成功的期货投资者所具备的属性。每个人有每个人的成功模式，投资者可以根据自身条件，选择一条更加适合自己的路。

495 炒手型投资者

这种投资者年轻、头脑灵活、手脚麻利，却不太敢于表达自我，只要能够获得收益，就能从中得到快乐。

(1) **性格特点**。炒手型投资者在交易时，往往表现出专注、刻板、不善于交际，可以认为他们是“独行侠”。

(2) **交易手法**。他们的交易手法比较固定，喜欢在频繁的价格波动中捕捉机会，并且从不恋战，见好就收。

例如某投资公司优秀操盘手小曾，他大学毕业后就一直任职于该公司。小曾对师傅所传授的投资技巧严格执行，虽然只有那么几条简单的投资原则，却一直保持稳定的盈利。小曾说他自己能够保持不败的成绩，全都归功于他的专注。

496 猎手型投资者

这种投资者年纪一般比较大，40岁是猎手型投资者最多的年龄段。他们不会轻易出手，一旦出手往往会获得较为丰厚的猎物。

(1) **性格特点**。猎手型投资者安于平淡，性格温和，交易时会表现出成熟稳重、不激进的特点。

(2) **交易手法**。他们一般会选择某一段时间中较为不错的机会，然后一击必中。达到目标即退出市场，等待下一次的机会出现。在没有机会时，他们也不会太过关注整个期货市场。

专家指点

在投资者看来，猎手型投资者或许会有些刻板，但正是他们的刻板，造就了他们“**以不变应万变**”的投资风格，并且明白自己的弱点，懂得扬长避短。

497 大师型投资者

大师型投资者可以说是大家最为推崇的类型。他们的年龄没有一定的限制，可能是经过大风大浪的资深金融大家，如“金融巨鳄”乔治·索罗斯；也可能是天赋异禀的年轻投资人，如 20 岁出头就获得巨额利润的威廉·江恩。

(1) **性格特点**。大师型投资者思考会多于实操，领悟力与学习能力极强，这造就了他们可以做到先人一步。

(2) **交易手法**。他们有很强的宏观思维能力，可以将各方面指标成功结合研判市场走势，并擅长布局。

想一想，大师型投资者的优势：________________________。

13.2　重新认识自我

许多投资者连自己是什么样的性格都没搞清楚就开始盲目投资，不适合自己的投资手段肯定是无法获利的。就像一名充满力量的猎人，却让他使用“绣花针”当作武器去捕捉猎物，那自然不会得心应手。所以说，**重新认识自我，是成为一名出色的期货投资者的第一步。**

498 自身的情绪影响

市场本身是理智的，但是由于人的不理智，赋予了市场的情绪。投资者的情绪没有明确的定义，以下 3 种都有其支持者。

(1) 投资者对正在进行着的环境中好消息或坏消息的生理与心理的反应，依赖于适时的或持续的评价。

(2) 一种具有动机和直觉的积极力量，并引导与维持投资者的行为。

(3) 起源于心理状态的感情过程的激烈扰乱，并对生理行为起到反应。

专家指点

情绪的定义标准是出于不同的角度考虑的，但有一点是大家公认的，即内心的情绪会由行为表现出来。例如，人在高度紧张的时候，会心跳加速、血压升高、肾上腺素分泌也会增多，这些生理反应都是人无法控制的。

对于期货市场的投资者，当大赚一笔时，自然会心花怒放；而遭遇大亏之时，往往会情绪低落。当情绪出现变化，又会进一步影响投资者的交易行为，所以会有“输红了眼”、“冲昏了头”这样的情况出现。

499 突破认知的障碍

大多数人只愿意听自己想听的话，对不愿意接受的话，往往会充耳不闻，这是自我认知中最大的障碍。

关于这样的例子不胜枚举，如扁鹊见蔡桓公中的蔡桓公，他不敢面对自己的问题，最终走向了死亡。一些投资者认为，“我肯定不会傻到蔡桓公的地步”。但是在期货市场，最常见的行为莫过于投资者不敢面对自己的投资失败，不去止损，这其实与蔡桓公的行为并没有区别。

所谓“良药苦口”，投资者只有勇于接受自己不好的地方，加以分析，才能改正自己的缺点。

500 怎样做自我了解

投资者不了解自己，其很大程度上是因为不了解自己的潜意识，不了解自己情绪的反应机制。

情绪作为潜意识的反应，是不可消灭的，只能是被控制。投资者的问题是，能够把这个情绪控制到一个什么样的程度，可以按照以下几点来做。

(1) 每天花一定的时间，静下心来想一想自己的情绪有什么变化，是由于什么原因而引起的。

(2) 如果没有这些情绪出现，自己可能会怎样做。

(3) 下次再出现同样的情况，记得先深呼吸平复自己的情绪。

专家指点

即使是新手投资者也常常会感叹自己的心态不好，但许多投资者能够意识到是自己的心态问题，却束手无策。下次出现同样的情况时，还会犯同样的错误，这主要是因为他们没有找到解决的方法。

13.3 建立交易信念

信念是人们认为万物运行的法则或规律，是解释世界种种关系的逻辑。信念对于人们来说就等同于真理。交易信念的建立，可以使投资者在投资过程中对市场充满期望，并不畏惧市场可能带来的亏损。

501 信念有什么作用

对投资者而言，信念就是顺应趋势和市场规则。信念来源于两个方面：一是本人亲身经历所获得的认知，二是来源于他人的经验或接受的其他事物的结论。其中，亲身经历对信念的影响更深。

投资者常常会有这样的体验，知道应该怎么做是正确的，但总是无法下定决心去做；知道这样做是错误的，却又忍不住去做。这就是信念不坚定的表现，或者是潜意识的价值观与意识层面的价值观不一致造成。

专家指点

只有信念坚定的投资者，才能有行为的动机；只有正确的信念，才能有正确行为。没有任何一种信念可以在所有情况下都奏效，所以投资者要建立正确的价值观才能支持信念的坚定。

想一想，你明白信念的作用了吗？______________________。

502 行为方式和规则

行为方式是指投资者做事的方式，规则是指约束人们行为的规范。规则的存在是为了获取价值，并实现信念。行为方式与规则可以说是过程与结果的关系，投资者常常用自己习惯的交易方式去获得自己想要的结果。

但是在期货市场，许多投资者的行为背离了自己原有的初衷，脱离了规则的束缚。例如，一些投资者进入期货市场是为了挣钱，原因是挣钱可以给他们带来快乐，但实际中，许多期货投资者却并不开心。

这种自相矛盾的事情并不可笑，原因是他们的信念不坚定。一直以获得快乐为信念的人，当期货投资不能给他带来快乐后，他会马上退出市场。

503 建立信念的方法

信念系统是可以后天改变并建立的，其要点如下。

(1) 明确自己的信念：顺应市场规律。

(2) 制定自己的价值观：获得财富。

(3) 建立自己的行为方式：做符合规则的事。

投资者建立了以上的信念系统后，就代表只要按照自己的信念去做，就可以获得财富，交易的行为应符合市场规则。

13.4 心理暗示训练

心理暗示是激发潜意识的一种方式，因此健康的心理暗示，对投资者的交易行为能够起到行之有效的作用。

504 潜意识的能量

当投资者出现亏损的时候，潜意识总会告诉投资者“或许明天就涨回来了”，这就会让投资者偏离原有的市场规则。这种不正确的潜意识，是阻碍投资者进行正确投资行为的绊脚石。

潜意识始于催眠术，又称为右脑意识，是由弗洛伊德提出。总的来说，它有以下几个特征。

(1) **潜意识是盲目的**。潜意识是不具备辨别是非对错的能力的，更没有逻辑思维能力。

(2) **能量异常巨大**。有研究者指出，潜意识的能量比意识能量大 30 000 倍以上，无论这个结论是如何得出，但潜意识确实对人的行为起很大的影响。

(3) **更容易接受图像**。形象化的刺激对潜意识更加有效，例如“望梅止渴”的故事，当人的脑海里出现酸甜可口的梅子时，嘴里才会分泌唾液。但是人们无法直接命令自己的口腔分泌唾液。

(4) **重复行为可改变潜意识**。这一点是生物共有的特征，所谓“习惯成自然”，这同时也是潜意识能量的体现。

(5) **潜意识与意识**。如果把思想分成 100 份，假设意识占支配行为的 50%，那么剩下的 50%就是潜意识。所以当人们处于放松状态(意识相对模糊)时，潜意识会占据主导，这也是催眠的原理。

专家指点

如果投资者明白了自己潜意识所拥有的巨大能量，并加以利用，那么比光靠自己的主观意识要强很多。

想一想，你明白潜意识所拥有的能量了吗？______________________。

505 学会控制呼吸

对市场的直觉来自于投资者的专注，控制呼吸恰好可以训练投资者的专注力。其具体方法很简单，就是数呼吸。如果投资者集中意识在呼吸上，就可以让人集中注意力，而产生专注。

对于这个简单的方法，投资者也应该注意以下几个要点。

(1) 一呼一吸为一次呼吸，投资者可以在心中从 1 数到 100。在这个过程中，投资者一旦走神，或被其他事情所打扰，就应该重新数起。每天进行一次，直到自己可以一次性地从 1 数到 100。

(2) 投资者数呼吸的时候应该做到心平气和，否则无法达到专注的效果。

(3) 完成数呼吸后，思考自己的生理与心理有什么变化。

506 提前放松心态

投资者只有在更加放松的状态下，才能让自己的潜意识更加暴露，这时进行心理暗示效果才会比较好。如果投资者不能在自然的情况下放松心态，可以采取以下行为辅助自己心态的放松。

1. 摆动双手

摆动双手不必太用力，但一定要轻松、随意、放松地摆动，重复以下行为直到心态完全平和下来。

(1) 投资者双脚站稳，闭上双眼，面带微笑。

(2) 将双手在身前交叉摆动共 10 次。

(3) 将双手在身体两侧，向前、向后摆动共 10 次。

(4) 高高举起双臂再放下双臂共 10 次。

(5) 将双臂各自在身体后部向对面摆动各 10 次，腰部可以随着双臂轻柔摆动。

2. 头部按摩

投资者靠在椅子上，或平躺在床上，闭目。用洗干净的手对头部进行按摩，重复以下行为直到心态完全平和下来。

(1) 按摩脸部两侧太阳穴 5 次。

(2) 按摩两眉头内侧连线正中印堂穴 5 次。

(3) 按摩眼睛下边皮肤，即当目光正视时，瞳孔正下边皮肤处承泣穴 5 次。

(4) 按摩与双耳垂后的下边缘的平齐处皮肤凹陷的翳风穴 5 次。

(5) 像洗脸似的用双手轻轻按摩脸部，从左向右，轻轻、旋转着按摩5次。

专家指点

由于投资者不是医生或专业按摩人员，不可能取穴位太准确，相对准确就行了。同时，按摩时不可太重，以免伤害皮肤；也不可太轻，太轻了没作用，按摩穴位时微有疼痛感即可。

3. 呼吸放松

呼吸是最为普遍的放松方式，投资者应将窗子打开，放入新鲜的空气，闭上眼睛并解开腰带，进行有节奏的、缓慢的深度吸气、深度呼气。

随着深度呼吸的进行，投资者应感到脑子越来越清晰，口中吐出的气息由混浊到清新，全身开始放松。

4. 轻松漫步

投资者可以选择风景优美、安全、不受太多干扰的公园、人行道、小区园林等地方，进行长达一小时以上的轻松漫步。散步时不要追求速度，顺着道路，缓缓而行，不要想那些烦心事，哼唱些自己熟悉、喜欢的歌曲。

清一清，有哪些方法可以放松自己的心态？____________________。

507 开始想象训练

投资者在放松的情况下，进行想象训练，也就是对自己说一些心理暗示的话，如以下10条。

(1) 我充满了自信。

(2) 我会是一名成功的期货投资者。

(3) 我将严格遵守交易规则。

(4) 我会按照交易计划执行。

(5) 我有坚定的投资信念。

(6) 我有超强的记忆力。

(7) 我熟悉所有的行情模式。

(8) 我对基本面的判断准确。

(9) 我的技术分析行之有效。

(10) 我会进行止损。

除了这些心理暗示，投资者还应该在脑海中进行模拟交易。应该做到尽可能地逼真，想象出详细的期货价格、走势、成交量等信息，并在想象过程中按照正确的交易规则执行交易操作。

13.5　交易理念训练

大多数投资者都明白正确的交易规则和理念，但是这不代表你可以一劳永逸、稳操胜券。交易的规则与理念是需要投资者进行不断的训练，才能在投资过程中正确使用出来。

508　形成潜意识交易理念

如果把正确的交易理念与规则输入给潜意识接受，那么投资者犯错误的概率要降低很多，具体方法如下。

(1) 完全放松下来，尽量什么都不想，在这种情况下重温期货交易理念。

(2) 通过形象化的语言、直接的图像告诉自己怎样做才是正确的。

(3) 常常给自己心理暗示，如“不设置止损就要亏本”。

通过这样的训练模式，可以让投资者慢慢清除错误的投资经验，建立正确的行为反应模式。一旦形成正确的潜意识，那么投资者就不需要时刻提醒自己应如何约束自己，潜意识的行为会自动引导投资者走向正确的路。

专家指点

形成正确的交易理念后，投资者可以完全地放松，不会感到规则对自己投资的束缚，也不会因恐惧等情绪导致自己不知所措，达到孔子所说的“**从心所欲而不逾矩**”。

509　脑力与体力的突破

要想成为一名优秀的期货投资者，必须有强烈的动机，因此需要投资者具备较强的分析能力与良好的体力。

投资者长时间集中精神进行看盘、技术分析等行为需要消耗大量的体力，所以体力对交易投资可以产生一定的影响。

有一个很简单的方法可以同时训练脑力与体力，那就是长跑。

(1) 选择适合的时间开始长跑。

(2) 投资者跑累了、不想跑的时候，必须咬牙坚持继续。

(3) 每次在身体不行的时候，多坚持 1 分钟也是胜利。

长跑最关键的地方不是要求投资者每天跑多少路，而是要突破自己的极限。当投资者习惯了冲破自己的体力极限，其意志力也得到了有效的锻炼。

专家指点

长跑其实就是训练投资者的意志力，有了坚定的信念，才能不被市场心情影响自己的操作行为。这对于新手投资者来说，是非常重要的一件事。

想一想，为什么期货投资需要体力？____________________。

13.6 交易规则训练

对于期货交易的规则，最好是通过图形来形成印象。投资者首先应该明白哪些规则可以从图形上反映出来，可以从图上反映出来的规则有许许多多条，本节将挑选几条举例说明。

510 行情的突破

通过期货的历史走势图，可以直观地看到行情的突破，如图 13-1 所示。

图 13-1　行情的突破

从该图中可以看出，沪铜 1407 的走势大致保持在 62 000～54 000 元/吨。当其价格跌破 54 000 元，即突破正常波动区间后，很有可能意味着大行情的突破。如果投资者在此处做空，那么可能获得巨大的收益。当然，投资者也可以使用日走势图进行短线行情的判断。

专家指点

通过期货价格突破的走势图，投资者可以直观地看到，当期货价格突破以后进行交易能获得的收益。那么以后的期货投资过程中再遇到类似的价格突破，投资者可以更加大胆地进行交易，而不是机会到了却不敢把握。

511 买入的规则

众多买入的规则中，最为基本的是在向上突破的区间，只做多头，不做空头。同样这个规则可以通过图形来反映，如图 13-2 所示。

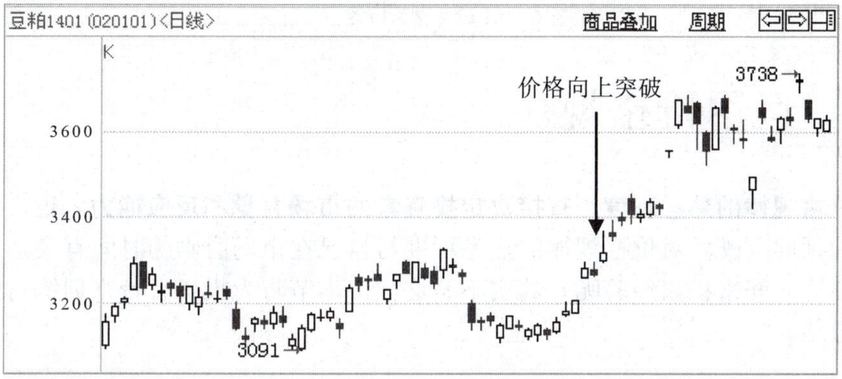

图 13-2　买入的规则

通过图 13-2，投资者可以发现，当价格突破当前波动区间(3400 元/吨)后，一直稳定在 3600 元/吨左右。如果投资者做多，则基本可以获得 200 元/吨的收益，但如果选择做空，基本没有任何意义。

当这幅图在投资者头脑中形成有效记忆后，那么将知道其今后的投资要跟着大势走，不会出现逆势而行的危险情况。

512 卖出的规则

对于卖出的规则来说，最为基本的是在向下突破的区间，只做空头，不做多头。这个规则也可以通过图形来反映，如图 13-3 所示。

通过图 13-3，投资者可以发现，当价格突破当前波动区间后，如果选择做多，获取收益的概率将极低。

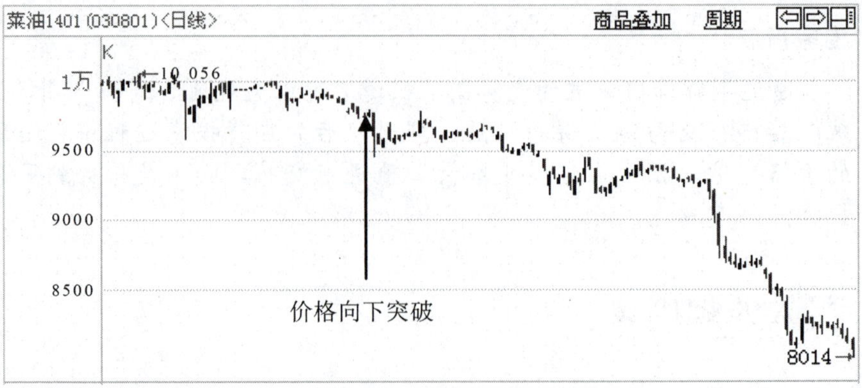

图 13-3　卖出的规则

想一想，为什么要通过图形表现交易规则？________________。

13.7　运用价格规律

对价格规律的熟悉程度，直接决定投资者的市场直觉和反应能力。也许投资者会有这样的疑问：既然对价格规律的熟悉程度与自己在市场磨砺的时间有关，那么岂不是只能通过时间来积累经验呢？其实不是这样，本节将为投资者带来训练对价格熟悉程度的方法。

513　训练日内交易走势

投资者应该选择一个最熟悉的期货品种，这个品种应该在自己的心理和资金的承受范围之内。投资者要做的事就是，通过自己亲自画图，加深对日内交易走势规则的理解，而不是光靠看电脑上的走势图。

1. 画走势图

投资者需要准备的工具有铅笔、彩笔、直尺和坐标纸，前 3 种工具大家应该都有，而坐标纸需要到专门的文具店去购买。之所以要求投资者使用坐标纸，主要是要训练对待画图的严肃与认真精神，不能是“差不多”就可以了的心态。对于画图，这里有以下 4 点要求，投资者务必做到。

(1) **标注价格**。投资者必须表示出开盘价、收盘价、最高价和最低价这 4 个价格指标。

(2) **画出线条**。价格曲线和日均线的形态大致相似，但关键的转折必须准确地画出来。

(3) **配上 K 线图**。每天的走势图(分时图)应该配上当日的 K 线图。

(4) **观察联系**。在同一坐标系下画图，以方便投资者观察彼此间的联系。

2. 回忆整理

投资者要想从画图中获取价格变化的规律，还需要进行回忆整理工作，回忆整理工作分为以下几点。

(1) 画完图之后，投资者应该闭上眼睛默想一下刚画的图形，在自己的脑子里是否清晰。如果不够清晰，代表对自己画的图的理解还不够，这时投资者应该再专注看一会儿所画的走势图。

(2) 如果闭上眼睛可以很清楚地回忆起所画的图形，投资者此时应该再拿出一张纸，根据记忆把大体走势画出来，越详细越好。

(3) 把自己根据记忆所画的图与之前的走势图做一个比较，看看哪里不同，并把不同的地方再着重记忆一遍。

(4) 投资者在睡觉之前，躺在床上再对所画的走势图进行回忆，要确保脑海里的图形清晰。

专家指点

关于画图训练，投资者可以从每天画一个期货品种的一张走势图开始，然后慢慢增加画图的数量。关键是要能够把所画的图记下来，而不是画完了就不管不顾。

514 训练历史 K 线图

K 线图相对于走势图的工作量要大得多，投资者应该在能熟练掌握画走势图后再开始画 K 线图。投资者所画的 K 线图应该是一段长期的行情，其中包括牛市、熊市与震荡 3 个阶段，具体画图要求与走势图相似。

对 K 线图形熟练的训练需要投资者有一定的“天赋”，如果投资者实在不能接受画出与记忆整个行情，也可以选取一段较短时间的震荡行情。具体训练方法，有以下 3 个步骤。

1. 整体印象的建立

由于交易软件显示的原因(显示器的限制)，投资者查看较长区间的 K 线图时只能显示大致的走势，不能清楚地看到每根 K 线。因此，投资者应该先建立 K 线图的整体走势的印象。

投资者在心情平和的状态下仔细看走势图，然后回忆每个细节能否清晰出现在脑海中。对于比较模糊的地方重新看几遍，如此反复，直到大致的走势图能完整地出现在自己的脑海里。

2. 部分印象的建立

选择整个走势图中的一段区间，放大后观察更为细致的走势波动，以及图上的每根K线。投资者应对每个放大区间进行观察记忆，直到投资者看大致走势时能回忆起各个部分的详细K线，该过程可以分为以下两个阶段。

(1) **配有均线的图形**。投资者应该记忆均线系统与各个K线之间的位置，直到能够清晰回忆为止。

(2) **没有均线的图形**。当投资者完成第一步之后，去掉均线，回忆图形时能够大致明白K线在均线的什么位置。

3. 凭借记忆画K线图

完成前两个过程以后，投资者应该把所记忆的K线图画出来，不求过于精确，但应该与原图神似。

专家指点

起初的期货交易员都接受过画K线图的训练，这个方法就像练高深武功之前的扎马步一样，虽然看似笨拙，但却很有效。

清一清，K线图的训练步骤有哪些？____________________。

13.8 震荡交易训练

震荡交易是专注于较短行情的投资，它与日内交易有一定的相似性，但持仓时间比日内交易要长，所以投资者要关注的方面更多。

515 选择合理的区间

一般来说，震荡交易的区间可以从以下几个方面来确定其影响力。

(1) 波动幅度大小。期货价格波动的幅度直接影响价格突破该区间后的发展空间，与投资者利益密切相关。

(2) 交易量大小。当时间跨度一定的情况下，交易量是期货品种流动好坏的评判标准，所以投资者应该考虑。

(3) 参照区间与当前的时间。选择参照区间离当前时间越近，那么参照区间的可靠度越高。

专家指点

日内交易常常以前一天的交易区间作为参考，而震荡交易则是选取该期货之前的某一段时间作为参照，该区间可能是数天、数周或是数月。选择参照区间的时间越长，对未来行情影响的时间也会增加。

516 较长区间的波动

选取某一期货合约最近一年内的某一交易区间，该区间应该有较强的特征。如图 13-4 所示为玉米 1405 合约在 2012 年 11 月 1 日至 2013 年 11 月 1 日的走势。

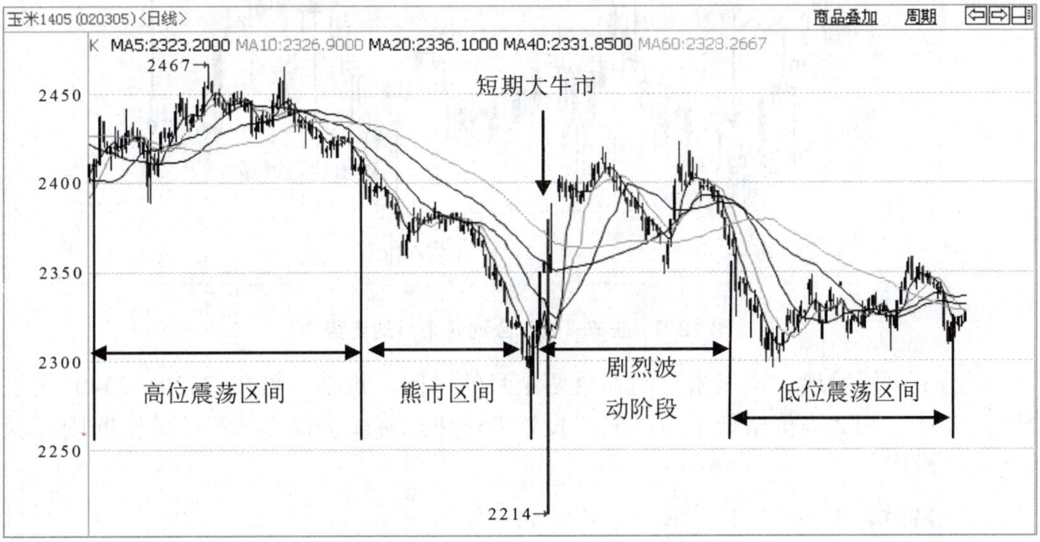

图 13-4　玉米 1405 合约一年的走势

这样一张比较全面的走势图，常常会包含更多的交易规则，投资者可以全面地了解，如何进行时间长度不同的震荡交易。训练方法可以按照走势图的方式记忆，具体有以下要求。

(1) 记忆每次行情的起始点和转折点。

(2) 行情在不同转折点的最高价和最低价。

(3) 能够把每一区间的大致 K 线形态画出来，并知道均线与每根 K 线位置的大致关系。

通过完全理解该期货上一年的走势与形成该走势的原因，能让投资者在今后一年中投资该期货有更好的“直觉”。

想一想，自己通过图形学到过规则吗？______________________________。

517 更短的波动分析

对于一些喜爱炒短线的投资者，则应该选择距当前时间更近、时间跨度更短的图形进行训练。如图 13-5 所示为玉米 1405 合约在 2013 年 9 月 1 日至 2013 年 11 月 1 日的走势。

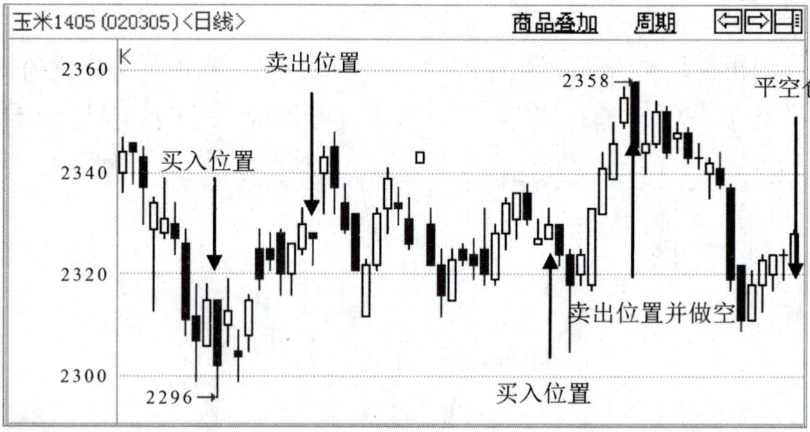

图 13-5　玉米 1405 合约两个月的走势

从图中可以发现，该玉米合约在这两个月的区间，价格一般在 2320～2340 元这个区间波动。那么当价格低于该区间，投资者可以选择做多操作，高于该区间则可以选择做空操作。

> **专家指点**
>
> 所谓“**以史为鉴，可以知兴替**”，对历史走势的研究，投资者可以预测未来可能出现的短期震荡，以及涨跌持续的天数。当然，这属于概率的统计，不能完全用于指导交易。

518 规则与图形结合

利用波动交易中的规则与图形结合的方式，训练投资者的震荡交易能力效果更好。例如有这样一条规则：当价格突破某一区间后，其突破的剧烈程度与价格在该区间的波动程度成正比。

投资者可以随意地打开某一期货的走势，然后观察其突破后的幅度与之前的波动。如图 13-6 所示为玻璃期货 1405 在 2013 年 7 月 15 日至 2013 年 11 月 5 日的走势。

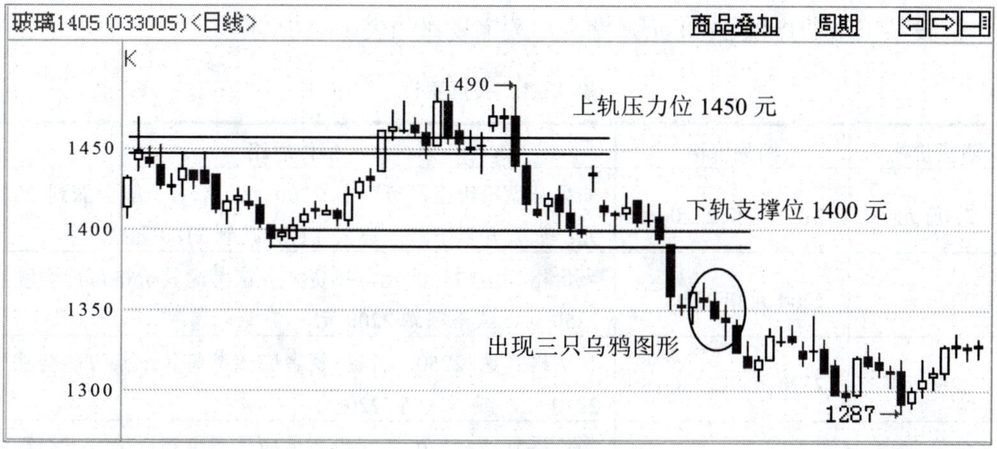

图 13-6　玻璃期货 1405

通过该图可以发现，如果用 1400～1450 元这个区间作为参照，同时又按照“上轨做空，下轨做多”的规则开仓，那么其交易行为可以分以下几次。

(1) 在 1450 元附近做空，价格跌至 1400 元附近平仓，止损位设置为 1450 元。

(2) 在 1400 元附近做多，价格涨到 1450 元附近平仓，止损位设置为 1400 元。

(3) 在 1400 元附近做多时，价格跌破止损位，立即平仓。

(4) 根据价格突破的原则，在 1400 元做空，其止盈位置应该设置到 1350 元。

(5) 在原本止盈位置出现三只乌鸦，表示价格可能继续下跌，此时投资者应该把止损位设置为 1350 元，并继续持有空仓。

专家指点

这种分析方式有些类似“马后炮”，但是投资者先要对正确的交易行为建立印象，才能通过这些现有的规则去判断未来的走势。

利用期货投资的规则结合图形，可以让投资者清楚看到，如果按照规则交易，那么在这 3 个月中，投资者的盈利可能达到近 200 元/吨。这足以在投资者心中留下深刻的印象了。

519　使用数字规律看盘

对数字的敏感有助于投资者更好地把握交易点位。建立对数字的直觉，需要投资者通过实际操作进行训练。使用数字规律看盘是说在交易时间内，通过观看价格的变化，对行情变化进行预测。这种方法直截了当，不像其他技术分析数据那么复杂，这里举例说明。

假设某玉米期货以 2200 元开盘，其数字规律如表 13-1 所示。

表 13-1　买远卖近

期货价格	相关价格	操作思路
2200 元	2180 元和 2220 元	如果开盘后价格没有跌出 2200 元，那么一般会涨到 2220 元；如果开盘下跌，那么往往会跌到 2180 元
2220 元	2200 元和 2250 元	当价格到达 2220 元，投资者应该考虑其价格可能会涨到 2250 元，或下跌到 2200 元
2250 元	2220 元和 2280 元	当价格到达 2250 元，投资者应该考虑其价格可能会涨到 2280 元，或下跌到 2220 元
2280 元	2250 元和 2300 元	当价格到达 2280 元，投资者应该考虑其价格可能会涨到 2300 元，或下跌到 2250 元

从该表中可以发现，数字规律无非是利用 0、2、5、8 这几个数字，作为交易的参考价位。投资者在实际交易中，还可以参考更多的数字，如前一天的收盘价、最高价与最低价进行数字规律分析。

13.9　强化止损训练

期货的保证金与杠杆原理注定了止损在期货投资中的重要地位，但止损又是期货交易环节中投资者最难处理的问题。

520　阻碍止损的原因

止损经历应该是每一个期货投资者都有的，也是每一个投资者最不愿做的事。阻碍投资者不愿止损的原因有以下几点。

(1) **源于自身的情绪反应**。投资者在交易中，都会形成固有的行为模式，不愿止损的行为，也是个人习惯在期货投资中的延伸。

(2) **源于不愿接受亏损的现实**。这主要是投资者对失败的害怕，以及对成功的渴望。

(3) **源于事情本身的复杂性**。由于某些情况下的止损，本身其操作就比较复杂，致使投资者更加不愿意去做。

521 心理暗示止损法

由于阻碍投资者止损的原因多半来自自己的内心，所以投资者必须对自己的潜意识有正确的引导，利用心理暗示可以达到该目标。

投资者应先让自己平静下来(参照之前所述控制呼气和放松心态的方法)，然后对自己说以下暗示语言。

(1) 我能够控制自己的行为。

(2) 我能把止损做好。

(3) 入市前，我将事先定好止损位置。

(4) 价格达到止损位，我将执行止损。

(5) 止损是期货投资必须有的亏损。

(6) 上次的止损干得不错。

这样的心理暗示每天至少进行两次，久而久之自己的行为就将与心理暗示的内容趋向一致。

清一清，哪些语言可以暗示自己止损？______________________________。

522 实战操作止损法

实战才是锻炼技能最好的办法，这里必须要求投资者进行实盘交易，因为只有使用自己的资金进行交易，投资者内心对止损的情绪，如恐惧、逃避等才会表现出来。可以采用循序渐进的方式进行训练，流程如下。

(1) 投资者可以有意地持有一手价值较低的期货品种(如玉米)，当出现亏损时，立即进行止损操作。

(2) 逐渐增加止损期货的手数，也就是扩大亏损价格，进行止损。当然，这里投资者可以采取双向开仓的策略，避免无谓的损失。

(3) 随着能够接受止损的金额越来越大，投资者将对今后期货投资中止损的畏惧感大大减少。

13.10 自身强化精彩案例

本节将通过笔者的亲身经历和实际案例，带你了解更多提升、强化投资者自身能力的知识。

523 案例：明白什么叫作自我

李小姐在进行自我认识的时候，出现了这么一个疑问：“为什么我按照方法进行自我认识，却不能获得很好的结果呢？”

带着这个困惑，李小姐来到了期货经纪公司进行咨询。期货公司客服人员了解她的情况后，终于发现了原因，李小姐根本不明白什么是自我。

投资者在了解自我之前，先要明白什么是自我才能对自我进行全面地了解，如果连自我是什么都不知道，那么更无法去进行认识。一般认为，自我可分为3个方面。

1. 自我认知

自我的认知是指一个人对自己各种身心状况的认识，这其中包括对自己身体状况的认识、对自己心理状况的认识和对自己社会关系的认识。

许多投资者会认为“认识自己”比较容易，因为自己的内心状态总是对我们自己开放的，投资者只需去内省、去反思就可以得到关于自己各方面的信息。但事实上这种看法并不全面，有时我们自己也会进行自我欺骗，从自己的主观愿望出发，去解释客观事物，结果是**“不识庐山真面目，只缘身在此山中”**。因此，他人对我们的认识反而更客观、更准确。

2. 自我情感

自我的情感是指一个人在对自我认知的基础上产生的对自己一定的情感体验，例如伴随着对自己容貌、健康的认知而产生的愉快或苦恼等。

3. 自我意向

自我的意向是指人们对自我进行认识，并由此产生一定的指向自我的情感，在此基础上人们往往会有意识地发动、控制与调节自己的一些思想或行为。

一般情况下，人们如果认为自己的身体非常健康，将会产生愉快的情感体验。在这样的条件下，人们常常会支配自己去发动一些行为，如更加注意营养与锻炼，以继续保持良好的健康状况。

专家指点

对自我意向来说，每个人都处在不同维度的不同位置上，从而表现出自我意向方面的个体差异。这些维度包括：依附与独立、冲动与自觉、软弱与坚强、动摇与坚持。通常情况下，自我崩溃或自我解体的个体，行为经常表现为每个维度较弱的一端。因此，在生活中没有主见，做事无计划性，不能坚持下去的投资者，难以实现投资预期。

524 案例：心理暗示作用强大

汪先生每天都会暗示自己要按照投资规则交易，但在平时交易中他也没发现起到什么作用。但是在一次牛市中，汪先生对心理暗示作用的认识大有改观。

当时，汪先生与几个朋友选择做多棉花期货。在一天看盘时，汪先生发现 K 线图有明显的反转信号，于是他赶紧找到几个朋友商量对策。他的朋友纷纷表示："这样的大牛市不去挣钱就等于亏了啊，而且你看到的万一是错误信号呢？"汪先生自己想想也对，但他坐在电脑前还是一直纠结于反转信号的事。最后，他果断选择了平仓，甚至汪先生自己都不想做平仓操作，但由于已经这样了，想着适当落袋为安算了。

第二天，棉花期货的价格竟然急转直下，汪先生这下可是惊出了一身冷汗："要不是自己莫名其妙把仓给平了，今天这下可得亏死。"

汪先生能做出这样非主观意愿的行为，多半是潜意识的功劳，也就是他常常对自己进行心理暗示的作用。俄国心理学家巴甫洛夫认为：**"暗示是人类最简单、最典型的条件反射。"**条件反射则可以看作是人不由自主的行为与习惯，不受人的主观意愿所控制。

专家指点

我国自古就有"惊弓之鸟"、"杯弓蛇影"、"望梅止渴"、"画饼充饥"等关于条件反射的典故。这足以证明心理暗示确实有很强的作用。

"二战"时，纳粹在一个战俘身上做了个残酷的实验：将战俘四肢捆绑，蒙上双眼并告诉战俘："现在对你抽血。"被蒙上双眼的战俘只听到血滴进器皿的嗒嗒声。战俘哀号一阵之后气绝而终。其实，纳粹并没有抽这名战俘的血，滴血的声音是用自来水声模拟的。导致战俘死亡的，是"抽血"这个暗示，当耳朵听到血滴的声音，想着血液行将流尽，瞬时导致肾上腺素急剧分泌，心血管发生障碍，心脏功能衰竭。

医院里经常会遇到这样的情况：当病人得知自己患了癌症之后，明明还可以活几年的患者，几个月之后就去世了。因为患者给了自己消极的心理暗示：自己要死了。

相信投资者看到这两个案例以后，会更加了解心理暗示的强大作用，连人的生命都可以被暗示所支配，那么区区期货投资将更不在话下。

想一想，自己在生活中有感到心理暗示的强大作用吗？＿＿＿＿＿＿＿＿＿＿。

525 案例：为何训练交易理念

滕先生是某期货投资大师的侄子，可以说是深得其真传，但是滕先生出师以后就遭遇了惨败。

当时市场上普遍看好沪铜期货，滕先生从基本面与技术面分析也得出铜期货是做多的好时机，于是他满仓持有了铜期货的多头。没过几天，铜的价格急转直下，滕先生几乎达到了爆仓的边缘。这下他开始紧张了，便开始四处筹钱增加保证金，以防爆仓。忙于借钱的他，忘记了期货中最关键的止损环节。其结果，腾先生还是以爆仓告终。

其实就在铜下跌的当天，K 线图上就出现了反转信号，只是滕先生没有理会 K 线图而是忙于筹钱去了。

期货市场如战场，一名从未上过战场的士兵，即使他在军事学校学过再多的知识，进行过无数次的演习，当他真正“赤膊上阵”与敌人正面搏杀的时候，也难免会有所紧张，甚至发挥不出学校学习的技能，这就是要进行交易理念训练的原因。

专家指点

投资者总是羡慕大师的从容淡定，却不知他们的那份自信是源于无数次的成功与失败。作为一名普通投资者，你不可能穷其一生去操作期货交易，但是可以通过一些科学的训练手段，使自己已经学会的交易规则和理念发挥出来。

526 案例：使用数字规律解盘

罗女士最喜欢在大盘震荡时进行交易，并通过这个方法获取了较高的收益。对于一般投资者来说，在行情震荡时，多数人会持观望的态度，但是她往往能找到价格波动的特殊位置，进而操作交易。

罗女士的朋友想要学习她的方法，但总是摸不到门路，便对罗女士开玩笑道：“你是不是还有所保留啊？”罗女士也只能无奈地摇摇头：“我这是长时间苦练得来的，哪像你想得那么容易？”

其实罗女士震荡交易技术高超，完全是她出于对数字的敏感。许多投资者明白用数字规律看盘，但还应该知道使用数字规律解盘。

每天收盘后，投资者根据走势图上的高点和次高点、低点和次低点、开盘价以及收盘价等数字，进行规律的分析。对于如图 13-7 中的一些数据，一些交易软件不能自动显示，则需要投资者自行标记。

由该图可以得出以下结论。

(1) 开盘价为最低价，即 7544 元。

(2) 最低价与次级低价相差 59 元。

(3) 次级低价与次级高价相差 41 元。

(4) 次级高价与最高价相差 54 元。

(5) 收盘价在次级高价附近。

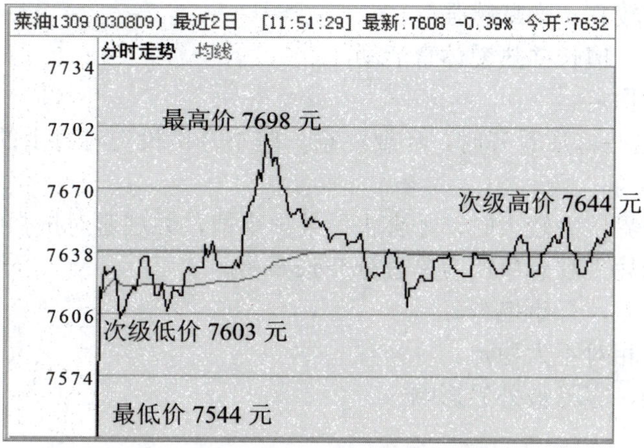

图 13-7　标记价格

根据这些数字，投资者可以发现，这些价位相差都在 50 元左右。那么投资者完全可以利用 50 这个指标，做该期货接下来几天交易的参考标准。

专家指点

有一点值得投资者注意的是，这些价格规律是建立在对无数个交易日分析而得出的结论，不能以偶然情况指导自己的期货交易。

527 案例：合格投资者的特质

小章投资期货近两年时间了，并且这两年时间他一直在学习期货投资知识。虽然他如此努力，但投资期货总是亏损，这让小章情绪十分低落，甚至开始怀疑自己的人生。

某天，小章去听了一堂关于期货知识的课，课上的知识小章基本都懂，也没认真听。临近下课时，讲师谈到了有的人天生适合投资期货，有的人却天生投资不了期货。小章一听，再对照自己的情况，终于发现自己投资期货失败的原因了，那就是他的性格过于随意，执行操作总是不及时。

其实许多投资者交易效果不理想，其原因不是期货投资技巧的不足，而是自己性格行为等方面本身就有一定的问题。根据对期货投资市场的调查，一个合格的投资者应该具有以下特质。

(1) 做事的动力不依赖外界的压力，乐于参加对抗性强的活动。

(2) 在所处环境中，常常有较强的主动性，并本能地追求领导作用。

(3) 遇到紧急情况时，能保持镇静，思维清晰。

(4) 智商通常较高，幽默感强。

(5) 身体健康，擅长并热爱体育活动。

(6) 家庭相对稳定。

投资者在向这些特质看齐时，还要注意一些不合格投资者身上的特质，时时反省自己有没有以下几条。

(1) 只有在外界压力较大时，才会去做某一事情，并逃避对抗强的活动。

(2) 看待事物凭主观想象，容易过分夸张事实。

(3) 注意力较差，行事拖沓。

(4) 家庭状况相对不太稳定。

(5) 性格暴躁，容易被外界影响。

清一清，将自己的最终目标写出来：________________________________。

第 14 章

走向成功：期货操作技巧

俗话说："**巧妇难为无米之炊**。"任你期货市场有再多的利益可以获取，投资者没有一定的操作技巧，也是行不通的。本章旨在利用期货市场这名"巧妇"，让投资者获得丰厚的回报。

知识要点

- 入市的 4 大法则
- 仓位设置有窍门
- 组合投资更安全
- 交易团队的构建
- 期货操作技巧精彩案例

14.1 入市的 4 大法则

俗话说：“**好的开始是成功的一半**。”期货投资中，如果入市的选择正确了，那么这笔交易多半会盈利。

528 跳空入市法则

价格跳空又称缺口，是因开盘过高或过低造成的。跳空分为突破跳空、持续跳空和衰竭跳空 3 种。

(1) **突破跳空**。这是市场选择方向后的第一个跳空，该跳空具有较强的指导意义，对未来行情有极强的支撑或阻力。

(2) **持续跳空**。持续跳空又称量度跳空，它通常在期价实现突破后进入下一个区域时出现，具有加速期价上升或下降的作用，表明期价运行维持原有趋势。在技术上，从持续跳空到突破跳空的空间可以看作量度幅度。也就是说出现持续跳空后，期货价格至少还要再下跌(上涨)量度幅度那么多才会见底(见顶)，持续跳空常会出现 1～3 个。

(3) **衰竭跳空**。衰竭跳空出现于上升或下跌行情的尾声，是多方或空方的最后一击，一般衰竭跳空出现后 3 天左右，行情将发生逆转补上衰竭跳空。因此，该跳空出现后常可作为行情转向的标志。

在实际投资中，任何跳空一旦形成，对期价都有支撑或阻力作用，未来回补至此时常会因所受压力(支撑)过大而回头，因此在操作中可择机选择点进出。在上升趋势中，其下方的跳空通常起到支持作用。当价格跌回到下方跳空的上边缘或者回落到价格跳空之内，投资者选择买入并将止损指令设置在跳空下沿。在下跌趋势中，当价格反弹到其上方的跳空的下边缘或者反弹到跳空内，此时是投资者不错的卖出时机，止损指令设置在上方跳空的上沿。

清一清，有哪些跳空可以成为入市信号？______________________________。

529 从突破信号出发

许多技术分析指标可以反映出突破信号，因此有没有突破信号显得不是太重要，突破信号的可靠程度才是投资者首要考虑的因素，其突破信号的真伪辨识主要分析以下 4 点。

(1) **首看均价突破**。期货的走势存在着一定的虚假成分，尤其是尾市做盘，临近收盘几分钟或十几分钟的大幅拉升或深幅的打压都会使 K 线图变形，因此代表市场成本变化的均价线才真正具有分析意义。每日的均价是投资者必看的要点，均价的突破才是真正意义上的突破。

(2) **再看突破幅度**。当突破发生后，其距离突破点的幅度越大，突破的真实性越高，也越有效。一般情况下，其均价能远离突破点 1%以上的幅度，突破成立并有效，否则其可能性就会降低。

(3) **关注突破时间**。一旦期货价格发生突破，其收盘价和盘中均价必须连续 3 天在该趋势突破的方向上，才能算有效突破。并且停留的时间越长，突破越有效。

(4) **最后看成交量**。一般来说，期货价格突破的发生，伴随着有大成交量的发生，相对较小的成交量意味着趋势的认同者和恐慌出局者相对较少，其假突破的可能性就会增加。

专家指点

当突破发生时，持仓量的增加却不是必须要关注的，持仓量减少所引发的突破大多是反向恐慌盘出局所导致的。但如果在突破趋势有所延续后，持仓量仍不能增加，那么突破趋势的发展就会大打折扣了。

投资者在学会辨别突破信号的真伪后，才能根据突破信号挑选入市时机，这里介绍两种方法。

1. 历史极限的突破

历史极限价位的突破也就是新高和新低的突破，它分两种情况：一种是穿越某一个历史阻力位或支持位达到的新高或新低；另一种是期价运行已穿越了历史上的最高价或最低价，称之为创了历史新高或历史新低。

突破发生的真假永远是期货投机者的难题，突破信号入市策略还存在提前、跟进和确认 3 种入市情况的选择。

(1) **预先入市**。投资者可获得有利的建仓成本，但要承担市场突破前拉锯洗盘的痛苦折磨以及过大的止损成本。

(2) **当中入市**。投资者可提高资金的利用率，降低止损成本，获得成功的机会相对较大，但盈利空间有一定的损失，同时还要承受反抽后证明突破失败的风险。

(3) **确认入市**。这是指行情突破后经过反抽确认，沿突破方向继续运行时跟进的策略。确认入市策略虽然盈利空间会有损失，但止损成本最小，单位时间内获得的盈利最大。

2. 趋势线的突破

所谓趋势线就是将波动行情的价格的低点和低点连接或高点和高点连接而形成的

直线。趋势线有上升趋势线、下降趋势线和振荡趋势线三种。上升趋势线分上升压力线和上升支撑线两种。

(1) **上升趋势线**。如果行情在发展过程中高低点逐渐上移，将高点和高点之间连接就形成了上升压力线，将低点和低点之间连接起来就形成了上升支撑线。其交易策略是，当行情处于上升趋势，价格回调到上升支撑线时，可多头介入，并以跌破趋势线作为多头止损点；当行情处于上升趋势，价格攀升到上升压力线时，可将多头平仓卖出，不做卖出交易，等待再次买入交易。

(2) **下降趋势线**。下降趋势线可分下降压力线和下降支撑线两种，如果行情在发展过程中高低点逐渐下移，将高点和高点之间连接就形成了下降压力线，将低点和低点之间连接起来就形成了下降支撑线。其交易策略是，当行情处于下降趋势，价格回调至下降压力线时，可做空头卖出交易，并以涨破下降趋势线作为空头止损点；当行情处于下降趋势，价格下跌到下降支撑线时，可将空头平仓卖出，不做买入交易，等待再次卖出交易。

(3) **振荡趋势线**。振荡趋势线同样分振荡压力线和振荡支撑线两种，在振荡行情中将高点和高点之间连接就形成了振荡压力线，将低点和低点之间连接起来就形成了振荡支撑线。其交易策略是，价格下跌到振荡支撑线时，若持有空头，则空头平仓并多头介入，同时以跌破振荡支撑线作为多头止损点；价格攀升到上升压力线时，可将多头平仓并空头卖出，同时以涨破振荡压力线作为空头止损点。

专家指点

一般情况下，趋势线突破是最有价值的早期入市或出市的信号。趋势线附近入市，突破趋势线止损或跟进。这种方法必须同时考虑其他的技术信号和循环周期，尤其需要考虑趋势线触及的次数以及图表形态的走势。

想一想，突破信号都是真实的吗？________________。

530 支撑点与阻力位

一般来说，压力与支撑会出现在前高点、前低点、整数位置、重要均线处等关键位置。**另外，投资者还要关注成交密集区，密集区也是重要的支撑和阻力位置，应注意其变化**。

一些期货分析师所说："某个价位水平有良好的技术支撑。"这多数是从图表中得出，图表上的密集区是阻止价位升跌的缓冲地带。当投资者发现某一期货密集地域，那是显示商品在这个价位水平维持了一段较长的时期，没有多大的变动。一旦这个密集区被有效突破，价位便可能大幅度升降。通常密集区所经历的时间愈长，突破后的升降速度和幅度便愈厉害。

在选择出、入市点位或价位时，前期反复冲击的支撑和阻力位是有效的图表工具。当支撑位或阻力位被突破后，可能构成开立新仓的重要信号，而止损一般设置在与突破方向相反但与支撑位或阻力位保持合理价差的位置。

专家指点

另外值得投资者考虑的问题就是，价格之前的高低点。一般投资者会考虑在价格冲破前日高低点或价格打破前一周高低点时进行买卖操作，这其实也是压力与支撑的活用。其中，在价位冲破前日高点前入货，在价格跌破前日低点前就卖出的是短线交易思维。

531　百分比回撤入市

根据对历史数据的统计，在趋势市场中价格的回撤幅度主要有 4 种：38.2%、50%、61.8%和 100%。其中，38.2%和 61.8%是通过 0.618(黄金比例)得出。在一般情况下，回撤的幅度越小，其后再次返回趋势的力度越大。100%的回撤在经反弹之后有可能形成反转。

在价格运动趋势中，通常与前面趋势幅度相反的 38.2%～61.8%回撤提供了开仓或加码的理想入市时机。百分比回撤交易策略因为是相对指标，投资者可以应用到任何时间段的行情建仓，无论是月 K 线、周 K 线，甚至每分钟 K 线都可以应用。

14.2　仓位设置有窍门

期货仓位的设置具体地说就是交易中的“头寸管理”，指资金的配置问题，即在期货交易中在不同的价格区段应分配多少资金去投资或冒险。

532　为何要注重仓位

许多投资者有这样一个误区，“只要行情判断得准确，仓位的设置并不重要”。那么就有这样一个问题，对于一个胜率高达 80%的精通技术分析或者基本面分析的投资者来说，他可能失败吗？答案是肯定的，如果碰到开仓反向的连续停板，或者在面临大幅度浮动亏损时加码摊平成本后亏损继续扩大。连续 3 次甚至 5 次以上遇到重大损失的经历对于长期在投机市场的交易者也是很正常的。

因此，仓位设置的目的是延长投资者的交易生命，让投资者有足够的时间留在这

个市场当中进行交易学习。从长期生存的角度来说，对仓位的管理是必须研究的，其中，风险角度是投资者应该最先考虑的方面。

533 从风险角度出发

从风险角度出发，有一条不变的法则：**同等行情下，如果仓位越小，单笔交易风险越小**。例如，投资者使用自己10%以下的资金进行开仓做多，那么无论如何亏损，资金权益仍然为正数。

做多期货的亏损预测可以用以下公式表现：

$$(1\div Z)\times d\%\times Z\times X=d\%\times X$$

式中，Z——资金使用率，用百分比表示；

d——下跌幅度，期区间应该在0～100之间；

X——投资者总资金。

做空有可能出现的亏损更大，原因是投资者做多时，最多亏损买入价位的总量，也就是商品的价格跌到0元。但是做空的话，买入的商品的价格可以涨到无限高，理论上投资者的亏损也可以无限大的。

如果投资者用$p\%$的资金做空期货，当行情上涨达到$10\div p$倍以上时，可能出现爆仓的现象，可以用以下公式表现：

$$(1\div 10\%)\times u\%\times p\%\times X=10\times u\%\times p\%\times X$$

式中，u——上涨幅度，期区间可以在0～∞之间；

X——投资者总资金。

从该公式中可以得出，当$u\%$大于$10\div p$时，投资者的亏损总额将超过本金。

清一清，亏损预测中涉及哪些数据？________________。

534 从收益角度出发

投资者进行期货投资的目的，当然是获得收益。**因此，从收益角度出发来看，在同等行情下，投资者的仓位越大越好**。

值得注意的是，即使投资者最终获得盈利，中间也要能够经得起回撤。也就是说，每次开仓的数量在实现增长前是保持一致的，否则盈利可能大大减少。例如，10万回撤到1万，投资者回撤的幅度是90%，但是从1万赚回到10万，其盈利率要达到900%。

专家指点

对于那些比较成熟的投资者，一般都会摸索出一套对应自己的仓位控制体系，在保证资金安全的同时达到一个较高的盈利模式。

535 连续亏损怎么办

期货开仓的设置中，投资者应该考虑到最坏的情况：连续亏损。连续亏损可以从概率的方面考虑，投资者可以参照以下案例。

假设某一投资者的正确率是 50%，那么连续亏损 6 次的概率就是 0.5 的 6 次方，也就是 1.6%。如果该投资者设定最大总亏损为 30%，在连续亏损 6 次的条件下，他平均每次允许的最大亏损率为 5.5%。这样，假设投资者的起始资金有 10 万元，则第 1 次下单时的最大仓位可以按照最大损失 10 万元的 5.5%，即 5500 元倒推。

536 止损相关的方面

投资者在开仓时，必须考察每个期货品种的价格波动特征，对价格波动连续性不强的品种放大止损幅度。因为，投资者进行仓位计算的时候，事先设定的止损价格由于期货价格波动连续性不强，导致投资者无法在预定止损价格附近成交，亏损幅度被强制放大。例如金属和燃油经常会出现在一段价格区域无成交的情况，而农产品价格波动的连续性就非常强，主要的风险是要计算隔夜跳空的幅度。

专家指点

投资者也可以通过止损位置，计算开仓的手数。按照单次最大损失除以单手止损额可得到开仓数量。

537 投资者综合考虑

投资者在实际期货开仓时，应该对众多因素综合考虑，而不是从单一的角度片面地考虑。在这里，笔者总结了以下几条方法。

(1) **仓位大小**。仓位设置不能过大，也不能过小，这样风险与收益才能达到比较好的平衡。

(2) **资金使用**。一般来说，投资者自己的资金使用率在 60%左右比较好，相对安全的同时又可以获得不错的收益率。

(3) **投资组合**。投资者可以做一个投资组合，如每个品种占用自己 10%的资金，组合 6 个品种。品种数量最好在 3～20 个之间，每个品种占用资金在 3%～20%之间。

专家指点

实际上，期货投资中还有很多仓位计算方法，这需要投资者在今后的交易中不断摸索判断，选出最科学、最适合自己的方式。有一点是可以确定的，安全的仓位设置可以帮助投资者在这个市场中存活更久。其实这个道理很容易理解，但是即使对于投资老手也存在着“知易行难”的问题，赚钱心切的时候，理性很容易被放到一边，但市场会让控制不住自己的人付出代价的，尤其是那些逆势重仓交易的人。

清一清，投资者仓位设置应考虑的因素：________________。

14.3 组合投资更安全

金融行业一直说：“**不要把蛋放在一个篮子里**。”相信许多投资者都听说过这句话，也知道这句话的意思，但就是不知道该怎么做。组合投资就是不错的风险控制方式，一般分为品种组合、周期组合、风险组合和交易方法组合。

538 品种组合

加上股指期货与国债期货，国内 4 个期货交易所目前的上市品种共有 30 多个。由于金融期货的特殊性(门槛高等特点)，这里的投资组合不考虑这两个品种。投资者应该从以下角度来考虑品种的选择。

(1) **品种属性**。我国商品期货从品种属性来看，主要可分为金属、能源化工和农产品 3 大领域。铜、天然橡胶、大豆和白糖，这 4 个品种各具代表性，涵盖了基本金属、农产品和能源化工 3 大领域，同时分布于国内目前正式交易的 3 大交易所，又各有特性。因此，这 4 个品种是投资者在自己的组合中不能放过的。

(2) **相关程度**。相关程度反映了两种商品价格的联动性，对商品组合投资提供指引。投资者可以对近一年的相关系数和长期相关系数进行分析，根据不同商品的数据长度，可以是两年数据，也可能是 5 年数据。适合做商品投资组合的品种间，既有正相关较高的也有负相关的才比较好。

(3) **流动程度**。投资者应该选择流动性较好的合约。

539 周期组合

周期组合是指对期货合约的长短期限来进行组合投资，投资者可以使用以下几种组合策略。

(1) **短线持仓组合**。投资者可以选择同为短期合约，不同品种的期货进行短线持仓组合。例如选择上期所的橡胶、大商所的大豆、郑商所的菜籽油等，它们都有相应的短期合约。

(2) **长线持仓组合**。投资者可以选择同为长期合约，不同品种的期货进行长线持仓组合。投资者只要注意选择的期货品种，都有相对应的长期合约即可。

(3) **混合持仓组合**。这是指长线与短线的混合持仓，这种方法更为复杂。投资者可以选择同一期货品种不同时期的合约，加上与这种期货合约时期相对应的其他期货品种进行持仓组合。

540 风险组合

一般来说，对于风险承受能力较高的投资者，可以配置波动较大的品种，如上期所的铜、燃料油等期货品种；对于风险承受能力较小的投资者，同样的资金，可以配置波动较小的品种，如郑商所的玉米、小麦等。

但是，商品投资组合的风险大小，不仅取决于该投资组合中各商品投资的风险大小，而且取决于该投资组合中各商品收益的正相关程度。如果两期货商品的正相关程度越高，即越接近于完全正相关，那么投资组合的风险也就越接近于两者风险的加权平均数。反之，如果期货商品收益的正相关程度越低，即越接近于不相关，那么，投资组合的风险就会低于期货商品组合中各商品的风险。

专家指点

当期货商品收益的相关程度接近于完全负相关时，投资者就有可能把投资组合的风险降到最低点。这就表明，投资者把投资资金分散于两种期货商品上，承担的风险大小取决于这两种商品收益的相关程度。随着收益的相关程度减弱，投资者承担的风险越来越小。

541 特殊组合

在品种组合中，除了常见的组合方式，还有以下一些特殊的组合方式。

(1) **交易所组合**。中国有 4 个期货交易所，每个交易所取几个最活跃的品种进行组合。

(2) **交易方法组合**。不同的交易方法在分别组合之后，可以再次组合。

(3) **所有活跃品种组合**。中国上市交易的期货品种有 30 种，每个品种选取一期最活跃的合约进行组合。值得投资者注意的是，一些本身流动性很差的品种(如小麦)，应排除在组合外。

(4) **所有活跃合约组合**。中国期货市场有 30 个品种，每个品种均有 6～12 个合约，选取所有成交活跃达到一定规模(如 1 万手/天以上)的合约进行组合。

专家指点

投资组合的构建就是选择各投资品种占该投资组合的比例，并不代表投资者随便选取几个期货品种就是期货组合投资。按照马科维茨的投资组合理论，**构建投资组合的合理目标应是在给定的风险水平下，形成一个具有最高回报率的投资组合，具有这种特征的投资组合才能称为有效的投资组合**。

想一想，哪种投资组合更适合自己？____________________________。

14.4 交易团队的构建

许多投资者在交易中不能有效执行制定的策略或遵守规则，更无法保持长时间的稳定性。因此，投资者完全可以效仿期货公司的运行模式，制定出科学的团队交易策略，这样就可以有效地发挥团队中每个人的交易特点，回避其缺点。

542 团队构成模式

就目前我国的期货市场来说，比较成功的交易团队可以有以下几种模式。

(1) 由基本面分析者和技术面分析者共同形成计划主体，再由操作员和监督员形成执行主体。

(2) 直接由资深交易员做出交易计划，由操作员形成执行主体。

(3) 投资者本身是计划主体又是执行主体，由单独的人员进行风险控制。

一般情况下，精通计划制订的“大脑”型团员，在团队出资方面会比较少，原因是如果某一资深投资者自己有足够的资金，完全不需要与其他人构建团队。

在交易团队业绩优秀的情况下，甚至可以发展出专门的融资人员，以扩大团队总资金，提高盈利数额。融资人员应熟悉精通人际关系并有着广泛的社会关系，善于聆听、反馈、沟通、协调，善于解决冲突并掌握各种人际关系的处理技巧，融资人员以“B 型人格”(悠闲自在、和平共处、不急不忙)的人为主。

543 团队成员组成

期货交易团队是一个自我管理团队，主要任务是对行情进行分析、判断，并对交易行为进行决策、执行。**交易团队由各具专长的人员组成，有信息采集人员、资料分析人员、决策者以及执行者和监督者等，同一投资者可以在交易团队中担任多个角色**。但是，这些角色缺一不可，如同一台完整的机器，每个角色只是其中的一个零件，都很重要。担任不同角色的人员，应该有不同的性格特点，具体如下。

(1) **负责投资计划的成员**。这些人应以行动迅速、重视成就、攻击性强的人为主，其管理以重视生存的堡垒形式为主，军事化的管理对行动反应要求很高的交易活动极有帮助。

(2) **负责风险控制的成员**。这些人应该稳健、踏实，敢于提出问题，严格要求自己的同时，严格对待团队的风险。

(3) **负责执行计划的成员**。这些人应该忠诚、谨慎，严格执行团队的计划。

专家指点

从资金方面考虑，可能会出现交易团队本身与出资方为一体，或交易团队与出资方不同这两种情况。相对而言，团队与资本一体化具有先天的高效性，毕竟“钱是自己的”。但是在交易团队与出资方不同的情况下，出资方很容易成为团队的掣肘。

544 领导人的重要

俗话说：**“政策一旦制定好了，干部便是决定性的因素。”**挑选合适的领导人对于一个交易团队来说是很重要的。

通常情况下，组成交易团队是朋友关系的居多，所以这里所说的领导人，并不是其他人员的“上级领导”。在这种情况下，领导人多数是具有人格魅力的人，以他为中心凝聚成团体。

作为团队的领导人，其工作的重点在对团队的管理上。但由于团队本身有较强的相对独立性和业务的专业性，因此，领导对团队工作的管理基本上集中在大方向的把握上，而对团队的具体工作指导较少，也较少参与各团队的具体决策和行动。

专家指点

领导人必须对团队成员定制的目标表现出极大的忠诚，否则他领导的团队就不会以忠诚作为回报。与此同时，领导人在精神上也应具备一定的勇气。在一个交易团队中，只有领导人优秀，才能带领团队盈利，所以领导人的选择往往比投资计划制订人员更加重要。

想一想，为什么领导人对团队重要？______________________。

545 经过磨合时期

无论团队成员多少，能力高低，都需要进行长期的磨合，才能达到大家预期的目标。在这个过程中，交易团队往往会出现一些问题，这是正常的现象，但投资者应该注意以下几个方面，以防止问题更加严重。

1. 履行自己的职责

团队成员有着不同的分工，分别被赋予不同的权利与责任。正因为权利与责任并存，这就要求团队必须有能力运用好权利，负起责任，将权责范围内的事办好。

例如负责风险控制的人员，对技术人员制订交易计划中存在的风险，要及时指出，不能因为碍于面子等问题，抱着“这次就算了”的态度。

2. 有问题及时沟通

团队成员之间不可避免地需要沟通，不可避免地要发生冲突，及时沟通、正视冲突，这点在期货交易团队中显得特别重要，这主要是由期货行业的性质决定的。期货市场行情瞬息万变，风险极大，如果没有及时准确的沟通，其后果可能是灾难性的，所以交易团队的每个人都应学会沟通的技巧。

3. 重视成员的矛盾

矛盾在交易团队也经常发生，其根源部分是由于行情判断的错误引起的，部分是领导与团队的沟通不畅引起的。

矛盾与冲突永远存在，无法避免，只有正确面对、妥善解决才是唯一的出路，只有客观对待矛盾，才有可能最终解决矛盾。正确对待矛盾冲突的态度有以下两种。

(1) **勇于面对**。要面对，而不是回避，回避的结果可能是灾难性的。

(2) **思考提高**。矛盾未必都是坏事，建设性的冲突与批判性的思考，往往会带来更好的决策。

解决矛盾的方法，因人因时因地而异，没有统一的规定，团队领导人可以根据以下两个原则去解决矛盾。

(1) **实事求是的原则**。对任何矛盾都以事实为依据，不为个人情绪所左右。

(2) **公平公开的原则**。对矛盾的处理要公平公开地解决，唯有如此，任何矛盾的解决才能及时完满，不留后患。

专家指点

在沟通的方向上，无论是上下级之间或平级成员的沟通，其渠道都必须做到畅通。双向沟通渠道的畅通，需要领导人员的重视和以身作则。这种渠道的不畅通，其后果也可能是灾难性的，沟通不畅的责任，理应由领导者和被领导者共同承担。

清一清，团队磨合时期要注意哪些问题？________________________。

14.5　期货操作技巧精彩案例

本节将通过笔者的亲身经历和实际案例，带你了解更多的期货操作技巧。

546　案例：使用适合的投资技巧

小强是个技术狂人，对于每一种期货投资技巧、技术分析方式，都喜欢去琢磨并应用到自己的投资中。在同事朋友中，小强可以说是一本期货交易技巧“百科全书”，朋友有什么技巧性的问题也会询问他。

但一年下来，小强的收益还不如来向他请教的朋友，这让他郁闷不已，难道自己掌握的方法不对吗？

在期货投资中，类似小强这样的投资者不在少数。懂的方法虽然多，却不能用到点子上，同时使用的方法也不一定适合自己。

1. 适合自己的方式

其实操作方式本身并无优劣之分，完全看是否适合自己。有的投资者天生好动，头寸做进去没有耐心守住，让他去做中长线无疑是受罪；有的投资者个性沉稳，一个头寸可以捂很长时间。有的投资者反应敏捷，做事果断，适合做短线；而有的投资者瞬间反应迟钝，什么事情都要仔细斟酌才能做决定，则只适合做中长线。因此，适合自己个性、喜好和特长的，就是最好的操作方式。遗憾的是很多投资者对自身并无准确的认识，因而也就找不到适合自己的操作方式。

有些投资者认为“长线是金”，也有的认为“短线是宝”，其实都正确，也都有其局限。一些短线高手，每天在场内进进出出几百个来回当天抢帽子，根本不留隔夜仓，既避免了夜长梦多，同时也积累了财富；有的投资者突击能力特别强，当行情处于变盘或突破的临界点时抢进去，持仓一般才两三天或更短，然后见好就收，错了就迅速认赔出局，属于典型的快枪手；也有的人靠中长线投资发了大财，关键是要看对大势，心态好，头寸捂得住。

2. 适合品种的方式

投资者应该根据不同期货品种的特性，采取不同的操作方式。有的期货品种价格上蹿下跳，波动剧烈，只能选择短线进出，灵活操作；有的品种趋势性很强，只要看对趋势，就可以中长线持有顺势头寸，直到趋势结束；有的品种一天内天振幅很小，波澜不惊，而有的品种经常一天内宽幅振荡，提供给投资者很多短线机会。投资者必须对自己所交易品种的特性有一个整体的认识，然后采取相应的操盘策略和方式。

3. 适合市场的方式

投资者应根据不同的市场条件来决定操作策略。即便是同一期货品种，在不同的阶段和不同的市场条件下，其表现也是截然不同的，不可能使用一成不变的交易模式来操作。比如期铜的趋势性历来是很强的，通常适合中长线交易。但是，在近来顶部的剧烈振荡中，如果不采取灵活的操作策略，无论是多头还是空头，都可能被折腾得死去活来；还有一向猴性十足的沪胶、连豆。

其实，操作线路的长短并无确切的界限。对于当天跑短线的投资者来说，持仓一个小时可能就是长线，而在战略性投资者看来，持仓几个月也可能被视为短线。

4. 适合的盈利模式

最后，投资者还应该选择适合的盈利模式。期货市场的投资模式五花八门，包括投机、套利、期现结合、期货和期权结合以及其他组合投资等。投资者应根据自身的资金规模、风险好恶以及职业背景等，选择适合自己的盈利模式，具体可分为以下3 种。

(1) **期货投机**。这种方法风险较大，但其理论上的收益可能也是最大的，前提是投资者要真正领悟到投机制胜的精髓。目前，我国期货市场的投资主体大都以投机者为主。许多投资者认为投机赚钱来得快，但其实赔钱也十分快。每个投资者都有赚钱的经历，但到头来却总是赔钱的人占绝大多数，能将自己赚来的钱守住才是真正的投机高手。

(2) **期货套利**。套利是介于投机和套期保值之间的一种操作模式，其风险度也介于两者之间，包括跨期、跨市和跨品种套利等多种形式。对于期货投机者来说，套利本质上属于一种对冲交易，只能依靠两个反向头寸之间的价差变动来获取有限的利润，钱赚得太慢，收益也不高，没有投机来得刺激和过瘾。

专家指点

套利的低风险和盈利稳定，决定了投资者所赚的每一分钱都不太容易吐出去，都是属于自己的。日积月累，积少成多，最后的收益绝不比投机收益差。况且，如果套利机会较大，其单笔收益也很可观。不过，套利需要双向保证金，资金必须达到一定规模，才能取得规模操作效益，一般中小投资者可能并不具备条件，尤其是跨市套利还涉及境外盘的通道问题。

(3) **期货与现货结合**。对于一些具有现货背景、资金规模比较大的机构投资者，可以在投资期货的同时，也投资现货。

清一清，从哪些方面能找到合适的投资方法？____________________。

547 案例：趋势线突破信号须知

鲁小姐平时投资期货常常用趋势线来确定买入点位，并获得了不错的成效。一天，鲁小姐把这个方法介绍给了她的朋友。但不久之后，朋友向她抱怨这个方法不准，导致了不小的亏损。

这下鲁小姐纳闷了："平时自己也是如此交易的，但没有什么大问题啊。"她又详细问了一遍朋友的操作方法，这才恍然大悟，原来朋友使用趋势线的时间周期有问题，把长趋势线作为短期交易的研判指标，这样不亏损才是怪事。

趋势线突破信号是指导买入与卖出时机的不错法则，投资者在应用中应注意以下几个问题。

1. 时间周期

趋势根据时间的长短，可以划分为长期趋势、中期趋势和短期趋势。在实际投资中，一般将日线形成的趋势线定义为短期趋势，将周线形成的趋势线定义为中线趋势，而将月线形成的趋势线定义为长期趋势。

对应以上 3 种趋势的类型，交易方式分别为短线交易、中线交易、长线交易。每个投资者都应该根据自己的交易特点选择自己的交易方式，从而确定趋势周期。在趋势分析中，投资者要按照长期、中期、短期的时间顺序来分析行情。

在确定了中长期趋势以后再分析短期行情，这样准确率会高一些。长期趋势因为跨越数月甚至几年，不适合一般投资者，因此投资者应该把分析的重点放在中期趋势和短期趋势上。

2. 相互转换

趋势线中的压力线和支撑线并不是一成不变的，在价格突破了压力线以后，压力线就有可能演变成未来趋势的支撑线，在价格跌破了支撑线以后，支撑线就有可能演变成未来趋势的压力线。因此，投资者在应用趋势线时应该注意压力线和支撑线之间的灵活应用。

3. 有效性

趋势线的有效性也是投资者值得注意的问题之一，在画趋势线的时候，关于如何选择高低点争议颇多，有选择行情当日(或当周、当月)价格出现的最高或最低点的，也有选择收盘价的等。

专家指点

多数期货分析师认为，趋势线的真正意义是能指示出行情的发展方向，一条好的趋势线应该能覆盖 70%～90%以上的行情走势。因此，趋势线连接的点数越多，其准确率就越高。投资者可结合大量的 K 线图去反复验证，以求取得最接近行情发展方向的趋势线。

想一想，长趋势线可以作为短期交易的研判指标吗？____________________。

548 案例：期货投资组合的作用

王小姐进入期货市场时间不长，她看到朋友投资期货一次性持有多个品种，这让她很是奇怪，于是问朋友：“不是说只操作一个品种比较好吗？”朋友告诉她，由于自己投资期货的正确率不高，所以使用这样的方法可以降低亏损的概率。

在这之后，王小姐也尝试了多操作几种期货，她发现确实亏损降低了，有时候这个合约的亏损在那个合约上又得到了弥补。

组合投资也有其独特的作用，具体表现为以下几个方面。

1. 投资机会更多

只投资一个品种，就只有一个品种获利的机会。如果这一个品种长期处于无规则震荡或其流动性大幅度减弱，投资者将无法从该品种上获利。但是做多个品种，则可以获取多个机会。

2. 资金利用充分

由于投资者要确保风险可控，所以单个品种的仓位不会太满。假设一个品种只能用 10%的资金，只投资一个品种，资金就只有 10%的利用率；如果总共组合 5 个品种，可以充分使用 50%的资金。

3. 获得更多回报

如果每一个期货合约平均一年有 100%的回报，投资者只用 10%的资金做一个品种，一年只会有 10%的回报；而组合了 5 个品种的组合结果使得总资金的回报达到 50%。

4. 亏损概率最小

假定某一投资者操作期货的亏损概率为 50%，可以得出以下结论。

两个品种同时亏损的概率为 50%的二次方，即为 25%。

3 个品种同时亏损的概率为 50%的 3 次方，即为 13%。

4 个品种同时亏损的概率为 50%的 4 次方，即为 6%。

5 个品种同时亏损的概率为 50%的 5 次方，即为 3%。

以此类推，投资者持有的期货品种越多，其理论亏损概率将越小。

专家指点

值得投资者注意的是，没有任何方法可以稳定赚钱，一定赚钱的方法的前提是时间和资金的无限，但是投资组合的作用在于争取时间和资金的相对无限。

清一清，期货组合投资有哪些作用？________________。

549 案例：期货与股票组合差异

陈先生在投资期货以前是一名股票投资者，他对于组合投资有较好的应用，进入期货市场不久后，就开始了组合投资。

通过这些年的交易操作，陈先生收益颇丰，但在此之前他也跌了不少跟头。原因在于他刚进行组合投资期货时，大多参照股票的组合方式，由于两者的差异，让陈先生有所亏损。

不少期货投资者都有股票交易的经历，这两个市场确实有相同之处，但同时又有很大的差别。股票与期货的竞价交易方式基本类似，都是在规定时间采用“价格优先，时间优先”的原则集中竞价。而且在行情走势与技术分析方面也比较类似，同样都有开盘价、收盘价、最高价和最低价等指标。但由于期货的特点，造成了期货的组合投资与股票的组合有着不小的差异，具体内容如表 14-1 所示。

表 14-1　期货与股票投资组合的差异

项　目	期货交易	股票交易
持仓量	持仓量随着投资者开仓、平仓在不断地变化，进行投资组合时，其变化将更多	股票在一级市场发行后进入二级市场交易，只要一级市场股票总量没有变化，二级市场的持仓量是不变的。因此，投资组合相对稳定
到期日	任何期货合约都有到期日，到期以后市场上就不再有该合约	只要股票的上市公司存在，其股票可以永久交易
投资方向	期货是可以进行多空双向交易的，无论牛市或熊市都有获利的机会，投资组合的收益可以更大	股票采取单向交易，投资组合的盈亏率相对固定
保证方式	期货采取保证金杠杆机制，将进一步放大组合投资盈亏幅度	股票是全额交易的形式，所以组合投资的盈亏幅度没有期货组合大
交易方式	期货是 T+0 的交易方式，这代表组合的更换将更加灵活	股票是 T+1 的交易方式，更换投资组合不如期货灵活
风险性	在期货的杠杆作用下，组合投资的风险将更大	风险相对较小

从该表中不难看出，**由于期货的做空机制，其组合交易的意义远大于股票组合交易的意义**。

专家指点

股票与期货同样满仓做投资组合，股票使用趋势系统对持仓进行调整时，其资金收益曲线比之期货有这样的特点：在价格震荡时，资金会出现一定幅度的亏损；在价格上升时，资金与收益比保持一致。

550　案例：交易团队计划的要素

杜先生与几个朋友组成了一个小型的交易团队，按照他们当初的设想，团队中有擅长技术分析的，有专门执行交易操作的，有负责风险控制的。并且，他们各自在单独投资时都可以保证获得收益，那么组成团队应该收益更大。

但事实并未如杜先生所愿，头几次交易的效果都不理想。几度想放弃的他们还是坚持了下来，并在自己的不断总结中慢慢扭亏为盈。杜先生发现阻碍他们获利的罪魁祸首是在交易之前，没有制订明确的交易计划。

个人投资往往都需要制订详细的计划，就更不用说团队交易了。一份不错的交易计划，应该具备以下几个要素。

(1) **交易方向**。团队中的分析者，应该明确交易方向，不能做出模棱两可的交易决策，这往往会让执行者出现误解。

(2) **进场区间**。分析者应该制定进场区间，而不是进场价位，因为执行者可能无法在某一特定价格进场。

(3) **持仓分配**。持仓应该根据实际情况事先计划好，不能临时胡乱改变仓位。

(4) **风险管理**。事先制定止损价位，如果有专门的风险控制者，那么风险控制者就应该确保止损能够执行。

(5) **出场时机**。分析者应该制定出场区间，而不是出场价位，同样因为执行者可能无法在某一特定价格出场。

(6) **计划连续性**。这是说一个计划失败以后，事先准备的后续计划或对策。

专家指点

从某种程度来看，交易团队的训练远比个人投资者的训练困难，不过一旦成功，其稳定性、延续性及效率将高于个人投资者。

想一想，为什么团队交易一定要做计划？________________。

第 15 章

他山之石：期货成功理论

俗话说：“**他山之石，可以攻玉**。”在多年的期货发展中，一些著名期货投资大师都有自己的成功理论。投资者可以将这些理论运用到自己的投资交易中，为自己交易的成功增加一份保障。

知识要点

- 均线理论
- 波浪定律
- 黄金定律
- 口袋理论
- 盈亏不等理论
- 期货理论使用案例

15.1 均线理论

均线理论即移动平均线，是由美国投资专家葛兰威尔所创立，由道氏股价分析理论的“三种趋势说”演变而来。

551 均线理论的特点

移动平均线 MA，又叫作均线或成本线，**它代表在一段时间内买入期货价格的平均成本，反映了期货价格在一定时期内的强弱和运行趋势**。从本质上说，均线就是成本，短期均线和长期均线的差值可以认为是主力的利润空间。

算术移动平均线，就是将 *N* 天的收盘价相加再除以 *N*，得到第 *N* 天的算术平均线数值。从其计算方法上看，均线理论有以下几个技术特征：追踪趋势、滞后性、稳定性、助涨助跌性、支撑线和压力线等特性。

整体上说，均线理论的特点如下。

(1) **能够稳定地追踪趋势**。从计算方法可以看出，均线在一定程度上过滤了偶然因素带来的影响，使得投资者可以看清行情的大致趋势。

(2) **助涨助跌**。均线反映了一段时间市场上的买卖意愿，反映在图表上，均线便有了支撑及压力的意义。均线的这种特性，使行情更可能继续发展下去。

(3) **滞后性**。均线反映了一段时间的行情，当行情出现新的变化的时候，MA 往往较迟发出买卖信号，导致实际获利空间减小。

清一清，均线理论有哪些特点？＿＿＿＿＿＿＿＿＿＿＿＿＿＿＿＿。

552 均线理论的应用

在实际交易中，均线理论最常见的应用是葛兰威尔法则，这是对单移动平均线应用的最好总结，下面介绍具体的要点。

1. 葛兰威尔买入法则

对于买入，葛兰威尔得出了以下几条结论。

(1) 平均线从下降逐渐转为横向发展或上升时，如果价格从均线下方突破均线，则为买入信号。

(2) 如果价格跌破平均线以下，但又立刻回升到平均线上，并持续上升，则为买入信号。

(3) 价格趋势走在平均线上方，或许价格有一定回调，但在均线附近即受到其支撑(均线的助涨性)，而并未跌破平均线且立刻反转上升，则为买入信号。

(4) 价格突然暴跌，跌破均线且在短时间内进一步向下远离均线，则有较大可能产生反弹上升，则是买入时机。

2. 葛兰威尔卖出法则

(1) 平均线从上升逐渐转为横向发展或者下跌时，如果价格向下跌破平均线，则为卖出信号。

(2) 如果价格向上突破平均线，但又立刻回跌至平均线下，并持续下降，则为卖出信号。

(3) 价格趋势走在平均线下方，或许价格有一定上升，但在均线附近即受到其阻力压制(均线的助跌性)，并未突破平均线却立刻反转下跌，则是卖出信号。

(4) 价格突然爆升，突破均线，且在短时间内进一步拉升而远离平均线，则有可能反弹结束，是卖出信号。

专家指点

总的来说，投资者可以在收盘价上穿均线时买入，下穿均线时卖出。均线出现金叉(短期均线从下档向上交叉长期均线叫金叉)买入，出现死叉(短期均线从上档向下交叉长期均线叫死叉)卖出。均线由下跌转为上涨时买入，由上涨转为下跌时卖出。

553 投资机会的判定

均线的使用是需要找寻机会的，投资者可以从以下两个方面寻找均线的机会。

(1) **多根均线的交叉**。均线组相互交叉翻越后，有效回踏但不再交叉，这是转势的概率比较高的信号，最少也会展开一定幅度的反弹。

(2) **均线组回踏后黏合(交织在一起)**。均线组的黏合可分两种：一种是盘整状态的黏合，通常这种情况没有什么实际意义；另一种是超过30°产生趋势后因回档而产生的均线黏合，这往往是行情波动的开始，是产生短期大利润的较好时机，投资者应该重点把握。

专家指点

均线组的正常发散与过分发散都代表了不同的意思。均线在正常的情况下发散平稳，角度不大，是投资者长线持仓的时机；过度发散则要注意可能见顶。

554 分析均线的角度

从均线的角度中，也能得到许多信息，投资者应该加以利用。

(1) **均线的角度在 30° 之内**。一般而言，这种情况是振荡行情，振荡行情里配合KDJ 等指标来做振荡波段是十分理想的操作模式。但值得注意的是，如果依据均线的翻越来买进卖出刚好和行情相反。

(2) **均线的角度在 30° ~60° 之间**。这是相对比较稳定的趋势行情(依周期不同而不同)，此时 KDJ 等指标会发生偏移，因而不准确。但均线却是不错的指标，可依托均线进行对趋势的跟踪，坚守均线也就是坚守利润，直到均线跌破出局。

(3) **均线的角度在 60° 以上**。这种情况一般是行情见顶前要冲破顶部或底部，此时价格与均线乖离程度较大。一般振荡指标严重偏离，不起作用，此时要依 K 线组合等指标确定顶点或底点比较合适。

清一清，从均线的角度可以得出的结论：______________________________。

555 均线的实战窍门

通过投资者多年对均线理论的总结，得出了许多技巧性的结论，具体内容如下。

(1) **中长均线是趋势最好的反映，只要中长均线有角度就有趋势，有趋势就要做单边顺势**。一般情况下，价格反弹到中长期均线处时，只要短期均线产生顺势拐点或K 线产生顺势拐点都是最好的开仓时机，反弹的特点是速度快，在达到中长期均线的位置时，价格和中长期均线逆市角度相交，但如果没有成交量的配合是行不通的。在中长均线没有走缓的情况下，如果没有突破再回踏的过程，趋势是很难改变的。

(2) **平滑异同移动平均线(MACD)其实就是两根均线形象化的变种**。了解均线也就对 MACD 特性起到了解，技术分析高手可以从均线中得知 MACD 的状态。

(3) **均线可以告诉投资者趋势运行的状态**。期货价格从做底、反转、振荡、产生趋势，到反弹、回档、加速冲刺和突破，再到盘顶、再反转，都可以在均线里出现很高的统一特征，但投资者必须要明白其产生的全过程和深层的内部原因。

(4) **均线和布林线共用，效果会更好**。由于两种技术指标的互补作用，结合一起使用的准确性将大大提升。

专家指点

如果均线结合形态分析行情，会起到事半功倍的效果。均线的组合一般用 6(或 8)、12、20、60、90、180 等数字组合，因为这些数字都是最常用、概率最高的最小公倍数。

556 均线实操的优劣

投资者在实战交易中，不同参照标准对应的操作方式有不同的优劣性，可分为以下 3 种情况。

1. 以收盘价为参照

投资者如果以收盘价上下穿过均线为主要操作方法，其优点如下。

(1) 当出现大幅度行情的时候，可以抓住一大部分利润。

(2) 操作方法简单明了，方便大众使用。

(3) 长期操作中比较稳定。

(4) 止损较小，或不会出现过大亏损。

这种操作方法的缺陷如下。

(1) 盘整中假信号太多，可能会出现一定亏损。

(2) 当价格出现大幅度反复跳空时，可能会出现较大亏损。

(3) 信号准确率不高。

(4) 如果长时间不出现比较大的行情，可能会出现亏损。

(5) 手续费花费较多。

(6) 不适合多余火爆的期货品种。

2. 以金叉死叉为参照

如果投资者以金叉死叉为指导交易的主要方法，其优点如下。

(1) 做中长线的可靠性相对高一点。

(2) 操作次数少，手续费花费较少。

(3) 操作方法简单明了，方便大众使用。

(4) 出现大行情时，投资者可以获得的盈利较多。

这种操作方法的缺陷如下。

(1) 滞后性强，导致亏损。投资者按照信号操作的话，往往会在涨势末端买入，在跌势开始后才卖出。

(2) 投资者选择适当的参数比较困难，原因是参数很容易失效。

(3) 在震荡行情中，投资者可能出现较多亏损。

3. 以均线拐点为参照

如果投资者以均线拐点为指导交易的主要方法，其优点如下。

(1) 相对于以收盘价上下穿的方法，错误信号、手续费更少。

(2) 出现大行情也可以有较高的回报。

(3) 相对比较稳定。

这种操作方法的缺陷如下。

(1) 相对于以收盘价上下穿的方法，滞后性更强。

(2) 由于滞后性，导致准确率并不高。

专家指点

均线的几种操作方法有一个共同的缺点，因为投资者通过买卖信号来操作，并不涉及止损的选择，因此所有操作都是一环套一环的连续操作。这样如果出现一些暴涨暴跌的跳空行情，投资者遭受的损失就比较多。

想一想，你觉得哪种操作方法更适合自己？________________。

557 投资者注意事项

投资者在使用均线理论指导交易时，应注意以下几个方面。

(1) **信号成功率不高**。投资者不能试图把均线信号的成功率大幅提高，要达到70%甚至连 60%的成功率都不太可能。均线的特点在于稳定，在于以不变应万变。因此，如果投资者附加的限制条件过多，会抹杀均线的基本特点，导致常常失效的情况发生。

(2) **投资绩效不会太高**。均线是以小胜率来赚取收益，又有一定的滞后性。因此，投资者不应该盲目地认为利润可以达到某一程度，而是应该抱着“能有收益即可”的心态。

(3) **不适合均线操作的品种**。对于一些日波动幅度相对于长期波动幅度占较大比例的品种，即短期波动剧烈，但长期来看又涨跌幅度不高的期货品种，用均线操作不合适。

(4) **注意调整周期**。由于每个商品的性质和周期不同，每个人的性格特征不同，所以选择的均线周期也应有所不同。例如，慢性子的投资者适合做长线，而急性敏感的投资者适合做短线。

专家指点

短线的速度快，但每次获得的收益不多，失误也比较高。长线的速度慢，但一次可以获得较大收益。轻仓长线做趋势波动，再配合以小仓位的短线操作是最佳的操作方法。喜欢做短线甚至日内行情的投资者，均线可调到更短的周期。

15.2　波浪定律

波浪定律是由技术分析大师拉尔夫·纳尔逊·艾略特发明的一种价格趋势分析工具，它是一套完全利用观察得到的结论规律。

558　波浪定律概述

艾略特曾发现股票市场指数以可识别的模式做趋势运动和反转，他分析出的这些模式在形态上不断重复，但并不一定在时间上或幅度上重复。艾略特分离出了 13 种这样的价格运动模式或“波浪”，它们会在市场数据中反复出现。艾略特对这些模式一一进行分析，并解释了它们是如何连接在一起，形成它们自身的更大的变体，以及它们是如何依次相连形成大一级的相同模式。以此类推，从而产生结构化的价格行进，艾略特称这种现象是波浪理论。

波浪理论主要不是一种预测工具，而是对市场行为的细致刻画。不过，这种刻画的确传达了有关市场在行为连续统一体中所处位置，及其随后的运动轨迹方面的学问。**波浪理论的主要价值在于它为市场分析提供了一种背景，这种背景既提供了严密思考的基础，又提供了对市场总体位置及前景的展望**。

559　基本原则

投资者的每一笔交易在成为一种结果的同时进入市场组织，通过向各个投资者传播交易数据，加入其他投资者行为的原因链中。这种反馈循环受制于人的社会本性，而且既然人有这样一种本性，那么这个过程就产生了各种形态。**因为各种形态有重复性，所以它们有预测价值**。

一般情况下，市场明显会对各种外部环境和外部事件做出反应，但在另一些时候它会对大多数人认为构成原因的各种条件无动于衷。其原因就在于，市场不像某些人宣称的那样是一部有节奏的机器，它的运动反映了各种形态的重复，这种重复既独立于假定的因果关系事件，也独立于周期。市场也有其自身的规律，它不会被某人在日常生活经验中习惯的线性因果关系所驱动，市场的轨迹不是各种消息的产物。

560　5 浪形态

在各种市场中，价格行进最终采取一种特定结构的 5 浪形态，这也是波浪定律中最基本、最重要的核心，如图 15-1 所示。

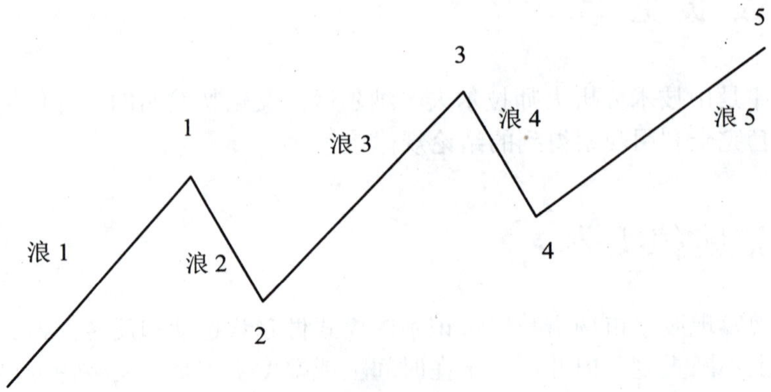

图 15-1　5 浪形态

图中的 1 号、3 号和 5 号 3 个浪，真正影响有向运动(非横向运动)，但它们又被两个表示为 2 号和 4 号的逆势休整期所分割。对于将要发生的整个有向运动，这两个休整期显然是必不可少的。

艾略特记录了 5 浪形态中的 3 个不变的真理，具体如下。

(1) 浪 2 永远不会运动到超过浪 1 的起点。

(2) 浪 3 永远不是最短的一浪。

(3) 浪 4 永远不会进入浪 1 的价格范围。

专家指点

波浪定律并未具体说明仅有 5 浪形态一种支配形态，但这是不可否认的事实。在任何时候，市场都处于最大级数趋势中的基本 5 浪形态中的某个位置。由于 5 浪的模式是市场行进中的主导形态，因此其他所有模式都被包含在了其中。

清一清，5 浪形态每一浪在图形的什么位置？＿＿＿＿＿＿＿＿＿＿＿＿＿＿＿＿。

561 波浪发展方式

5 浪形态可以进一步发展成 8 浪形态，一般认为，8 浪形态才是更完整的波浪形态。8 浪形态分驱动方式和调整方式，驱动浪有一个 5 浪结构，而调整浪有一个 3 浪结构或其变体，如图 15-2 所示。

一个包含 8 个浪的完整循环由两个截然不同的阶段组成：5 浪驱动阶段，其子浪用数字标示；3 浪调整阶段，其子浪用字母标示。

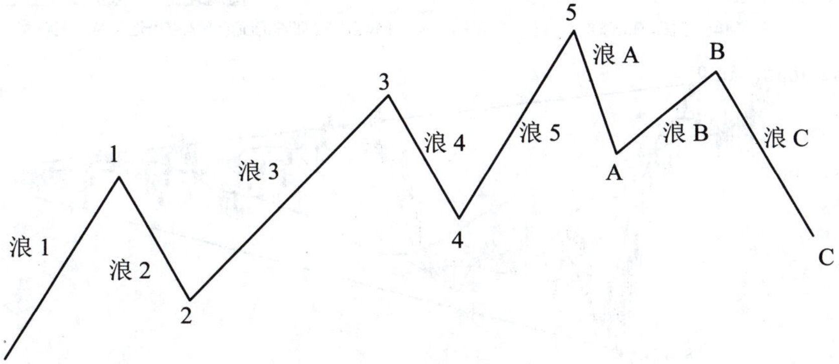

图 15-2　8 浪形态

5 浪模式及其同向上的分量，即 1 号、3 号、5 号浪，都以驱动方式发展，它们的结构被称为“驱动浪”，是因为它们有力地驱动着市场。所有逆势的休整期均以调整方式发展，这包括该图中的 2 号和 4 号浪，它们的结构被称为“调整浪”，是因为每一个调整浪都作为一种对在前的驱动浪的反应出现，但它产生的行进只能完成部分回撤或“调整”。

562 三角波浪形态

三角形调整浪反映一种力量的平衡，这导致了成交量和波动性都逐渐减小的盘档运动。

专家指点

原有的波浪理论认为，A、B、C 调整浪有时会演化成波浪三角形，但是只可能是对称三角形、扩散三角形、上升三角形和下降三角形这 4 种情况，不可能形成斜线三角形调整模式。但是，通过研究中国股票和期货市场的大量实例发现，在某些情况下，一组 A、B、C 调整浪也可以演化成斜线三角形调整模式。

一般认为，在股票或期货市场中，如果三角形调整浪在第 4 浪的位置发生，那么第 5 浪可能迅速敏捷，如图 15-3 所示。

在实际应用中，波浪形态还发展出了许多更为复杂的形态，这里不多做赘述。

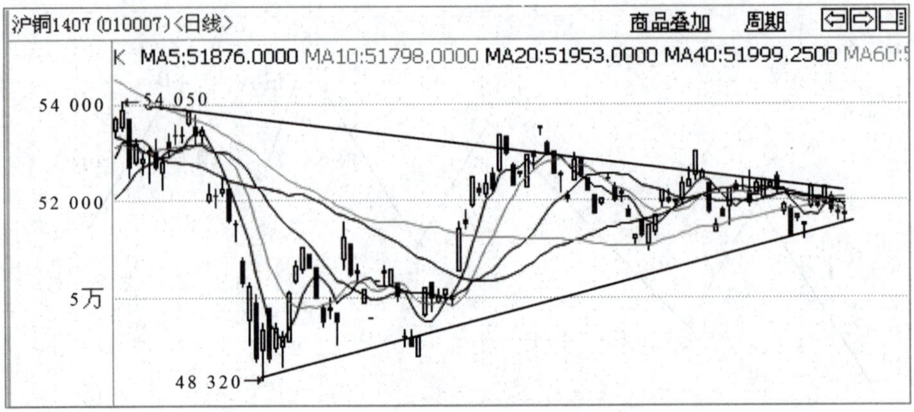

图 15-3 三角波浪形态

想一想，你看到过呈三角形的波浪吗？________________________。

563 波浪级别划分

所有的波浪都可按相对规模或浪级来分类，一个波浪的浪级取决于它相对于分量波浪、相邻波浪和环绕波浪的规模和位置。由最大到最小分为以下的名称：超级循环浪、大循环浪、循环浪、大浪、中浪、小浪、细浪和微浪以及亚微浪。循环浪细分成大浪，大浪细分成中浪，中浪再依次细分成小浪和亚小浪。

专家指点

虽说所有的波浪都有个特定的浪级，但是精确辨别一个正在发展中的波浪级数是不大可能的。浪级并非基于特定的价格或时间长度，而是基于形态，形态是价格和时间作用的结果。不过，相对浪级最重要，而精确的浪级通常与成功的预测无关。因此，知道涨势即将来临比知道它的精确名称更重要。

每一浪都可推进更大一级波浪的目标，又可打断它，波浪的功能取决于其相对方向。一个作用浪或顺势浪，是任何与其作为其中一部分的大一级波浪同向运动的波浪；一个反作用浪或逆势浪，是所有与其作为其中一部分的大一级波浪反向运动的波浪。作用浪用奇数和字母表示(如 8 浪形态图中的 1 号、3 号、5 号、A 号和 C 号浪)，反作用浪用偶数和字母表示(如 8 浪形态图中的 2 号、4 号和 B 号浪)。

专家指点

在一般情况下，大多数作用浪细分成 5 浪。但是，少数作用浪以调整方式发展，也就是它们要细分成 3 浪或 3 浪的变体。要分清作用功能同驱动方式之间的差别，就必须掌握波浪模式结构的详细知识。

564 什么是驱动浪

驱动浪驱动着市场运动，且笔直向前，容易辨认，它又可以细分成 5 浪，而且总是与大一级的趋势同向运动。

在驱动浪中，有以下的规律。

(1) 2 号浪总是回撤不到 1 号浪幅度的 100%。

(2) 3 号浪总会运动得超过 1 号浪的终点。

(3) 4 号浪总是回撤不到 3 号浪的幅度。

565 什么是推动浪

推动浪是驱动浪中的一种最常见的形式。在推动浪中，一般认为 4 号浪不会进入 1 号浪的区域。但由于期货市场极大的杠杆效应，可能产生在现货市场中不会出现的短期价格极端，以至于 4 号浪进入 1 号浪的区域。

但即使如此，重叠现象通常也限于以日为时间的单位价格波动，而且即使这样也极少见。此外，推动浪中的子作用浪(1、3、5 号浪)本身也是驱动浪，而且 3 号子浪会是一个推动浪的概率更高。

想一想，推动浪是怎样出现的？________________________。

566 什么是延长浪

延长浪是被扩大的子浪拉长了的推动浪，大多数推动浪包含一个延长浪。一般情况下，延长浪的各个子浪与大一级推动浪的其他 4 浪有着几乎相同的幅度和持续时间，对于这个波浪序列这就给出了 9 个规模相近似的波浪，而不是通常所指的“5 浪”。在一个 9 浪序列中，有时很难区分哪一浪延长了。但因为 9 浪计数和 5 浪计数有着相同的技术意义，所以影响不大。

在实际市场中，最常见的延长浪是 3 号浪。如果与推动浪的两条规则——3 号浪永远不是最短的作用浪，以及 4 号浪不会与 1 号浪重叠结合起来考虑，这个事实在实际的波浪分析解释中尤其重要。

专家指点

延长浪只会在一个子作用浪中出现的事实，给即将来临的各个波浪的预期长度提供了有用的指南。例如，如果第一浪和第三浪的长度大致相同，那么第五浪就可能是延长了的巨浪。相反地，如果第三浪延长，那么第五浪必然结构简单，而且与第一浪类似。

567 波浪间的比例

波浪理论推测股市与期货的涨跌，采用到黄金分割率的数字计算。一个上升浪可以是上次高点的 1.618 倍，下一个高点再乘以 1.618 倍；以此类推，下跌浪同理。一般常见的比率有 0.236、0.328、0.5 和 0.618 等。

15.3 黄金定律

黄金分割指的是人们经过长时间经验积累发现，大自然中所有美丽的动植物，在它们的形体构造上都有一个固定的比值，使它们散发出一种令人着迷的气质，这个比值就是 0.618。

568 黄金定律概述

数学家法布兰斯记录了一些奇异数字的组合，这些奇异数字的组合是 1、2、3、5、8、13、21、34、55、89…任何一个数字都是前面两数字的总和，即 2=1+1、3=2+1、5=3+2、8=5+3…

一些学者认为这些数字是他从研究金字塔所得出，金字塔和这些奇异数字息息相关。金字塔的几何形状有 5 个面，8 条棱，总数为 13 个层面，底面积和高的比率为 0.618。这同样是以上奇异数字的任何两个连续的比率，如 55/89=0.618，89/144=0.618，144/233=0.618。**0.618 这个比值就叫作黄金分割率**。

569 黄金定律的特点

黄金分割率的最基本公式，是将 1 分割为 0.618 和 0.382，从这两个数以及先前提到的数列中，可以找到如下一些特点。

(1) 数列中任意数字都是由前两个数字之和构成。

(2) 前一数字与后一数字之比例，趋近于 0.618 这一固定常数。

(3) 后一数字与前一数字之比例，趋近于 1.618 这一固定常数。

(4) 1.618 与 0.618 互为倒数，其乘积则约等于 1。

(5) 任意数字如与后两个数字相比，其值趋近于 2.618；如与前两个数字相比，其值则趋近于 0.382。

奇异数字组合除能反映黄金分割的两个基本比值 0.618 和 0.382 以外，还存在 0.191、0.382、0.5、0.618、0.809 这几个比值。

570 黄金定律的应用

这些特殊的比值完全可以应用在期货价格预测中，并且根据对以往数据的统计，这种应用的正确率相当高。

例如，当上涨行情结束前，某期货的最高价为 10 000 元。那么，期货价格反转向下时，投资者可以预先计算出各种行情技术分析指南不同的反压价位，即 10 000×(1−19.1%)=8090 元，10 000×(1−38.2%)=6180 元，10 000×(1−61.8%)=3820 元，10 000×(1−80.9%)=1910 元，然后再依照实际期货价格变动情形做斟酌。

反之下跌行情结束前，如果某期货最低价为 10 000 元。那么，期货价格反转上涨时，投资者也可以计算出各种不同的持仓价位，也就是 10 000×(1+19.1%)=11 910 元，10 000×(1+38.2%)=13 820 元，10 000×(1+61.8%)=16 180 元，30×(1+80.9%)=18 090 元，然后依照实际变动情形做斟酌。

专家指点

一些技术分析者认为，黄金分割率的奇异数字是一种巧合，没有任何理论依据。但自然界的确充满一些奇妙的巧合，一直难以用科学的方法解释。

想一想，你明黄金定律的应用了吗？________________________。

15.4 口袋理论

口袋理论是一种资金管理策略，同时也揭示了期货中资金的流向。理论认为，期货投资分为 3 个口袋：第一个用于放可以划出账户同时可以建仓买卖的钱，即流动资金；第二个用于放保证金；第三个用于放投资者的浮动盈亏。

571 口袋理论概述

口袋理论主要是 3 个口袋资金的流动，建仓与平仓、盈利与亏损都会导致资金的流动，如图 15-4 所示。

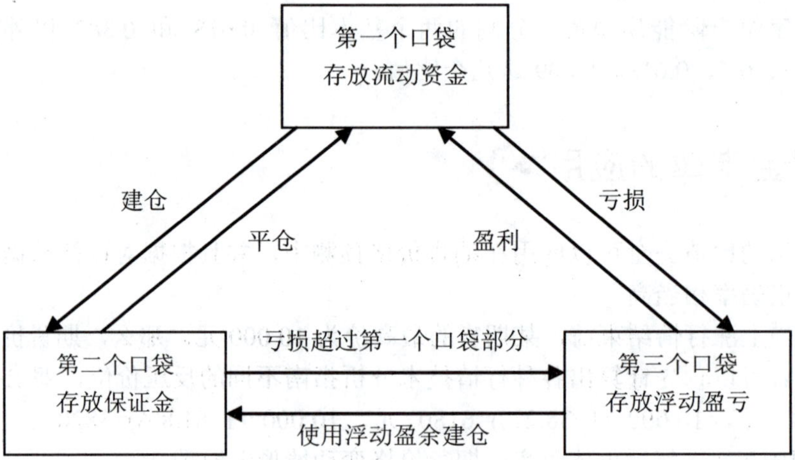

图 15-4 口袋理论模型

专家指点

“三个口袋”模型是简化后的图形，不一定完全准确。在实际期货交易中，由于期货价格的涨跌会影响持仓筹码所需要的保证金，以及浮动盈亏对各个口袋资金的影响，这些都是导致口袋模型变化更为复杂的原因。

572 多头合约上涨

如果投资者持有期货的多头合约，当价格出现上涨时，其浮动盈利为：保证金×价格涨幅×杠杆比率(一般认为是 10)。

由于价格上涨，持仓所需的保证金相对应增加，所以第三个口袋的浮动亏损的 1/10 会被冻结在第二个口袋，作为其持仓价值所增加的保证金，另外的 9/10 则可以用来加仓，或者转移到第一个口袋，如图 15-5 所示。

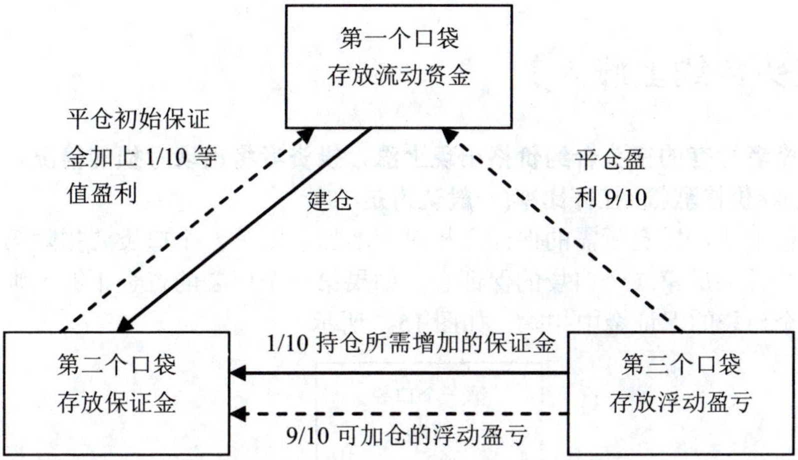

图 15-5　持有多头价格上涨的情况

573　多头合约下跌

如果投资者持有的多头合约价格出现下跌，投资者将出现亏损的情况，其浮动亏损为：保证金×价格跌幅×杠杆比率(一般认为是 10)。

由于价格下跌，持仓所需的保证金相对应减少，所以第三个口袋的浮动亏损的 1/10 对应的是持仓保证金减少的部分，是直接从第二个口袋扣除的，另外 9/10 则扣除第一个口袋的可用资金，如图 15-6 所示。

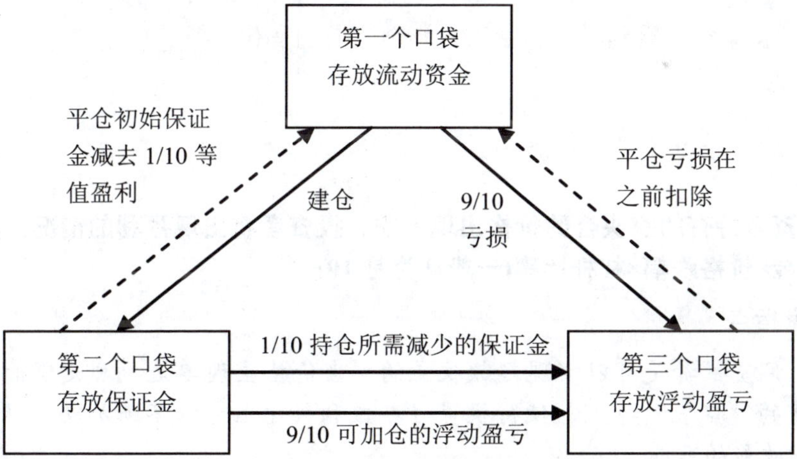

图 15-6　持有多头价格下跌的情况

新手理财系列

574 空头合约上涨

如果投资者持有的空头合约价格出现上涨，投资者将出现亏损的情况，其浮动亏损为：保证金×价格涨幅×杠杆比率(一般认为是 10)。

由于价格上涨，持仓所需的保证金相对应增加，则第一个口袋要扣除第三个口袋的浮动亏损，并补足第二个口袋的保证金。如果第一个口袋的资金不够，则不够的部分会从第二个口袋的保证金中扣除，如图 15-7 所示。

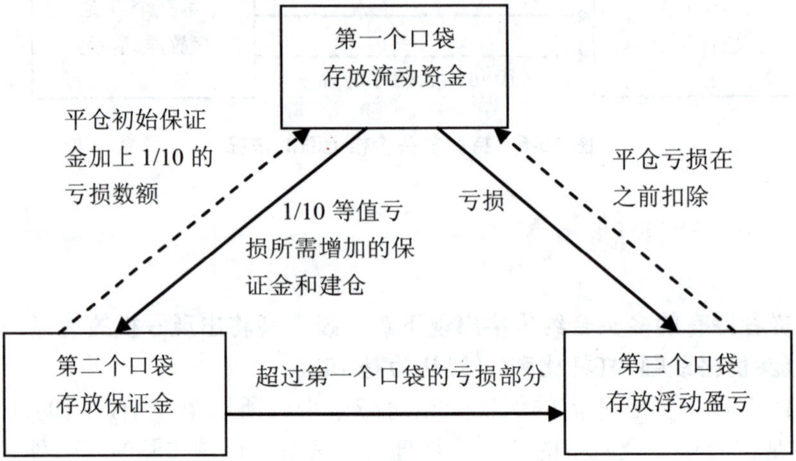

图 15-7 持有空头价格上涨的情况

清一清，持有空头合约并价格上涨，资金流向的变化：____________。

575 空头合约下跌

如果投资者持有的空头合约价格出现下跌，投资者将出现盈利的情况，其浮动盈利为：保证金×价格跌幅×杠杆比率(一般认为是 10)。

专家指点

期货投资是可以实现超额收益的，当价格呈现单边剧烈走势时，由于期货的“口袋”特点，使得投资者在盈利头寸上可以不断加仓，从而出现超额收益的可能。

由于价格下跌，持仓所需的保证金相对应减少，则第三个口袋中的盈利可以用来加仓，第二个口袋中多出来的保证金会流入第一个口袋，如图 15-8 所示。

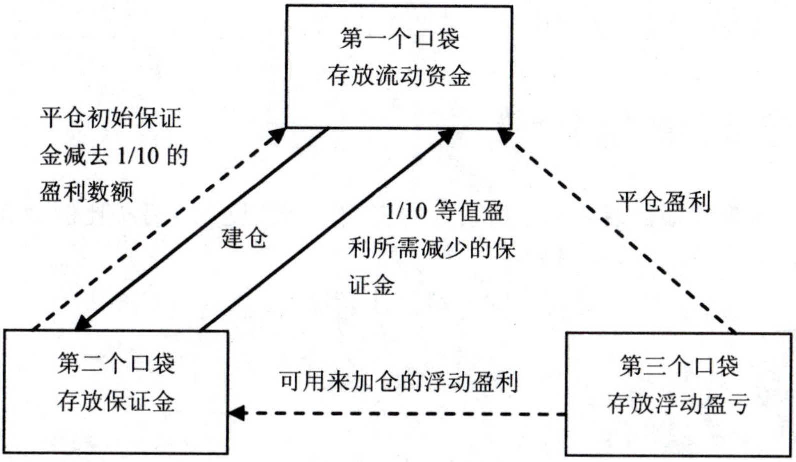

图 15-8　持有空头价格下跌的情况

15.5　盈亏不等理论

盈亏不等说的是期货投资中，当投入资金一定，盈利是要比亏损困难的。它揭示了期货投资盈亏转换的问题，投资者可以分情况考虑自己风险控制的问题。

576　先盈后亏的情况

如果投资者先盈利，后亏损至所投入的资金，则该投资者亏损比例 $z\%$可以用以下公式计算。

$$z\%=x\times y\%/x(1+y\%)$$

化简可得

$$z=y/(100+y)$$

同时又有

$$y\%-z\%=y\%\times z\%>0$$

最终得出：

$$y>z$$

式中，x——投资者总资金；

$y\%$——盈利比例。

假设投资者投入 10 万元赚到 20 万元以后，再亏损至 10 万元，其盈利幅度是 100%，其亏损幅度是 50%。也就是说，盈利的比例大于亏损的比例。

新手理财系列

想一想，先盈后亏后，盈利比与亏损比哪个大？______________。

577 先亏后盈的情况

如果投资者先亏损，后盈利至所投入的资金，则该投资者亏损比例 $z\%$可以用以下公式计算。

$$y\%=x\times z\%/x(1-z\%)$$

化简可得

$$y=z\%/(100-z\%)$$

同时又有

$$y\%-z\%=y\%\times z\%>0$$

最终得出

$$y>z$$

式中，x——投资者总资金；

$y\%$——盈利比例。

假设投资者投入 10 万元亏损至 5 万元以后，再盈利回 10 万元，其盈利幅度是 100%，其亏损幅度是 50%。同样可以得出，盈利的比例大于亏损的比例。

15.6 期货理论使用案例

本节将通过笔者的亲身经历和实际案例，带你了解期货著名理论的利与弊。

578 案例：均线理论的改进方法

刘小姐对于期货技术分析很在行，特别是在运用均线理论时，她有自己独到的见解，并借此获得了很不错的收益。

刘小姐的同事小王看到刘小姐的收益如此之好，也学习使用均线理论进行投资，但效果并不理想。于是小王请教刘小姐，他这才明白，原来均线理论并不是书上说的那么简单，而是有许多可以改进的方式。

确实，均线理论有很大的改进空间，具体可从以下几个方面入手。

1. 操作次数

如果信号准确率不是太高，操作的越多，交的手续费越多，非常影响总绩效。关于操作次数多的问题可从以下两点考虑。

(1) **使用较长的周期**。投资者可以盯住较大规模的行情，比如原先盯着 30 分钟图做，现在可以盯着 60 分钟图做。虽然止损幅度有所增大，但操作次数少了，总成本还是可以降下来的。

(2) **增加过滤程序**。投资者在原有操作方法上进行过滤，但是一定要谨慎。因为均线操作的一大优点就是在大行情到来的时候可以给出信号，如果重要信号被投资者过滤掉了，可能导致全年的亏损。因此，过滤的条件一定要简单明了，不应太过复杂。

2. 关于成功率

在较大周期中选择一根均线作为大方向的指示器，如果投资者参照 15 分钟 K 线图中的 30 个单位均线进行操作，那么可以选择日线中 3 天均线作为指导。3 天均线向上走时不做或少做空，向下走时不做或少做多，这样可以过滤掉一部分错误信号。

专家指点

因为均线操作方法比较连贯，在震荡中投资者容易亏损，而震荡又经常发生。有资深投资者曾经利用均线做过一年的数据统计，信号准确率在 30%左右。但是，关于信号成功率不高的问题投资者还是有办法可以改善的。

3. 总绩效

资金管理是提高总绩效的一个好方法。如果投资者选择连续操作，而不错过任何大的行情，那么资金管理可以帮到很大忙。把握大趋势的时候持仓可以大些，把握小的趋势时持仓可以小些。

清一清，哪些方法可以改进均线理论？＿＿＿＿＿＿＿＿＿＿＿＿＿＿＿＿。

579 案例：巧记波浪定律的要点

小张和朋友老陈一起参加了期货技术分析的培训班，课程结束以后，他们分别开始了自己的期货交易投资。

这天，小张到老陈家里来交流投资经验，他发现老陈喜爱用波浪定律作为交易参考技术指标，于是问道："老陈，你怎么用这么复杂的理论啊？其实我到现在都不太明白波浪定律怎么用呢。"老陈说："这个看起来是复杂，但是你只要记住一些要点就行了。"

波浪定律是期货投资中相对复杂的定律，但是只要投资者抓住其中的要点，也是能很好地利用它获利的，具体要点如下。

(1) 一个完整的循环包括 8 个波浪，5 上 3 下。

(2) 波浪可以合并为更高一级的浪，也可以再分解出更低一级的小浪。

(3) 跟随主流行走的波浪可以分割为低一级的 5 个小浪。

(4) 在 1 号、3 号、5 号浪中，第三浪不可以是最短的一个波浪。

(5) 如果 3 个推动浪中的任何一个成为延伸浪，则其余两个波浪的运行时间和幅度会趋于一致。

(6) 调整浪一般以 3 个浪的形态运行。

(7) 黄金分割率是波浪定律的数据基础。

(8) 波浪定律反映投资者的心理，越多的人参与市场，其准确性越高。

清一清，波浪定律有哪些要点？________________________________。

580 案例：波浪定律的 3 个缺陷

小黄听说波浪定律是期货中最著名的理论之一，于是买了几本书开始研究波浪定律。他将书看完以后，就开始了期货投资交易。小黄原本判断某一期货品种在 3 天后将出现顶部，但是买入不久以后，该品种竟然出现了下跌。这让小黄迷惑不解："我是完全按照波浪定律判断的，不可能错啊。"

波浪定律比较复杂，同一期间可能有多种数浪的方式，需要配合其他工具加以运用，所以一般的新手投资者难以用好。并且，理论研究者对波浪现象的看法并不统一，这样不能确定的理论用在风险相对很高的期货市场，如果一旦发生运作错误，足以使投资者损失惨重。其主要缺陷表现在以下几个方面。

(1) 没有明确定义一个完整的浪。

(2) 没有明确指出什么时候波浪可以伸展，形成伸展浪。

(3) 推测浪顶与浪底的时间比较模糊。

专家指点

一般认为，波浪定律是一套主观分析工具，并无客观准则。市场运行是受到情绪影响而并非机械运动。因此，波浪定律套用在变化万千的期货市场，出现危险的概率将很大。

581 案例：盈亏不等的 6 大启示

马师傅刚刚开始投资期货，他在最近的期货投资中总感到不顺，就在早两个月，他投资的某一期货在一个星期内亏损了将近 50%的保证金。

此时，市场上正好出现了明显的熊市信号，马师傅想着可以借此机会做空，两个星期内应该能把这"50%"给赚回来。但实际上，他花费了一个月的时间，并天天守在电脑前，才挽回损失。

“亏钱容易赚钱难”，这句话正好可以用盈亏不相等的理论来解释，该理论对广大投资者有以下启示。

(1) 盈亏难度比恒大于 1，也就是说赚钱永远比亏损难。

(2) 盈亏比率越小，盈亏难度也越接近。

(3) 投资者在先盈利的情况下，首要任务是保本。

(4) 如果投资者先亏损，那么一定要控制好亏损幅度，因为亏损得越多，盈利弥补回来的难度越大。

(5) 先盈后亏相同的金额比先亏后盈相同的金额更容易。

(6) 根据历史数据显示，在期货市场，一年之内最多可以弥补 30%的亏损。

582 案例：通过黄金分割来盈利

邓先生认识了一位资深投资者冯先生，这天他到冯先生家“取经”。邓先生看到冯先生的本子上写着“0.618”、“0.5”、“0.382”等数字，于是问道：“这些是什么意思啊？”冯先生解释：“这些就是我盈利的秘密啊。”邓先生更是奇怪了：“这难道是一组密码？”冯先生道：“可以这么说，这是黄金分割率，运用得好就是挣钱的密码！”

黄金分割率虽然没有科学根据，但是使用黄金分割，完全可以组成一整套完备的投资方法。例如，这套方法可以由稳定的趋势指标、超买超卖和强大的黄金分割线组成，再采取价格回调后就入场的策略，完全可以实现盈利。

专家指点

在上升趋势中，当价格发生回调，并达到支撑价位时(通过黄金分割计算)，可以建立多头仓位，然后在市场价格涨到目标位时离场。

黄金分割率在期货投资中的具体使用方法如下。

(1) **确定市场方向**。使用均线或其他技术分析指标，确定市场方向是在上升还是在下降。

(2) **确定支撑位**。运用黄金分割定律，判断支撑与阻力，选择准确的进场点，并确立合适的止损点。

专家指点

支撑与阻力的点位可以预先判断，并计算出来。然后采用多种具体策略下订单，确保在市场不能维持这些价位时把损失降到最小。趋势上升，止损点会低于实际的支撑价位。在趋势下降的市场情况下，止损点会在实际的阻力水平之上。

(3) **获利了结**。一旦确定了进场价位和止损点的合适位置，就可以使用多种指标(如“斐波那契回调位”)，计算逻辑获利目标，以获得交易利润。

专家指点

黄金分割定律交易法既可以运用在长线交易也可以运用在短线交易，适用于任何流动性强、交易量大的市场。**无数实际案例证明，黄金分割定律对于外汇市场尤为有效**。

想一想，黄金分割用于投资哪种期货更好？______________________________。

第 16 章

风险防范：期货的误区和陷阱

俗话说：“**事故出于麻痹，安全来于警惕**。”期货作为金融投资的一种方式，其风险固然也是存在的。风险总是客观存在的，但是可以通过投资者的主观行为，尽量避免事故的发生。

知识要点

- 期货 4 大风险来源
- 期货投资常见风险
- 股指期货投资风险
- 国债期货投资风险
- 技术面分析 4 大误区
- 投资者存在的问题
- 陷阱防范 8 不要
- 期货投资风险精彩案例

16.1 期货4大风险来源

期货市场自出现以来，经过不断的发展和完善，其风险也是自成一体的。众多学者与金融学家认为，期货投资交易中的风险普遍来源于操作、市场、流动性、信用这4个方面。

583 操作风险

操作风险(Operational Risk)指的是期货交易所、期货公司、客户等市场参与者由于缺乏内部控制、程序不健全或者执行过程中的违规操作，对价格变动反应不及时或错误预测行情，操作系统发生故障等原因造成的风险。这是一种投资者无法主动控制的风险，只能在投资中多加注意。

广而言之，操作风险是指由于操作不当而引发的风险。具体讲，操作风险是由于错误或不完善的操作过程、系统、操作人员或外部事件造成的直接或间接的损失。进一步细分，还可以将操作风险分为以下3大类。

(1) **交易风险**。这是产生于交易过程中发生的错误。

(2) **操作控制风险**。源于对前台、中台和后台活动的失控。

(3) **系统风险**。则是因为系统支持的误差和失灵。

清一清，操作风险分为哪些？________________。

584 市场风险

市场风险(Market Risk)包括价格的波动、市场的不确定性、期货交易“以小搏大”等特点，它们都会使投机者面临更大的风险区间。这是一种来源于投资者自身操作的风险，如果投资者有意避险的话，该风险会得到较好的控制。

“风险与收益并存”说的就是市场风险，投资者应根据自己承受风险的能力，选择风险高或低的投资方式。

585 流动性风险

流动性风险(Liquidity Risk)指的是交易者难以及时成交的风险。流动风险除了期货品种本身的流动性以外，还有来自交易过程的延迟性。致使交易延迟的原因包括：

交易软件、人为失误等方面。

586 信用风险

信用风险(Credit Risk)又叫违约风险，指的是期货市场中买方或卖方不履行合约而带来的风险。

根据历史情况来看，许多重大的金融灾难表现为市场的失控和投资主体的信用风险。但这只是一个简单的表现形式，其本质涉及操作的问题并由此引发了风险。我们已经意识到，当今金融行业的发展正向更大、更复杂的业务操作层面变化。因此，传统的投资分析理论将受到进一步的挑战，过去的为追求利润而控制风险的操作流程将转变成以控制风险为核心前提的利润最大化追求。同时，投资者将越来越多地采用量化方法衡量操作风险，由此也将促进风险管理行业的发展。

专家指点

对于信用风险，投资者最好的规避方式是选择一家更可靠的期货经纪公司。由于投资者都是与期货经纪公司进行单向结算，并不与买卖的对方直接交易，所以一家优秀的期货经纪公司会让投资者省去不少的麻烦。

16.2　期货投资常见风险

投资者在期货交易中涉及许多操作环节，这些环节又面临一些不确定性因素，风险就因此而产生。

587 经纪委托风险

经纪委托风险主要是投资者没有挑选一家合适的期货经纪公司，导致可能形成的损失。它既可以是操作风险，又可以是信用风险，因此投资者进入期货市场之前应该挑选一家更优秀的期货经纪公司。

588 价格波动风险

市场价格波动风险属于市场风险中的一种。在期货交易中，市场价格波动频繁且由于实行的是保证金交易，投资者的盈利或损失都被放大了，所以市场风险是投资者面临的最大风险，应当倍加注意，时刻防范。

589 交易执行延迟

交易执行延迟属于流动性风险，可能会由于交易不及时造成损失。比如，投资者不能在有利价位建仓，平仓时无法在合适价位进行对冲操作，临近交割时找不到足够的实物货源，这些都会导致交易无法及时执行。

590 交易规则差异

期货与现货的交易规则是有差异的，这种差异性会形成一定的风险，对此不注意的投资者往往会造成损失。

专家指点

期货交易的 T+0 制度与现货交易的 T+1 规则令在指数套利交易中，现货头寸当日不能对冲，导致套利成本增加甚至套利失效。在股票现货融券交易受限的情况下，很难进行“买期货，卖现货”的反向套利，致使定价效率偏低(基差风险大)，影响了投资及保值效果。

591 强行平仓风险

强行平仓风险指的是，期货经纪公司要在每个交易日进行结算，投资者保证金不足时，期货经纪公司就会强行平仓。

专家指点

多数投资都是使用多少资金入场，其最大亏损限度就是入场的资金。但是由于期货交易有强行平仓的存在，很有可能投资者带 1 万元入场，其亏损会达到 2 万元。考虑到这种情况，投资者应当随时关注自己的资金状况。

想一想，为什么期货投资的亏损可以超过入场资金？________________。

592 实物交割风险

如果投资者在期货合约到期前不能及时完成对冲操作，就要承担交割责任，就要凑足足够的资金或者实物货源进行交割。实物交割对于一般的投资者是不现实的，所以应该极力避免这种情况的发生。

专家指点

对投资者来说，如果不选择实物交割，那么在临近交割期时最好不要再持有相应的合约。

593 移仓成本过高

移仓成本主要由两个合约间的基差及交易成本构成，当合约间基差变化超过正常区间时会产生移仓风险。由于较远期合约的流动性太差，投资者为了成交必须在价格上做出更大的让步，这导致其交易成本更加昂贵。如果事先持有期限较短的合约头寸，然后在它到期时转到下一个合约，其操作又过于复杂。投资者在应对此类风险时，可以通过选定合适的基差区间进行少量、分批移仓处理。当然，如果利用计算机自动交易技术可能会使移仓成本及误差大幅降低。

对于投资机构或大型投资者而言，在具有高流动性的市场中进行交易，所能带来的收益一般会超过移仓成本，因此“滚动”保值的交易策略将是机构投资者的主流策略选择。

594 法律知识不足

由于投资者法律知识不足，在投资过程中容易遇到法律风险。因合同不健全、法律解释的差异、交易对象是否具备正当的法律行为能力等法律方面的因素，都可能会对投资者造成一定的损失。

根据《期货交易管理条例》规定：**禁止在国务院期货监督管理机构批准的期货交易场所之外进行期货交易，禁止变相期货交易。**期货投资者如果与非法的期货经纪业务资格的公司进行期货交易，投资者权益将无法得到保护；或者在交易过程中存在违法违规行为，也可能给投资者带来损失。

专家指点

因为国家法律、法规、政策的变化，期货交易所交易规则的修改、紧急措施的出台等原因，致使投资者持有的未平仓合约可能无法继续持有，投资者必须承担由此导致的损失。

16.3 股指期货投资风险

股指期货的虚拟性和定价复杂性使其交易策略远较现货交易复杂，风险也将更大。无效的投资策略，使用未经充分验证的模型，设计的风控制度无法涵盖各风险点，以及风控制度无法得到很好的执行，这些都会给投资交易带来风险。

595 行情预测有误

行情预测风险主要是行情与预期不一致造成的风险，主要表现为方向性风险和非方向性风险。

(1) **方向性风险**。这是指判断金融变量的运动方向所产生的风险，如股指价格、利率、汇率、股票和商品价格等。

(2) **非方向性风险**。这是指两个相关金融变量(如期货指数与现货指数之间)由于价格差异产生的风险。

专家指点

由于技术的不断进步，传统的分析理念和技术指标已越来越缺乏效率，因此存在分析技术由传统的基于商品的定性分析，向金融工程方面发展的定量分析方向的转变。例如，用多元回归的技术替代传统的均线理论，可以更加精确地跟踪价格的变化。

清一清，行情预测的风险分几种？________________。

596 无效套期保值

无效的套期保值不仅不会带来收益，还有可能导致损失。当大盘处于跌势时，通过卖出股指期货可以锁定利润及规避风险，这就是有效的套期保值。但如果大盘处于涨势，指数不断升高时，通过卖出股指期货进行套期保值可能会降低收益，使得收益还不如没有进行套期保值高，这就是无效的套期保值。所以，在进行套期保值时，要充分考虑到大盘所处的位置及趋势，尽量做到套期保值有效。

597 套期保值头寸

投资者对套期保值头寸规模使用不当会带来很大的风险。在套期保值过程中，涉及一个保值力度的问题，需要选择合适比率的期货头寸。不仅如此，保值的时机选择对保值的效果也有很大的影响，如果控制不当，可能会带来风险。

598　基差波动较大

虽然期货价格与现货价格变动方向基本一致，但由于期货交易具有 T+0、高杠杆、交易成本相对较低以及每日无负债结算等特点，使得基差的变化幅度大。股指期货价格波动明显较现货剧烈，尤其是在股指期货上市开始阶段，大部分投资者基于专业知识和经验的不足，进而导致实际交易中基差变动剧烈、难以把握，给套期保值者带来风险。

专家指点

基差一般指期货价格与现货价格之间的差值。传统的套期保值中，基差变化是判断能否完全实现套期保值预期的依据。如果基差出现有利变动，则套期保值者不仅可以取得较好的保值效果，而且还可以获得额外的盈余。反之，效果不仅会受影响，甚至蒙受预期外的损失。

想一想，为什么股指期货的基差大？＿＿＿＿＿＿＿＿＿＿＿＿＿＿＿＿。

599　资金投入不当

由于股指期货的高杠杆效应，使得投资组合的投资收益与资金成本比大大提高，但也正是因为股指期货的高杠杆效应，使得投资者的股指期货在自己的投资组合中所占比例过大而面临更多的风险；基金经理在设计一揽子投资组合产品时，对股指期货投入的资金很容易失去控制。

虽然股指期货本身就是多个股票的组合，但它的性质注定了其较高的风险。投资组合中的每个投资项目，占有合适的资金比率才能起到控制风险的作用。投资者在进行一揽子投资组合产品设计时，只有正确控制股指期货的投资比率，才可以在降低风险的同时保持较大额度的现金流，并且还可以取得相对较高的稳定组合收益，从而达到优化投资组合管理的目的。

600　杠杆放大作用

股指期货的保证金交易制度，进一步放大了股票交易的高额风险。因此，杠杆使用比例不当将造成一定的风险，投资者在今后的股指期货操作中，对于杠杆使用比例要有严格的控制制度才能有效控制此类风险。

16.4 国债期货投资风险

国债期货是一种特殊的利率期货，其市场的风险类型较为复杂，涉及面广，具有放大性与可预防性等特征。

601 宏观因素引起的风险

宏观环境变化的系统性风险会通过整个金融市场，向国债期货市场传播而产生影响。具体可分为不可抗力造成的风险、国际游资的冲击以及由于重大政治、经济和社会等因素的变化产生的风险。

多数专家认为，系统性风险的根源在国债期货市场外部。因此，只有从根本上改善国民经济状况，完善市场结构与法律制度，特别是金融体系，采取正确的政策指导，才能加以预防。

专家指点

在期货市场上采取一系列风险控制制度与措施，对预防与控制此类风险仍具有一定程度的作用。另外，交易所的异常情况和应急处理方法以及政府的适时适度干预也是必要的。

想一想，为什么宏观因素会带来风险？＿＿＿＿＿＿＿＿＿＿＿＿＿＿。

602 利率波动造成的风险

国债期货由利率波动原因造成的市场价格风险，可以分为以下两个部分。

(1) **收益风险**。正常情况下，当市场利率上升时，国债价格将下降，这将给投资者持有国债现券的价值带来损失。即使投资者不在二级市场中出售，该投资者失去了以更低的成本购买该国债的机会，也失去了获得更多收益的机会。

(2) **再投资风险**。利息再投资收益取决于利息支付时的市场利率高低，所以利率对再投资有较大的影响。在市场利率下降的时候，投资者无法以较高的利率将利息收入进行再投资，导致投资收益比购买国债时确定的收益要少，这种风险就是再投资风险。

603 资金流动性不足风险

由于国债期货的特殊性，实物交割显得比较困难。所以，资金流动性不足往往会造成合约到期时交易者无法履行支付义务，或者在结算时无法按合约要求追加保证金而被迫平仓。国债期货流动性风险的防范可以从以下 3 个方面入手。

(1) **标准合约**。设计合理的合约面值及报价单位，保证国债期货市场能够有足够的市场深度。

(2) **管理制度**。制定相关会员及客户的持仓限额及大户报告制度，能够从制度上防范市场过于集中而引发流动性不足的风险。

(3) **保证金**。通过设置合理的保证金标准，执行当日无负债结算制度等风险管理措施，保障国债期货的资金流动性。

专家指点

国债期货的流动性风险中，还包括因市场流动性不足造成的风险。这是指投资者因缺乏合约交易对手而无法变现或平仓的风险，是由市场深度和广度不够或市场价格剧烈波动，致使投资者无法在一定价位上平掉特定头寸或对冲而引起的。

604 交易的制度不够完善

“3.27”国债期货事件的教训已经表明，不完善的交易所与交易制度，是国债期货市场风险产生的重要原因。因此，建立健全的交易所风险管理制度显得尤为重要。由于国债期货交易都在交易所内进行，所以交易所的交易制度设计是否合理、风险控制能力是否充足，关系到国债期货交易能否顺利进行。

专家指点

只有科学合理地设计国债期货合约，选择合理的国债标的资产，在合约其他条款如交易单位、保证金、涨跌停板、限仓以及大户报告和强制平仓制度等方面必须严格按照风控原则进行设计才能保证国债期货交易的进行。

605 系统故障与人为失误

由于国债期货交易是现代化、全国性的交易，大部分操作依赖计算机等各种系统才能进行，因而报价系统的故障、长途电话的不畅通，甚至交易通道的拥挤等，其中任何环节的差错和延误，都可能导致交易指令无法按预期执行。再有就是系统也需要人为控制，系统操作人员难免出错，这也将导致风险和纠纷的发生。

16.5 技术面分析 4 大误区

宏观经济是指国民经济的总体活动，通过国家总的水平指标，可以在很大程度上反映出微观的水平指标。

606 盲目追市

盲目追市是技术面分析容易出现的情况，这是由技术分析的片面性导致的。市场常常是不理智的，有时价格处在顶部或底部位置，但依然没有出现反转信号。这时投资者更应该理智地看待市场，而不是光凭技术分析进行投资，**毕竟没有反转信号的出现不代表市场不会反转**。

专家指点

一般情况下，当投资者蜂拥而至抢购某一期货时，作为明智的投资者应该不急于跟进。要做多头时就等回调下跌才买，要做空头就等反弹起来再卖。

想一想，投资者盲目追市的危害？＿＿＿＿＿＿＿＿＿＿＿＿＿＿＿＿＿＿。

607 看中价格

一些投资者只看重期货的当前价格，看不到大的趋势，这也是基本面分析中的重大误区。假如期货常在某一区间波动，这个区间是会根据大势而变化的。当它到顶部时，并不代表不会突破顶部；到底部时，也将可能跌破底部。技术分析是统计未来更容易出现的情况，但不容易出现的情况也有可能出现。

608 逆势而行

正常情况下，投资者都明白应该顺势而行，但有时技术分析会得出与大势不相符合的结果。当技术面支持逆势而行时，一些投资者就把持不住了，想要做一个“一鸣惊人”，但能够逆势获得收益的投资者少之又少。

在有些市场趋势不明的情况下，投资者无法辨别市场的大势，这时可以休息旁观一下。此时，对上一阶段的投资做一番总结，吸取经验教训，或者是研究下一步的交易方针，都是不错的选择。

609 因小失大

一些投资者总有这样的想法“再跌一点就买入”、“再涨一点就做空”，这些想法的后果总是错过了交易机会。由于技术分析对越细致的指标分析正确率越低，例如投资者无法通过技术分析判断某一期货在本次行情中会跌几个百分点，价格达到几元几角会开始下跌，所以，技术分析更注重对大势的判断，那么投资者也不应该过于计较细微的价位。

专家指点

技术分析属于“**大巧不工**”的活，太过于注重细节的投资者只会因小失大。但是，不计较价位不等于鼓励盲目追市，盲目追市是价位到趋势尽头才入市，而不计较价位是趋势开始时入市。这两者有本质上的区别。

16.6　投资者存在的问题

投资者的一些心理活动会带来一些特有的风险，这些心理的误区会让原本风险较小的投资行为变得困难重重。

610 形象效应

形象效应是指一些口碑、形象较好的期货品种容易遭到投资者的追捧。这种心理在国内期货市场的投资者身上十分常见，其中已经“死亡”的绿豆期货就是投资者过于追捧所导致的后果。

由于某些品种在市场中份额、持仓和活跃程度在投资者心目中有较高的地位，使得投资者在交易过程中倾向于追逐热点，对其未来保持良好的盈利预期。但是在热点形成以后，行情往往随着投资者资金的进出而大幅波动，这导致投资这些期货品种的风险直线上升。

611 反应过度

有些投资者对资讯和消息反应过度，导致期货价格也跟着过度涨跌。例如对战争的过度恐慌而大量抛售或囤积某一期货品种，使得该期货品种大幅震荡，一些投资方向错误的投资者往往会遭受巨大损失。

清一清，你自己反应过度的情况有哪些？________________。

612 过度自信

一些投资者过于相信自己的判断，而忽略了市场上已经出现的信息，导致坐失良机或者投资失误。其实，任何投资者都会有这样的情况出现，所以投资者在投资之前应该先设置止损点位，一旦发现市场与自己的投资判断相违背，应该果断承认错误，避免亏损加大。

专家指点

过度自信会导致对大趋势的忽略，这样的投资行为从一开始就是错误的。因此，对于这种错误应该更注重弥补的方法，俗话说：**“亡羊补牢，为时不晚。”**

613 畏首畏尾

许多投资者抱怨“就差一步了”，但往往这最后一步是阻碍其获利的罪魁祸首。畏首畏尾也是一种不自信的表现，这种心理的危害甚至高于过度自信，常常会形成“有胆亏、没胆赚”的局面。

如果投资者手上的单子正好顺应了大势，又不是逆势而行，就应该来一次轻舟顺流而下，赚个痛快。

614 孤注一掷

孤注一掷这种心理是很容易出现的，其后果往往是彻底完蛋。由于期货投资不是做空就是做多，“50%”的正确率对投资者有着极大的诱惑力，特别是对于已经亏损或是眼红人家挣钱的投资者。

能不能抑制住内心的念头是行为是否发生的关键，所以当投资者出现这样的心理后，**循序渐进的操作是不错的避险方式。**

16.7　陷阱防范 8 不要

在期货投资中，总有一些人会挖个“坑”让投资者来跳。对于这种情况，投资者应该擦亮双眼仔细辨别陷阱。

615　不要轻易入市交易投资

期货投资中不乏一夜致富的故事，有许多投资者就是听了这种故事后进入期货市场的。但期货交易中把本钱都赔光的故事也有很多，这中间，有投资者因为对市场风险认识不足而遭受重创，倾家荡产；也有投资者只是纸上富贵一时，转眼又回归赤字；甚至还有很多人只听说了“期货”二字就盲目入市，结果犯了低级错误而损失惨重。由于期货交易所实行“保证金制度”，具有典型的杠杆效应，无论市场价格发生正向还是反向变化，造成的保证金浮动盈亏均是成倍增大。

1. 投资者案例

张坤准备明年结婚，正在筹办婚事。一日他听朋友说“投资期货能发财”，便拿着筹办婚事的钱急忙到期货公司开户。期货公司提交的文件他看都不看就签了字，期货公司工作人员向他提示期货交易风险他也听不进去，给他讲解期货交易知识他不愿意听，张坤就觉得自己一定能赚到大钱，结果不到两个月就将自己用于结婚的钱彻底赔光。

2. 案例解析

张坤的草率导致他的大亏，根据相关规定，投资者在开设期货交易账户之前，都必须签名确认已经阅读过《期货交易风险说明书》。一般的说明书开头就会提到：**“进行期货交易风险相当大，可能发生巨额损失，损失的总额可能超过您存放在期货公司的全部初始保证金及追加保证金。”**因此，投资者必须认真考虑自己的经济能力是否适合进行期货交易。

专家指点

期货交易收益较高，风险度也同样较高。没有相应的知识和能力最好不要盲目参与。投资者在决定是否进入期货市场之前，需要了解清楚期货交易的风险究竟有多大，自己是否有这个承受能力。

如果是股指期货，那么风险将更高，它适合于风险偏好和风险承受能力都较强的投资者。这意味着，如果投资者喜好承受风险或者财力雄厚，对于股指期货交易可能带来的重大损失不论在心理上还是资本上都具有较高的承受能力，那么股指期货才是适合你的投资品种。反之，如果你像张坤一样，资金有重大用途，如结婚、买房、养老、医疗等，那么还是不要参与股指期货这种高风险的投资品种。

清一清，哪些情况不适合入市投资？________________________。

616 不要参与非法期货交易

我国合法的期货交易所只有上海期货交易所、郑州商品交易所、大连商品交易所和中国金融期货交易所 4 家。除了在这 4 家交易所进行的期货交易之外，包括参与境外期货交易，均是非法的期货交易，投资者参与其中，自身权益难以得到保障。

1. 投资者案例

李刚最近通过上网，发现了某期货投资公司提供境外的黄金、利率和汇率等品种期货交易的服务。他觉得，这家公司提供的黄金交易以纽约商品期货交易所的报价为准，这样的报价可以通过交易软件查看，不会被人为篡改。并且，交易资金通过银行在境内划转，安全性也比较有保障。于是，李刚投入了 30 万元通过这家公司参与黄金期货交易。

一个多月下来，李刚亏损了近 20 万元。他对此感到十分困惑，自己对行情的判断并没有错误，怎么会亏钱呢？他认真回忆了这一个月来的交易过程，终于发现了问题所在并意识到自己被骗了。

(1) **价格有出入**。这家公司交易系统的报价中每天行情的开盘价和收盘价与境外报价是完全相同的，但是在交易过程中，尤其是行情剧烈波动时，系统的报价与国际报价却有出入。

(2) **系统有问题**。每到行情突变的关键时刻，就会出现行情中断、下单系统繁忙等情况，开仓、平仓都十分困难。

(3) **交易不能完成**。只要是对自己有利的单子，多半都无法成交。

2. 案例解析

在这个案例中最为重要的不是李刚犯了什么错，而是他所遭受的损失无法得到法律的保护。一些非法代理境外期货交易的公司称，行情完全依照公开的国际市场价格，没有造假的可能；资金存放在银行，除非账号密码泄露，资金绝对安全。但在实际交易中，行情的演变过程往往会被公司做手脚，行情还会在关键时刻中断，交易系统也会在关键时刻瘫痪。这些情况，往往会造成投资者的重大损失。

专家指点

投资者进行期货交易时，务必要弄清市场及市场中介服务机构的合法性。我国曾发生过不少以期货公司名义进行不法交易或非法集资、诈骗之类的行为给投资者带来严重损失。这些不法交易机构往往打出诱人的招牌，以高收入高回报为诱饵，欺骗群众上当。更有一些投资者主动参与非法交易活动，企图捞一把就走。在这些情况下发生了损失是不受法律保护的。

617 不要轻易透露账户信息

投资者一定要保护好自己的账户信息，不要轻易透露给其他人，密码设置要有一定的难度并经常更换，以避免被破解。与此同时，要经常关注自己的账户情况，一旦发现异常情况，就要马上采取措施，以避免不必要的损失。

1. 投资者案例

周先生喜欢在公司的散户大厅进行交易，一来热闹，二来可以和其他投资者交换对行情的看法。一来二去，周先生和另一位投资者小罗成为好朋友，他们互相交换了交易账号和密码。这样，可以在各自外出或无暇顾及的时候就能为对方照看一下交易，以免在行情剧烈波动的时候产生不必要的损失。半年后，由于琐事，两人关系变坏。于是，小罗转到另一家公司开户也更换了密码，但周先生却把交换密码的事情忘了。不久后，期货行情剧烈波动，不怀好意的小罗盗用了周先生的账户，在行情下跌的时候故意做多，使周先生损失惨重。

2. 案例解析

因为投资者自己的原因泄露交易账号的密码，虽然在法律上应当由非法交易的人承担责任，但由于很难找到非法交易者与非法交易的证据，因此损失往往会由投资者自己承担。周先生自己种下的“苦果”，最终只能由自己来吃。

专家指点

账号和密码信息是投资者在期货交易中最重要的资料，它是交易系统识别投资者身份的唯一信息，一旦泄露，客户资产将面临威胁。即使资金不会被直接转走，但由于期货交易有其特殊性，还是能够通过交易手段将客户资金间接转移到其他账户之中。

想一想，你明白账户的重要性了吗？____________________。

618 不要贪图利益轻信承诺

俗话说**"天上永远不会掉下馅饼"**，更何况是期货交易这种高风险的投资活动。投资者在进行股指期货交易前，要认真阅读期货交易风险揭示书和合同条款，切勿听信他人的获利承诺。

1. 投资者案例

赵奶奶凭借一辈子的省吃俭用与经营小生意积攒了 20 多万元养老钱，她平时将这笔钱存在银行。一日赵奶奶在银行办理存款，遇到自称是"期货操盘高手"的钱某，他对赵奶奶说："现在银行存款利息这么低，您怎么还存款呀？不如用来做期货，我保证你两个月稳赚 10 万。"赵奶奶心里一动，但又担心被骗，问道："你不会把我的钱骗走吧？"钱某急忙解释说："您可以亲自到期货公司开户，我可以帮您操作，而账户里面的钱只有您自己才能取走，别人是取不了的，放心吧！"

赵奶奶跟着钱某到期货公司，确定了别人无法取走自己账户里的钱后，开设了账户并把自己的交易密码也交给了钱某。开户入金两个月后，赵奶奶想到期货公司提取利润，却发现 20 万元保证金的本金已亏损掉 10 多万元，并且钱某也联系不上，这下赵奶奶傻眼了。

2. 案例解析

在《期货交易管理条例》中，获利承诺是欺诈行为之一。在我国的期货市场中，有大量的纠纷与赵奶奶一样由于轻信承诺，导致自己的亏损。对于这类纠纷投资者只能通过法律途径来解决，但由于违规者通常资信水平较低，投资者往往难以获得补偿。

619 不要过分地信任经纪人

我国期货监管规范程度较高，只要投资者本人是自己账户的资金调拨人，资金安全是完全有保障的。**但如果投资者将自己的账户委托给了其他人，就应时刻关注自己账户的盈亏情况**。一旦发现账户存在过高频率的交易和大额亏损等异常情况时，一定要及时采取措施，以防止不必要的损失进一步扩大。从投资者自己委托"经纪人"或"居间人"进行操盘而引发的各类纠纷看，有些"经纪人"或"居间人"自身资信情况较低，一旦出现纠纷，往往难以对投资者进行补偿。

1. 投资者案例

江大爷在某证券营业部结识了杜某。当时股市行情不太好，但是杜某不但吹嘘自己期货操盘能力强，而且称白银期货的行情很好，只要由他来操作一定能赚大钱。江大爷看到杜某有正规期货公司的名片，于是信以为真，同意杜某作为自己的操盘手，在某期货公司开户并投资了 7 万元。可是杜某却为了获取手续费提成，不顾江大爷持仓品种的走势频繁进行操作，导致账户中的 7 万元很快亏损至 2 万余元。等到江大爷得知这一情况后，为时已晚。

2. 案例解析

在这一案例中，杜某就是期货行业中俗称的“经纪人”。这类“经纪人”与投资者直接发生法律关系，他们通过口头的或者书面的协议为投资者提供诸如开户指导、投资建议、操盘等服务，同投资者开户的期货公司或营业部并没有直接的关系。他们通过收取期货机构给予的开户提成、手续费提成以及与投资者约定的投资收益提成等收入得以生存。但是，受手续费提成等利益驱动，常常有一些自身不具备操盘能力的“经纪人”，无视投资人账户盈亏情况频繁操作，从而导致投资者发生重大亏损。

想一想，投资者为什么不能过分信任经纪人？＿＿＿＿＿＿＿＿＿＿＿＿＿＿。

620 不要委托他人代为交易

对于股指期货的投资者来说，可能会由于种种原因导致自己无法交易操作，只能委托他人进行交易。**但是，按照我国现行的期货监管法规，期货公司是不能接受客户全权委托进行股指期货交易的**。即使委托熟人进行交易，也存在风险，投资者一定要慎之又慎。

1. 投资者案例

姜伟是一名小老板，这几年通过投资股票、权证、基金，获得了不错的回报并积攒了一笔不小的资金。今年，姜伟参加了股指期货培训，经过几天的培训，他对股指期货投资跃跃欲试。姜伟找到讲师，询问相关情况：“您看像我这样没有时间看行情又想参与股指期货，可不可以委托期货公司帮我做交易呢？”讲师表示，按照现行规定，期货公司是不能接受客户全权委托进行股指期货交易的，股指期货下单必须要明确交易品种、买卖方向、开平仓方向、交易手数，否则视为全权委托交易。姜伟听后，无奈只好放弃了投资的打算。

2. 案例解析

姜伟虽然没能投资成股指期货，但也可能逃过一次大劫。在期货市场里，投资者委托他人交易产生纠纷，甚至闹上法庭的案例比比皆是。例如有的投资者偶尔没时间交易，就通过口头方式委托熟人交易，往往由于委托不明确或缺乏证据产生纠纷；还有就是投资者将自己的账户委托给那些做得比较好的人进行交易，一旦盈利后与操盘的人分成，这样的委托一般订立书面协议。但由于操盘人的水平良莠不齐，再加上有的操盘人为了追求成交量以获得手续费分成，就有可能给投资者带来损失。

专家指点

如果投资者委托他人进行股指期货交易，一般仅限于私人关系层面，由于我国还没有股指期货委托交易相关的法律，投资者的利益很难得到应有的保障。

621 不要不管自己的保证金

投资者应该时刻注意自己账户中的保证金，交易保证金不足，又未能及时追加的，投资者必须自行采取平仓措施，否则期货公司有权对投资者所持有的头寸采取强制平仓措施。

1. 投资者案例

梅女士是个老股民，习惯亏了就放在那。最近她参与股指期货仿真交易，她对自己持有的有浮动亏损的头寸也没及时平仓。她总坚信自己的判断没错，但是行情却一直向不利于她的持仓的方向发展。有一天，梅女士接到了期货公司的追加保证金和强行平仓的通知，她未在意。结果第二天开盘，梅女士发现自己的持仓已经被期货公司平掉。她觉得这样的方式让她接受不了，期货公司应无权对她的持仓进行平仓处理。

2. 案例解析

期货经纪公司按照期货经纪合同约定的强行平仓条件、时间、方式执行强行平仓，既是期货经纪公司的权利，也是期货经纪公司的义务。期货经纪公司严格按照法规及合同的约定，对客户的持仓头寸进行强制平仓，其中所带来的损失，由客户自行承担。

622 不要轻视判决后的执行

不少投资者都有一定的法律意识，产生纠纷后能够运用法律武器保护自己的权益。但是，投资者在拿到胜诉判决后，多数会坐等败诉方主动赔偿。

1. 投资者案例

赵奶奶被骗钱后，几经周折终于找到了骗钱的“操盘手”钱某，并将其起诉至法院。法院经过审理，判决钱某赔付赵奶奶的亏损。拿到判决书后，赵奶奶很高兴，认为一定能够获得赔偿，于是就在家里等着。但是，半年过去了，钱某总是借口没钱而一拖再拖，最终还是没见到赔款的影子。

2. 案例解析

投资者拿起法律的武器保护自己固然很重要，但应该重视胜诉之后的执行程序。如果像赵奶奶这样胜诉后忽略了申请法院执行的问题，后果常常是贻误了最好的执行时机，甚至错过了法律规定的执行期限，使生效的胜诉判决变成一张废纸。

专家指点

在实际情况中，败诉人多数不会主动执行法院的生效判决，而且申请法院执行还有期限，法院是不会受理过期的执行的申请。这就要求胜诉方在判决生效后尽快申请法院执行判决，以防止败诉人的财产情况发生变化，使得胜诉的判决内容无法实现，空欢喜一场。

想一想，你明白官司胜诉后执行的重要性了吗？____________________。

16.8　期货投资风险精彩案例

本节将通过笔者的亲身经历和实际案例，让你了解期货投资中更多的误区与陷阱，学习更多的风险防范知识。

623　案例：贪婪是最大风险

小郑接到某投资公司的电话，业务员称该公司为专业期货投资机构，提供期货操盘服务，利润三七分成。抱着试试看的心态，小郑同意与该咨询公司合作并投入 2 万元。不久，他确实获得了不错的收益。

这时，小郑觉得自己本金太少，钱来得不快，于是开始四处借钱，包括父母的养老金也全都借走，向自己的账户里转了 20 万元。抱着发财梦的小郑一个星期之后看自己的账户，竟然只剩下 4 万元，他想找该公司的业务员讨要说法，而电话却再也打不通了。

贪婪的欲望是投资中最大的风险。贪欲使投资者无法回归最基本的理性，无法识破最明显的风险；贪欲使投资人不顾一切地投入最可怕、最明显的风险之中，而不自觉。所以说，规避风险、避免恶性损失和亏损的最好出路就是控制自己的贪欲。

贪婪是内心的欲望，投资者无法控制它不出现，但是可以通过理智尽量压制。做老实人，干老实事；挣正常钱和老实钱，获取正常的、合乎逻辑的回报。不参加以生命、财富为代价的事情，自然就能远离风险。

反过来看，如果投资者不坚持这样的原则，只要你敢参与疯狂，那么疯狂终究会将你吞没。有时候，不参与疯狂的投资者，看上去很像一个小丑和可怜的角色，因为在某个时间段内，所有参与到疯狂中的人看上去都与“大师”无异。但从长远来看，不参与疯狂、一步一个脚印的投资者才能成为“大师”，而那些参与疯狂、获取短线暴利的人最终会变成小丑。

专家指点

在现实生活中，没有几个投资者会因为贩毒的暴利而加入贩毒的行列，原因是他们知道这么做的后果。但是，许多人却在同样性质的事情面前栽跟头，面对具有和贩毒一样风险的期货市场，人们却往往毫不犹豫地冲进去。大多数投资者认为，自己不会被市场泡沫抓住，自己会在泡沫破灭前全身而退，这就是失败的根源。

624 案例：大师的避险守则

某期货公司著名操盘手钟先生从业以来，一直广受好评，基本可以保证客户每年有 50%以上的收益。他也不是没有错误的投资，但他不会让错误扩大并出现第二次。谈到钟先生的投资经验，笔者总结了 20 条黄金守则来概括。

(1) **合理规划资金**。把自己的资金分成 10 等份，无论什么时候都不使用 4 份以上的资金去冒险。

(2) **止损设置**。在做交易时，最好用 10～30 元的止损设置加以保护，一旦亏损 3 元以上立即退出。止损最好不要超过 60 元。

(3) **不撤销止损**。投资者绝不能撤销在开始交易时设置的止损单。

(4) **不过度交易**。过度交易会破坏你的本金使用量规则。

(5) **留下利润**。一旦投资者获得了 10 元或更多的利润，就提高止损价位，这样就不会有本金的损失。

(6) **顺势操作**。如果投资者不能根据走势图以及各项规则确定趋势，就不要买入或者卖出。

(7) **选择市场**。投资者应在活跃的市场中交易，远离运动缓慢、停滞的市场。

(8) **分配风险**。投资者应尽量交易多个不同的期货品种，避免将所有的本钱套在一种商品上。

(9) **按市价交易**。投资者不要限制自己的委托单，或者设定一个固定的买入、卖出价格。

(10) **合理平仓**。投资者若没有充足的理由就不要平仓，通过提高止损价位，来保护自己的利润。

(11) **落袋为安**。投资者进行了一系列成功的交易后，应该取出部分盈余，只有放到口袋里的钱才是安全的。

(12) **调整心态**。投资者不能因为失去耐心而离开市场，或者因为迫不及待而进入市场。

(13) **跟随趋势**。投资者要像愿意买多那样愿意卖空。将自己的目标设定为，跟随趋势并赚钱。

(14) **适时离场**。看不准时就离场，并且不要在看不准时入场。

专家指点

投资者没有充分的理由就不要变换自己在市场中的位置。当自己做交易时，应依据某个充足的理由或者根据某个明确的规则；在没有出现明确的迹象表明趋势变化前，不要离场。

(15) **勿贪图价格**。不要因为商品的价格低而买入，或者因为价格高而放空。

(16) **谨慎加码**。等待商品非常活跃而且突破了阻力位时再加码买入，并且等到它跌破了派发区之后再加码放空。

(17) **多空选择**。挑选显示出强劲上升趋势的商品加码做多，并且挑选显示出明确下跌趋势的商品放空。

(18) **不要对冲避险**。如果投资者做多一种商品而它开始下跌，不应该放空另一种商品来对冲避险。应该做的是离开市场，认赔，等待下一次机会。

(19) **不随意猜测**。投资者不应该猜测市场何时见顶，要让市场证明那是顶部；不要猜测市场何时见底，要让市场证明那是底部。遵守明确的规则，你就可以知道市场何时见顶，何时见底。

(20) **谨慎应对亏损**。新手投资者在第一次赔钱之后应减少交易，不要增加。

清一清，你记住的这些黄金守则：________________________________。

625 案例：警惕山寨网站

李先生在浏览网页时无意中进入了一名为“上海某期货公司”的网站，网站顶部写着“公司被中国证监会评为十大优秀期货网站”，并附有多种资质的电子证书样式。网站上有大量“实战”投资业绩展示，还有包含各大研究机构知名分析师在内的分析师专家团队，并预留电话和银行个人账户，招收会员。

李先生的记忆中该网站是一家正规单位，于是拨打了网站预留的手机号码，接线的客服声称，该公司是从事期货投资的专业公司。李先生质疑道：“网上这些公司很多都是骗人的，我不信你们。”客服对他说：“我们公司资质可以在网上查询，你也可以通过各大门户网站证券栏目相关广告链接查询，这个你就不用怀疑了。”他接着很耐心地介绍公司近一段时间来抓住了很多涨停板，公司实力很强，非常专业，口头保证 15 个交易日就能获利 100%。李先生心动了，当即向该公司账户汇了服务费 3000 余元，对方也传真了一份已盖章的服务合同。

此后数周，李先生按该公司的指示操作，但连连亏损。李先生心生悔意，想讨回服务费，打电话给期货公司，发现电话无人接听，公司网站也登录不上去了。

目前网络诈骗的方式越来越隐蔽，往往让投资者防不胜防。就如李先生遭遇的情况，乍看之下，公司网站显得很正规，但非法网站就是利用网络虚拟环境，假冒合法机构名义，公布虚假的专业资质证书、专业团队，利用提供涨停板股票等营销策略，引诱投资者上钩。

专家指点

一些不法分子通过非法网站、博客以及 QQ、MSN 等聊天工具招收会员或客户，推荐黑马等方式，骗取投资者钱财。投资者一定要高度警惕，可通过国家官方网站，如中国证监会验证网上“山寨期货公司”的真实性，不要随意将钱打入山寨网站预留的个人账户中。

除此之外，还有一些山寨“教授”、“老师”等值得投资者警惕。这些所谓的“老师”口才都很好，形象也不错，“表演”也很生动，常常将自己吹得天花乱坠，他们有一定的专业性，对期货不太了解的投资者很容易上当。因此，投资者应该做到以下几点。

(1) 不可轻信网络、电视、广播和报刊等媒体上的山寨信息。

(2) 不要轻易泄露个人电话号码和个人资料，对陌生来电也要保持高度警惕。

(3) 克制自己占小便宜的心理。

626 案例：虚假交易软件

期货投资者刘小姐听人介绍了一种“神奇”的投资软件，说是只要购买软件成为会员就会有期货信息提供，保证稳赚不赔，并且免费提供了本周的“信息”，让投资者回去试一试就明白了。

几天后，刘小姐见市场果然按信息预测的发展，便拨打了当时预留的电话，花了近一万元购买了该投资软件。

不久，刘小姐发现该软件的实际效果与宣传内容大相径庭，遂向公司提出退款。公司则称可以免费给刘小姐展期一个月，并推荐有内幕消息的股票。随后，刘小姐每次都是高买低卖，不仅没有赚到钱，反而陷入重度亏损的境地。

一般的投资软件都是以历史交易数据为基础，通过一定的计算方法，对期货未来价格进行预测，有其固有缺陷和使用条件。投资者使用软件，要保持理性的投资心态，不要被任何高额回报的口头承诺或“准确预测买卖点”等广告语所蛊惑。这些软件欺骗投资者的方式无非以下两种。

1. 广撒网式

这些软件之所以能够预测准确，其实是一种广撒网的方式。例如不法分子找到 10 名投资者，分别告诉他们 10 种不同的市场走势，总有一种走势会碰巧正确，那么碰到正确预测的那个投资者，就很容易上当了。

2. 诱导式

这种诈骗方式更加危险，原因是不法团伙中可能有善于期货投资的人坐镇。他们公布的消息确实有一定的可信程度，直到失去理智的投资者慢慢把他们抬向“神坛”，然后来利用高额“信息费”一击必杀。

清一清，交易软件的诈骗方式：________________________________。

627 案例：外盘投资陷阱

股票投资者康先生接到了某期货公司的电话，大肆宣扬股票市场大多只能做单边的局限，而黄金期货有多空双向操作的优势。康先生来了兴趣，对于黄金市场他也比较看好。这时，期货公司又说国内黄金期货或者现货交易量较小，价格连续性差，不好操作；而国外黄金期货或现货交易是 24 小时交易，成交量很大，并且在晚上 8 点到 10 点之间，价格波动比较明显，更适合投资。

随后，康先生通过该期货公司，开始投资起了伦敦金。事后他得知，这种外盘交易是非法行为，但利益的驱使让他不能自拔。好景不长，一个月后，康先生开户的期货公司因非法经营被查处，公司老板卷着保证金逃跑了。

外盘投资就如同一个美丽的陷阱，随时等着那些梦想快速发财致富的人们参与其中。你只要陷下去，这只猛兽就会咬住你的脖子，吸干你的鲜血。其危害主要表现在以下几点。

1. 交易本身非法

外盘黄金投资(包括其他品种)在国内并没有合法的经营渠道，也就是说我国法律并没有允许国内普通投资者可以进行外盘黄金交易，也没有允许任何企业和法人组织可以代理外盘黄金投资。所以，这种交易本身就是一种“地下交易”。一旦那些所谓的投资公司或者理财公司出事，投资者的权益将无法得到法律保护。

2. 资金不安全

普通投资者没有投资外盘的资格和正规渠道，这些外盘公司会要求投资者把钱给它们，具体有以下 3 种方式。

(1) 个人带着外汇现金到该公司，把钱直接交给公司。

(2) 通过网上银行转账到它们指定的公司账户。

(3) 将外汇汇入它们指定的公司账户，而取出资金则需要事先通知公司。

从这里不难看出，无论通过哪种方式，资金都不在自己的掌控范围内，一旦将资金交给它们，则面临着无法追回的风险。当公司遇到巨额亏损，有的公司会把客户的钱还给客户，有的公司则直接携款潜逃。

3. 门槛并不低

一些外盘代理公司号称门槛低，交易方便，实则门槛很高，成本很大。以外盘交易黄金期货为例，以 100 盎司/手计算，最低可以交易 0.5 手也就是 50 盎司，假设每盎司价格为 1400 美元，那么最低的交易金额是 700 美元，约合人民币 4200 元左右。一般代理公司的交易手续费总和一般在每盎司 1 美元，50 盎司就是 50 美元，手续费为 8.3%，可见成本何其高。对于黄金价格每天动辄有十几美元以上的幅度来说，稍微做错就可能导致爆仓。

628 案例：控制外盘投资风险

金融投资有这么一句话：**“炒股的说自己挣钱难，炒期货的笑了；炒期货的说自己辛苦，炒外盘期货的笑了。”**同样，有这样一群投资者，他们专做外盘期货投资，追求的是“安全感”，不用担心隔夜交易；挑战的是全球市场，“与人斗其乐无穷”；付出的是昼伏夜出，只有屈指寥寥的朋友圈；得到的是“水中望月”，收益看得见，有时却摸不到。

在金融界沉浮了十几年的老李便是外盘期货投资者之一。由于时差的原因，国际期货交易时间大多集中在每天的 20:00 至次日凌晨 2:00，老李只好天天上“夜班”。每当中午 12:00，正是老李刚刚起床开始一天的生活的时候；下午 15:00，是老李查看国内期市收盘情况和了解国际期货消息的时间；晚上 18:00，老李就开始制订晚上的操作计划并等待开盘。

“做外盘很辛苦，每天花的时间比内盘(国内期货市场)会多一点。一般的品种在凌晨两点半之后基本就结束了，金融产品还要更晚，大部分时间都在盯盘上。”老李说道。

在老李看来，炒外盘为的是安全感。他说道：“因为外盘从心理上会给你一种安全感，不需要担心隔夜的风险。晚上的交易走势是第一时间的，做国内的话每次开盘都是自动跟随外盘的，最怕的是跳空，做外盘的话，这个风险可能就屏蔽掉了。另外，外盘操作时间比较充分一点，有时间上的优势，国内很多是被动跟盘的，国际局势变化的话，外盘可第一时间调整策略。”

尽管老李炒外盘不是一天两天了，但由于外盘市场的波动很难预测，这是他最担心的问题之一。笔者认为，**对于外盘投资的风险控制，最重要的一步就是选择好经纪商。**挑选好的外盘经纪公司可从以下几个方面出发。

1. 选择大公司

投资者最好选择一家全球分布的大型经纪商，交易品种齐全，能完全满足自己的需求。由于大型经纪商其成交量巨大，一般是受监管的，投资者保证金隔离账户是起码的。

投资者值得注意的是，要弄清楚开户公司受哪些单位监管，开户银行要看清楚名称(如果是英文)不能错一个字母，防止一些假借大型经纪公司名义，实质却是其下属公司而进行的诈骗行为。

2. 合同要独立

如果投资者选择的是综合经纪商，最好要将期货、股票、外汇这 3 个合同分开签订；即使是股票、期货或外汇中的两个独立合同的经纪商，虽然他们是同名同股东组成的公司，也要分别签合同。有的公司为了方便投资者，只签订一个合同就进行股票、期货和外汇的交易，但这样做缺乏公司风险控制的严格性，也不符合国际金融管理惯例。

3. 流程要正规

投资者选择签订合同越规矩的公司越好，正规公司可以要求有持当地监管部门颁发牌照的正式员工与投资者见面。入金流程一定要通过自己海外账户汇入正规网站公布的和合同注明的投资者保证金隔离账户。

4. 交易系统要好

一个好的交易系统可以为投资者省去投资中的很多麻烦。因此，投资者最好能够选择有稳定的电子化交易平台、交易品种齐全、数据质量好、掉线几率少的电话报单交易系统。

5. 解决语言问题

由于外盘期货品种很多，交易规则详细，而大多投资者英语水平不是很高，最好找中文电子平台、有中文介绍或者提供普通话服务人员的公司。

6. 确定交易佣金

交易佣金(手续费用)也是很重要的一个因素，投资者在力求降低交易成本的同时，也不要贪图便宜，选择不了解或者服务不完善的公司。